OEUVRES
DE MOLIÈRE.

TOME SEPTIÈME.

DE L'IMPRIMERIE DE FIRMIN DIDOT,
IMPRIMEUR DU ROI ET DE L'INSTITUT, RUE JACOB, N° 24.

OEUVRES
DE MOLIÈRE,

AVEC UN COMMENTAIRE,

UN DISCOURS PRÉLIMINAIRE, ET UNE VIE DE MOLIÈRE,

Par M. AUGER,

DE L'ACADÉMIE FRANÇOISE.

TOME VII.

A PARIS,

CHEZ TH. DESOER, LIBRAIRE,

RUE CHRISTINE, N° 2.

1823.

L'AVARE,

COMÉDIE EN CINQ ACTES.

1667.

ACTEURS.

HARPAGON [1], père de Cléante et d'Élise, et amoureux de Mariane.

CLÉANTE, fils d'Harpagon, amant de Mariane.

ÉLISE, fille d'Harpagon, amante de Valère.

VALÈRE, fils d'Anselme et amant d'Élise.

MARIANE, amante de Cléante, et aimée d'Harpagon.

ANSELME, père de Valère et de Mariane.

FROSINE, femme d'intrigue.

MAITRE SIMON, courtier.

MAITRE JACQUES [2], cuisinier et cocher d'Harpagon.

LA FLÈCHE, valet de Cléante.

DAME CLAUDE, servante d'Harpagon.

BRINDAVOINE, } laquais d'Harpagon.
LA MERLUCHE, }

UN COMMISSAIRE, et son CLERC.

La scène est à Paris, dans la maison d'Harpagon.

---

[1] Le nom d'*Harpagon* a fait la même fortune que celui de *Tartuffe*: de nom propre, il est devenu nom commun, synonyme d'avare. Il n'est pas de la création de Molière. On trouve, dans le supplément de l'*Aulularia* de Plaute, par Urceus Codrus, le mot d'*harpago*, *onis*, dans la signification d'avare; et Plaute lui-même a plusieurs fois employé le verbe *harpagare* et le substantif *harpago*, à la vérité, dans le sens de, voler, et de, voleur.

[2] *Maître Jacques* est devenu aussi une espèce de nom générique et appellatif, par lequel on désigne tout valet qui, dans une maison, tient lieu de plusieurs autres valets, en faisant lui seul leurs différentes fonctions.

HARPAGON.
Rends-moi mon argent, Coquin!....

L'Avare, Acte IV. Scène VII.

L'AVARE,

COMÉDIE.

ACTE PREMIER.

SCÈNE PREMIÈRE.

VALÈRE, ÉLISE.

VALÈRE.

Hé quoi! charmante Élise, vous devenez mélancolique, après les obligeantes assurances que vous avez eu la bonté de me donner de votre foi! Je vous vois soupirer, hélas! au milieu de ma joie! Est-ce du regret, dites-moi, de m'avoir fait heureux? et vous repentez-vous de cet engagement où mes feux ont pu vous contraindre?

ÉLISE.

Non, Valère, je ne puis pas me repentir de tout ce que je fais pour vous. Je m'y sens entraîner par une trop douce puissance, et je n'ai pas même la force de souhaiter que les choses ne fussent pas. Mais, à vous dire vrai, le succès me donne de l'inquiétude; et je crains fort de vous aimer un peu plus que je ne devrois.

VALÈRE.

Hé! que pouvez-vous craindre, Élise, dans les bontés que vous avez pour moi?

ÉLISE.

Hélas! cent choses à la fois: l'emportement d'un père, les reproches d'une famille, les censures du monde; mais plus que tout, Valère, le changement de votre cœur, et cette froideur criminelle dont ceux de votre sexe paient le plus souvent les témoignages trop ardens d'une innocente amour. *

VALÈRE.

Ah! ne me faites pas ce tort, de juger de moi par les autres! Soupçonnez-moi de tout, Élise, plutôt que de manquer à ce que je vous dois. Je vous aime trop pour cela; et mon amour pour vous durera autant que ma vie.

ÉLISE.

Ah! Valère, chacun tient les mêmes discours! Tous les hommes sont semblables par les paroles; et ce n'est que les actions qui les découvrent différens.

VALÈRE.

Puisque les seules actions font connoître ce que nous sommes, attendez donc, au moins, à juger de mon cœur par elles [1], et ne me cherchez point des crimes dans les injustes craintes d'une fâcheuse prévoyance. Ne m'assassinez point, je vous prie, par les sensibles coups d'un

---

VARIANTE. * *D'un innocent amour.*

---

[1] *Par elles* (les actions). — Le pronom *elle*, quand il est régime, ne doit point se rapporter à des choses.

ACTE I, SCÈNE I.

soupçon outrageux; et donnez-moi le temps de vous convaincre, par mille et mille preuves, de l'honnêteté de mes feux.

ÉLISE.

Hélas! qu'avec facilité on se laisse persuader par les personnes que l'on aime! Oui, Valère, je tiens votre cœur incapable de m'abuser. Je crois que vous m'aimez d'un véritable amour, et que vous me serez fidèle: je n'en veux point du tout douter, et je retranche mon chagrin aux appréhensions du blâme qu'on pourra me donner [1].

VALÈRE.

Mais pourquoi cette inquiétude?

ÉLISE.

Je n'aurois rien à craindre, si tout le monde vous voyoit des yeux dont je vous vois; et je trouve en votre personne de quoi avoir raison aux choses [2] que je fais pour vous. Mon cœur, pour sa défense, a tout votre mérite, appuyé du secours d'une reconnoissance où le ciel m'engage envers vous [3]. Je me représente, à toute heure, ce péril étonnant qui commença de nous offrir aux regards l'un de l'autre; cette générosité surprenante, qui vous fit risquer votre vie, pour dérober la mienne à la fureur des ondes; ces soins pleins de tendresse, que

---

(1) *Je retranche mon chagrin aux appréhensions du blâme.* — On aimeroit mieux, *je borne mon chagrin à la crainte du blâme;* et c'est peut-être ainsi que Molière s'exprimeroit aujourd'hui.

(2) *Avoir raison aux choses*, ne se diroit pas maintenant: on diroit, *dans les choses;* ou plutôt on rendroit différemment la pensée.

(3) Cette phrase est d'un style pénible et peu naturel.

vous me fîtes éclater [1] après m'avoir tirée de l'eau ; et les hommages assidus de cet ardent amour, que ni le temps ni les difficultés n'ont rebuté, et qui, vous faisant négliger et parens et patrie, arrête vos pas en ces lieux, y tient en ma faveur votre fortune déguisée, et vous a réduit, pour me voir, à vous revêtir de l'emploi de domestique de mon père [2]. Tout cela fait chez moi, sans doute, un merveilleux effet; et c'en est assez, à mes yeux, pour me justifier l'engagement [3] où j'ai pu consentir ; mais ce n'est pas assez, peut-être, pour le justifier aux autres, et je ne suis pas sûre qu'on entre dans mes sentimens.

VALÈRE.

De tout ce que vous avez dit, ce n'est que par mon seul amour que je prétends [4], auprès de vous, mériter

---

(1) *Que vous me fîtes éclater.* — On diroit aujourd'hui, *que vous fîtes éclater pour moi,* ou *à mes yeux, en ma présence.* On trouve plus loin, *l'impuissance de faire éclater à cette belle aucun témoignage de mon amour.*

(2) Aujourd'hui, *le domestique de quelqu'un* est son valet, son laquais. Autrefois cela se disoit de tout homme attaché, subordonné à une personne considérable, et demeurant dans sa maison ou étant censé y demeurer, comme intendant, secrétaire, etc.

Beaucoup d'auteurs, depuis Molière, ou même d'après lui, ont introduit des amans déguisés en domestique, comme nous l'entendons maintenant, c'est-à-dire en valet, en homme de livrée. Valère s'est présenté comme intendant : il y a, dans ce déguisement, plus de bienséance pour lui-même et pour sa maîtresse.

(3) *Pour me justifier l'engagement.* — *Justifier une chose à quelqu'un,* pour dire, *la justifier à ses yeux,* étoit une phrase fort en usage du temps de Molière, qui l'a employée souvent. On va la voir encore deux fois dans les dix lignes qui suivent.

(4) On diroit bien, *de tout ce que vous m'avez dit, mon amour seul*

quelque chose; et, quant aux scrupules que vous avez, votre père lui-même ne prend que trop de soin de vous justifier à tout le monde; et l'excès de son avarice, et la manière austère dont il vit avec ses enfans, pourroient autoriser des choses plus étranges [1]. Pardonnez-moi, charmante Élise, si j'en parle ainsi devant vous. Vous savez que, sur ce chapitre, on n'en peut pas dire de bien. Mais enfin, si je puis, comme je l'espère, retrouver mes parens, nous n'aurons pas beaucoup de peine à nous le rendre favorable [2]. J'en attends des nouvelles avec impatience; et j'en irai chercher moi-même, si elles tardent à venir [3].

ÉLISE.

Ah! Valère, ne bougez d'ici, je vous prie, et songez seulement à vous bien mettre dans l'esprit de mon père.

VALÈRE.

Vous voyez comme je m'y prends, et les adroites complaisances qu'il m'a fallu mettre en usage pour m'introduire à son service; sous quel masque de sympathie et de rapports de sentimens je me déguise pour lui plaire, et quel personnage je joue tous les jours avec

---

doit me donner quelque mérite auprès de vous. Mais, *de tout ce que vous avez dit, ce n'est que par mon seul amour,* etc., présente une construction vicieuse.

(1) Ceci annonce, prépare et justifie d'avance, en quelque sorte, la conduite au moins *étrange* que les enfans d'Harpagon, le fils surtout, vont tenir envers leur père.

(2) Cette autre phrase prépare le dénouement.

(3) Il y a ici une légère incorrection. Il faudroit, *je les irai chercher moi-même, si elles tardent à venir;* ou bien, *j'en irai chercher moi-même, s'il n'en vient point.*

lui, afin d'acquérir sa tendresse. J'y fais des progrès admirables; et j'éprouve que, pour gagner les hommes, il n'est point de meilleure voie que de se parer, à leurs yeux, de leurs inclinations, que de donner dans leurs maximes, encenser leurs défauts, et applaudir à ce qu'ils font. On n'a que faire d'avoir peur de trop charger la complaisance, et la manière dont on les joue a beau être visible, les plus fins toujours sont de grandes dupes du côté de la flatterie; et il n'y a rien de si impertinent et de si ridicule, qu'on ne fasse avaler, lorsqu'on l'assaisonne en louanges. La sincérité souffre un peu au métier que je fais; mais, quand on a besoin des hommes, il faut bien s'ajuster à eux; et, puisqu'on ne sauroit les gagner que par là, ce n'est pas la faute de ceux qui flattent, mais de ceux qui veulent être flattés.

ÉLISE.

Mais que ne tâchez-vous aussi à gagner l'appui de mon frère, en cas que la servante s'avisât de révéler notre secret [1] ?

VALÈRE.

On ne peut pas ménager l'un et l'autre; et l'esprit du père et celui du fils sont des choses si opposées, qu'il est difficile d'accommoder ces deux confidences ensemble. Mais vous, de votre part, agissez auprès de votre

---

(1) Nous apprenons ici que dame Claude, la servante d'Harpagon, est dans le secret des amours d'Élise et de Valère; et, au cinquième acte, Valère déclare la même chose à Harpagon. Cette intervention de la servante a sans doute été imaginée par Molière pour pallier ce qu'il pouvoit y avoir d'équivoque dans la situation d'une jeune fille qui habite sous le même toit avec son amant, à l'insu de son père et de son frère. Il ne peut pas y avoir un autre motif.

ACTE I, SCÈNE I.

frère, et servez-vous de l'amitié qui est entre vous deux, pour le jeter dans nos intérêts. Il vient. Je me retire. Prenez ce temps pour lui parler, et ne lui découvrez de notre affaire que ce que vous jugerez à propos.

ÉLISE.

Je ne sais si j'aurai la force de lui faire cette confidence [1].

---

[1] Voici une première scène charmante, où les deux amans se montrent bien aimables, bien intéressans. Leur rencontre a été fortuite, extraordinaire même; mais de cet accident un peu romanesque, est résulté un service rendu avec dévouement et reçu avec reconnoissance : c'est une préparation toute naturelle à une passion réciproque. Molière a employé à peu près le même moyen dans *le Malade imaginaire*. Cléante n'a pas sauvé Angélique du danger de périr dans l'eau; mais il l'a vengée dans un lieu public des insultes d'un brutal.

On a dit que Molière n'avoit jamais peint l'amour que dans des *dépits amoureux*. Convenons d'abord que c'est dans les scènes de brouillerie et de raccommodement, qu'au théâtre, comme dans le monde, cette passion éclate avec le plus de vivacité, et prête le plus au comique. Mais ensuite examinons *le Sicilien*, *Psyché*, enfin cette première scène de *l'Avare*, et nous y trouverons autre chose que du dépit. Supposons, ce qui n'arrivera jamais, que des acteurs en vogue consentent à se charger des rôles de Valère et d'Élise : on verra si ces deux amans, sans se quereller, n'excitent pas l'intérêt le plus vif et le plus attachant.

Ce n'est pas ici une de ces admirables expositions de caractère comme celles du *Misanthrope*, du *Tartuffe* et du *Malade imaginaire*. Cependant Molière, au milieu de ces propos d'amour, n'a pas négligé d'annoncer le père avare et son prodigue fils; nous pouvons déja nous attendre à tout ce que produira d'odieux ou de risible le conflit de ces deux vices contraires, dont l'un est né de l'autre, et doit en être le châtiment.

SCÈNE II.

CLÉANTE, ÉLISE.

CLÉANTE.

Je suis bien aise de vous trouver seule, ma sœur; et je brûlois de vous parler, pour m'ouvrir à vous d'un secret.

ÉLISE.

Me voilà prête à vous ouïr, mon frère. Qu'avez-vous à me dire?

CLÉANTE.

Bien des choses, ma sœur, enveloppées dans un mot. J'aime.

ÉLISE.

Vous aimez?

CLÉANTE.

Oui, j'aime. Mais avant que d'aller plus loin, je sais que je dépends d'un père, et que le nom de fils me soumet à ses volontés; que nous ne devons point engager notre foi sans le consentement de ceux dont nous tenons le jour; que le ciel les a faits les maîtres de nos vœux, et qu'il nous est enjoint de n'en disposer que par leur conduite [1]; que, n'étant prévenus d'aucune folle ardeur, ils sont en état de se tromper bien moins que nous, et de voir beaucoup mieux ce qui nous est propre; qu'il en faut plutôt croire les lumières de leur pru-

---

(1) *Disposer de ses vœux par la conduite de ses parens,* est une phrase improprement écrite.

dence, que l'aveuglement de notre passion ; et que l'emportement de la jeunesse nous entraîne le plus souvent dans des précipices fâcheux. Je vous dis tout cela, ma sœur, afin que vous ne vous donniez pas la peine de me le dire ; car enfin, mon amour ne veut rien écouter, et je vous prie de ne me point faire de remontrances [1].

ÉLISE.

Vous êtes-vous engagé, mon frère, avec celle que vous aimez ?

CLÉANTE.

Non : mais j'y suis résolu, et je vous conjure, encore une fois, de ne me point apporter des raisons pour m'en dissuader.

ÉLISE.

Suis-je, mon frère, une si étrange personne ?

CLÉANTE.

Non, ma sœur ; mais vous n'aimez pas. Vous ignorez la douce violence qu'un tendre amour fait sur nos cœurs ; et j'appréhende votre sagesse.

ÉLISE.

Hélas ! mon frère, ne parlons point de ma sagesse ; il n'est personne qui n'en manque, du moins une fois en sa vie ; et, si je vous ouvre mon cœur, peut-être serai-je à vos yeux bien moins sage que vous.

CLÉANTE.

Ah ! plût au ciel que votre ame, comme la mienne...

---

[1] Peut-on mieux peindre la passion et son aveuglement volontaire, qu'en mettant dans la bouche même de ce jeune homme les raisons les plus fortes qu'on puisse opposer à sa résolution, raisons qu'il ne daigne pas combattre, qu'il est décidé à ne point écouter, et qu'il n'exprime lui-même que pour n'avoir pas à les entendre de la bouche d'un autre ?

ÉLISE.

Finissons auparavant votre affaire, et me dites qui est celle que vous aimez.

CLÉANTE.

Une jeune personne qui loge depuis peu en ces quartiers, et qui semble être faite pour donner de l'amour à tous ceux qui la voient. La nature, ma sœur, n'a rien formé de plus aimable, et je me sentis transporté dès le moment que je la vis. Elle se nomme Mariane, et vit sous la conduite d'une bonne femme de mère qui est presque toujours malade, et pour qui cette aimable fille a des sentimens d'amitié qui ne sont pas imaginables. Elle la sert, la plaint, et la console, avec une tendresse qui vous toucheroit l'ame. Elle se prend d'un air le plus charmant du monde aux choses qu'elle fait; et l'on voit briller mille graces en toutes ses actions, une douceur pleine d'attraits, une bonté toute engageante, une honnêteté adorable, une... Ah! ma sœur, je voudrois que vous l'eussiez vue [1] !

ÉLISE.

J'en vois beaucoup, mon frère, dans les choses que vous me dites; et, pour comprendre ce qu'elle est, il me suffit que vous l'aimez.

CLÉANTE.

J'ai découvert sous main qu'elles ne sont pas fort ac-

---

[1] Molière, toujours attentif à rendre ses amans intéressans, ne fonde pas uniquement l'amour de Cléante pour Mariane, sur les charmes dont cette jeune personne est ornée; il y ajoute l'attrait non moins puissant et plus universel de la vertu, de la bonté. C'est ainsi que dans *les Fourberies de Scapin*, suivant les traces de Térence, il rend Octave amoureux d'Hyacinthe, à la seule vue des larmes si touchantes que lui fait verser la mort de sa mère.

ACTE I, SCÈNE II.

commodées⁽¹⁾, et que leur discrète conduite a de la peine à étendre à tous leurs besoins le bien qu'elles peuvent avoir. Figurez-vous, ma sœur, quelle joie ce peut être que de relever la fortune d'une personne que l'on aime; que de donner adroitement quelques petits secours aux modestes nécessités d'une vertueuse famille; et concevez quel déplaisir ce m'est de voir que, par l'avarice d'un père, je sois dans l'impuissance de goûter cette joie, et de faire éclater à cette belle aucun témoignage de mon amour.

ÉLISE.

Oui, je conçois assez, mon frère, quel doit être votre chagrin.

CLÉANTE.

Ah! ma sœur, il est plus grand qu'on ne peut croire. Car enfin, peut-on rien voir de plus cruel que cette rigoureuse épargne qu'on exerce sur nous, que cette sécheresse étrange où l'on nous fait languir? Hé! que nous servira d'avoir du bien, s'il ne nous vient que dans le temps que nous ne serons plus dans le bel âge d'en jouir, et si, pour m'entretenir même, il faut que maintenant je m'engage de tous côtés; si je suis réduit avec vous à chercher tous les jours le secours des marchands, pour avoir moyen de porter des habits raisonnables? Enfin, j'ai voulu vous parler pour m'aider à sonder mon

---

(1) On disoit alors absolument, *être accommodé*, *n'être pas accommodé*, pour signifier, avoir, n'avoir pas assez de bien pour vivre doucement; on a dit depuis, avec la négative seulement, *n'être pas accommodé des biens de la fortune*: on évite de cette manière l'équivoque qui pourroit résulter d'un autre sens du mot *accommodé*, qui se prend quelquefois pour frisé, coiffé.

père sur les sentimens où je suis; et, si je l'y trouve contraire, j'ai résolu d'aller en d'autres lieux, avec cette aimable personne, jouir de la fortune que le ciel voudra nous offrir. Je fais chercher partout, pour ce dessein, de l'argent à emprunter; et, si vos affaires, ma sœur, sont semblables aux miennes, et qu'il faille que notre père s'oppose à nos desirs, nous le quitterons là tous deux, et nous affranchirons de cette tyrannie où nous tient depuis si long-temps son avarice insupportable (1).

ÉLISE.

Il est bien vrai que tous les jours il nous donne de plus en plus sujet de regretter la mort de notre mère, et que...

CLÉANTE.

J'entends sa voix; éloignons-nous un peu pour achever notre confidence; et nous joindrons après nos forces pour venir attaquer la dureté de son humeur (2).

---

(1) Déja se manifeste le mépris, la haine des enfans pour leur père; déja commence le châtiment de l'avare et la leçon morale de l'ouvrage.

(2) Cette scène n'est pas moins agréable que la première. Comme nous étions déja instruits de l'amour d'Élise, il ne convenoit pas qu'elle en fît ici l'aveu une seconde fois. Cependant la situation sembloit devoir amener nécessairement une double confidence. Pour l'éviter, Molière a employé tout son art. Élise, qui a toute la retenue naturelle à son sexe, auroit besoin d'être un peu encouragée pour faire un aveu qui semble vouloir à chaque instant sortir de sa bouche; et son frère, prévenu de l'idée qu'elle est trop sage pour aimer aussi sans le consentement d'un père, lui tient les discours les plus propres à empêcher son secret de lui échapper. Du reste, Cléante et Élise vont achever ailleurs l'entretien; et nous ne pouvons pas douter que la sœur ne finisse par rendre à son frère confidence pour confidence.

SCÈNE III.

HARPAGON, LA FLÈCHE.

HARPAGON.

Hors d'ici tout-à-l'heure, et qu'on ne réplique pas. Allons, que l'on détale de chez moi, maître-juré filou, vrai gibier de potence.

LA FLÈCHE, *à part.*

Je n'ai jamais rien vu de si méchant que ce maudit vieillard; et je pense, sauf correction, qu'il a le diable au corps.

HARPAGON.

Tu murmures entre tes dents?

LA FLÈCHE.

Pourquoi me chassez-vous?

HARPAGON.

C'est bien à toi, pendard, à me demander des raisons! Sors vîte que je ne t'assomme [1].

---

(1) Dans l'*Aululaire* de Plaute, Euclion met aussi dehors sa vieille servante Staphyla, et la gourmande dans les mêmes termes:

Exi, inquam, age exi: exeundum hercle tibi hinc est foras.

....

STAPHYLA.
Nam quâ me nunc causâ extrusisti ex ædibus?

EUCLIO.
Tibi ego rationem reddam, stimulorum seges?

....

Si hodie hercle fustem cepero, etc.

« Euc. Sors, te dis-je, allons, sors: par Jupiter, tu sortiras d'ici...

LA FLÈCHE.

Qu'est-ce que je vous ai fait?

HARPAGON.

Tu m'as fait que je veux que tu sortes.

LA FLÈCHE.

Mon maître, votre fils, m'a donné ordre de l'attendre.

HARPAGON.

Va-t'en l'attendre dans la rue, et ne sois point dans ma maison, planté tout droit comme un piquet, à observer ce qui se passe, et faire ton profit de tout. Je ne veux point avoir sans cesse devant moi un espion de mes affaires, un traître dont les yeux maudits assiègent toutes mes actions, dévorent ce que je possède, et furettent de tous côtés pour voir s'il n'y a rien à voler [1].

LA FLÈCHE.

Comment diantre voulez-vous qu'on fasse pour vous voler? Êtes-vous un homme volable, quand vous renfermez toutes choses, et faites sentinelle jour et nuit?

HARPAGON.

Je veux renfermer ce que bon me semble, et faire sentinelle comme il me plaît. Ne voilà pas de mes mouchards, qui prennent garde à ce qu'on fait? *(bas, à part.)* Je tremble qu'il n'ait soupçonné quelque chose de mon

---

« STAPH. Pourquoi me chassez-vous maintenant de la maison? EUC. Dois-je « t'en rendre compte, grenier à coups?... Si je prends un bâton, etc. »

(1) Plaute exprime la même pensée en peu de mots et bien énergiquement. Euclion dit à Staphyla : *Circumspectatrix cum oculis emissitiis.* Littéralement : « Toi qui vois tout autour de toi avec tes yeux que tu jettes « de tous les côtés. »

argent ⁽¹⁾. (*haut.*) Ne serois-tu point homme à faire courir le bruit que j'ai chez moi de l'argent caché?

LA FLÈCHE.

Vous avez de l'argent caché?

HARPAGON.

Non, coquin, je ne dis pas cela. (*bas.*) J'enrage. (*haut.*) Je demande si, malicieusement, tu n'irois point faire courir le bruit que j'en ai.

LA FLÈCHE.

Hé! que nous importe que vous en ayez, ou que vous n'en ayez pas, si c'est pour nous la même chose?

HARPAGON, *levant la main pour donner un soufflet à La Flèche.*

Tu fais le raisonneur! Je te baillerai de ce raisonnement-ci par les oreilles. Sors d'ici, encore une fois.

LA FLÈCHE.

Hé bien! je sors.

HARPAGON.

Attends: ne m'emportes-tu rien?

LA FLÈCHE.

Que vous emporterois-je?

HARPAGON.

Tiens, viens çà, que je voie. Montre-moi tes mains.

LA FLÈCHE.

Les voilà.

---

(1) Euclion dit de même : *Nimisque ego hunc metuo malè.... neu persentiscat aurum ubi est absconditum.* « J'appréhende qu'elle ne soupçonne « où mon or est caché. »

HARPAGON.

Les autres (1).

LA FLÈCHE.

Les autres?

HARPAGON.

Oui.

LA FLÈCHE.

Les voilà.

HARPAGON, *montrant les haut-de-chausses de La Flèche.*

N'as-tu rien mis ici dedans?

---

(1) Molière imite ici la quatrième scène du quatrième acte de l'*Aululaire*, entre Euclion et Strobile, esclave de Mégadore.

On sait tout ce qu'il faut accorder à la préoccupation, au trouble de la passion. Mais Harpagon ne va-t-il pas trop loin, quand il dit, *les autres?* Euclion va plus loin encore en disant : *Ostende etiam tertiam.* « Montre-« moi la troisième. » Chappuzeau, dans son *Riche vilain*, a mieux fait que Plaute et que Molière : Crispin, vieil avare, soupçonne Philippin, le valet de son neveu, de lui avoir dérobé quelque chose.

CRISPIN.

Çà, montre-moi la main.

PHILIPPIN.

Tenez.

CRISPIN.

L'autre.

PHILIPPIN.

Tenez, voyez jusqu'à demain.

CRISPIN.

L'autre.

PHILIPPIN.

Allez la chercher. En ai-je une douzaine?

Crispin peut oublier qu'il a vu les deux mains l'une après l'autre, et demander à voir *l'autre* encore : voilà la juste mesure de l'égarement produit par la passion. Mais comment croire sans folie qu'un homme a une autre paire de mains, comme fait Harpagon, ou qu'il a trois mains, comme fait Euclion?

ACTE I, SCÈNE III.

LA FLÈCHE.

Voyez vous-même.

HARPAGON, *tâtant le bas des chausses de La Flèche.*

Ces grands haut-de-chausses sont propres à devenir les receleurs des choses qu'on dérobe ; et je voudrois qu'on en eût fait pendre quelqu'un [1].

LA FLÈCHE, *à part.*

Ah! qu'un homme comme cela mériteroit bien ce qu'il craint! et que j'aurais de joie à le voler!

HARPAGON.

Euh ?

LA FLÈCHE.

Quoi ?

HARPAGON.

Qu'est-ce que tu parles de voler ?

LA FLÈCHE.

Je vous dis que vous fouillez * bien partout, pour voir si je vous ai volé.

HARPAGON.

C'est ce que je veux faire.

(*Harpagon fouille dans les poches de La Flèche.*)

LA FLÈCHE, *à part.*

La peste soit de l'avarice et des avaricieux!

HARPAGON.

Comment? Que dis-tu?

VARIANTE. * *Que vous fouilliez.*

---

[1] Ce mot semble appartenir à la farce plutôt qu'à la comédie.

LA FLÈCHE.

Ce que je dis?

HARPAGON.

Oui. Qu'est-ce que tu dis d'avarice et d'avaricieux.

LA FLÈCHE.

Je dis que la peste soit de l'avarice et des avaricieux.

HARPAGON.

De qui veux-tu parler?

LA FLÈCHE.

Des avaricieux.

HARPAGON.

Et qui sont-ils, ces avaricieux?

LA FLÈCHE.

Des vilains et des ladres.

HARPAGON.

Mais qui est-ce que tu entends par là?

LA FLÈCHE.

De quoi vous mettez-vous en peine?

HARPAGON.

Je me mets en peine de ce qu'il faut.

LA FLÈCHE.

Est-ce que vous croyez que je veux parler de vous?

HARPAGON.

Je crois ce que je crois ; mais je veux que tu me dises à qui tu parles quand tu dis cela.

LA FLÈCHE.

Je parle... Je parle à mon bonnet.

HARPAGON.

Et moi, je pourrois bien parler à ta barrette [1].

LA FLÈCHE.

M'empêcherez-vous de maudire les avaricieux?

HARPAGON.

Non : mais je t'empêcherai de jaser et d'être insolent. Tais-toi.

LA FLÈCHE.

Je ne nomme personne.

HARPAGON.

Je te rosserai si tu parles.

LA FLÈCHE.

Qui se sent morveux, qu'il se mouche.

HARPAGON.

Te tairas-tu?

LA FLÈCHE.

Oui, malgré moi.

HARPAGON.

Ah! ah!

LA FLÈCHE, *montrant à Harpagon une poche de son juste-au-corps.*

Tenez, voilà encore une poche : êtes-vous satisfait?

HARPAGON.

Allons, rends-le-moi sans te fouiller [2].

---

[1] La *barrette* étoit anciennement une espèce de bonnet à l'usage des laquais et des paysans de quelques provinces. Il ne se dit plus que du bonnet carré rouge des cardinaux.

[2] *Rends-le-moi sans te fouiller,* ou, comme on diroit plus exactement,

LA FLÈCHE.

Quoi?

HARPAGON.

Ce que tu m'as pris.

LA FLÈCHE.

Je ne vous ai rien pris du tout.

HARPAGON.

Assurément?

LA FLÈCHE.

Assurément.

HARPAGON.

Adieu. Va-t'en à tous les diables.

LA FLÈCHE, *à part.*

Me voilà fort bien congédié [1].

HARPAGON.

Je te le mets sur ta conscience, au moins [2].

---

sans que je te fouille. Ce mot d'Harpagon, après qu'il a fouillé dans toutes les poches de La Flèche, est un mot de caractère qui peint admirablement l'incurable méfiance d'un avare. Il est juste de dire que le trait appartient à Plaute. Euclion, après avoir bien fouillé Strobile, comme Harpagon La Flèche, lui dit : *Jam scrutari mitto : redde huc.* « Je ne veux pas te fouil-« ler davantage, rends-le-moi. »

(1) Strobile est congédié de la même manière par Euclion :

Abi quò lubet.
Jupiter te dique perdant.

STROBILUS.
Haud malè agit gratias.

« Euc. Va-t'en où tu voudras, et que Jupiter et tous les dieux puissent « te confondre! Strob. Il me remercie bien poliment. »

(2) Scène de caractère, où la vérité et l'énergie du dialogue ne sauroient être trop admirées.

SCÈNE IV.

HARPAGON, seul.

Voilà un pendard de valet qui m'incommode fort; et je ne me plais point à voir ce chien de boiteux-là [1]. Certes, ce n'est pas une petite peine que de garder chez soi une grande somme d'argent; et bienheureux qui a tout son fait bien placé, et ne conserve seulement que ce qu'il faut pour sa dépense [2]! On n'est pas peu embarrassé à inventer, dans toute une maison, une cache fidelle; car, pour moi, les coffres-forts me sont suspects, et je ne veux jamais m'y fier. Je les tiens justement

---

(1) Béjart, le beau-frère de Molière, étoit devenu boiteux quelque temps avant qu'on représentât *l'Avare*, où il jouoit le rôle de La Flèche. C'est à cette infirmité que Molière fait allusion. Il arriva de là, dit-on, que tous les acteurs de province qui avoient le même emploi que Béjart à Paris, se mirent à boiter comme lui, non-seulement dans le rôle de La Flèche, mais encore dans tous les autres.

(2) Un critique allemand, qui refuse le génie comique à Molière, pour l'attribuer à l'auteur du *Roi de Cocagne*, M. Schlegel, dit en parlant d'Harpagon : « L'avare qui enfouit un trésor, et celui qui prête sur gages, « ne peuvent guère être le même individu. » L'observation porte à faux. On voit ici qu'Harpagon, qui connoît le prix de l'argent, regrette d'avoir chez lui une forte somme qui ne travaille pas, et envie le sort de ceux *qui ont tout leur fait bien placé*. Comme tous les emprunteurs n'offrent pas de grandes sûretés, et qu'il est fort difficile en ce genre, il est tout naturel qu'il aime encore mieux avoir dans sa maison quelque argent mort, que de se le voir emporter par un escroc, par un banqueroutier. D'ailleurs, comme on le voit au commencement de la scène suivante, cet argent, ces dix mille écus, il ne les a que d'hier, par le fait d'un remboursement; et nous verrons bientôt que maître Simon, son courtier d'usure, est chargé de les lui placer. Harpagon n'est donc point inconséquent; Molière a donc raison; M. Schlegel a donc tort.

une franche amorce à voleurs ; et c'est toujours la première chose que l'on va attaquer.

SCÈNE V.

HARPAGON, ÉLISE et CLÉANTE, *parlant ensemble, et restant dans le fond du théâtre.*

HARPAGON, *se croyant seul.*

Cependant, je ne sais si j'aurai bien fait d'avoir enterré, dans mon jardin, dix mille écus qu'on me rendit hier. Dix mille écus en or chez soi, est une somme assez... (*à part, apercevant Élise et Cléante.*) O ciel ! je me serai trahi moi-même ! la chaleur m'aura emporté, et je crois que j'ai parlé haut, en raisonnant tout seul [1]. (*à Cléante et à Élise.*) Qu'est-ce ?

CLÉANTE.

Rien, mon père.

HARPAGON.

Y a-t-il long-temps que vous êtes là ?

ÉLISE.

Nous ne venons que d'arriver.

HARPAGON.

Vous avez entendu...

CLÉANTE.

Quoi ? mon père.

---

(1) A la différence de Tartuffe qui n'a ni monologues ni *à parte*, parce qu'il calcule froidement tous ses discours et toutes ses actions, Harpagon, qui est toujours passionné, se parle souvent à lui-même, et quelquefois assez haut pour être entendu des autres, ou du moins pour le craindre.

HARPAGON.

Là...

ÉLISE.

Quoi?

HARPAGON.

Ce que je viens de dire.

CLÉANTE.

Non.

HARPAGON.

Si fait, si fait.

ÉLISE.

Pardonnez-moi.

HARPAGON.

Je vois bien que vous en avez ouï quelques mots. C'est que je m'entretenois en moi-même de la peine qu'il y a aujourd'hui à trouver de l'argent, et je disois qu'il est bien heureux qui peut avoir dix mille écus chez soi.

CLÉANTE.

Nous feignions à vous aborder⁽¹⁾, de peur de vous interrompre.

HARPAGON.

Je suis bien aise de vous dire cela, afin que vous n'alliez pas prendre les choses de travers, et vous imaginer que je dise que c'est moi qui ai dix mille écus.

CLÉANTE.

Nous n'entrons point dans vos affaires.

---

(1) *Nous feignions à vous aborder.* — *Feindre*, dans le sens d'hésiter, se construit avec la préposition *de*, et ne s'emploie guère que négativement: *je ne feindrai pas de vous dire; il ne feignit pas de l'aborder.*

HARPAGON.

Plût à Dieu que je les eusse, dix mille écus ! *

CLÉANTE.

Je ne crois pas...

HARPAGON.

Ce seroit une bonne affaire pour moi.

ÉLISE.

Ce sont des choses...

HARPAGON

J'en aurois bon besoin.

CLÉANTE.

Je pense que...

HARPAGON.

Cela m'accommoderoit fort.

ÉLISE.

Vous êtes...

HARPAGON.

Et je ne me plaindrois pas, comme je fais, que le temps est misérable.

CLÉANTE.

Mon dieu! mon père, vous n'avez pas lieu de vous plaindre, et l'on sait que vous avez assez de bien.

HARPAGON.

Comment! j'ai assez de bien? Ceux qui le disent, en ont menti. Il n'y a rien de plus faux; et ce sont des coquins qui font courir tous ces bruits-là.

ÉLISE.

Ne vous mettez point en colère.

VARIANTE. * *Les dix mille écus.*

ACTE I, SCÈNE V.

HARPAGON.

Cela est étrange, que mes propres enfans me trahissent, et deviennent mes ennemis.

CLÉANTE.

Est-ce être votre ennemi, que de dire que vous avez du bien?

HARPAGON.

Oui. De pareils discours, et les dépenses que vous faites, seront cause qu'un de ces jours on me viendra chez moi couper la gorge, dans la pensée que je suis tout cousu de pistoles.

CLÉANTE.

Quelle grande dépense est-ce que je fais?

HARPAGON.

Quelle? Est-il rien de plus scandaleux que ce somptueux équipage que vous promenez par la ville? Je querellois hier votre sœur; mais c'est encore pis. Voilà qui crie vengeance au ciel; et, à vous prendre depuis les pieds jusqu'à la tête, il y auroit là de quoi faire une bonne constitution. Je vous l'ai dit vingt fois, mon fils, toutes vos manières me déplaisent fort; vous donnez furieusement dans le marquis; et, pour aller ainsi vêtu, il faut bien que vous me dérobiez.

CLÉANTE.

Hé! comment vous dérober?

HARPAGON.

Que sais-je*? Où pouvez-vous donc prendre de quoi entretenir l'état que vous portez (1)?

VARIANTE. * *Que sais-je, moi?*

---

(1) *L'état que vous portez*, — Suivant le dictionnaire de l'Académie,

CLÉANTE.

Moi, mon père? c'est que je joue; et, comme je suis fort heureux, je mets sur moi tout l'argent que je gagne.

HARPAGON.

C'est fort mal fait. Si vous êtes heureux au jeu, vous en devriez profiter, et mettre à honnête intérêt l'argent que vous gagnez, afin de le trouver un jour. Je voudrois bien savoir, sans parler du reste, à quoi servent tous ces rubans dont vous voilà lardé depuis les pieds jusqu'à la tête, et si une demi-douzaine d'aiguillettes ne suffit pas pour attacher un haut-de-chausses [1]. Il est bien nécessaire d'employer de l'argent à des perruques, lorsque l'on peut porter des cheveux de son crû, qui ne coûtent rien! Je vais gager qu'en perruques et rubans, il y a du moins vingt pistoles [2]; et vingt pistoles rapportent par année dix-huit livres six sous huit deniers, à ne les placer qu'au denier douze [3].

CLÉANTE.

Vous avez raison.

édition de 1694, on disoit alors, *état*, pour, manière de s'habiller; et, *porter un grand état*, signifioit, être vêtu richement, somptueusement. Ce mot étoit *bas*, à ce qu'ajoute le dictionnaire.

(1) On attachoit autrefois le haut-de-chausses au pourpoint, au moyen d'aiguillettes ou lacets ferrés par les deux bouts, qui passoient dans des œillets faits à l'un et à l'autre vêtement.

(2) Dans *les Plaideurs*, Dandin témoigne à son fils Léandre la même humeur contre les rubans dont ce jeune homme est *lardé:*

    Chacun de tes rubans me coûte une sentence.

(3) *Au denier douze*, c'est-à-dire à huit un tiers pour cent, comme on s'exprime aujourd'hui. Suivant Harpagon, ce n'est là qu'un intérêt modique.

ACTE I, SCÈNE V.

HARPAGON.

Laissons cela, et parlons d'autre affaire*. (*apercevant Cléante et Elise qui se font des signes.*) Hé! (*bas, à part.*) Je crois qu'ils se font signe l'un à l'autre de me voler ma bourse. (*haut.*) Que veulent dire ces gestes-là [1]?

ÉLISE.

Nous marchandons, mon frère et moi, à qui parlera le premier; et nous avons tous deux quelque chose à vous dire.

HARPAGON.

Et moi j'ai quelque chose aussi à vous dire à tous deux.

CLÉANTE.

C'est de mariage, mon père, que nous desirons vous parler.

HARPAGON.

Et c'est de mariage aussi que je veux vous entretenir.

ÉLISE.

Ah! mon père.

HARPAGON.

Pourquoi ce cri? Est-ce le mot, ma fille, ou la chose qui vous fait peur?

CLÉANTE.

Le mariage peut nous faire peur à tous deux, de la façon que vous pouvez l'entendre, et nous craignons

VARIANTE. * *D'autres affaires.*

---

[1] Harpagon ne pense pas mieux de ses propres enfans que du valet de son fils. Un avare n'a point de famille; il ne voit dans le monde que des gens qui en veulent à son or.

que nos sentimens ne soient pas d'accord avec votre choix.

HARPAGON.

Un peu de patience; ne vous alarmez point. Je sais ce qu'il faut à tous deux, et vous n'aurez, ni l'un ni l'autre, aucun lieu de vous plaindre de tout ce que je prétends faire; et, pour commencer par un bout, (*à Cléante.*) avez-vous vu, dites-moi, une jeune personne appelée Mariane, qui ne loge pas loin d'ici?

CLÉANTE.

Oui, mon père.

HARPAGON.

Et vous?

ÉLISE.

J'en ai ouï parler.

HARPAGON.

Comment, mon fils, trouvez-vous cette fille?

CLÉANTE.

Une fort charmante personne.

HARPAGON.

Sa physionomie?

CLÉANTE.

Tout honnête et pleine d'esprit.

HARPAGON.

Son air et sa manière?

CLÉANTE.

Admirables, sans doute.

HARPAGON.

Ne croyez-vous pas qu'une fille comme cela mériteroit assez que l'on songeât à elle?

CLÉANTE.

Oui, mon père.

HARPAGON.

Que ce seroit un parti souhaitable?

CLÉANTE.

Très-souhaitable.

HARPAGON.

Qu'elle a toute la mine de faire un bon ménage?

CLÉANTE.

Sans doute.

HARPAGON.

Et qu'un mari auroit satisfaction avec elle?

CLÉANTE.

Assurément.

HARPAGON.

Il y a une petite difficulté : c'est que j'ai peur qu'il n'y ait pas avec elle tout le bien qu'on pourroit prétendre.

CLÉANTE.

Ah! mon père, le bien n'est pas considérable (1), lorsqu'il est question d'épouser une honnête personne.

HARPAGON.

Pardonnez-moi, pardonnez-moi. Mais ce qu'il y a à dire, c'est que, si l'on n'y trouve pas tout le bien qu'on souhaite, on peut tâcher de regagner cela sur autre chose.

CLÉANTE.

Cela s'entend.

---

(1) *N'est pas considérable*, n'est pas digne de considération, ne mérite pas qu'on y fasse attention, qu'on y ait égard.

HARPAGON.

Enfin, je suis bien aise de vous voir dans mes sentimens : car son maintien honnête et sa douceur m'ont gagné l'ame, et je suis résolu de l'épouser, pourvu que j'y trouve quelque bien.

CLÉANTE.

Euh?

HARPAGON.

Comment?

CLÉANTE.

Vous êtes résolu, dites-vous...

HARPAGON.

D'épouser Mariane.

CLÉANTE.

Qui? Vous, vous?

HARPAGON.

Oui, moi, moi, moi. Que veut dire cela?

CLÉANTE.

Il m'a pris tout-à-coup un éblouissement, et je me retire d'ici [1].

---

[1] Il falloit reculer le moment où Harpagon doit déclarer à son fils qu'il a fait choix d'une femme pour lui ; il convenoit aussi qu'Élise restât seule avec son père pour l'entretien qui va suivre : voilà pourquoi Molière donne à Cléante un *éblouissement* subit qui le force à sortir. Un pareil motif de sortie ne sauroit être approuvé ; c'est, comme j'ai eu occasion de le dire ailleurs, un accident, et non pas un incident. Dans toute pièce bien conduite, chaque démarche des personnages doit être une conséquence naturelle de l'intrigue ou du caractère, et non l'effet d'une cause fortuite.

Des personnes dont l'opinion est une autorité pour moi, prétendent que l'éblouissement est supposé par Cléante qui, ne voulant pas encore s'expliquer avec son père, se sert du premier prétexte qu'il trouve, pour rompre l'entretien et se retirer. Il se peut ; mais alors nous aurions dû être, de manière ou d'autre, prévenus du stratagème. Il ne faut jamais, au théâtre, que le public puisse être induit en erreur.

HARPAGON.

Cela ne sera rien. Allez vîte boire dans la cuisine un verre d'eau claire ⁽¹⁾.

SCÈNE VI.

HARPAGON, ÉLISE.

HARPAGON.

Voilà de mes damoiseaux flouets*⁽²⁾, qui n'ont non plus de vigueur que des poules. C'est là, ma fille, ce que j'ai résolu pour moi. Quant à ton frère, je lui destine une certaine veuve dont, ce matin, on m'est venu parler; et, pour toi, je te donne au seigneur Anselme.

ÉLISE.

Au seigneur Anselme?

HARPAGON.

Oui, un homme mûr, prudent et sage, qui n'a pas plus de cinquante ans, et dont on vante les grands biens.

ÉLISE, *faisant la révérence.*

Je ne veux point me marier, mon père, s'il vous plaît.

VARIANTE. * *Voilà de mes damoiseaux fluets.*

---

(1) Excellent trait de lésine et d'insensibilité. On voit ici Harpagon tout entier.

(2) L'édition originale et celle de 1682 portent *flouets*. *Flouet* étoit le diminutif de l'adjectif *flou*, qui, dans notre ancien langage, vouloit dire, tendre, délicat, suave, et que nos peintres ont retenu dans cette expression, *peindre flou*, qui signifie, peindre d'une manière tendre et légère.

HARPAGON, *contrefaisant Élise.*

Et moi, ma petite fille, ma mie, je veux que vous vous mariiez, s'il vous plaît.

ÉLISE, *faisant encore la révérence.*

Je vous demande pardon, mon père.

HARPAGON, *contrefaisant Élise.*

Je vous demande pardon, ma fille.

ÉLISE.

Je suis très-humble servante au seigneur Anselme ; mais (*faisant encore la révérence.*) avec votre permission, je ne l'épouserai point.

HARPAGON.

Je suis votre très-humble valet ; mais (*contrefaisant Elise.*) avec votre permission, vous l'épouserez dès ce soir.

ÉLISE.

Dès ce soir ?

HARPAGON.

Dès ce soir.

ÉLISE, *faisant encore la révérence.*

Cela ne sera pas, mon père.

HARPAGON, *contrefaisant encore Elise.*

Cela sera, ma fille.

ÉLISE.

Non.

HARPAGON.

Si.

ÉLISE.

Non, vous dis-je.

HARPAGON.

Si, vous dis-je.

ÉLISE.

C'est une chose où vous ne me réduirez point.

HARPAGON.

C'est une chose où je te réduirai.

ÉLISE.

Je me tuerai plutôt que d'épouser un tel mari.

HARPAGON.

Tu ne te tueras point, et tu l'épouseras. Mais voyez quelle audace! A-t-on jamais vu une fille parler de la sorte à son père?

ÉLISE.

Mais a-t-on jamais vu un père marier sa fille de la sorte?

HARPAGON.

C'est un parti où il n'y a rien à redire; et je gage que tout le monde approuvera mon choix.

ÉLISE.

Et moi, je gage qu'il ne sauroit être approuvé d'aucune personne raisonnable.

HARPAGON, *apercevant Valère de loin*.

Voilà Valère. Veux-tu qu'entre nous deux nous le fassions juge de cette affaire?

ÉLISE.

J'y consens.

HARPAGON.

Te rendras-tu à son jugement?

ÉLISE.

Oui; j'en passerai par ce qu'il dira.

HARPAGON,

Voilà qui est fait [1].

SCÈNE VII.

VALÈRE, HARPAGON, ÉLISE.

HARPAGON.

Ici, Valère. Nous t'avons élu pour nous dire qui a raison de ma fille ou de moi.

VALÈRE.

C'est vous, monsieur, sans contredit.

HARPAGON.

Sais-tu bien de quoi nous parlons?

VALÈRE.

Non. Mais vous ne sauriez avoir tort, et vous êtes toute raison.

HARPAGON.

Je veux, ce soir, lui donner pour époux un homme aussi riche que sage; et la coquine me dit au nez qu'elle se moque de le prendre. Que dis-tu de cela?

VALÈRE.

Ce que j'en dis?

---

[1] Le ton décidé et tout-à-fait irrespectueux dont Élise repousse les volontés de son père forme un parfait contraste avec le ton soumis et craintif de la Mariane du *Tartuffe*, dans une situation pareille et plus fâcheuse encore, puisque Tartuffe est bien autrement haïssable que le seigneur Anselme. Orgon, à son engouement près pour l'odieux hypocrite, est un bon homme et un bon père. Harpagon qui n'aime personne, pas même ses enfans, doit être haï, méprisé de tout le monde, et de ses enfans surtout.

ACTE I, SCÈNE VII.

HARPAGON.

Oui.

VALÈRE.

Hé! hé!

HARPAGON.

Quoi?

VALÈRE.

Je dis que, dans le fond, je suis de votre sentiment, et vous ne pouvez pas que vous n'ayez raison. Mais aussi n'a-t-elle pas tort tout-à-fait, et...

HARPAGON.

Comment? Le seigneur Anselme est un parti considérable; c'est un gentilhomme qui est noble [1], doux, posé, sage et fort accommodé, et auquel il ne reste aucun enfant de son premier mariage. Sauroit-elle mieux rencontrer?

VALÈRE.

Cela est vrai. Mais elle pourroit vous dire que c'est un peu précipiter les choses, et qu'il faudroit au moins quelque temps pour voir si son inclination pourroit s'accommoder avec...*

HARPAGON.

C'est une occasion qu'il faut prendre vite aux cheveux.

VARIANTE. * S'accorder avec.

---

(1) *Ce gentilhomme qui est noble*, est certainement un trait de satire contre les faux nobles, dont le nombre étoit fort considérable. Molière y revient plus loin, acte V, scène V : « Le monde aujourd'hui n'est plein que « de ces larrons de noblesse, que de ces imposteurs qui tirent avantage de « leur obscurité, et s'habillent insolemment du premier nom illustre qu'ils « s'avisent de prendre. »

Je trouve ici un avantage qu'ailleurs je ne trouverois pas; et il s'engage à la prendre sans dot.

VALÈRE.

Sans dot?

HARPAGON.

Oui.

VALÈRE.

Ah! je ne dis plus rien. Voyez-vous? voilà une raison tout-à-fait convaincante; il se faut rendre à cela.

HARPAGON.

C'est pour moi une épargne considérable.

VALÈRE.

Assurément; cela ne reçoit point de contradiction. Il est vrai que votre fille vous peut représenter que le mariage est une plus grande affaire qu'on ne peut croire; qu'il y va d'être heureux ou malheureux toute sa vie; et qu'un engagement qui doit durer jusqu'à la mort, ne se doit jamais faire qu'avec de grandes précautions.

HARPAGON.

Sans dot.

VALÈRE.

Vous avez raison: voilà qui décide tout; cela s'entend. Il y a des gens qui pourroient vous dire qu'en de telles occasions, l'inclination d'une fille est une chose, sans doute, où l'on doit avoir de l'égard (1); et que cette grande inégalité d'âge, d'humeur et de sentimens, rend un mariage sujet à des accidens très-fâcheux.

---

(1) *Une chose où l'on doit avoir de l'égard.* — On diroit aujourd'hui, *une chose à laquelle on doit avoir égard.*

HARPAGON.

Sans dot.

VALÈRE.

Ah! il n'y a pas de réplique à cela; on le sait bien. Qui diantre peut aller là-contre? Ce n'est pas qu'il n'y ait quantité de pères qui aimeroient mieux ménager la satisfaction de leurs filles, que l'argent qu'ils pourroient donner; qui ne les voudroient point sacrifier à l'intérêt, et chercheroient, plus que toute autre chose, à mettre dans un mariage cette douce conformité qui, sans cesse, y maintient l'honneur, la tranquillité et la joie; et que...

HARPAGON.

Sans dot [1].

VALÈRE.

Il est vrai; cela ferme la bouche à tout. Sans dot! Le moyen de résister à une raison comme celle-là?

---

(1) *Le pauvre homme!* du *Tartuffe; Que diable alloit-il faire dans cette galère?* des *Fourberies de Scapin;* et *Sans dot,* de *l'Avare,* sont trois traits de même nature, trois répétitions d'une vérité sublime et d'un effet prodigieux au théâtre. S'il falloit absolument choisir entre des choses qui saisissent d'une égale admiration, je donnerois la préférence à *sans dot,* parce qu'il a l'avantage de décider et, pour ainsi dire, de dénouer la scène. Il est de passion, de caractère comme les deux autres; et en outre il est de situation. Valère, dans sa position, est obligé d'approuver cet irrésistible argument, au lieu de le combattre; et Harpagon sort triomphant, comme s'il avoit convaincu Valère, et confondu Élise elle-même.

Molière ne doit-il qu'à lui-même l'admirable répétition de *sans dot?* ou Plaute lui en a-t-il fourni l'idée? On n'est pas d'accord sur ce point. Il est certain qu'Euclion, à qui Mégadore demande sa fille, lui dit, *à quatre reprises,* qu'elle est sans dot. Cette répétition affectée n'a pu manquer de frapper Molière, à qui il reste le mérite de l'avoir rendue infiniment plus frappante et plus comique par la précision et par l'identité de la forme, surtout par le sentiment de conviction profonde avec lequel Harpagon la donne comme une raison qui *ferme la bouche à tout.*

HARPAGON, *à part, regardant du côté du jardin.*

Ouais! il me semble que j'entends un chien qui aboie. N'est-ce point qu'on en voudroit à mon argent [1]? (*à Valère.*) Ne bougez; je reviens tout-à-l'heure [2].

SCÈNE VIII.

ÉLISE, VALÈRE.

ÉLISE.

Vous moquez-vous, Valère, de lui parler comme vous faites?

VALÈRE.

C'est pour ne point l'aigrir, et pour en venir mieux à bout. Heurter de front ses sentimens, est le moyen de tout gâter; et il y a de certains esprits qu'il ne faut prendre qu'en biaisant; des tempéramens ennemis de toute résistance; des naturels rétifs, que la vérité fait cabrer, qui toujours se roidissent contre le droit chemin de la raison [3], et qu'on ne mène qu'en tournant où l'on veut

---

(1) La Fontaine a dit, dans la fable intitulée *Le Savetier et le Financier*:

Tous les jours il avoit l'oreille au guet; la nuit,
  Si quelque chat faisoit du bruit,
  Le chat prenoit l'argent.

Les alarmes de Grégoire sont les mêmes que celles d'Harpagon, et elles ont la même cause.

(2) Euclion, de même qu'Harpagon, laisse là plusieurs fois ceux avec qui il converse, pour aller voir si son trésor est toujours à la même place, et revient plus tranquille après s'en être assuré.

(3) *Se roidir contre le droit chemin de la raison*, est une expression métaphorique qui ne semble pas avoir toute la justesse desirable.

les conduire. Faites semblant de consentir à ce qu'il veut, vous en viendrez mieux à vos fins; et...

ÉLISE.

Mais ce mariage, Valère!

VALÈRE.

On cherchera des biais pour le rompre.

ÉLISE.

Mais quelle invention trouver, s'il se doit conclure ce soir?

VALÈRE.

Il faut demander un délai, et feindre quelque maladie.

ÉLISE.

Mais on découvrira la feinte, si l'on appelle des médecins.

VALÈRE.

Vous moquez-vous? Y connoissent-ils quelque chose? Allez, allez, vous pourrez avec eux avoir quel mal il vous plaira; ils vous trouveront des raisons pour vous dire d'où cela vient[1].

---

(1) Chaque fois que Molière parle des médecins (et il en parle souvent), on croiroit qu'il a épuisé contre eux tous ses traits, ou du moins leur a lancé les meilleurs; mais il en trouve toujours de nouveaux et de plus piquans encore à leur décocher.

SCÈNE IX.

HARPAGON, ÉLISE, VALÈRE.

HARPAGON, *à part, dans le fond du théâtre.*

Ce n'est rien, dieu merci.

VALÈRE, *sans voir Harpagon.*

Enfin, notre dernier recours, c'est que la fuite nous peut mettre à couvert de tout; et, si votre amour, belle Élise, est capable d'une fermeté... (*apercevant Harpagon.*) Oui, il faut qu'une fille obéisse à son père. Il ne faut point qu'elle regarde comme un mari est fait; et, lorsque la grande raison de *sans dot* s'y rencontre, elle doit être prête à prendre tout ce qu'on lui donne.

HARPAGON.

Bon; voilà bien parlé, cela! *

VALÈRE.

Monsieur, je vous demande pardon si je m'emporte un peu, et prends la hardiesse de lui parler comme je fais.

HARPAGON.

Comment! j'en suis ravi, et je veux que tu prennes sur elle un pouvoir absolu. (*à Élise.*) Oui, tu as beau fuir, je lui donne l'autorité que le ciel me donne sur toi, et j'entends que tu fasses tout ce qu'il te dira.

VALÈRE, *à Élise.*

Après cela, résistez à mes remontrances.

VARIANTE. * *Voilà bien parler, cela!*

SCÈNE X.

HARPAGON, VALÈRE.

VALÈRE.

Monsieur, je vais la suivre, pour lui continuer les leçons que je lui faisois.

HARPAGON.

Oui; tu m'obligeras. Certes... *

VALÈRE.

Il est bon de lui tenir un peu la bride haute.

HARPAGON.

Cela est vrai. Il faut...

VALÈRE.

Ne vous mettez pas en peine. Je crois que j'en viendrai à bout.

HARPAGON.

Fais, fais. Je m'en vais faire un petit tour en ville, et je reviens tout-à-l'heure [1].

VARIANTE. * *Oui; tu m'obligeras, certes.*

---

(1) Euclion sort aussi de chez lui pour aller en ville; mais il lui en coûte de quitter la maison qui renferme son cher trésor. S'il s'absente, c'est pour aller recevoir sa part d'une distribution d'argent que l'on fait dans sa curie; et il renonceroit volontiers à ce qui lui revient, s'il ne craignoit, en n'allant point le chercher, de faire soupçonner qu'il n'en a pas besoin. Harpagon ne sort sûrement pas pour se promener; il n'y a nul doute que quelque affaire d'intérêt ne soit le motif qui l'éloigne de sa maison : mais peut-être aussi auroit-il dû nous en faire en deux mots la confidence.

VALÈRE, *adressant la parole à Elise, en s'en allant du côté par où elle est sortie.*

Oui, l'argent est plus précieux que toutes les choses du monde, et vous devez rendre graces au ciel, de l'honnête homme de père qu'il vous a donné. Il sait ce que c'est que de vivre. Lorsqu'on s'offre de prendre une fille sans dot, on ne doit point regarder plus avant. Tout est renfermé là-dedans; et *sans dot* tient lieu de beauté, de jeunesse, de naissance, d'honneur, de sagesse et de probité.

HARPAGON.

Ah! le brave garçon! Voilà parlé comme un oracle *. Heureux qui peut avoir un domestique de la sorte! [1]

VARIANTE. * *Voilà parler comme un oracle!*

---

(1) Harpagon est, en effet, bien heureux! Il se plaint, il se méfie de ses enfans qui le détestent, et brûlent d'échapper à son autorité tyrannique. Il n'aime que son or, dont la possession le remplit de terreurs; et la seule personne en qui il ait quelque confiance, est un faux domestique qui le flatte pour le tromper. Enfin, pour que le ridicule se joigne au malheur mérité que lui attire son vice, il ordonne lui-même à sa fille d'obéir en tout à cet amant déguisé qui lui propose de s'enfuir avec elle.

FIN DU PREMIER ACTE.

ACTE II.

SCÈNE PREMIÈRE.
CLÉANTE, LA FLÈCHE.

CLÉANTE.
Ah! traître que tu es, où t'es-tu donc allé fourrer? Ne t'avois-je pas donné ordre...

LA FLÈCHE.
Oui, monsieur, et je m'étois rendu ici * pour vous attendre de pied ferme; mais monsieur votre père, le plus mal gracieux des hommes, m'a chassé dehors ⁽¹⁾ malgré moi, et j'ai couru risque d'être battu.

CLÉANTE.
Comment va notre affaire? Les choses pressent plus que jamais; et depuis que je t'ai vu **, j'ai découvert que mon père est mon rival.

LA FLÈCHE.
Votre père amoureux?

VARIANTES. * *Oui, monsieur. Je m'étois rendu ici.* — ** *Les choses pressent plus que jamais. Depuis que je t'ai vu.*

---

(1) *M'a chassé dehors.* — *Chasser*, dans cette acception, c'est mettre dehors : *chasser dehors* est donc un pléonasme.

CLÉANTE.

Oui; et j'ai eu toutes les peines du monde à lui cacher le trouble où cette nouvelle m'a mis.

LA FLÈCHE.

Lui, se mêler d'aimer! De quoi diable s'avise-t-il? Se moque-t-il du monde? Et l'amour a-t-il été fait pour des gens bâtis comme lui?

CLÉANTE.

Il a fallu, pour mes péchés, que cette passion lui soit venue en tête.

LA FLÈCHE.

Mais par quelle raison lui faire un mystère de votre amour?

CLÉANTE.

Pour lui donner moins de soupçon, et me conserver, au besoin, des ouvertures plus aisées pour détourner ce mariage (1). Quelle réponse t'a-t-on faite?

LA FLÈCHE.

Ma foi, monsieur, ceux qui empruntent sont bien malheureux; et il faut essuyer d'étranges choses, lorsqu'on en est réduit* à passer, comme vous, par les mains des fesse-mathieux (2).

VARIANTE. * Lorsqu'on est réduit.

---

(1) Phrase écrite d'un style peu naturel et peu facile. Il seroit aisé de démontrer l'impropriété des expressions qui la composent; mais ce détail entraîneroit trop loin. Il y a, dans l'Avare, plus de phrases de cette espèce, que dans aucune autre comédie de l'auteur.

(2) Comme saint Mathieu, avant sa vocation, étoit péager et usurier,

ACTE II, SCÈNE I.

CLÉANTE.

L'affaire ne se fera point?

LA FLÈCHE.

Pardonnez-moi. Notre maître Simon, le courtier qu'on nous a donné, homme agissant et plein de zèle, dit qu'il a fait rage pour vous, et il assure que votre seule physionomie lui a gagné le cœur.

CLÉANTE.

J'aurai les quinze mille francs que je demande?

LA FLÈCHE.

Oui, mais à quelques petites conditions qu'il faudra que vous acceptiez, si vous avez dessein que les choses se fassent.

CLÉANTE.

T'a-t-il fait parler à celui qui doit prêter l'argent?

LA FLÈCHE.

Ah! vraiment, cela ne va pas de la sorte. Il apporte encore plus de soin à se cacher que vous, et ce sont des mystères bien plus grands que vous ne pensez. On ne veut point du tout dire son nom; et l'on doit aujourd'hui l'aboucher avec vous dans une maison empruntée, pour être instruit par votre bouche [1] de votre bien et de votre famille; et je ne doute point que le seul nom de votre père ne rende les choses faciles.

---

nos étymologistes prétendent qu'autrefois on a appelé un usurier, un avare, par allusion, *face de Mathieu;* par abréviation, *face Mathieu;* et enfin par corruption, *Fesse-Mathieu.*

[1] *L'aboucher avec vous... pour être instruit par votre bouche.* — Petite négligence de style qu'il étoit fort aisé d'éviter.

CLÉANTE.

Et principalement notre mère * étant morte, dont on ne peut m'ôter le bien.

LA FLÈCHE.

Voici quelques articles qu'il a dictés lui-même à notre entremetteur, pour vous être montrés avant que de rien faire :

Supposé que le prêteur voie toutes ses sûretés, et que l'emprunteur soit majeur, et d'une famille où le bien soit ample, solide, assuré, clair, et net de tout embarras, on fera une bonne et exacte obligation par-devant un notaire, le plus honnête homme qu'il se pourra, et qui, pour cet effet, sera choisi par le prêteur, auquel il importe le plus que l'acte soit dûment dressé.

CLÉANTE.

Il n'y a rien à dire à cela.

LA FLÈCHE.

Le prêteur, pour ne charger sa conscience d'aucun scrupule, prétend ne donner son argent qu'au denier dix-huit [1].

CLÉANTE.

Au denier dix-huit? Parbleu! voilà qui est honnête. Il n'y a pas lieu de se plaindre.

LA FLÈCHE.

Cela est vrai.

VARIANTE. * *Ma mère.*

---

(1) A cinq, cinq neuvièmes, pour cent.

Mais, comme ledit prêteur n'a pas chez lui la somme dont il est question, et que, pour faire plaisir à l'emprunteur, il est contraint lui-même de l'emprunter d'un autre sur le pied du denier cinq (1), *il conviendra que ledit premier emprunteur paie cet intérêt, sans préjudice du reste, attendu que ce n'est que pour l'obliger que ledit prêteur s'engage à cet emprunt.*

CLÉANTE.

Comment diable! quel Juif! quel Arabe est-ce là? C'est plus qu'au denier quatre (2).

LA FLÈCHE.

Il est vrai; c'est ce que j'ai dit. Vous avez à voir là-dessus.

CLÉANTE.

Que veux-tu que je voie? J'ai besoin d'argent, et il faut bien que je consente à tout.

LA FLÈCHE.

C'est la réponse que j'ai faite.

CLÉANTE.

Il y a encore quelque chose?

LA FLÈCHE.

Ce n'est plus qu'un petit article.

Des quinze mille francs qu'on demande, le prêteur ne pourra compter en argent que douze mille livres; et, pour les mille écus restans, il faudra que l'emprunteur prenne

---

(1) A vingt pour cent.
(2) A vingt-cinq pour cent.

les hardes, nippes, bijoux dont s'ensuit le mémoire, et que ledit prêteur a mis, de bonne foi, au plus modique prix qu'il lui a été possible.

CLÉANTE.

Que veut dire cela?

LA FLÈCHE.

Écoutez le mémoire.

Premièrement, un lit de quatre pieds à bandes de point de Hongrie, appliquées fort proprement sur un drap de couleur d'olive, avec six chaises et la courte-pointe de même : le tout bien conditionné, et doublé d'un petit taffetas changeant rouge et bleu.

Plus, un pavillon à queue, d'une bonne serge d'Aumale rose sèche, avec le mollet et les franges de soie.

CLÉANTE.

Que veut-il que je fasse de cela?

LA FLÈCHE.

Attendez.

Plus, une tenture de tapisserie des amours de Gombaud et de Macée [1].

Plus, une grande table de bois de noyer, à douze colonnes ou piliers tournés, qui se tire par les deux bouts, et garnie, par le dessous, de ses six escabelles.

---

(1) L'abbé Lenglet Dufresnoy, dans son livre *de l'Usage des Romans*, cite un roman d'amour, intitulé, *Gombaud l'Endymion*, imprimé en 1624 et en 1626. Il est possible que ce roman ait eu de la vogue dans la jeunesse de Molière, et qu'on en ait représenté les aventures en tapisserie.

CLÉANTE.

Qu'ai-je affaire, morbleu?...

LA FLÈCHE.

Donnez-vous patience.

Plus, trois gros mousquets tout garnis de nacre de perle, avec les fourchettes assortissantes (1).

Plus, un fourneau de brique, avec deux cornues et trois récipiens, fort utiles à ceux qui sont curieux de distiller.

CLÉANTE.

J'enrage.

LA FLÈCHE.

Doucement.

Plus, un luth de Bologne, garni de toutes ses cordes, ou peu s'en faut.

Plus, un trou-madame et un damier, avec un jeu de l'oie, renouvelé des Grecs, fort propres* à passer le temps lorsque l'on n'a que faire.

Plus, une peau d'un lézard** de trois pieds et demi, remplie de foin : curiosité agréable pour pendre au plancher d'une chambre.

Le tout ci-dessus mentionné, valant loyalement plus

VARIANTES. * *Fort propre.* — ** *Une peau de lézard.*

---

(1) Les soldats portoient autrefois un bâton terminé d'un bout par une pointe qu'ils enfonçoient en terre, et, de l'autre, par un fer fourchu sur lequel ils appuyoient leur mousquet, pour tirer plus juste. C'est ce qu'on appeloit *la fourchette d'un mousquet*.

de quatre mille cinq cents livres, et rabaissé à la valeur de mille écus, par la discrétion du prêteur (1).

---

(1) Molière a fait ici son profit d'une scène de *la Belle Plaideuse*, comédie de Boisrobert. Comme ici, le valet Filipin annonce à son jeune maître Ergaste qu'il a trouvé un homme qui veut bien lui prêter quinze mille francs.

FILIPIN.

Milon à l'usurier vient de tâter le pouls :
Si vous n'avez l'argent, il ne tiendra qu'à vous;
Mais...

ERGASTE.

Quoi, mais? Ne fais point ici de préambule.
Parle.

FILIPIN.

Mais l'usurier me paroît ridicule.

ERGASTE.

Comment?

FILIPIN.

A votre père il feroit des leçons.
Têtebleu! qu'il en sait, et qu'il fait de façons!
C'est le fesse-mathieu le plus franc que je sache.
J'ai pensé lui donner deux fois sur la moustache.
Il veut bien vous fournir les quinze mille francs;
Mais, monsieur, les deniers ne sont pas tous comptans.
Admirez le caprice injuste de cet homme!
Encor qu'au denier douze il prête cette somme
Sur bonne caution, il n'a que mille écus
Qu'il donne argent comptant.

ERGASTE.

Où donc est le surplus?

FILIPIN.

Je ne sais si je puis vous le conter sans rire.
Il dit que du cap Vert il lui vient un navire,
Et fournit le surplus de la somme en guenons,
En fort beaux perroquets, en douze gros canons,
Moitié fer, moitié fonte, et qu'on vend à la livre.
Si vous voulez ainsi la somme, ou vous la livre.

Ce n'est pas le seul emprunt que Molière ait fait à l'auteur de *la Belle Plaideuse :* nous en verrons tout-à-l'heure un beaucoup plus important.

CLÉANTE.

Que la peste l'étouffe avec sa discrétion, le traître, le bourreau qu'il est! A-t-on jamais parlé d'une usure semblable? Et n'est-il pas content du furieux intérêt qu'il exige, sans vouloir encore m'obliger à prendre pour trois mille livres les vieux rogatons qu'il ramasse? Je n'aurai pas deux cents écus de tout cela; et cependant il faut bien me résoudre à consentir à ce qu'il veut; car il est en état de me faire tout accepter, et il me tient, le scélérat, le poignard sur la gorge.

LA FLÈCHE.

Je vous vois, monsieur, ne vous en déplaise, dans le grand chemin justement que tenoit Panurge pour se ruiner, prenant argent d'avance, achetant cher, vendant à bon marché, et mangeant son blé en herbe [1].

CLÉANTE.

Que veux-tu que j'y fasse? Voilà où les jeunes gens sont réduits par la maudite avarice des pères; et on s'étonne, après cela, que les fils souhaitent qu'ils meurent!

LA FLÈCHE.

Il faut avouer que le vôtre animeroit contre sa vilanie *[2] le plus posé homme du monde [3]. Je n'ai pas,

VARIANTE. * Contre sa vilenie.

---

(1) C'est le texte même de Rabelais, livre III, chap. II, intitulé, *Comment Panurge feut faict Chastelain de Salmigondin en Dipsodie, et mangeoit son bled en herbe :* « Achetant bois, bruslant les grosses sou-
« ches pour la vente des cendres, prenant argent d'avance, acheptant cher,
« vendant à bon marché, et mangeant son bled en herbe. »

(2) De *vilain* qui vient de *ville*, on a fait *vilanie, vilainie* et *vilenie*. On écrivoit encore quelquefois *vilanie* et *vilainie* du temps de Molière.

(3) Molière n'évitoit pas assez ces hiatus ineuphonique. Il commence sa

dieu merci, les inclinations fort patibulaires; et, parmi mes confrères que je vois se mêler de beaucoup de petits commerces, je sais tirer adroitement mon épingle du jeu, et me démêler prudemment de toutes les galanteries qui sentent tant soit peu l'échelle; mais, à vous dire vrai, il me donneroit, par ses procédés, des tentations de le voler; et je croirois, en le volant, faire une action méritoire [1].

CLÉANTE.

Donne-moi un peu ce mémoire, que je le voie encore.

SCÈNE II.

HARPAGON, MAITRE SIMON, CLÉANTE ET LA FLÈCHE, *dans le fond du théâtre.*

MAITRE SIMON.

Oui, monsieur, c'est un jeune homme qui a besoin d'argent; ses affaires le pressent d'en trouver, et il en passera par tout ce que vous en prescrirez*.

HARPAGON.

Mais croyez-vous, maître Simon, qu'il n'y ait rien à péricliter [2]? et savez-vous le nom, les biens et la famille de celui pour qui vous parlez?

VARIANTE. * *Par tout ce que vous prescrirez.*

---

dédicace de *l'École des Femmes*, à Madame, par ces mots: *Je suis le plus embarrassé homme du monde.*

(1) Ceci prépare l'enlèvement de la cassette par La Flèche.

(2) *Qu'il n'y ait rien à péricliter.* — *Péricliter* est neutre, et non point actif. Il faudroit, *que rien ne périclite.*

ACTE II, SCÈNE II.

MAITRE SIMON.

Non. Je ne puis pas bien vous en instruire à fond; et ce n'est que par aventure que l'on m'a adressé à lui; mais vous serez de toutes choses éclairci par lui-même, et son homme m'a assuré que vous serez content quand vous le connoîtrez. Tout ce que je saurois vous dire, c'est que sa famille est fort riche, qu'il n'a plus de mère déja, et qu'il s'obligera, si vous voulez, que son père mourra avant qu'il soit huit mois.

HARPAGON.

C'est quelque chose que cela. La charité, maître Simon, nous oblige à faire plaisir aux personnes, lorsque nous le pouvons.

MAITRE SIMON.

Cela s'entend.

LA FLÈCHE, *bas, à Cléante, reconnoissant maître Simon.*

Que veut dire ceci? Notre maître Simon qui parle à votre père!

CLÉANTE, *bas, à La Flèche.*

Lui auroit-on appris qui je suis? et serois-tu pour me trahir?

MAITRE SIMON, *à La Flèche.*

Ah! Ah! vous êtes bien pressé! Qui vous a dit que c'étoit céans? (*à Harpagon.*) Ce n'est pas moi, monsieur, au moins, qui leur ai découvert votre nom et votre logis: mais, à mon avis, il n'y a pas grand mal à cela; ce sont des personnes discrètes, et vous pouvez ici vous expliquer ensemble.

HARPAGON.

Comment?

MAITRE SIMON, *montrant Cléante.*

Monsieur est la personne qui veut vous emprunter les quinze mille livres dont je vous ai parlé.

HARPAGON.

Comment, pendard! c'est toi qui t'abandonnes à ces coupables extrémités!

CLÉANTE.

Comment, mon père! c'est vous qui vous portez à ces honteuses actions!

(*Maître Simon s'enfuit, et La Flèche va se cacher.*)

SCÈNE III.

HARPAGON, CLÉANTE.

HARPAGON.

C'est toi qui te veux ruiner par des emprunts si condamnables?

CLÉANTE.

C'est vous qui cherchez à vous enrichir par des usures si criminelles!

HARPAGON.

Oses-tu bien, après cela, paroître devant moi?

CLÉANTE.

Osez-vous bien, après cela, vous présenter aux yeux du monde?

HARPAGON.

N'as-tu point de honte, dis-moi, d'en venir à ces débauches-là, de te précipiter dans des dépenses effroyables, et de faire une honteuse dissipation du bien que tes parens t'ont amassé avec tant de sueurs?

ACTE II, SCÈNE III.

CLÉANTE.

Ne rougissez-vous point de déshonorer votre condition par les commerces que vous faites; de sacrifier gloire et réputation au desir insatiable d'entasser écu sur écu, et de renchérir, en fait d'intérêt, sur les plus infâmes subtilités qu'aient jamais inventées les plus célèbres usuriers ?

HARPAGON.

Ote-toi de mes yeux, coquin; ôte-toi de mes yeux!

CLÉANTE.

Qui est plus criminel, à votre avis, ou celui qui achète un argent dont il a besoin, ou bien celui qui vole un argent dont il n'a que faire [1] ?

---

(1) Dans *la Belle Plaideuse*, cette comédie de Boisrobert, où nous avons déja vu que Molière avoit pris l'idée de ce mémoire de vieilles nippes proposées pour argent comptant à l'emprunteur; dans cette comédie, l'amoureux Ergaste, pour procurer à sa maîtresse un argent dont elle a besoin, s'adresse au notaire Barquet. Celui-ci le met aux prises avec un usurier, qui n'est autre qu'Amidor, son père.

BARQUET.
Il sort de mon étude.
Parlez-lui.

ERGASTE.
Quoi! c'est là celui qui fait le prêt?

BARQUET.
Oui, monsieur.

AMIDOR.
Quoi! c'est là ce payeur d'intérêt?
Quoi! c'est donc toi, méchant filou, traine-potence?
C'est en vain que ton œil évite ma présence.
Je t'ai vu.

ERGASTE.
Qui doit être enfin le plus honteux,

HARPAGON.

Retire-toi, te dis-je, et ne m'échauffe pas les oreilles. (*seul.*) Je ne suis pas fâché de cette aventure ; et ce m'est un avis de tenir l'œil plus que jamais sur toutes ses actions.

Mon père? Et qui paroît le plus sot de nous deux?

FILIPIN.

Nous voilà bien chanceux!

BARQUET.

La plaisante aventure!

ERGASTE.

Quoi! jusques à son sang étendre son usure?

BARQUET.

Laissons-les.

AMIDOR.

Débauché, traître, infâme, vaurien!
Je me retranche tout pour t'amasser du bien,
J'épargne, je ménage, et mon fonds que j'augmente,
Tous les ans, pour le moins, de mille francs de rente,
N'est que pour t'élever sur ta condition ;
Mais tu secondes mal ma bonne intention,
Je prends pour un ingrat un soin fort inutile :
Il dissipe en un jour plus qu'on n'épargne en mille ;
Et par son imprudence, et par sa lâcheté,
Détruit le doux espoir dont je m'étois flatté.

ERGASTE.

A quoi diable me sert une épargne si folle,
Si ce qu'on prête ailleurs je sens qu'on me le vole, etc.

On a toujours admiré, dans *l'Avare*, cette scène où Harpagon rencontre dans son fils même le jeune dissipateur envers qui il va exercer son infâme usure. Aucune autre scène, dans le théâtre de Molière, n'a paru plus digne de son génie ; et cependant, comme on vient de voir, elle ne lui appartient pas. Mais elle appartenoit à son sujet : si elle n'eût déja existé, on ne peut guère douter qu'il ne l'eût imaginée. Il se l'est donc appropriée justement : c'est ce qu'il appeloit *prendre son bien où il le trouvoit*. Du reste, il imite ici, comme il imite toujours, en perfectionnant, en surpassant son original.

SCÈNE IV.
FROSINE, HARPAGON.

FROSINE.

Monsieur...

HARPAGON.

Attendez un moment : je vais revenir vous parler. (*à part.*) Il est à propos que je fasse un petit tour à mon argent.

SCÈNE V.
LA FLÈCHE, FROSINE.

LA FLÈCHE, *sans voir Frosine.*

L'aventure est tout-à-fait drôle ! Il faut bien qu'il ait quelque part un ample magasin de hardes ; car nous n'avons rien reconnu au mémoire que nous avons.

FROSINE.

Hé ! c'est toi, mon pauvre La Flèche ! D'où vient cette rencontre ?

LA FLÈCHE.

Ah ! ah ! c'est toi, Frosine ! Que viens-tu faire ici ?

FROSINE.

Ce que je fais partout ailleurs : m'entremettre d'affaires, me rendre serviable aux gens, et profiter, du mieux qu'il m'est possible, des petits talens que je puis avoir. Tu sais que, dans ce monde, il faut vivre d'adresse, et qu'aux personnes comme moi le ciel n'a donné d'autres rentes que l'intrigue et que l'industrie.

LA FLÈCHE.

As-tu quelque négoce avec le patron du logis?

FROSINE.

Oui. Je traite pour lui quelque petite affaire, dont j'espère une récompense.

LA FLÈCHE.

De lui? Ah! ma foi, tu seras bien fine, si tu en tires quelque chose; et je te donne avis que l'argent céans est fort cher.

FROSINE.

Il y a de certains services qui touchent merveilleusement.

LA FLÈCHE.

Je suis votre valet; et tu ne connois pas encore le seigneur Harpagon. Le seigneur Harpagon est, de tous les humains, l'humain le moins humain, le mortel de tous les mortels le plus dur et le plus serré. Il n'est point de service qui pousse sa reconnaissance jusqu'à lui faire ouvrir les mains. De la louange, de l'estime, de la bienveillance en paroles, et de l'amitié, tant qu'il vous plaira; mais de l'argent, point d'affaires. Il n'est rien de plus sec et de plus aride que ses bonnes graces et ses caresses; et *donner* est un mot pour qui il a tant d'aversion, qu'il ne dit jamais, *je vous donne*, mais *je vous prête le bonjour* [1].

---

[1] Plaute voulant peindre aussi l'aversion d'Euclion, non pour le mot, mais pour l'action de donner, fait dire à Strobile : *Famem hercle utendam, si roges, numquam dabit.* « On lui demanderoit la famine, qu'il ne « la donneroit pas. » Le trait de Molière me semble plus plaisant et de meilleur goût.

FROSINE.

Mon dieu! je sais l'art de traire les hommes [1]; j'ai le secret de m'ouvrir leur tendresse [2], de chatouiller leurs cœurs, de trouver les endroits par où ils sont sensibles.

LA FLÈCHE.

Bagatelles ici. Je te défie d'attendrir, du côté de l'argent, l'homme dont il est question. Il est Turc là-dessus, mais d'une turquerie [3] à désespérer tout le monde; et l'on pourroit crever, qu'il n'en branleroit pas. En un mot, il aime l'argent plus que réputation, qu'honneur et que vertu; et la vue d'un demandeur lui donne des convulsions; c'est le frapper par son endroit mortel; c'est lui percer le cœur; c'est lui arracher les entrailles; et si... Mais il revient: je me retire.

La phrase: « Il n'est rien de plus sec et de plus aride que ses bonnes « graces et ses caresses, » paroît être aussi empruntée de Plaute: *Pumex non æquè est aridus atque hic est senex.* « La pierre ponce n'est pas plus « sèche, plus aride que ce vieillard. »

(1) Voltaire trouve cette expression grossière, et il a raison. On dit pourtant tous les jours, dans le langage familier, qu'*un homme fait d'un autre sa vache à lait,* pour dire qu'il en tire un profit continuel. C'est à peu près la même idée sous la même image; mais, dans cette dernière façon de parler, l'idée de *traire* n'est qu'implicite, et d'ailleurs ne s'applique pas directement à l'homme, comme dans la phrase de Frosine.

(2) *S'ouvrir la tendresse de quelqu'un,* est une expression tout-à-fait impropre.

(3) *Turquerie,* mot plaisamment forgé par Molière, comme synonyme de dureté, insensibilité.

SCÈNE VI.

HARPAGON FROSINE.

HARPAGON, *bas.*

Tout va comme il faut. (*haut.*) Hé bien! qu'est-ce, Frosine?

FROSINE.

Ah!. mon dieu, que vous vous portez bien, et que vous avez-là un vrai visage de santé!

HARPAGON.

Qui, moi?

FROSINE.

Jamais je ne vous vis un teint si frais et si gaillard.

HARPAGON.

Tout de bon?

FROSINE.

Comment! vous n'avez de votre vie été si jeune que vous êtes; et je vois des gens de vingt-cinq ans qui sont plus vieux que vous.

HARPAGON.

Cependant, Frosine, j'en ai soixante bien comptés.

FROSINE.

Hé bien! qu'est-ce que cela, soixante ans? Voilà bien de quoi! C'est la fleur de l'âge, cela; et vous entrez maintenant dans la belle saison de l'homme.

HARPAGON.

Il est vrai; mais vingt années de moins, pourtant ne me feroient point de mal, que je crois.

FROSINE.

Vous moquez-vous ? Vous n'avez pas besoin de cela, et vous êtes d'une pâte à vivre jusques à cent ans.

HARPAGON.

Tu le crois ?

FROSINE.

Assurément. Vous en avez toutes les marques. Tenez-vous un peu. Oh ! que voilà bien, entre vos deux yeux, un signe de longue vie !

HARPAGON.

Tu te connois à cela ?

FROSINE.

Sans doute. Montrez-moi votre main. Ah ! mon dieu, quelle ligne de vie !

HARPAGON.

Comment ?

FROSINE.

Ne voyez-vous pas jusqu'où va cette ligne-là (1) ?

---

(1) Tout ceci est imité et presque traduit de la comédie de l'Arioste, intitulée *I Suppositi*.

PASIFILO.
.... Non sete voi giovane ?
CLEANDRO.
Sono ne' cinquant' anni................
PASIFILO.
.... Non mostrate all' aria
Passar trentasette anni.
CLEANDRO.
Sono al termine
Pur ch' io ti dico.

5.

HARPAGON.

Hé bien! qu'est-ce que cela veut dire?

FROSINE.

Par ma foi, je disois cent ans; mais vous passerez les six vingts [1].

HARPAGON.

Est-il possible?

FROSINE.

Il faudra vous assommer, vous dis-je; et vous mettrez

PASIFILO.
      La vostra abitudine
È tal, che voi passerete il centesimo.
Mostratemi la man.

CLEANDRO.
          Sei tu, Pasifilo,
Buon chiromante?

PASIFILO.
          Io ci ho pur qualche pratica:
Deh, lasciatatemi un po' vedervela.

CLEANDRO.
          Eccola.

PASIFILO.
      O che bella, che lunga, e netta linea!
Non vidi mai la miglior.

« Pas. N'êtes-vous pas jeune? Cl. Je suis dans ma cinquantième année.
« Pas. A votre air, on ne vous donneroit pas plus de trente-sept ans.
« Cl. J'ai pourtant l'âge que j'ai dit. Pas. Vous avez une telle santé
« que vous passerez cent ans. Montrez-moi votre main. Cl. Es-tu habile en
« chiromancie? Pas. J'en ai quelque habitude. Ah! laissez-moi voir un peu
« votre main. Cl. La voici. Pas. Oh! quelle belle et longue ligne de vie!
« qu'elle est bien marquée! je n'en ai jamais vu une pareille. »

(1) On disoit autrefois, *six-vingts* pour cent vingt, *sept-vingts* pour cent quarante, *huit-vingts* pour cent soixante, et *quinze-vingts* pour trois cents. On ne dit plus que *quatre-vingts* et *quatre-vingt-dix*, pour octante et nonante qui ne sont plus d'usage.

en terre et vos enfans, et les enfans de vos enfans.

HARPAGON.

Tant mieux! Comment va notre affaire?

FROSINE.

Faut-il le demander? et me voit-on mêler de rien dont je ne vienne à bout [1]? J'ai, surtout pour les mariages, un talent merveilleux. Il n'est point de partis au monde, que je ne trouve en peu de temps le moyen d'accoupler; et je crois, si je me l'étois mis en tête, que je marierois le Grand-Turc avec la République de Venise [2]. Il n'y avoit pas, sans doute, de si grandes difficultés à cette affaire-ci. Comme j'ai commerce chez elles, je les ai à fond l'une et l'autre entretenues de vous; et j'ai dit à la mère le dessein que vous aviez conçu pour Mariane, à la voir passer dans la rue, et prendre l'air à sa fenêtre.

HARPAGON.

Qui a fait réponse...

FROSINE.

Elle a reçu la proposition avec joie; et, quand je lui ai

---

[1] *Et me voit-on mêler,* etc. — Il falloit, *et me voit-on me mêler,* etc. Un verbe pronominal réfléchi est nécessairement accompagné de deux pronoms, l'un qui est le nominatif du verbe, et l'autre qui en est le régime: et voit-on *moi* mêler *moi.*

[2] Voltaire trouve cette plaisanterie mauvaise; il se montre peut-être ici trop difficile. Quoi qu'il en soit, le trait semble imité de Rabelais. « Et « te dy, Dandin, mon fils joli (c'est Bridoye qui parle), que par cette « méthode je pourrois paix mettre, ou treves pour le moins entre le grand « Roy et les Vénitiens. » Ce n'est là toutefois qu'une exagération ordinaire: celle de Frosine est folle et risible.

témoigné que vous souhaitiez fort que sa fille assistât ce soir au contrat de mariage qui se doit faire de la vôtre, elle y a consenti sans peine, et me l'a confiée pour cela [1].

HARPAGON.

C'est que je suis obligé, Frosine, de donner à souper au seigneur Anselme; et je serai bien aise qu'elle soit du régal.

FROSINE.

Vous avez raison. Elle doit, après dîner, rendre visite à votre fille, d'où elle fait son compte d'aller faire un tour à la foire, pour venir ensuite au souper.

HARPAGON.

Hé bien! elles iront ensemble dans mon carrosse, que je leur prêterai.

FROSINE.

Voilà justement son affaire.

HARPAGON.

Mais, Frosine, as-tu entretenu la mère touchant le bien qu'elle peut donner à sa fille? Lui as-tu dit qu'il falloit qu'elle s'aidât un peu, qu'elle fît quelque effort, qu'elle se saignât pour une occasion comme celle-ci? Car encore n'épouse-t-on point une fille sans qu'elle apporte quelque chose.

---

(1) Cette mère a été bien confiante, en laissant aller ainsi sa fille sous la conduite d'une intrigante telle que Frosine, qui fait trafic de tout, et qui paroît capable d'arranger entre hommes et femmes autre chose que des mariages. Mais il falloit que Mariane vînt dans le logis d'Harpagon, et il n'y avoit guère un autre moyen de l'y amener.

ACTE II, SCÈNE VI.

FROSINE.

Comment! c'est une fille qui vous apporte douze mille livres de rente.

HARPAGON.

Douze mille livres de rente!

FROSINE.

Oui. Premièrement, elle est nourrie et élevée dans une grande épargne de bouche. C'est une fille accoutumée à vivre de salade, de lait, de fromage et de pommes, et à laquelle, par conséquent, il ne faudra ni table bien servie, ni consommés exquis, ni orges mondés perpétuels, ni les autres délicatesses qu'il faudroit pour une autre femme; et cela ne va pas à si peu de chose, qu'il ne monte bien, tous les ans, à trois mille francs pour le moins. Outre cela, elle n'est curieuse que d'une propreté fort simple, et n'aime point les superbes habits, ni les riches bijoux, ni les meubles somptueux, où donnent ses pareilles avec tant de chaleur; et cet article-là vaut plus de quatre mille livres par ans. De plus, elle a une aversion horrible pour le jeu, ce qui n'est pas commun aux femmes d'aujourd'hui; et j'en sais une de nos quartiers qui a perdu, à trente-et-quarante, vingt mille francs cette année. Mais n'en prenons rien que le quart. Cinq mille francs au jeu par an, et quatre mille francs en habits et bijoux, cela fait neuf mille livres; et mille écus que nous mettons pour la nourriture; ne voilà-t-il pas par année vos douze mille francs bien comptés [1]?

---

[1] Le plaisant calcul de Frosine, où les sommes négatives, c'est-à-dire celles que ne dépensera pas Mariane, sont portées en ligne de compte comme réelles et positives, rappelle cette épigramme de Martial:

Nil tibi legavit Fabius, Bithynice, cui tu

HARPAGON.

Oui: cela n'est pas mal; mais ce compte-là n'est rien de réel* ⁽¹⁾.

FROSINE.

Pardonnez-moi. N'est-ce pas quelque chose de réel, que de vous apporter en mariage une grande sobriété, l'héritage d'un grand amour de simplicité de parure, et l'acquisition d'un grand fonds de haine pour le jeu ⁽²⁾?

HARPAGON.

C'est une raillerie que de vouloir me constituer son

VARIANTE. * *N'a rien de réel.*

Annua, si memini, millia sena dabas.
Plus nulli dedit ille: queri, Bithynice, noli;
Annua legavit millia sena tibi.

« Fabius à qui tu faisois présent chaque année de six mille petits « sesterces, ne te laisse rien, dis-tu, par son testament. Tu te plains à tort, « il te laisse plus qu'à personne; il te laisse par an six mille petits ses- « terces. »
Ce legs qui consiste en ce qu'on ne donnera plus, ressemble fort à cette dot qui se compose de ce qu'on ne dépensera pas. Peut-être est-ce à l'un que Molière doit l'idée de l'autre. Il se pourroit aussi qu'il l'eût prise dans Plaute. Mégadore qui a demandé en mariage la fille d'Euclion, se félicite d'avoir fait choix d'une épouse sans dot. Il fait une longue énumération des dépenses ruineuses auxquelles se livrent celles qui ont apporté de grands biens à leurs maris; et il conclut qu'un homme, pour sa fortune comme pour son repos, ne peut rien faire de mieux que d'épouser une fille qui n'a rien. C'est la même idée que développe Frosine; mais avec combien plus d'esprit et de comique!

(1) On diroit aujourd'hui, *n'a rien de réel.*

(2) Frosine continue plaisamment son espèce de métaphore, en employant les mots d'*héritage* et d'*acquisition*, à propos d'amour de la simplicité et de haine pour le jeu.

ACTE II, SCÈNE VI.

dot *⁽¹⁾ de toutes les dépenses qu'elle ne fera point. Je n'irai point donner quittance de ce que je ne reçois pas; et il faut bien que je touche quelque chose.

FROSINE.

Mon dieu! vous toucherez assez ⁽²⁾; et elles m'ont parlé d'un certain pays où elles ont du bien, dont vous serez le maître.

HARPAGON.

Il faut voir cela. Mais, Frosine, il y a encore une chose qui m'inquiète. La fille est jeune, comme tu vois; les jeunes gens, d'ordinaire, n'aiment que leurs semblables, et ne cherchent que leur compagnie; j'ai peur qu'un homme de mon âge ne soit pas de son goût, et que cela ne vienne à produire chez moi certains petits désordres qui ne m'accommoderoient pas.*

FROSINE.

Ah! que vous la connoissez mal! C'est encore une particularité que j'avois à vous dire. Elle a une aversion épouvantable pour les jeunes gens, et n'a de l'amour que pour les vieillards.

VARIANTE. * Sa dot.

---

(1) *Son dot.* — Anciennement *dot* étoit masculin, quoique venant du féminin *dos, dotis.* Molière a déja dit, dans *l'École des Femmes:*

> L'ordre est que le futur doit douer la future
> Du tiers du dot qu'elle a.

S'il étoit besoin d'un autre témoignage, je pourrois citer ce vers du *Riche vilain,* comédie dont il est question dans une note précédente:

> Un grand dot est suivi d'une grande arrogance.

(2) Je ne crois pas calomnier l'intrigante Frosine, en supposant ici une pensée tant soit peu libertine.

HARPAGON.

Elle?

FROSINE.

Oui, elle. Je voudrois que vous l'eussiez entendue parler là-dessus. Elle ne peut souffrir du tout la vue d'un jeune homme; mais elle n'est point plus ravie, dit-elle, que lorsqu'elle peut voir un beau vieillard avec une barbe majestueuse. Les plus vieux sont pour elle les plus charmans; et je vous avertis de n'aller pas vous faire plus jeune que vous êtes. Elle veut tout au moins qu'on soit sexagénaire; et il n'y a pas quatre mois encore, qu'étant prête d'être mariée [1], elle rompit tout net le mariage, sur ce que son amant fit voir qu'il n'avoit que cinquante-six ans, et qu'il ne prit point de lunettes pour signer le contrat [2].

HARPAGON.

Sur cela seulement?

FROSINE.

Oui. Elle dit que ce n'est pas contentement pour elle que cinquante-six ans; et surtout elle est pour les nez qui portent des lunettes.

HARPAGON.

Certes, tu me dis-là une chose toute nouvelle.

---

(1) *Prête d'être mariée.* — Il faudroit, *près d'être mariée.*

(2) Il y a un peu d'exagération, de caricature dans ce prétendu amour de Mariane pour les vieillards à lunettes, amour poussé au point de lui faire rompre un mariage, uniquement parce que le futur n'avoit point de besicles sur le nez en signant le contrat. Ici Frosine semble compter un peu trop sur la crédulité du vieillard amoureux. Tout le reste de la scène est d'un comique aussi vrai que divertissant.

FROSINE.

Cela va plus loin qu'on ne vous peut dire. On lui voit dans sa chambre quelques tableaux et quelques estampes; mais que pensez-vous que ce soit? Des Adonis, des Céphales, des Pâris et des Apollons? Non : de beaux portraits de Saturne, du roi Priam, du vieux Nestor, et du bon père Anchise sur les épaules de son fils.

HARPAGON.

Cela est admirable. Voilà ce que je n'aurois jamais pensé; et je suis bien aise d'apprendre qu'elle est de cette humeur. En effet, si j'avois été femme, je n'aurois point aimé les jeunes hommes.

FROSINE.

Je le crois bien. Voilà de belles drogues que des jeunes gens pour les aimer! ce sont de beaux morveux, de beaux godelureaux, pour donner envie de leur peau! et je voudrois bien savoir quel ragoût il y a à eux!

HARPAGON.

Pour moi, je n'y en comprends point, et je ne sais pas comment il y a des femmes qui les aiment tant.

FROSINE.

Il faut être folle fieffée. Trouver la jeunesse aimable, est-ce avoir le sang commun? Sont-ce des hommes que de jeunes blondins, et peut-on s'attacher à ces animaux-là?

HARPAGON.

C'est ce que je dis tous les jours : avec leur ton de poule laitée, leurs trois petits brins de barbe relevés en barbe de chat, leurs perruques d'étoupes [1], leurs haut-de-chausses tombans, et leurs estomacs débraillés!

---

[1] *Perruques d'étoupes*, c'est-à-dire faites avec des cheveux blonds

FROSINE.

Hé! cela est bien bâti, auprès d'une personne comme vous! Voilà un homme, cela; il y a là de quoi * satisfaire à la vue; et c'est ainsi qu'il faut être fait et vêtu, pour donner de l'amour.

HARPAGON.

Tu me trouves bien?

FROSINE.

Comment! vous êtes à ravir, et votre figure est à peindre. Tournez-vous un peu, s'il vous plaît. Il ne se peut pas mieux. Que je vous voie marcher. Voilà un corps taillé, libre et dégagé comme il faut, et qui ne marque aucune incommodité.

HARPAGON.

Je n'en ai pas de grandes, dieu merci. Il n'y a que ma fluxion qui me prend de temps en temps [1].

FROSINE.

Cela n'est rien. Votre fluxion ne vous sied point mal, et vous avez grace à tousser.

VARIANTE. * *Il y a de quoi.*

---

cendrés, ressemblant à de la filasse. Cette couleur étoit la plus à la mode.

[1] Molière, dans la quatrième scène du premier acte, fait allusion au malheur que son beau-frère Béjart avoit de boiter. On veut qu'il fasse allusion ici à sa propre incommodité, à cette foiblesse de poitrine qui le faisoit tousser habituellement, et qui l'obligeoit à ne vivre guère que de lait. Avec cette précaution, il pouvoit tousser sans se contraindre, et les spectateurs n'avoient point à souffrir d'une toux qui étoit comme partie obligée du rôle.

HARPAGON.

Dis-moi un peu : Mariane ne m'a-t'elle point encore vu ? N'a-t'elle point pris garde à moi en passant ?

FROSINE.

Non ; mais nous nous sommes fort entretenues de vous. Je lui ai fait un portrait de votre personne, et je n'ai pas manqué de lui vanter votre mérite, et l'avantage que ce lui seroit d'avoir un mari comme vous.

HARPAGON.

Tu as bien fait et je t'en remercie.

FROSINE.

J'aurois, monsieur, une petite prière à vous faire. J'ai un procès que je suis sur le point de perdre, faute d'un peu d'argent (*Harpagon prend un air sérieux*); et vous pourriez facilement me procurer le gain de ce procès, si vous aviez quelque bonté pour moi. Vous ne sauriez croire le plaisir qu'elle aura de vous voir. (*Harpagon reprend un air gai.*) Ah ! que vous lui plairez, et que votre fraise à l'antique fera sur son esprit un effet admirable ! Mais surtout elle sera charmée de votre haut-de-chausses attaché au pourpoint avec des aiguillettes. C'est pour la rendre folle de vous ; et un amant aiguilleté sera pour elle un ragoût merveilleux.

HARPAGON.

Certes, tu me ravis de me dire cela.

FROSINE.

En vérité, monsieur, ce procès m'est d'une conséquence tout-à-fait grande. (*Harpagon reprend son air sérieux.*) Je suis ruinée, si je le perds ; et quelque petite assistance me rétabliroit mes affaires. Je voudrois que vous eussiez vu le ravissement où elle étoit à m'entendre parler de vous. (*Harpagon reprend son air gai.*) La joie éclatoit dans ses yeux au récit de vos qualités; et je l'ai mise enfin dans une impatience extrême de voir ce mariage entièrement conclu.

HARPAGON.

Tu m'as fait grand plaisir, Frosine, et je t'en ai, je te l'avoue, toutes les obligations du monde.

FROSINE.

Je vous prie, monsieur, de me donner le petit secours que je vous demande. (*Harpagon reprend encore un air sérieux.*) Cela me remettra sur pied, et je vous en serai éternellement obligée.

HARPAGON.

Adieu. Je vais achever mes dépêches.

FROSINE.

Je vous assure, monsieur, que vous ne sauriez jamais me soulager dans un plus grand besoin.

HARPAGON.

Je mettrai ordre que mon carrosse soit tout prêt pour vous mener à la foire.

FROSINE.

Je ne vous importunerois pas, si je ne m'y voyois forcée par la nécessité.

HARPAGON.

Et j'aurai soin qu'on soupe de bonne heure, pour ne vous point faire malades.

FROSINE.

Ne me refusez pas la grace dont je vous sollicite. Vous ne sauriez croire, monsieur, le plaisir que...

ACTE II, SCÈNE VI.

HARPAGON.

Je m'en vais. Voilà qu'on m'appelle. Jusqu'à tantôt.

FROSINE, *seule.*

Que la fièvre te serre, chien de vilain, à tous les diables! Le ladre a été ferme à toutes mes attaques; mais il ne me faut pas pourtant quitter la négociation; et j'ai l'autre côté, en tout cas, d'où je suis assurée de tirer bonne récompense [1].

---

[1] L'avarice est la seule passion que l'amour ne puisse surmonter, et la seule que la flatterie trouve incorruptible. Frosine a beau faire : toutes ses cajoleries, appuyées des douces espérances dont elle berce l'amoureuse manie du vieillard, échouent contre son inexpugnable lésine. La Harpe en fait la remarque. «Quoi de mieux conçu que *l'Avare?* dit-il. L'amour « même ne le rend pas libéral, et la flatterie la mieux adaptée à un vieil- « lard amoureux, n'en peut rien arracher. »

FIN DU SECOND ACTE.

ACTE III.

SCÈNE PREMIÈRE.

HARPAGON, CLÉANTE, ÉLISE, VALÈRE, DAME CLAUDE, *tenant un balai;* MAITRE JACQUES, LA MERLUCHE, BRINDAVOINE.

HARPAGON.

Allons, venez-çà tous; que je vous distribue mes ordres pour tantôt, et règle à chacun son emploi. Approchez, dame Claude; commençons par vous. Bon, vous voilà les armes à la main. Je vous commets au soin de nettoyer partout; et surtout prenez garde de ne point frotter les meubles trop fort, de peur de les user. Outre cela, je vous constitue, pendant le souper, au gouvernement des bouteilles; et, s'il s'en écarte quelqu'une, et qu'il se casse quelque chose, je m'en prendrai à vous, et le rabattrai sur vos gages.

MAITRE JACQUES, *à part.*

Châtiment politique.

HARPAGON, *à dame Claude.*

Allez.

SCÈNE II.

HARPAGON, CLÉANTE, ÉLISE, VALÈRE, MAITRE JACQUES, BRINDAVOINE, LA MERLUCHE.

HARPAGON.

Vous, Brindavoine, et vous, La Merluche, je vous établis dans la charge de rincer les verres et de donner à boire, mais seulement lorsque l'on aura soif, et non pas selon la coutume de certains impertinens de laquais, qui viennent provoquer les gens, et les faire aviser de boire lorsqu'on n'y songe pas. Attendez qu'on vous en demande plus d'une fois, et vous ressouvenez de porter toujours beaucoup d'eau.

MAITRE JACQUES, *à part*.

Oui. Le vin pur monte à la tête.

LA MERLUCHE.

Quitterons-nous nos siquenilles * (1), monsieur?

HARPAGON.

Oui, quand vous verrez venir les personnes; et gardez bien de gâter vos habits.

BRINDAVOINE.

Vous savez bien, monsieur, qu'un des devans de mon

VARIANTE. * *Souquenilles.*

---

(1) On disoit anciennement *souquenie* et même *squenie* : c'est de cette dernière forme du mot qu'est venu, par corruption, *siquenille*, comme Molière l'écrit. On écrit aujourd'hui, *souquenille*, et non, *souguenille*, comme le veulent quelques-uns qui expliquent une orthographe ridicule par une étymologie plus ridicule encore, en prétendant que cette espèce de vêtement est faite pour cacher des guenilles.

pourpoint est couvert d'une grande tache de l'huile de la lampe.

LA MERLUCHE.

Et moi, monsieur, que j'ai mon haut-de-chausses tout troué par derrière, et qu'on me voit, révérence parler...

HARPAGON, *à La Merluche.*

Paix : rangez cela adroitement du côté de la muraille, et présentez toujours le devant au monde. (*à Brindavoine, en lui montrant comment il doit mettre son chapeau au-devant de son pourpoint, pour cacher la tache d'huile.*) Et vous, tenez toujours votre chapeau ainsi, lorsque vous servirez.

SCENE III.

HARPAGON, CLÉANTE, ÉLISE, VALÈRE, MAITRE JACQUES.

HARPAGON.

Pour vous, ma fille, vous aurez l'œil sur ce que l'on desservira, et prendrez garde qu'il ne s'en fasse aucun dégât. Cela sied bien aux filles. Mais cependant préparez-vous à bien recevoir ma maîtresse qui vous doit venir visiter, et vous mener avec elle à la foire. Entendez-vous ce que je vous dis ?

ÉLISE.

Oui, mon père.

SCENE IV.

HARPAGON, CLÉANTE, VALÈRE, MAITRE JACQUES.

HARPAGON.

Et vous, mon fils le damoiseau, à qui j'ai la bonté de pardonner l'histoire de tantôt, ne vous allez pas aviser non plus de lui faire mauvais visage.

CLÉANTE.

Moi, mon père? mauvais visage! Et par quelle raison?

HARPAGON.

Mon dieu! nous savons le train des enfans dont les pères se remarient, et de quel œil ils ont coutume de regarder ce qu'on appelle belle-mère. Mais si vous souhaitez que je perde le souvenir de votre dernière fredaine, je vous recommande, surtout, de régaler d'un bon visage cette personne-là, et de lui faire enfin tout le meilleur accueil qu'il vous sera possible.

CLÉANTE.

A vous dire le vrai, mon père, je ne puis pas vous promettre d'être bien aise qu'elle devienne ma belle-mère. Je mentirois, si je vous le disois; mais, pour ce qui est de la bien recevoir et de lui faire bon visage, je vous promets de vous obéir ponctuellement sur ce chapitre [1].

---

[1] Ce discours, qui ne seroit que raisonnable dans la bouche d'un autre, est comique dans celle de Valère, amoureux de la jeune personne qu'on veut lui donner pour belle-mère.

HARPAGON.

Prenez-y garde au moins.

CLÉANTE.

Vous verrez que vous n'aurez pas sujet de vous en plaindre.

HARPAGON.

Vous ferez sagement.

SCÈNE V.

HARPAGON, VALÈRE, MAITRE JACQUES.

HARPAGON.

Valère, aide-moi à ceci. Or-çà, maître Jacques, je vous ai gardé pour le dernier.

MAITRE JACQUES.

Est-ce à votre cocher, monsieur, ou bien à votre cuisinier, que vous voulez parler? car je suis l'un et l'autre.

HARPAGON.

C'est à tous les deux.

MAITRE JACQUES.

Mais à qui des deux le premier?

HARPAGON.

Au cuisinier.

MAITRE JACQUES.

Attendez donc, s'il vous plaît.

(*Maître Jacques ôte sa casaque de cocher, et paroît vêtu en cuisinier.*)

HARPAGON.

Quelle diantre de cérémonie est-ce là ?

MAITRE JACQUES.

Vous n'avez qu'à parler.

HARPAGON.

Je me suis engagé, maître Jacques, à donner ce soir à souper.

MAITRE JACQUES, *à part.*

Grande merveille !

HARPAGON.

Dis-moi un peu : nous feras-tu bonne chère ?

MAITRE JACQUES.

Oui, si vous me donnez bien de l'argent.

HARPAGON.

Que diable, toujours de l'argent ! Il semble qu'ils n'aient autre chose à dire : de l'argent, de l'argent, de l'argent. Ah ! ils n'ont que ce mot à la bouche, de l'argent ! toujours parler d'argent ! Voilà leur épée de chevet, de l'argent [1].

VALÈRE.

Je n'ai jamais vu de réponse plus impertinente que celle-là. Voilà une belle merveille de faire bonne chère avec bien de l'argent ! C'est une chose la plus aisée du monde, et il n'y a si pauvre esprit qui n'en fît bien autant ; mais, pour agir en habile homme, il faut parler de faire bonne chère avec peu d'argent.

---

[1] Sept fois le mot *argent* en deux ou trois petites phrases. Comme cette répétition du mot peint bien l'amour d'Harpagon pour la chose, et son humeur contre l'impertinent valet qui veut le mettre en dépense ! Toujours le vrai langage de la passion.

MAITRE JACQUES.

Bonne chère avec peu d'argent!

VALÈRE.

Oui.

MAITRE JACQUES, *à Valère.*

Par ma foi, monsieur l'intendant, vous nous obligerez de nous faire voir ce secret, et de prendre mon office de cuisinier; aussi bien vous mêlez-vous céans d'être factoton.

HARPAGON.

Taisez-vous. Qu'est-ce qu'il nous faudra?

MAITRE JACQUES.

Voilà monsieur votre intendant, qui vous fera bonne chère pour peu d'argent.

HARPAGON.

Haye! je veux que tu me répondes.

MAITRE JACQUES.

Combien serez-vous de gens à table?

HARPAGON.

Nous serons huit ou dix; mais il ne faut prendre que huit. Quand il y a à manger pour huit, il y en a bien pour dix.

VALÈRE.

Cela s'entend.

MAITRE JACQUES.

Hé bien! il faudra quatre grands potages [1] et cinq

---

[1] Des potages; et c'est un souper que donne Harpagon. Il est possible qu'alors on mangeât du potage à souper comme à dîner.

ACTE III, SCÈNE V.

assiettes... Potages... Entrées... *

HARPAGON.

Que diable! voilà pour traiter toute une ville entière**.

MAITRE JACQUES.

Rôt... *** (1)

HARPAGON, *mettant la main sur la bouche de maître Jacques.*

Ah! traître, tu manges tout mon bien.

MAITRE JACQUES.

Entremets...

HARPAGON, *mettant encore la main sur la bouche de maître Jacques.*

Encore (2) ?

VARIANTES. * *Hé bien! il faudra quatre grands potages bien garnis, et cinq assiettes d'entrées. Potages : bisque, potage de perdrix aux choux verts, potage de santé, potage de canards aux navets. Entrées : fricassée de poulets, tourte de pigeonneaux, riz de veau, boudin blanc, et morilles.* — ** *Une ville toute entière.* — *** *Rôt dans un grandissime bassin en pyramide, une grande longe de veau de rivière, trois faisans, trois poulardes grasses, douze pigeons de volière, douze poulets de grain, six lapereaux de garenne; douze perdreaux, deux douzaines de cailles, trois douzaines d'ortolans...*

---

(1) Dans l'édition de 1682, maître Jacques débite la longue kirielle de mets, que j'ai rejetée dans les variantes. Cette addition est évidemment du fait de quelque comédien qui a cru être plus plaisant que Molière, et qui n'a pas songé qu'Harpagon dérogeroit à son caractère, s'il entendoit jusqu'au bout cette ruineuse énumération, au lieu de fermer la bouche à maître Jacques, dès les premiers mots de son menu, en lui criant, comme il fait : *Traître! tu manges tout mon bien.*

(2) Regnard, dans sa comédie de *la Sérénade*, a imité ce passage. Grifon, vieil avare, veut donner une sérénade à sa maîtresse, et il

VALÈRE, *à maître Jacques.*

Est-ce que vous avez envie de faire crever tout le monde? et monsieur a-t-il invité des gens pour les assassiner à force de mangeaille? Allez-vous-en lire un peu les préceptes de la santé, et demander aux médecins s'il y a rien de plus préjudiciable à l'homme que de manger avec excès.

HARPAGON.

Il a raison.

VALÈRE.

Apprenez, maître Jacques, vous et vos pareils, que c'est un coupe-gorge, qu'une table remplie de trop de viandes; que pour se bien montrer ami de ceux que l'on invite, il faut que la frugalité règne dans les repas qu'on donne; et que, suivant le dire d'un ancien, *il faut manger pour vivre, et non pas vivre pour manger* (1).

---

s'adresse pour cela au valet Scapin qu'on a fait passer pour musicien. *Je voudrois,* dit Grifon, *une sérénade à bon marché.*

SCAPIN.

Je ménagerai votre bourse, ne vous mettez pas en peine. Il ne nous faudra que trente-six violons, vingt hautbois, douze basses, six trompettes, vingt-quatre tambours, cinq orgues et un flageolet.

GRIFON.

Eh! fi donc! voilà pour donner une sérénade à tout un royaume.

SCAPIN.

Pour les voix, nous prendrons seulement douze basses, huit concordans, six basses-tailles, autant de quintes, quatre hautes-contre, huit faussets et douze dessus, moitié entiers et moitié hongres.

GRIFON.

Vous nommez là de quoi faire un régiment de musique.

(1) C'étoit une espèce d'adage usité parmi les Romains, qui quelquefois l'exprimoient par ces seules initiales: E. V. V. N. V. V. E.; *ede ut vivas,*

HARPAGON.

Ah! que cela est bien dit! Approche, que je t'embrasse pour ce mot. Voilà la plus belle sentence que j'aie entendue de ma vie : *Il faut vivre pour manger et non pas manger pour vi...* Non, ce n'est pas cela. Comment est-ce que tu dis?

VALÈRE.

Qu'*il faut manger pour vivre, et non pas vivre pour manger.*

HARPAGON, *à maître Jacques.*

Oui. Entends-tu? (*à Valère.*) Qui est le grand homme qui a dit cela?

VALÈRE.

Je ne me souviens pas maintenant de son nom.

HARPAGON.

Souviens-toi de m'écrire ces mots: je les veux faire graver en lettres d'or [1] sur la cheminée de ma salle.

VALÈRE.

Je n'y manquerai pas. Et pour votre souper, vous n'avez qu'à me laisser faire; je réglerai tout cela comme il faut.

HARPAGON.

Fais donc.

---

ne vivas ut edas. Rabelais le retourne pour l'appliquer aux moines, qui, dit-il, « ne mangent mie pour vivre, vivent pour manger, et n'ont que « leur vie en ce monde. »

(1) *En lettres d'or!* quel luxe! quelle dépense! Harpagon peut-il mieux témoigner son admiration pour cette belle sentence d'hygiène économique?

MAITRE JACQUES.

Tant mieux! j'en aurai moins de peine.

HARPAGON, *à Valère.*

Il faudra de ces choses dont on ne mange guère, et qui rassasient d'abord; quelque bon haricot bien gras, avec quelque pâté en pot bien garni de marrons.

VALÈRE.

Reposez-vous sur moi.

HARPAGON.

Maintenant, maître Jacques, il faut nettoyer mon carrosse.

MAITRE JACQUES.

Attendez; ceci s'adresse au cocher. (*Maître Jacques remet sa casaque.*) Vous dites...

HARPAGON.

Qu'il faut nettoyer mon carrosse, et tenir mes chevaux tout prêts pour conduire à la foire...

MAITRE JACQUES.

Vos chevaux, monsieur? Ma foi, ils ne sont point du tout en état de marcher. Je ne vous dirai point qu'ils sont sur la litière : les pauvres bêtes n'en ont point, et ce seroit mal parler; mais vous leur faites observer des jeûnes si austères, que ce ne sont plus rien que des idées ou des fantômes, des façons de chevaux[*].

HARPAGON.

Les voilà bien malades! Ils ne font rien.

MAITRE JACQUES.

Et pour ne faire rien, monsieur, est-ce qu'il ne faut

VARIANTE. * *Ne sont plus rien que des fantômes ou des façons de chevaux.*

rien manger? Il leur vaudroit bien mieux, les pauvres animaux, de travailler beaucoup, de manger de même *. Cela me fend le cœur de les voir ainsi exténués. Car, enfin, j'ai une tendresse pour mes chevaux, qu'il me semble que c'est moi-même, quand je les vois pâtir. Je m'ôte tous les jours pour eux les choses de la bouche; et c'est être, monsieur, d'un naturel trop dur, que de n'avoir nulle pitié de son prochain.

HARPAGON.

Le travail ne sera pas grand, d'aller jusqu'à la foire.

MAITRE JACQUES.

Non, je n'ai pas le courage de les mener, et je ferois conscience de leur donner des coups de fouet, en l'état où ils sont. Comment voudriez-vous qu'ils traînassent un carrosse? qu'ils ne peuvent pas se traîner eux-mêmes? ** (1)

VALÈRE.

Monsieur, j'obligerai le voisin Picard à se charger de les conduire; aussi-bien nous fera-t-il ici besoin pour apprêter le souper.

MAITRE JACQUES.

Soit. J'aime mieux encore qu'ils meurent sous la main d'un autre, que sous la mienne.

VALÈRE.

Maître Jacques fait bien le raisonnable!

VARIANTES. * *De travailler beaucoup, et de manger de même.*
— ** *Comment voudriez-vous qu'ils traînassent un carrosse? ils ne peuvent pas se traîner eux-mêmes.*

---

(1) Ce *qu'ils ne peuvent pas se traîner eux-mêmes*, est une faute de construction qui ressemble fort à une faute d'impression; on le lit ainsi toutefois dans l'édition originale et dans celle de 1682.

MAITRE JACQUES.

Monsieur l'intendant fait bien le nécessaire!

HARPAGON.

Paix.

MAITRE JACQUES.

Monsieur, je ne saurois souffrir les flatteurs; et je vois que ce qu'il en fait, que ses contrôles perpétuels sur le pain et le vin, le bois, le sel et la chandelle, ne sont rien que pour vous gratter et vous faire sa cour. J'enrage de cela, et je suis fâché tous les jours d'entendre ce qu'on dit de vous: car, enfin, je me sens pour vous de la tendresse, en dépit que j'en aie; et, après mes chevaux, vous êtes la personne que j'aime le plus.

HARPAGON.

Pourrois-je savoir de vous, maître Jacques, ce que l'on dit de moi?

MAITRE JACQUES.

Oui, monsieur, si j'étois assuré que cela ne vous fâchât point.

HARPAGON.

Non, en aucune façon.

MAITRE JACQUES.

Pardonnez-moi; je sais fort bien que je vous mettrois en colère.

HARPAGON.

Point du tout. Au contraire, c'est me faire plaisir, et je suis bien aise d'apprendre comme on parle de moi.

MAITRE JACQUES.

Monsieur, puisque vous le voulez, je vous dirai franchement qu'on se moque partout de vous; qu'on nous jette de tous côtés cent brocards à votre sujet, et que l'on n'est point plus ravi que de vous tenir au cul et aux chausses, et de faire sans cesse des contes de votre lésine. L'un dit que vous faites imprimer des almanachs particuliers, où vous faites doubler les quatre-temps et les vigiles, afin de profiter des jeûnes où vous obligez votre monde [1]; l'autre, que vous avez toujours une querelle toute prête à faire à vos valets dans le temps des étrennes ou de leur sortie d'avec vous, pour vous trouver une raison de ne leur donner rien [2]. Celui-là conte qu'une fois vous fîtes assigner le chat d'un de vos voisins, pour vous avoir mangé un reste d'un gigot de mouton; celui-ci, que l'on vous surprit, une nuit, en venant dérober vous-même l'avoine de vos chevaux; et que votre cocher, qui étoit celui d'avant moi, vous donna, dans l'obscurité, je ne sais combien de coups de bâton, dont vous ne voulûtes rien dire. Enfin, voulez-vous que je vous dise? On ne sauroit aller nulle part, où l'on ne vous entende accommoder de toutes pièces. Vous êtes la fable et la risée de tout le monde; et jamais on ne parle de vous que sous les noms d'avare, de ladre, de vilain et de fesse-Matthieu [3].

---

[1] C'est le même stratagême qu'emploie, mais pour une autre fin, le seigneur Quinzica, dans le conte de La Fontaine, intitulé *le Calendrier des Vieillards*.

[2] Ce trait rappelle la vieille épitaphe épigrammatique :
> Ici gît, sous ce marbre blanc,
> Le plus avare homme de Rennes,
> Qui, pour ne point donner d'étrennes,
> Mourut exprès le jour de l'an.

[3] La sincérité un peu brutale avec laquelle maître Jacques raconte à Harpagon ce qu'on dit de lui, semble être imitée d'un passage de cette

HARPAGON, *en battant maître Jacques.*

Vous êtes un sot, un maraud, un coquin et un impudent.

---

comédie de l'Arioste, intitulée *I Suppositi*, à laquelle on a déjà vu que Molière avoit fait un emprunt.

DULIPPO.
Dice il perfido
Di voi tutti li mali, che si possono
Dir d' alcun uomo infame.

CLEANDRO.
Ah! ribaldo! E che dice?

DULIPPO.
Immaginatevi
Qual che si può dir peggio: che il più misero
E più strett' uom non è di voi.

« DUL. Le perfide dit de vous tout le mal qu'on peut dire de l'homme « le plus infâme. CL. Ah! le traître! Et que dit-il? DUL. Imaginez-vous « tout ce qu'on peut dire de pis; il prétend qu'il n'y a pas d'homme « plus serré et plus avare que vous. » Dulippo cite encore beaucoup d'autres propos injurieux qui n'ont plus de rapport avec les bruits répétés par maître Jacques. C'est dans Plaute que Molière a pris l'idée des différens traits d'avarice reprochés à Harpagon. Mais, dans *l'Aululaire*, ce n'est pas devant l'avare lui-même, c'est en arrière de lui qu'on les raconte; et l'on voit tout de suite combien ils en doivent être moins plaisans. Dans *l'Aululaire*, on prétend qu'Euclion se désespère quand il voit la fumée sortir de sa cheminée; qu'avant de se coucher, il bouche le tuyau de son soufflet, de peur que, pendant la nuit, le vent n'en sorte; que, quand son barbier lui coupe les ongles, il en ramasse soigneusement les rognures; enfin, qu'un jour il fit assigner devant le magistrat un milan qui lui avoit dérobé un morceau de viande. Molière a profité de ce dernier trait, en faisant du milan un chat, et du morceau de viande un reste de gigot. Quant au trait de l'avoine dérobée aux chevaux, il semble l'avoir emprunté à l'histoire des Cardinaux, par Aubery, où il est ainsi raconté : « Le cardinal Angelotto poussoit l'avarice jusqu'à aller « la nuit dérober les brides et les chevêtres dans les écuries de ses « voisins; et, ayant été une fois pris sur le fait par un palefrenier, il reçut « incognito de rudes bastonnades. » J'ai lu ailleurs qu'il se levoit la nuit sans chandelle pour aller voler l'avoine à ses propres chevaux;

ACTE III, SCÈNE V.

MAITRE JACQUES.

Hé bien! ne l'avois-je pas deviné? Vous ne m'avez pas voulu croire. Je vous avois bien dit que je vous fâcherois de vous dire la vérité.

HARPAGON.

Apprenez à parler (1).

---

et que son palefrenier, qui s'en doutoit, l'épia, le surprit, et, feignant de ne pas le connoître, lui donna des coups de fourche dans le derrière. C'est sans doute la même histoire; mais la seconde version est la plus plaisante, et c'est celle dont Molière a fait usage.

(1) En fait de personnages subalternes, Molière n'en a pas imaginé un plus plaisant, plus franchement comique que maître Jacques : il est de la famille de Sosie, et du Sganarelle médecin malgré lui. C'est déjà une idée heureuse et bien appropriée au sujet, que cette double fonction exercée par un même homme dans la maison d'un avare, qui, de cette manière, ne paie qu'un valet au lieu de deux. Il y a peut-être un peu de charge dans les deux costumes mis l'un sur l'autre, que maître Jacques cache ou montre, suivant qu'on s'adresse au cocher ou au cuisinier; mais cette espèce de bouffonnerie, qui amuse beaucoup à la scène, n'a rien d'ignoble ni de forcé. Du reste, le cuisinier et le cocher jouent merveilleusement leur rôle. Le cocher surtout est admirable quand il parle de ses chevaux; chacune de ses paroles est un trait de sentiment naïf qui fait rire et qui touche à la fois. Les chevaux de maître Jacques ne sont pas d'une espèce différente de la sienne; ce sont ses compagnons, ses amis; en un mot, c'est *son prochain;* il prend sur sa nourriture pour ajouter à la leur; et ce qu'il peut dire de plus tendre à son maître, c'est qu'après ses chevaux, il est la *personne* qu'il aime le plus. Voilà de ces caractères et de ces discours dont Molière avoit et dont il a emporté le secret.

SCENE VI.

VALÈRE, MAITRE JACQUES.

VALÈRE, *riant*.

A ce que je puis voir, maître Jacques, on paie mal votre franchise [1].

MAITRE JACQUES.

Morbleu ! monsieur le nouveau venu, qui faites l'homme d'importance, ce n'est pas votre affaire. Riez de vos coups de bâton quand on vous en donnera, et ne venez point rire des miens.

VALÈRE.

Ah! monsieur maître Jacques, ne vous fâchez pas, je vous prie.

MAITRE JACQUES, *à part*.

Il file doux. Je veux faire le brave, et, s'il est assez sot pour me craindre, le frotter quelque peu. (*haut.*) Savez-vous bien, monsieur le rieur, que je ne ris pas, moi, et que si vous m'échauffez la tête, je vous ferai rire d'une autre sorte ?

(*Maître Jacques pousse Valère jusqu'au fond du théâtre, en le menaçant.*)

---

(1) On pardonne à Valère de s'être fait le flatteur d'Harpagon, puisqu'il croit ce manége utile à son amour; mais est-il bien à lui de se moquer de ce pauvre maître Jacques, parce qu'il a été sincère, et que sa franchise lui a mal tourné? Ce petit tort, il est vrai, va amener une scène fort plaisante : il y a grace au théâtre pour tous les péchés de ce genre-là.

ACTE III, SCÈNE VI.

VALÈRE.

Hé! doucement.

MAITRE JACQUES.

Comment, doucement? il ne me plaît pas, moi.

VALÈRE.

De grace!

MAITRE JACQUES.

Vous êtes un impertinent.

VALÈRE.

Monsieur maître Jacques...

MAITRE JACQUES.

Il n'y a point de monsieur maître Jacques, pour un double [1]. Si je prends un bâton, je vous rosserai d'importance.

VALÈRE.

Comment! un bâton? (*Valère fait reculer maître Jacques à son tour.*)

MAITRE JACQUES.

Hé! je ne parle pas de cela.

VALÈRE.

Savez-vous bien, monsieur le fat, que je suis homme à vous rosser vous-même?

MAITRE JACQUES.

Je n'en doute pas.

---

[1] Le *double* étoit une petite monnoie de cuivre qui valoit deux deniers. Quand on disoit proverbialement, *il n'y a pas d'une telle chose pour un double*, on vouloit dire sans doute, il n'y en a pas, quand vous donneriez un double; ou plutôt, il n'y en a pas même pour la valeur d'un double : ce qui, dans tous les cas, revient à, il n'y en a pas du tout.

VALÈRE.

Que vous n'êtes, pour tout potage, qu'un faquin de cuisinier.

MAITRE JACQUES.

Je le sais bien.

VALÈRE.

Et que vous ne me connoissez pas encore?

MAITRE JACQUES.

Pardonnez-moi.

VALÈRE.

Vous me rosserez, dites-vous?

MAITRE JACQUES.

Je le disois en raillant.

VALÈRE.

Et moi, je ne prends point de goût à votre raillerie. (*donnant des coups de bâton à maître Jacques.*) Apprenez que vous êtes un mauvais railleur [1].

MAITRE JACQUES, *seul*.

Peste soit la sincérité! c'est un mauvais métier: désormais j'y renonce, et je ne veux plus dire vrai [2]. Passe

---

[1] Dancourt, dans *le Mari retrouvé*, a imité cette scène. Le valet Lépine, rudoyé par le garde-moulin Charlot, cherche d'abord à le calmer par de caressantes paroles; mais le manant, encouragé par cette douceur qu'il prend pour de la lâcheté, parle de donner des coups de bâton. Lépine alors l'en menace lui-même; et le rustaut, à son tour, se confond en plates excuses qui sont bien véritablement l'effet de la peur.

La scène XI de l'acte III du *Joueur*, entre le marquis et Valère, est également une imitation de celle de Molière.

[2] Maître Jacques le fera comme il le dit; il mentira, et le mensonge ne lui tournera pas mieux que la vérité. C'est encore là une de ces préparations si naturelles et si heureuses dont les comédies de Molière sont remplies.

encore pour mon maître; il a quelque droit de me battre : mais, pour ce monsieur l'intendant, je m'en vengerai, si je puis.

SCÈNE VII.

MARIANE, FROSINE, MAITRE JACQUES.

FROSINE.

Savez-vous, maître Jacques, si votre maître est au logis ?

MAITRE JACQUES.

Oui, vraiment, il y est; je ne le sais que trop.

FROSINE.

Dites-lui, je vous prie, que nous sommes ici.

SCÈNE VIII.

MARIANE, FROSINE.

MARIANE.

Ah! que je suis, Frosine, dans un étrange état, et, s'il faut dire ce que je sens, que j'appréhende cette vue!

FROSINE.

Mais, pourquoi, et quelle est votre inquiétude ?

MARIANE.

Hélas! me le demandez-vous ? Et ne vous figurez-vous point les alarmes d'une personne toute prête à voir le supplice où l'on veut l'attacher ?

FROSINE.

Je vois bien que, pour mourir agréablement, Harpagon n'est pas le supplice que vous voudriez embrasser; et je connois à votre mine, que le jeune blondin dont vous m'avez parlé, vous revient un peu dans l'esprit.

MARIANE.

Oui. C'est une chose, Frosine, dont je ne veux pas me défendre; et les visites respectueuses qu'il a rendues chez nous, ont fait, je vous l'avoue, quelque effet dans mon ame [1].

FROSINE.

Mais avez-vous su quel il est?

MARIANE.

Non; je ne sais point quel il est. Mais je sais qu'il est fait d'un air à se faire aimer; que, si l'on pouvoit mettre les choses à mon choix, je le prendrois plutôt qu'un autre, et qu'il ne contribue pas peu à me faire trouver un tourment effroyable dans l'époux qu'on veut me donner.

FROSINE.

Mon dieu! tous ces blondins sont agréables, et débitent fort bien leur fait; mais la plupart sont gueux comme des rats; il vaut mieux, pour vous, de prendre un vieux mari qui vous donne beaucoup de bien. Je vous avoue que les sens ne trouvent pas si bien leur compte du côté que je dis, et qu'il y a quelques petits dégoûts à essuyer avec un tel époux; mais cela n'est pas pour durer; et sa mort, croyez-moi, vous mettra bientôt en

---

[1] C'est par sa douleur vertueuse que Mariane a principalement plu à Cléante; c'est par ses manières respectueuses que Cléante a particulièrement touché le cœur de Mariane : on ne peut pas rendre plus intéressant un amour qui tient si peu de place dans l'action.

état d'en prendre un plus aimable, qui réparera toutes choses.

MARIANE.

Mon dieu! Frosine, c'est une étrange affaire, lorsque, pour être heureuse, il faut souhaiter ou attendre le trépas de quelqu'un; et la mort ne suit pas tous les projets que nous faisons (1).

FROSINE.

Vous moquez-vous? Vous ne l'épousez qu'aux conditions de vous laisser veuve bientôt; et ce doit être là un des articles du contrat. Il seroit bien impertinent de ne pas mourir dans trois mois (2)! Le voici en propre personne.

MARIANE.

Ah! Frosine, quelle figure!

SCÈNE IX.

HARPAGON, MARIANE, FROSINE.

HARPAGON, *à Mariane.*

Ne vous offensez pas, ma belle, si je viens à vous avec

---

(1) Cette pensée ne semble pas assez nettement exprimée. On *suit* un projet qu'on a conçu; on *se prête* aux projets formés par les autres. Du reste, on aime à voir Mariane repousser avec une sorte d'horreur cette espérance de la mort prochaine du vieillard qu'on lui veut faire épouser.

(2) Nous avons vu, acte II, scène II, que Cléante doit s'engager envers son prêteur, à ce que son père meure avant qu'il soit huit mois. Ici, il faut qu'Harpagon, en se mariant, s'oblige à mourir dans les trois mois. Voilà deux stipulations d'un genre nouveau, qui se ressemblent beaucoup : c'est le même fond de plaisanterie; mais ce fond est triste et presque odieux.

des lunettes. Je sais que vos appas frappent assez les yeux, sont assez visibles d'eux-mêmes, et qu'il n'est pas besoin de lunettes pour les apercevoir; mais, enfin, c'est avec des lunettes qu'on observe les astres; et je maintiens et garantis que vous êtes un astre, mais un astre, le plus bel astre qui soit dans le pays des astres ⁽¹⁾. Frosine, elle ne répond mot, et ne témoigne, ce me semble, aucune joie de me voir.

FROSINE.

C'est qu'elle est encore toute surprise; et puis, les filles ont toujours honte à témoigner d'abord ce qu'elles ont dans l'ame.

HARPAGON, *à Frosine.*

Tu as raison. (*à Mariane.*) Voilà, belle mignonne, ma fille qui vient vous saluer.

SCÈNE X.

HARPAGON, ÉLISE, MARIANE, FROSINE.

MARIANE.

Je m'acquitte bien tard, madame, d'une telle visite.

ÉLISE.

Vous avez fait, madame, ce que je devois faire, et c'étoit à moi de vous prévenir.

---

(1) Une faute en entraîne une autre. Certainement Frosine a été trop loin, lorsque, voulant persuader à Harpagon que Mariane auroit du goût pour lui, elle lui a dit que cette jeune fille ne pouvoit aimer qu'un vieillard à lunettes; et voilà Harpagon qui, d'après cette assurance, vient, lunettes sur le nez, faire sa déclaration à la belle, en style de Thomas Diafoirus. Harpagon est vicieux, il est passionné; mais il n'est rien moins que sot; et cette apostrophe galante jure avec tous ses autres discours.

ACTE III, SCÈNE X.

HARPAGON.

Vous voyez qu'elle est grande ; mais mauvaise herbe croît toujours.

MARIANE, *bas, à Frosine.*

Oh ! l'homme déplaisant !

HARPAGON, *bas, à Frosine.*

Que dit la belle ?

FROSINE.

Qu'elle vous trouve admirable.

HARPAGON.

C'est trop d'honneur que vous me faites, adorable mignonne.

MARIANE, *à part.*

Quel animal [1] !

HARPAGON.

Je vous suis trop obligé de ces sentimens.

MARIANE, *à part.*

Je n'y puis plus tenir.

---

(1) Le mot est un peu cru, un peu violent, pour une jeune personne bien élevée, lors même qu'elle ne fait que parler, comme on dit, à son bonnet.

SCÈNE XI.

HARPAGON, MARIANE, ÉLISE, CLÉANTE, VALÈRE, FROSINE, BRINDAVOINE.

HARPAGON.

Voici mon fils aussi, qui vous vient faire la révérence.

MARIANE, *bas, à Frosine.*

Ah! Frosine, quelle rencontre! C'est justement celui dont je t'ai parlé.

FROSINE, *à Mariane.*

L'aventure est merveilleuse.

HARPAGON.

Je vois que vous vous étonnez de me voir de si grands enfans; mais je serai bientôt défait et de l'un et de l'autre [1].

CLÉANTE, *à Mariane.*

Madame, à vous dire le vrai, c'est ici une aventure où, sans doute, je ne m'attendois pas [2]; et mon père ne

---

[1] Il veut dire qu'il sera *défait* d'eux par leur mariage. Il est si mauvais père, que le mot semble demander explication, et qu'on seroit excusable de le prendre dans un autre sens. N'est-ce pas lui à qui Frosine promet qu'il mettra en terre ses enfans et les enfans de ses enfans, et qui répond, *Tant mieux?*

[2] *Une aventure où je ne m'attendois pas.* — On trouve plus loin, *un mariage où je dois avoir de la répugnance. Où* remplace facilement, en prose comme en vers, *dans lequel, dans laquelle;* mais la poésie semble s'être réservé le droit de l'employer au lieu de, *auquel, à laquelle.* J'ai remarqué plus d'une fois que la prose de Molière étoit remplie d'expressions et de tours affectés à la poésie; et *l'Avare* est peut-être celle de ses pièces où il s'en trouve le plus.

ACTE III, SCÈNE XI.

m'a pas peu surpris, lorsqu'il m'a dit tantôt le dessein qu'il avoit formé.

MARIANE.

Je puis dire la même chose. C'est une rencontre imprévue, qui m'a surprise autant que vous; et je n'étois point préparée à une telle aventure.

CLÉANTE.

Il est vrai que mon père, madame, ne peut pas faire un plus beau choix, et que ce m'est une sensible joie que l'honneur de vous voir; mais, avec tout cela, je ne vous assurerai point que je me réjouis du dessein où vous pourriez être de devenir ma belle-mère. Le compliment, je vous l'avoue, est trop difficile pour moi; et c'est un titre, s'il vous plaît, que je ne vous souhaite point. Ce discours paroîtra brutal aux yeux de quelques-uns; mais je suis assuré que vous serez personne à le prendre comme il faudra; que c'est un mariage, madame, où vous vous imaginez bien que je dois avoir de la répugnance; que vous n'ignorez pas, sachant ce que je suis, comme il choque mes intérêts; et que vous voulez bien enfin que je vous dise, avec la permission de mon père, que, si les choses dépendoient de moi, cet hymen ne se feroit point.

HARPAGON.

Voilà un compliment bien impertinent! Quelle belle confession à lui faire!

MARIANE.

Et moi, pour vous répondre, j'ai à vous dire que les choses sont fort égales; et que, si vous auriez de la répugnance à me voir votre belle-mère, je n'en aurois pas moins, sans doute, à vous voir mon beau-fils. Ne croyez pas, je vous prie, que ce soit moi qui cherche à vous donner cette inquiétude. Je serois fort fâchée de vous causer du déplaisir; et, si je ne m'y vois forcée par une puissance absolue, je vous donne ma parole que je ne consentirai point au mariage qui vous chagrine.

HARPAGON.

Elle a raison. A sot compliment, il faut une réponse de même (1). Je vous demande pardon, ma belle, de l'impertinence de mon fils; c'est un jeune sot qui ne sait pas encore la conséquence des paroles qu'il dit.

MARIANE.

Je vous promets que ce qu'il m'a dit ne m'a point du tout offensée; au contraire, il m'a fait plaisir de m'expliquer ainsi ses véritables sentimens. J'aime de lui un aveu de la sorte; et, s'il avoit parlé d'autre façon, je l'en estimerois bien moins.

HARPAGON.

C'est beaucoup de bonté à vous, de vouloir ainsi excuser ses fautes. Le temps le rendra plus sage, et vous verrez qu'il changera de sentimens.

CLÉANTE.

Non, mon père, je ne suis point capable d'en changer, et je prie instamment madame de le croire.

HARPAGON.

Mais voyez quelle extravagance! il continue encore plus fort.

---

(1) L'erreur d'Harpagon est naturelle. Cléante dit à Mariane qu'il répugne à l'avoir pour belle-mère; elle peut, par dépit et par manière de représailles, lui dire qu'elle ne répugne pas moins à l'avoir pour beau-fils.

CLÉANTE.

Voulez-vous que je trahisse mon cœur?

HARPAGON.

Encore! avez-vous envie de changer de discours?

CLÉANTE.

Hé bien! puisque vous voulez que je parle d'autre façon, souffrez, madame, que je me mette ici à la place de mon père, et que je vous avoue que je n'ai rien vu dans le monde de si charmant que vous; que je ne conçois rien d'égal au bonheur de vous plaire, et que le titre de votre époux est une gloire, une félicité que je préférerois aux destinées des plus grands princes de la terre. Oui, madame, le bonheur de vous posséder est, à mes regards, la plus belle de toutes les fortunes; c'est où j'attache toute mon ambition. Il n'y a rien que je ne sois capable de faire pour une conquête si précieuse; et les obstacles les plus puissans... (1)

HARPAGON.

Doucement, mon fils, s'il vous plaît.

CLÉANTE.

C'est un compliment que je fais pour vous à madame.

HARPAGON.

Mon dieu! j'ai une langue pour m'expliquer moi-même, et je n'ai pas besoin d'un procureur* comme vous. Allons, donnez des sièges.

VARIANTE. * *D'un interprète.*

---

(1) De quelque manière qu'il parle, soit qu'il témoigne à Mariane sa répugnance à la voir devenir sa belle-mère, soit qu'il vante le bonheur de

FROSINE.

Non; il vaut mieux que de ce pas, nous allions à la foire, afin d'en revenir plus tôt, et d'avoir tout le temps ensuite de nous entretenir.

HARPAGON, *à Brindavoine.*

Qu'on mette donc les chevaux au carrosse.

SCÈNE XII.

HARPAGON, MARIANE, ÉLISE, CLÉANTE, VALÈRE, FROSINE.

HARPAGON, *à Mariane.*

Je vous prie de m'excuser, ma belle, si je n'ai pas songé à vous donner un peu de collation avant que de partir.

CLÉANTE.

J'y ai pourvu, mon père, et j'ai fait apporter ici quelques bassins d'oranges de la Chine, de citrons doux, et de confitures, que j'ai envoyé querir de votre part.

HARPAGON, *bas, à Valère.*

Valère!

VALÈRE, *à Harpagon.*

Il a perdu le sens.

CLÉANTE.

Est-ce que vous trouvez, mon père, que ce ne soit

---

celui qui sera son époux, il lui fait la cour, et il la lui fait devant son père, qui peut bien trouver quelque impertinence dans de tels discours, mais qui n'en peut pénétrer le vrai sens. Tout cela est bien ingénieux et bien comique.

ACTE III, SCÈNE XII.

pas assez ? Madame aura la bonté d'excuser cela, s'il lui plaît.

MARIANE.

C'est une chose qui n'étoit pas nécessaire.

CLÉANTE.

Avez-vous jamais vu, madame, un diamant plus vif que celui que vous voyez que mon père a au doigt [1] ?

MARIANE.

Il est vrai qu'il brille beaucoup.

CLÉANTE, *ôtant du doigt de son père le diamant, et le donnant à Mariane.*

Il faut que vous le voyiez de près.

MARIANE.

Il est fort beau, sans doute, et jette quantité de feux.

CLÉANTE, *se mettant au-devant de Mariane qui veut rendre le diamant.*

Nenni*, madame, il est en de trop belles mains. C'est un présent que mon père vous a fait.

HARPAGON.

Moi ?

CLÉANTE.

N'est-il pas vrai, mon père, que vous voulez que madame le garde pour l'amour de vous ?

VARIANTE. * *Non.*

---

(1) Cette bague est sans doute un nantissement. Les juifs et autres usuriers en ont ordinairement les doigts garnis, et ne les possèdent pas à un autre titre.

HARPAGON, *bas, à son fils.*

Comment?

CLÉANTE, *à Mariane.*

Belle demande! Il me fait signe de vous le faire accepter.

MARIANE.

Je ne veux point...

CLÉANTE, *à Mariane.*

Vous moquez-vous? Il n'a garde de le reprendre.

HARPAGON, *à part.*

J'enrage.

MARIANE.

Ce seroit...

CLÉANTE, *empêchant toujours Mariane de rendre le diamant.*

Non, vous dis-je, c'est l'offenser.

MARIANE.

De grace...

CLÉANTE.

Point du tout.

HARPAGON, *à part.*

Peste soit...

CLÉANTE.

Le voilà qui se scandalise de votre refus.

HARPAGON, *bas, à son fils.*

Ah! traître!

CLÉANTE, *à Mariane.*

Vous voyez qu'il se désespère.

ACTE III, SCÈNE XII.

HARPAGON, *bas, à son fils, en le menaçant.*

Bourreau que tu es!

CLÉANTE.

Mon père, ce n'est pas ma faute. Je fais ce que je puis pour l'obliger à la garder* (1); mais elle est obstinée.

HARPAGON, *bas, à son fils, en le menaçant.*

Pendard!

CLÉANTE.

Vous êtes cause, madame, que mon père me querelle.

HARPAGON, *bas, à son fils, avec les mêmes gestes.*

Le coquin (2)!

CLÉANTE, *à Mariane.*

Vous le ferez tomber malade. De grace, madame, ne résistez point davantage.

FROSINE, *à Mariane.*

Mon dieu! que de façons! Gardez la bague, puisque monsieur le veut.

VARIANTE. * A le garder.

---

(1) Dans l'édition originale et dans celle de 1682, on lit, *à la garder*, quoique le dernier mot auquel *la* puisse se rapporter soit *diamant*; mais ce diamant est une bague, et il est possible que, dans la pensée de Cléante, ce soit à ce mot, du genre féminin, que se rapporte le pronom. Peut-être aussi est-ce une faute d'impression.

(2) Ce jeu de théâtre est plaisant; mais est-il dans l'exacte vérité du caractère? Harpagon est-il homme à se contraindre ainsi? L'amour-propre et, si l'on veut, l'amour peuvent-ils faire en lui violence à l'avarice, jusqu'à l'empêcher d'éclater, et de redemander tout haut son diamant? Ne trouveroit-il pas, d'ailleurs, s'il le vouloit, de mauvaises raisons pour prétendre qu'il lui est impossible de disposer de celui-là?

MARIANE, *à Harpagon.*

Pour ne vous point mettre en colère, je la garde maintenant, et je prendrai un autre temps pour vous la rendre [1].

SCÈNE XIII.

HARPAGON, MARIANE, ÉLISE, CLÉANTE, VALÈRE, FROSINE, BRINDAVOINE.

BRINDAVOINE.

Monsieur, il y a là un homme qui veut vous parler.

HARPAGON.

Dis-lui que je suis empêché [2], et qu'il revienne une autre fois.

BRINDAVOINE.

Il dit qu'il vous apporte de l'argent.

HARPAGON, *à Mariane.*

Je vous demande pardon; je reviens tout-à-l'heure [3].

---

(1) Nous n'entendrons plus parler de cette bague; mais la chose nous importe peu assurément; et d'ailleurs nous devons croire que Mariane saisira son moment pour la rendre à Harpagon, comme elle en fait ici la promesse.

(2) On disoit autrefois, *je suis empêché*, pour dire, je suis occupé, je suis en affaire. Les Italiens le disent encore : *sono impedito*.

(3) Racine, dans *les Plaideurs*, a imité Molière, ou plutôt il a saisi comme lui un trait de mœurs et de caractère. On vient de plaider devant Dandin l'affaire du chapon volé par le chien Citron : il veut réfléchir en repos sur cette cause qui le rend perplexe. Chicaneau paroît. *Je suis occupé*, dit Dandin, *je ne veux voir personne*. Mais Chicaneau n'est

SCÈNE XIV.

HARPAGON, MARIANE, ÉLISE, CLÉANTE,
VALÈRE, FROSINE, LA MERLUCHE.

LA MERLUCHE, *courant, et faisant tomber Harpagon.*
Monsieur...

HARPAGON.

Ah! je suis mort.

CLÉANTE.

Qu'est-ce, mon père? Vous êtes-vous fait mal?

HARPAGON.

Le traître assurément a reçu de l'argent de mes débiteurs, pour me faire rompre le cou.

VALÈRE, *à Harpagon.*

Cela ne sera rien.

LA MERLUCHE, *à Harpagon.*

Monsieur, je vous demande pardon; je croyois bien faire d'accourir vite.

---

pas seul; il a avec lui sa fille Isabelle. *Mais, s'il vous plaît,* dit le vieux juge, *quelle est cette enfant-là ?*

CHICANEAU.

C'est ma fille, monsieur.

DANDIN.

Hé! tôt, rappelez-la.

ISABELLE.

Vous êtes occupé.

DANDIN.

Moi, je n'ai point d'affaire.
Que ne me disiez-vous que vous étiez son père?

HARPAGON.

Que viens-tu faire ici, bourreau?

LA MERLUCHE.

Vous dire que vos deux chevaux sont déferrés.

HARPAGON.

Qu'on les mène promptement chez le maréchal.

CLÉANTE.

En attendant qu'ils soient ferrés, je vais faire pour vous, mon père, les honneurs de votre logis, et conduire madame dans le jardin, où je ferai porter la collation.

SCÈNE XV.

HARPAGON, VALÈRE.

HARPAGON.

Valère, aie un peu l'œil à tout cela, et prends soin, je te prie, de m'en sauver le plus que tu pourras, pour le renvoyer au marchand.

VALÈRE.

C'est assez.

HARPAGON, *seul*.

O fils impertinent! As-tu envie de me ruiner?

FIN DU TROISIÈME ACTE.

ACTE IV.

SCÈNE PREMIÈRE.

CLÉANTE, MARIANE, ÉLISE, FROSINE.

CLÉANTE.

Rentrons ici; nous serons beaucoup mieux. Il n'y a plus autour de nous personne de suspect, et nous pouvons parler librement.

ÉLISE.

Oui, madame, mon frère m'a fait confidence de la passion qu'il a pour vous. Je sais les chagrins et les déplaisirs que sont capables de causer de pareilles traverses; et c'est, je vous assure, avec une tendresse extrême que je m'intéresse à votre aventure.

MARIANE.

C'est une douce consolation que de voir dans ses intérêts une personne comme vous; et je vous conjure, madame, de me garder toujours cette généreuse amitié, si capable de m'adoucir les cruautés de la fortune [1].

---

[1] C'est une chose toujours agréable au théâtre, que ces petites ligues de deux couples amoureux contrariés dans leur passion, qui mettent en commun leurs craintes et leurs espérances, qui se font mutuellement part de leurs desseins, et qui cherchent ensemble les moyens de s'entr'aider.

FROSINE.

Vous êtes, par ma foi, de malheureuses gens l'un et l'autre, de ne m'avoir point, avant tout ceci, avertie de votre affaire. Je vous aurois, sans doute, détourné cette inquiétude [1], et n'aurois point amené les choses où l'on voit qu'elles sont.

CLÉANTE.

Que veux-tu? C'est ma mauvaise destinée qui l'a voulu ainsi. Mais, belle Mariane, quelles résolutions sont les vôtres?

MARIANE.

Hélas! suis-je en pouvoir de faire des résolutions [2]? Et, dans la dépendance où je me vois, puis-je former que des souhaits?

CLÉANTE.

Point d'autre appui pour moi dans votre cœur, que de simples souhaits? Point de pitié officieuse? Point de secourable bonté? Point d'affection agissante?

MARIANE.

Que saurois-je vous dire? Mettez-vous en ma place, et voyez ce que je puis faire. Avisez, ordonnez vous-même: je m'en remets à vous; et je vous crois trop raisonnable, pour vouloir exiger de moi que ce qui peut m'être permis par l'honneur et la bienséance.

---

(1) *Je vous aurois détourné cette inquiétude.* — La grammaire voudroit, *j'aurois détourné de vous cette inquiétude*; et alors même la phrase seroit contraire à l'usage. *Détourner une inquiétude* est impropre. On *détourne* un malheur; on *écarte* un sujet d'inquiétude.

(2) *Faire des résolutions.* — On dit plus ordinairement aujourd'hui, *former, prendre une résolution, des résolutions*.

ACTE IV, SCÈNE I.

CLÉANTE.

Hélas! où me réduisez-vous, que de me renvoyer [1] à ce que voudront permettre les fâcheux sentimens d'un rigoureux honneur et d'une scrupuleuse bienséance?

MARIANE.

Mais que voulez-vous que je fasse? Quand je pourrois passer sur quantité d'égards où notre sexe est obligé [2], j'ai de la considération pour ma mère. Elle m'a toujours élevée avec une tendresse extrême, et je ne saurois me résoudre à lui donner du déplaisir. Faites, agissez auprès d'elle; employez tous vos soins à gagner son esprit. Vous pouvez faire et dire tout ce que vous voudrez; je vous en donne la licence [3]; et, s'il ne tient qu'à me déclarer en votre faveur, je veux bien consentir à lui faire un aveu, moi-même, de tout ce que je sens pour vous.

CLÉANTE.

Frosine, ma pauvre Frosine, voudrois-tu nous servir?

FROSINE.

Par ma foi, faut-il le demander? je le voudrois de tout mon cœur. Vous savez que, de mon naturel, je suis assez humaine. Le ciel ne m'a point fait l'ame de bronze, et je

---

(1) *Où me réduisez-vous, que de me renvoyer...* — Construction vicieuse. Il faudroit, *où me réduisez-vous, en me renvoyant*, ou, *c'est me réduire à une dure condition, que de me renvoyer*, etc.

(2) *Quantité d'égards où notre sexe est obligé.* — Voyez acte III, scène XI, page 104, note 2.

(3) *Je vous en donne la licence.* — On disoit aussi alors, *je vous en donne le congé* : on dit aujourd'hui seulement, *je vous en donne la permission*.

n'ai que trop de tendresse à rendre de petits services [1], quand je vois des gens qui s'entr'aiment en tout bien et en tout honneur. Que pourrions-nous faire à ceci?

CLÉANTE.

Songe un peu, je te prie.

MARIANE.

Ouvre-nous des lumières [2].

ÉLISE.

Trouve quelque invention pour rompre ce que tu as fait.

FROSINE.

Ceci est assez difficile. (*à Mariane.*) Pour votre mère, elle n'est pas tout-à-fait déraisonnable, et peut-être pourroit-on la gagner et la résoudre à transporter au fils le don qu'elle veut faire au père. (*à Cléante.*) Mais le mal que j'y trouve, c'est que votre père est votre père.

CLÉANTE.

Cela s'entend.

FROSINE.

Je veux dire qu'il conservera du dépit, si l'on montre qu'on le refuse, et qu'il ne sera point d'humeur ensuite à donner son consentement à votre mariage. Il faudroit,

---

(1) *Je n'ai que trop de tendresse à rendre de petits services.* — On ne dit pas, *avoir de la tendresse à rendre service,* comme on dit, *avoir du penchant, de l'inclination à obliger.*

(2) *Ouvre-nous des lumières.* — Expression tout-à-fait impropre. On donne, on *fournit des lumières,* on *donne des ouvertures;* mais on n'*ouvre* pas *des lumières.*

pour bien faire, que le refus vînt de lui-même, et tâcher, par quelque moyen, de le dégoûter de votre personne.

CLÉANTE.

Tu as raison.

FROSINE.

Oui, j'ai raison; je le sais bien. C'est là ce qu'il faudroit; mais le diantre est d'en pouvoir trouver les moyens. Attendez: si nous avions quelque femme un peu sur l'âge, qui fût de mon talent, et jouât assez bien pour contrefaire une dame de qualité, par le moyen d'un train fait à la hâte, et d'un bizarre nom de marquise ou de vicomtesse, que nous supposerions de la Basse-Bretagne, j'aurois assez d'adresse pour faire accroire à votre père que ce seroit une personne riche, outre ses maisons, de cent mille écus en argent comptant; qu'elle seroit éperduement amoureuse de lui, et souhaiteroit de se voir sa femme, jusqu'à lui donner tout son bien par contrat de mariage; et je ne doute point qu'il ne prêtât l'oreille à la proposition. Car enfin, il vous aime fort, je le sais; mais il aime un peu plus l'argent; et quand, ébloui de ce leurre, il auroit une fois consenti à ce qui vous touche, il importeroit peu ensuite qu'il se désabusât, en venant à vouloir voir clair aux effets de notre marquise.

CLÉANTE.

Tout cela est fort bien pensé.

FROSINE.

Laissez-moi faire. Je viens de me ressouvenir d'une de mes amies, qui sera notre fait [1].

---

[1] Diderot, dans son traité *de la Poésie dramatique*, fait, au sujet de

CLÉANTE.

Sois assurée, Frosine, de ma reconnoissance, si tu viens à bout de la chose. Mais charmante Mariane, commençons, je vous prie, par gagner votre mère; c'est toujours beaucoup faire que de rompre ce mariage. Faites-y de votre part, je vous en conjure, tous les efforts qu'il vous sera possible. Servez-vous de tout le pouvoir que vous donne sur elle cette amitié qu'elle a pour vous. Déployez sans réserve les graces éloquentes, les charmes tout-puissans que le ciel a placés dans vos yeux et dans votre bouche; et n'oubliez rien, s'il vous plaît, de ces tendres paroles, de ces douces prières, et de ces caresses touchantes, à qui je suis persuadé qu'on ne sauroit rien refuser [1].

MARIANE.

J'y ferai tout ce que je puis, et n'oublierai aucune chose.

---

cet expédient proposé par Frosine, l'observation suivante : « Ne tendez « point de fils à faux : en m'occupant d'un embarras qui ne viendra point, « vous égarerez mon attention. Tel est, si je ne me trompe, l'effet du « discours de Frosine dans *l'Avare*. Elle s'engage à détourner l'Avare du « dessein d'épouser Mariane, par le moyen d'une vicomtesse de Basse-« Bretagne, dont elle se promet des merveilles, et le spectateur avec elle. « Cependant la pièce finit, sans qu'on revoie ni Frosine, ni sa Basse-Bre-« tonne qu'on attend toujours. » L'observation est de toute justesse. La faute qu'elle relève est si grossière, et Molière, à l'époque où il fit *l'Avare*, connoissoit si parfaitement son art, qu'on est tenté de croire qu'il eut d'abord le dessein de faire paroître la Basse-Bretonne, et qu'ayant ensuite renoncé à employer ce personnage, il laissa subsister par inadvertance le passage qui l'annonçoit.

(1) Ce couplet est touchant, passionné; il a, de plus, le mérite de rappeler encore ces aimables qualités de Mariane, qui ont fait sur le cœur de Cléante une impression si vive et si profonde. Molière ne laisse échapper aucune occasion de rendre ses amans aimables, et de nous mettre du parti de leur tendresse. Ajoutons qu'il le fait toujours de la manière la plus naturelle, et sans paroître le vouloir.

SCÈNE II.

HARPAGON, CLÉANTE, MARIANE, ÉLISE, FROSINE.

HARPAGON, *à part, sans être aperçu.*

Ouais! mon fils baise la main de sa prétendue belle-mère [1]; et sa prétendue belle-mère ne s'en défend pas fort! Y auroit-il quelque mystère là-dessous?

ÉLISE.

Voilà mon père.

HARPAGON.

Le carrosse est tout prêt; vous pouvez partir quand il vous plaira.

CLÉANTE.

Puisque vous n'y allez pas, mon père, je m'en vais les conduire.

HARPAGON.

Non: demeurez. Elles iront toutes seules, et j'ai besoin de vous.

---

(1) On entendroit aujourd'hui par *une prétendue belle-mère*, une femme qui veut passer ou que l'on veut faire passer pour telle, et qui ne l'est pas ni ne doit le devenir. *Future belle-mère* sembleroit être l'expression propre.

L'AVARE.

SCÈNE III.

HARPAGON, CLÉANTE.

HARPAGON.

Or çà, intérêt de belle-mère à part, que te semble, à toi, de cette personne?

CLÉANTE.

Ce qui m'en semble ? * (1)

HARPAGON.

Oui, de son air, de sa taille, de sa beauté, de son esprit?

CLÉANTE.

Là, là.

HARPAGON.

Mais encore?

CLÉANTE.

A vous en parler franchement, je ne l'ai pas trouvée ici ce que je l'avois crue. Son air est de franche coquette, sa taille est assez gauche, sa beauté très-médiocre, et son esprit des plus communs. Ne croyez pas que ce soit, mon père, pour vous en dégoûter; car, belle-mère pour belle-mère, j'aime autant celle-là qu'une autre.

HARPAGON.

Tu lui disois tantôt pourtant...

CLÉANTE.

Je lui ai dit quelques douceurs en votre nom, mais c'étoit pour vous plaire.

VARIANTE. * *Ce qu'il m'en semble?*

---

(1) La variante a raison contre le texte. *Ce qui m'en semble?* est une faute.

ACTE IV, SCÈNE III.

HARPAGON.

Si bien donc que tu n'aurois pas d'inclination pour elle?

CLÉANTE.

Moi? point du tout.

HARPAGON.

J'en suis fâché, car cela rompt une pensée qui m'étoit venue dans l'esprit. J'ai fait, en la voyant ici, réflexion sur mon âge; et j'ai songé qu'on pourra trouver à redire de me voir marier à une si jeune personne.*. Cette considération m'en faisoit quitter le dessein; et, comme je l'ai fait demander, et que je suis pour elle engagé de parole, je te l'aurois donnée, sans l'aversion que tu témoignes.

CLÉANTE.

A moi?

HARPAGON.

A toi.

CLÉANTE.

En mariage?

HARPAGON.

En mariage.

CLÉANTE.

Écoutez. Il est vrai qu'elle n'est pas fort à mon goût; mais, pour vous faire plaisir, mon père, je me résoudrai à l'épouser, si vous voulez.

HARPAGON.

Moi, je suis plus raisonnable que tu ne penses. Je ne veux point forcer ton inclination.

CLÉANTE.

Pardonnez-moi; je me ferai cet effort pour l'amour de vous.

VARIANTE. * *A une jeune personne.*

HARPAGON.

Non, non. Un mariage ne sauroit être heureux, où l'inclination n'est pas.

CLÉANTE.

C'est une chose, mon père, qui peut-être viendra ensuite; et l'on dit que l'amour est souvent un fruit du mariage.

HARPAGON.

Non. Du côté de l'homme, on ne doit point risquer l'affaire; et ce sont des suites fâcheuses, où je n'ai garde de me commettre [1]. Si tu avois senti quelque inclination pour elle, à la bonne heure; je te l'aurois fait épouser au lieu de moi; mais, cela n'étant pas, je suivrai mon premier dessein, et je l'épouserai moi-même.

CLÉANTE.

Hé bien! mon père, puisque les choses sont ainsi, il faut vous découvrir mon cœur; il faut vous révéler notre secret. La vérité est que je l'aime depuis un jour que je la vis dans une promenade; que mon dessein étoit tantôt de vous la demander pour femme; et que rien ne m'a retenu que la déclaration de vos sentimens, et la crainte de vous déplaire.

HARPAGON.

Lui avez-vous rendu visite [2]?

CLÉANTE.

Oui, mon père.

---

(1) *De fâcheuses suites où je n'ai garde de me commettre.* — Voyez acte III, scène XI, page 104, note 2.

(2) Ici Harpagon commence à changer de ton. Tout à l'heure il parloit avec amitié à son fils, et le tutoyoit.

HARPAGON.

Beaucoup de fois?

CLÉANTE.

Assez, pour le temps qu'il y a.

HARPAGON.

Vous a-t-on bien reçu?

CLÉANTE.

Fort bien, mais sans savoir qui j'étois ; et c'est ce qui a fait tantôt la surprise de Mariane.

HARPAGON.

Lui avez-vous déclaré votre passion, et le dessein où vous étiez de l'épouser?

CLÉANTE.

Sans doute ; et même j'en avois fait à sa mère quelque peu d'ouverture.

HARPAGON.

A-t-elle écouté, pour sa fille, votre proposition?

CLÉANTE.

Oui, fort civilement.

HARPAGON.

Et la fille correspond-elle fort à votre amour?

CLÉANTE.

Si j'en dois croire les apparences, je me persuade, mon père, qu'elle a quelque bonté pour moi [1].

---

[1] C'est ici la timidité d'un fils qui craint son père, ou plutôt c'est la discrétion respectueuse d'un amant délicat : Cléante est plus sûr qu'il n'en veut convenir, que Mariane *correspond à son amour*.

HARPAGON, *bas, à part.*

Je suis bien aise d'avoir appris un tel secret; et voilà justement ce que je demandois. (*haut.*) Or sus, mon fils, savez-vous ce qu'il y a? C'est qu'il faut songer, s'il vous plaît, à vous défaire de votre amour, à cesser toutes vos poursuites auprès d'une personne que je prétends pour moi [1], et à vous marier dans peu avec celle qu'on vous destine.

CLÉANTE.

Oui, mon père; c'est ainsi que vous me jouez! Hé bien! puisque les choses en sont venues là, je vous déclare, moi, que je ne quitterai point la passion que j'ai pour Mariane; qu'il n'y a point d'extrémité où je ne m'abandonne, pour vous disputer sa conquête; et que, si vous avez pour vous le consentement d'une mère, j'aurai d'autres secours, peut-être, qui combattront pour moi.

HARPAGON.

Comment, pendard! tu as l'audace d'aller sur mes brisées?

CLÉANTE.

C'est vous qui allez sur les miennes, et je suis le premier en date.

HARPAGON.

Ne suis-je pas ton père, et ne me dois-tu pas respect?

CLÉANTE.

Ce ne sont point ici des choses où les enfans soient

---

(1) On ne dit plus, en parlant d'une femme, *la prétendre*, mais *prétendre à elle* ou *y prétendre*, comme le dit Molière lui-même dans les deux scènes suivantes.

obligés de déférer aux pères; et l'amour ne connoît personne.

HARPAGON.

Je te ferai bien me connoître avec de bons coups de bâton.

CLÉANTE.

Toutes vos menaces ne feront rien.

HARPAGON.

Tu renonceras à Mariane.

CLÉANTE.

Point du tout.

HARPAGON.

Donnez-moi un bâton tout-à-l'heure [1].

---

[1] Voltaire a remarqué le premier que Mithridate, dans la tragédie de Racine, emploie exactement le même moyen qu'Harpagon, pour savoir de Monime si elle aime Xipharès, et si elle en est aimée. Il y a, dans la vie, des situations et des sentimens qui ne sont ni héroïques ni bourgeois, ni sublimes ni ridicules, et qui, par conséquent, peuvent appartenir également bien à la tragédie et à la comédie, qui les revêtent des formes propres à chacune d'elles. Mais ce qui est tragique de sa nature, doit être exclu de la comédie, et réciproquement. D'après cette règle, il sembleroit que l'artifice d'Harpagon, qui est essentiellement comique, ne dût pas figurer dans une tragédie; et cependant le plus judicieux de nos poëtes tragiques en a jugé autrement. C'est qu'il a cru d'abord que le personnage de Mithridate ne seroit représenté qu'incomplètement, s'il ne donnoit des preuves de cette dissimulation et de cette fourberie qui faisoient une grande partie de son caractère, et qu'ensuite la petitesse du moyen seroit relevée et ennoblie par l'effet terrible qui en résulte. C'étoit l'avis de Voltaire. « Molière et Racine, dit-il, ont également réussi en traitant ces « deux intrigues: l'un a amusé, a réjoui, a fait rire les honnêtes gens; « l'autre a attendri, a effrayé, a fait verser des larmes. Molière a joué « l'amour ridicule d'un vieil avare: Racine a représenté les foiblesses d'un « grand roi, et les a rendues respectables. »

SCÈNE IV.

HARPAGON, CLÉANTE, MAITRE JACQUES.

MAITRE JACQUES.

Hé, hé, hé! messieurs, qu'est-ce-ci? A quoi songez-vous?

CLÉANTE.

Je me moque de cela.

MAITRE JACQUES, *à Cléante.*

Ah! monsieur, doucement.

HARPAGON.

Me parler avec cette impudence?

MAITRE JACQUES, *à Harpagon.*

Ah! monsieur, de grace.

CLÉANTE.

Je n'en démordrai point.

MAITRE JACQUES, *à Cléante.*

Hé quoi! à votre père?

HARPAGON.

Laisse-moi faire.

MAITRE JACQUES, *à Harpagon.*

Hé quoi! à votre fils? Encore passe pour moi.

HARPAGON.

Je te veux faire toi-même, maître Jacques, juge de cette affaire, pour montrer comme j'ai raison.

MAITRE JACQUES.

J'y consens. (*à Cléante.*) Éloignez-vous un peu.

ACTE IV, SCÈNE IV.

HARPAGON.

J'aime une fille que je veux épouser; et le pendard a l'insolence de l'aimer avec moi, et d'y prétendre malgré mes ordres.

MAITRE JACQUES.

Il a tort [1].

HARPAGON.

N'est-ce pas une chose épouvantable, qu'un fils qui veut entrer en concurrence avec son père? et ne doit-il pas, par respect, s'abstenir de toucher à mes inclinations?

MAITRE JACQUES.

Vous avez raison. Laissez-moi lui parler, et demeurez là.

CLÉANTE, *à maître Jacques, qui s'approche de lui.*

Hé bien! oui, puisqu'il veut te choisir pour juge, je n'y recule point; il ne m'importe qui ce soit; et je veux bien aussi me rapporter à toi, maître Jacques, de notre différend.

MAITRE JACQUES.

C'est beaucoup d'honneur que vous me faites.

CLÉANTE.

Je suis épris d'une jeune personne qui répond à mes vœux, et reçoit tendrement les offres de ma foi; et mon père s'avise de venir troubler notre amour, par la demande qu'il en fait faire.

---

(1) Voici maître Jacques qui commence à mentir, comme il se l'est promis à lui-même, en voyant que la franchise lui avoit si mal réussi.

MAITRE JACQUES.

Il a tort, assurément.

CLÉANTE.

N'a-t-il point de honte, à son âge, de songer à se marier? Lui sied-il bien d'être amoureux? et ne devroit-il pas laisser cette occupation aux jeunes gens?

MAITRE JACQUES.

Vous avez raison. Il se moque. Laissez-moi lui dire deux mots. (*à Harpagon.*) Hé bien! votre fils n'est pas si étrange que vous le dites, et il se met à la raison. Il dit qu'il sait le respect qu'il vous doit; qu'il ne s'est emporté que dans la première chaleur; et qu'il ne fera point refus de se soumettre à ce qu'il vous plaira, pourvu que vous vouliez le traiter mieux que vous ne faites, et lui donner quelque personne en mariage, dont il ait lieu d'être content.

HARPAGON.

Ah! dis-lui, maître Jacques, que, moyennant cela, il pourra espérer toutes choses de moi, et que, hors Mariane, je lui laisse la liberté de choisir celle qu'il voudra.

MAITRE JACQUES.

Laissez-moi faire. (*à Cléante.*) Hé bien! votre père n'est pas si déraisonnable que vous le faites; et il m'a témoigné que ce sont vos emportemens qui l'ont mis en colère; qu'il n'en veut seulement qu'à votre manière d'agir; et qu'il sera fort disposé à vous accorder ce que vous souhaitez, pourvu que vous vouliez vous y prendre par la douceur, et lui rendre les déférences, les respects et les soumissions qu'un fils doit à son père.

ACTE IV, SCÈNE IV.

CLÉANTE.

Ah! maître Jacques, tu lui peux assurer que, s'il m'accorde Mariane, il me verra toujours le plus soumis de tous les hommes, et que jamais je ne ferai aucune chose que par ses volontés.

MAITRE JACQUES, *à Harpagon.*

Cela est fait; il consent à ce que vous dites.

HARPAGON.

Voilà qui va le mieux du monde.

MAITRE JACQUES, *à Cléante.*

Tout est conclu; il est content de vos promesses.

CLÉANTE.

Le ciel en soit loué!

MAITRE JACQUES.

Messieurs, vous n'avez qu'à parler ensemble : vous voilà d'accord maintenant; et vous alliez vous quereller, faute de vous entendre.

CLÉANTE.

Mon pauvre maître Jacques, je te serai obligé toute ma vie.

MAITRE JACQUES.

Il n'y a pas de quoi, monsieur.

HARPAGON.

Tu m'as fait plaisir, maître Jacques; et cela mérite une récompense. (*Harpagon fouille dans sa poche; maître Jacques tend la main; mais Harpagon ne tire que son mouchoir, en disant :*) Va, je m'en souviendrai, je t'assure.

MAITRE JACQUES.

Je vous baise les mains [1].

SCÈNE V.

HARPAGON, CLÉANTE.

CLÉANTE.

Je vous demande pardon, mon père, de l'emportement que j'ai fait paroître.

HARPAGON.

Cela n'est rien.

CLÉANTE.

Je vous assure que j'en ai tous les regrets du monde.

HARPAGON.

Et moi, j'ai toutes les joies du monde de te voir raisonnable.

CLÉANTE.

Quelle bonté à vous, d'oublier si vîte ma faute !

---

(1) Cette scène, souvent copiée d'après Molière, qui probablement l'avoit copiée lui-même d'après quelque auteur italien, appartient plus au comique bouffon, qu'au comique vrai et profond qui domine dans *l'Avare*. Il est difficile que deux personnages passionnés, comme Harpagon et son fils, consentent qu'un valet serve de conciliateur entre eux, et que tour-à-tour chacun d'eux se tienne tranquillement à l'écart, tandis que l'effronté domestique entretient l'autre. Il est peu probable aussi que maître Jacques, dont les épaules doivent se souvenir des coups de bâton de tantôt, vienne gratuitement s'exposer au même traitement, en trompant à la fois le maître et le fils de la maison, qui ne peuvent manquer de s'en apercevoir aussitôt.

ACTE IV, SCÈNE V.

HARPAGON.

On oublie aisément les fautes des enfans, lorsqu'ils rentrent dans leur devoir.

CLÉANTE.

Quoi! ne garder aucun ressentiment de toutes mes extravagances?

HARPAGON.

C'est une chose où tu m'obliges, par la soumission et le respect où tu te ranges.

CLÉANTE.

Je vous promets, mon père, que, jusques au tombeau, je conserverai dans mon cœur le souvenir de vos bontés.

HARPAGON.

Et moi, je te promets qu'il n'y aura aucune chose que de moi tu n'obtiennes*.

CLÉANTE.

Ah! mon père, je ne vous demande plus rien; et c'est m'avoir assez donné, que de me donner Mariane.

HARPAGON.

Comment?

CLÉANTE.

Je dis, mon père, que je suis trop content de vous, et que je trouve toutes choses dans la bonté que vous avez de m'accorder Mariane.

HARPAGON.

Qui est-ce qui parle de t'accorder Mariane?

VARIANTE. * *Que tu n'obtiennes de moi.*

CLÉANTE.

Vous, mon père.

HARPAGON.

Moi?

CLÉANTE.

Sans doute.

HARPAGON.

Comment! c'est toi qui as promis d'y renoncer.

CLÉANTE.

Moi, y renoncer?

HARPAGON.

Oui.

CLÉANTE.

Point du tout.

HARPAGON.

Tu ne t'es pas départi d'y prétendre?

CLÉANTE.

Au contraire, j'y suis porté plus que jamais.

HARPAGON.

Quoi! pendard, derechef?

CLÉANTE.

Rien ne me peut changer.

HARPAGON.

Laisse-moi faire, traître!

CLÉANTE.

Faites tout ce qu'il vous plaira.

HARPAGON.

Je te défends de me jamais voir.

CLÉANTE.

A la bonne heure.

HARPAGON.

Je t'abandonne.

CLÉANTE.

Abandonnez.

HARPAGON.

Je te renonce pour mon fils.

CLÉANTE.

Soit.

HARPAGON.

Je te déshérite.

CLÉANTE.

Tout ce que vous voudrez.

HARPAGON.

Et je te donne ma malédiction.

CLÉANTE.

Je n'ai que faire de vos dons [1].

---

[1] Personne n'ignore que cette insolente réponse de Cléante a excité l'indignation de J. J. Rousseau, et lui a donné lieu d'adresser à Molière le reproche le plus sérieux, celui d'avoir favorisé les mauvaises mœurs, et autorisé le mépris des sentimens naturels, en faisant porter l'intérêt sur le fils qui manque de respect envers son père. La gravité de l'imputation et l'autorité du sophiste éloquent qui l'a faite, donnent à cette question morale et dramatique tout ensemble, une importance qui ne permet guère de la discuter dans une simple note. J'en renvoie l'examen à la Notice historique et littéraire qui se trouve à la suite de la pièce.

SCÈNE VI.

CLÉANTE, LA FLÈCHE.

LA FLÈCHE, *sortant du jardin, avec une cassette.*

Ah! monsieur, que je vous trouve à propos! Suivez-moi vîte.

CLÉANTE.

Qu'y a-t-il?

LA FLÈCHE.

Suivez-moi, vous dis-je: nous sommes bien.

CLÉANTE.

Comment?

LA FLÈCHE.

Voici votre affaire.

CLÉANTE.

Quoi?

LA FLÈCHE.

J'ai guigné ceci tout le jour.

CLÉANTE.

Qu'est-ce que c'est?

LA FLÈCHE.

Le trésor de votre père, que j'ai attrapé.

CLÉANTE.

Comment as-tu fait?

LA FLÈCHE.

Vous saurez tout. Sauvons-nous: je l'entends crier [1].

---

(1) Cette scène est vive et courte. Pour beaucoup de raisons, elle

SCÈNE VII..

HARPAGON, *criant au voleur dès le jardin.*

Au voleur! au voleur! à l'assassin! au meurtrier! Justice, juste ciel! je suis perdu, je suis assassiné; on m'a coupé la gorge: on m'a dérobé mon argent. Qui peut-ce être? Qu'est-il devenu? Où est-il? Où se cache-t-il? Que ferai-je pour le trouver? Où courir? Où ne pas courir? N'est-il point là? N'est-il point ici? Qui est-ce? Arrête. (*à lui-même, se prenant par le bras.*) Rends-moi mon argent, coquin... Ah! c'est moi! Mon esprit est troublé, et j'ignore où je suis, qui je suis, et ce que je fais. Hélas! mon pauvre argent! mon pauvre argent! mon cher ami! on m'a privé de toi; et, puisque tu m'es enlevé, j'ai perdu mon support, ma consolation, ma joie: tout est fini pour moi, et je n'ai plus que faire au monde. Sans toi, il m'est impossible de vivre. C'en est fait; je n'en puis plus; je me meurs; je suis mort; je

---

devoit l'être. Un voleur n'a rien de plus pressé que de s'enfuir pour mettre sa proie et sa personne en sûreté; et, d'ailleurs, Harpagon visite trop souvent son cher trésor, pour être long-temps à s'apercevoir qu'on le lui a dérobé. Mais il falloit surtout que Cléante n'eût pas le temps de réfléchir et de prendre un parti sur l'action que vient de commettre La Flèche. Pour La Flèche, c'est une chose presque innocente que de voler un avare qui ne fait aucun usage de son or; et il ne doit pas douter un instant que son jeune maître ne soit charmé d'être, par quelque voie que ce soit, en possession des écus de son père. Mais il n'en va pas ainsi pour nous. Cléante seroit un infâme à nos yeux, et nous révolteroit, s'il approuvoit de sang-froid la conduite de son valet. Que pense-t-il de cette conduite? Que fera-t-il de la cassette? Nous l'ignorons, et c'est ce qu'il falloit: ce qui nous importe en ce moment, c'est qu'Harpagon volé, et méritant bien de l'être, va venir, à coup sûr, nous montrer ses amusantes douleurs.

suis enterré. N'y a-t-il personne qui veuille me ressusciter, en me rendant mon argent, ou en m'apprenant qui l'a pris? Euh! que dites-vous? Ce n'est personne. Il faut, qui que ce soit qui ait fait le coup, qu'avec beaucoup de soin on ait épié l'heure; et l'on a choisi* justement le temps que je parlois à mon traître de fils. Sortons. Je veux aller querir la justice, et faire donner la question à toute ma maison; à servantes, à valets, à fils, à fille, et à moi aussi. Que de gens assemblés! Je ne jette mes regards sur personne qui ne me donne des soupçons, et tout me semble mon voleur. Hé! de quoi est-ce qu'on parle là? de celui qui m'a dérobé? Quel bruit fait-on là-haut? Est-ce mon voleur qui y est? De grace, si l'on sait des nouvelles de mon voleur, je supplie que l'on m'en dise. N'est-il point caché là parmi vous? Ils me regardent tous, et se mettent à rire. Vous verrez qu'ils ont part, sans doute, au vol que l'on m'a fait. Allons vîte, des commissaires, des archers, des prévôts, des juges, des gênes, des potences et des bourreaux. Je veux faire pendre tout le monde; et, si je ne retrouve mon argent, je me pendrai moi-même après [1].

VARIANTE. * *On ait épié l'heure: on a choisi.*

---

[1] Ce fameux monologue est imité de Plaute. Voici l'original :

EUCLIO.

Perii! interii! occidi! quò curram? quò non curram?
Tene, tene! quem? quis? Nescio, nihil video, cæcus eo; atque
Equidem quò eam, aut ubi sim, aut qui sim, nequeo cum animo
Certùm investigare: obsecro vos ego, mihi auxilio,
Oro, obtestor, sitis, et hominem demonstretis, qui eam abstulerit,
Qui vestitu et cretâ obcultant sese, atque sedent quasi sint frugi.
Quid ais tu? tibi credere certum'st: nam esse bonum è voltu cognosco.
Quid est? quid ridetis? novi omnes, scio fures esse hic complures.

ACTE IV, SCÈNE VII.

Hem, nemo habet horum! occidisti: dic igitur, quis habet? Nescis.
Heu me miserum, miserum! perii malè perditus! pessumè ornatus eo.
Tantùm gemiti et malæ mœstitiæ hic dies mihi obtulit,
Famem et pauperiem: perditissimus ego sum omnium in terrâ.
Nam quid mihi opus est vitâ, qui tantùm auri perdidi,
Quod custodivi sedulò? egomet me defraudavi,
Animumque meum, geniumque meum; nunc eo alii lætificantur,
Meo malo et damno: pati nequeo.

« EUCLION. Je suis perdu! je suis assassiné! je suis mort! Où irai-je? où n'irai-je pas? Arrêtez! arrêtez! qui? je ne sais, je ne vois rien; je marche en aveugle; je ne saurois dire où je vais, ni où je suis, ni qui je suis. Secourez-moi; découvrez-moi, je vous en prie, je vous en conjure, découvrez-moi celui qui me l'a dérobée. Ils cachent leur scélératesse sous les dehors de l'innocence: ils sont assis là comme d'honnêtes gens. Que dis-tu, toi? on peut se fier à toi; tu m'as l'air d'un homme de bien. Qu'est-ce? vous riez? Je vous connois tous; je sais qu'il y a ici beaucoup de voleurs. Quoi! personne d'entre eux ne l'a prise? Tu me fais mourir. Dis donc qui l'a prise; ne le sais-tu point? Malheureux, malheureux que je suis! me voilà ruiné, perdu sans ressource! Suis-je assez à plaindre! Fatale journée, que tu me causes de maux et de chagrin! La pauvreté, la faim, voilà mon partage. Non, il n'est point sur la terre d'homme plus misérable que moi! Puisque j'ai perdu mon cher trésor, ce trésor que je gardois avec tant de soin, qu'ai-je besoin de la vie? Je me suis trompé, je me suis trahi moi-même! A présent, d'autres se réjouissent de mon malheur. Ah! c'est une idée que je ne puis supporter. »

On a reproché à Molière d'avoir trop fidèlement suivi les traces du comique latin, dans l'endroit où Harpagon apostrophe le parterre. On a dit avec raison, qu'à peine de détruire toute illusion, on ne peut établir aucun rapport de ce genre entre les personnages et les spectateurs; que ceux-ci doivent être pour les autres comme s'ils n'étoient pas; et qu'il est tout au plus permis de déroger à cette règle dans ces espèces d'affabulations qui terminent plusieurs comédies. Tout cela est juste en principe, et je ne veux pas nier que l'application n'en soit juste aussi. Ne pourroit-on pas supposer cependant qu'Harpagon a de véritables visions; qu'il ne voit pas les spectateurs qu'il ne doit point voir, mais que, dans l'égarement de sa douleur, il croit voir autour de lui des gens qui n'y sont pas? Cette sorte d'illusion n'est pas invraisemblable de la part de l'homme qui se prend lui-même par le bras, croyant saisir son voleur.

FIN DU QUATRIÈME ACTE.

ACTE V.

SCÈNE PREMIÈRE.

HARPAGON, UN COMMISSAIRE.

LE COMMISSAIRE.

Laissez-moi faire; je sais mon métier, dieu merci. Ce n'est pas d'aujourd'hui que je me mêle de découvrir des vols; et je voudrois avoir autant de sacs de mille francs que j'ai fait pendre de personnes [1].

HARPAGON.

Tous les magistrats sont intéressés à prendre cette affaire en main; et, si l'on ne me fait retrouver mon argent, je demanderai justice de la justice.

LE COMMISSAIRE.

Il faut faire toutes les poursuites requises. Vous dites qu'il y avoit dans cette cassette...

HARPAGON.

Dix mille écus bien comptés.

---

(1) Voyez quelle physionomie comique Molière sait tout de suite donner à ses moindres personnages! Ce commissaire ne vient jouer qu'un rôle épisodique; et cependant il s'élève jusqu'à l'importance d'un caractère; il devient le type dramatique de ces magistrats que l'amour du métier, et l'endurcissement causé par l'habitude, rendent plus jaloux de trouver des coupables, que désireux de rencontrer des innocens.

ACTE V, SCÈNE I.

LE COMMISSAIRE.

Dix mille écus !

HARPAGON.

Dix mille écus.

LE COMMISSAIRE.

Le vol est considérable !

HARPAGON.

Il n'y a point de supplice assez grand pour l'énormité de ce crime [1] ; et, s'il demeure impuni, les choses les plus sacrées ne sont plus en sûreté.

LE COMMISSAIRE.

En quelles espèces étoit cette somme ?

HARPAGON.

En bons louis d'or et pistoles bien trébuchantes [2].

LE COMMISSAIRE.

Qui soupçonnez-vous de ce vol ?

HARPAGON.

Tout le monde ; et je veux que vous arrêtiez prisonniers la ville et les faubourgs.

---

(1) J'ai connu un banquier, qui, se trouvant compris dans une banqueroute, s'écrioit avec son accent méridional : « Ne pas payer ce qu'on « doit ! je ne connois pas de plus grand crime. » Les gens pour qui l'or est tout, doivent, en effet, mettre le vol et l'insolvabilité à la tête de tous les crimes, avant l'assassinat, le parricide, etc.

(2) Autrefois le grand nombre des pièces d'or rognées ou fausses rendoit continuel l'usage du trébuchet, espèce de petite balance très-sensible et très-juste. Les pièces qui le faisoient fléchir s'appeloient *trébuchantes*. On donnoit aux pièces d'or, en les fabriquant, quelque chose de plus que le poids convenu, pour remplacer d'avance ce qu'elles devoient perdre par le frai.

LE COMMISSAIRE.

Il faut, si vous m'en croyez, n'effaroucher personne, et tâcher doucement d'attraper quelques preuves, afin de procéder après, par la rigueur, au recouvrement des deniers qui vous ont été pris.

SCÈNE II.

HARPAGON, UN COMMISSAIRE, MAITRE JACQUES.

MAITRE JACQUES, *dans le fond du théâtre, en se retournant du côté par lequel il est entré.*

Je m'en vais revenir. Qu'on me l'égorge tout-à-l'heure; qu'on me lui fasse griller les pieds; qu'on me le mette dans l'eau bouillante, et qu'on me le pende au plancher.

HARPAGON, *à maître Jacques.*

Qui ? celui qui m'a dérobé ?

MAITRE JACQUES.

Je parle d'un cochon de lait que votre intendant me vient d'envoyer, et je veux vous l'accommoder à ma fantaisie (1).

---

(1) Il y a dans *l'Aululaire* un malentendu, un quiproquo beaucoup moins plaisant que celui-ci, mais qui peut en avoir donné l'idée à Molière. Le cuisinier Congrion, s'adressant, dans l'intérieur de la maison, à quelqu'un de ses aides, lui dit :

Aulam majorem si potes, vicinia
Pete : hæc est parva, capere non quit.

Et Euclion dit à part :

Perii hercle ! aurum rapitur, aula quæritur.

« CONG. Empruntez, si cela se peut, une plus grande marmite dans

HARPAGON.

Il n'est pas question de cela ; et voilà monsieur à qui il faut parler d'autre chose.

LE COMMISSAIRE, *à maître Jacques.*

Ne vous épouvantez point. Je suis un homme à ne vous point scandaliser [1], et les choses iront dans la douceur.

MAITRE JACQUES.

Monsieur est de votre souper [2] ?

LE COMMISSAIRE.

Il faut ici, mon cher ami, ne rien cacher à votre maître.

MAITRE JACQUES.

Ma foi, monsieur, je montrerai tout ce que je sais faire, et je vous traiterai du mieux qu'il me sera possible.

HARPAGON.

Ce n'est pas là l'affaire.

MAITRE JACQUES.

Si je ne vous fais pas aussi bonne chère que je voudrois, c'est la faute de monsieur votre intendant, qui

---

« le voisinage : celle-ci est trop petite pour ce qu'il y faut mettre. EUCL.,
« *à part*. Je suis perdu ! Mon or est pris ! on parle de marmite. »

(1) Suivant le dictionnaire de l'Académie, édition de 1694, *scandaliser* signifioit quelquefois, décrier, diffamer. Il est employé ici dans cette acception, qui n'est plus d'usage.

(2) Chacun a son affaire en tête, et son genre de préoccupation. Tout à l'heure Harpagon prenoit un cochon de lait pour son voleur ; et voici maître Jacques qui prend le commissaire pour un convive.

m'a rogné les ailes avec les ciseaux de son économie ⁽¹⁾.

HARPAGON.

Traître! il s'agit d'autre chose que de souper; et je veux que tu me dises des nouvelles de l'argent qu'on m'a pris.

MAITRE JACQUES.

On vous a pris de l'argent?

HARPAGON.

Oui, coquin; et je m'en vais te faire pendre, si tu ne me le rends.

LE COMMISSAIRE, *à Harpagon.*

Mon dieu! ne le maltraitez point. Je vois à sa mine qu'il est honnête homme; et que, sans se faire mettre en prison, il vous découvrira ce que vous voulez savoir. Oui, mon ami, si vous nous confessez la chose, il ne vous sera fait aucun mal, et vous serez récompensé comme il faut par votre maître. On lui a pris aujourd'hui son argent; et il n'est pas que vous ne sachiez quelques nouvelles de cette affaire.

MAITRE JACQUES, *bas, à part.*

Voici justement ce qu'il me faut pour me venger de notre intendant. Depuis qu'il est entré céans, il est le favori; on n'écoute que ses conseils; et j'ai aussi sur le cœur les coups de bâton de tantôt ⁽²⁾.

---

(1) Cette phrase affectée, qui semble appartenir au dictionnaire des Précieuses, est extraordinaire dans la bouche de maître Jacques. Peut-être étoit-ce alors une sorte de phrase proverbiale, une phrase devenue célèbre par l'excès du ridicule, et dont on faisoit usage par allusion.

(2) C'est pousser le ressentiment un peu loin. On est fâché de voir que ce bon maître Jacques veuille faire pendre un homme, uniquement pour

ACTE V, SCÈNE II.

HARPAGON.

Qu'as-tu à ruminer?

LE COMMISSAIRE, *à Harpagon.*

Laissez-le faire. Il se prépare à vous contenter; et je vous ai bien dit qu'il étoit honnête homme.

MAITRE JACQUES.

Monsieur, si vous voulez que je vous dise les choses, je crois que c'est monsieur votre cher intendant qui a fait le coup.

HARPAGON.

Valère?

MAITRE JACQUES.

Oui.

HARPAGON.

Lui! qui me paroît si fidèle?

MAITRE JACQUES.

Lui-même. Je crois que c'est lui qui vous a dérobé.

HARPAGON.

Et sur quoi le crois-tu?

MAITRE JACQUES.

Sur quoi?

---

se venger des coups de bâton qu'il a reçus de lui. Mais peut-être qu'il dit dans son ame, comme le Charlot du *Mari retrouvé :* « Je nous dédirons « quand on sera près de le pendre. » Ce Charlot, dans la comédie de Dancourt, subit un interrogatoire semblable à celui que va subir maître Jacques. Comme il ne sait rien, il n'a rien à dire; mais le bailli lui fournit des réponses; et cet honnête magistrat reçoit, à titre de déposition, tout ce qu'il a lui-même suggéré au prétendu témoin, qui, comme maître Jacques, ne dépose que par esprit de vengeance. L'imitation est sensible, et la copie n'est pas indigne de l'original.

HARPAGON.

Oui.

MAITRE JACQUES.

Je le crois..., sur ce que je le crois.

LE COMMISSAIRE.

Mais il est nécessaire de dire les indices que vous avez.

HARPAGON.

L'as-tu vu rôder autour du lieu où j'avois mis mon argent?

MAITRE JACQUES.

Oui, vraiment. Où étoit-il, votre argent?

HARPAGON.

Dans le jardin.

MAITRE JACQUES.

Justement; je l'ai vu rôder dans le jardin. Et dans quoi est-ce que cet argent étoit?

HARPAGON.

Dans une cassette.

MAITRE JACQUES.

Voilà l'affaire. Je lui ai vu une cassette.

HARPAGON.

Et cette cassette, comment est-elle faite? Je verrai bien si c'est la mienne?

MAITRE JACQUES.

Comment elle est faite?

HARPAGON.

Oui.

ACTE V, SCÈNE II.

MAITRE JACQUES.

Elle est faite... elle est faite comme une cassette.

LE COMMISSAIRE.

Cela s'entend. Mais dépeignez-la un peu, pour voir.

MAITRE JACQUES.

C'est une grande cassette.

HARPAGON.

Celle qu'on m'a volée est petite.

MAITRE JACQUES.

Hé! oui, elle est petite, si l'on le veut prendre par-là; mais je l'appelle grande pour ce qu'elle contient.

LE COMMISSAIRE.

Et de quelle couleur est-elle?

MAITRE JACQUES.

De quelle couleur?

LE COMMISSAIRE.

Oui.

MAITRE JACQUES.

Elle est de couleur... là, d'une certaine couleur... Ne sauriez vous m'aider à dire?

HARPAGON.

Euh?

MAITRE JACQUES.

N'est-elle pas rouge?

HARPAGON.

Non, grise.

MAITRE JACQUES.

Hé! oui, gris-rouge; c'est ce que je voulois dire.

HARPAGON.

Il n'y a point de doute; c'est elle assurément [1]. Écrivez, monsieur, écrivez sa déposition. Ciel! à qui désormais se fier? Il ne faut plus jurer de rien; et je crois, après cela, que je suis homme à me voler moi-même.

MAITRE JACQUES, *à Harpagon.*

Monsieur, le voici qui revient. Ne lui allez pas dire au moins que c'est moi qui ai découvert cela.

SCÈNE III.

HARPAGON, UN COMMISSAIRE, VALÈRE, MAITRE JACQUES.

HARPAGON.

Approche, viens confesser l'action la plus noire, l'attentat le plus horrible qui jamais ait été commis.

VALÈRE.

Que voulez-vous, monsieur?

HARPAGON.

Comment, traître! tu ne rougis pas de ton crime!

---

(1) L'interrogatoire subi par maître Jacques ressemble beaucoup à la conversation entre Éraste et Pourceaugnac sur la ville natale et la famille de ce dernier. Éraste, qui ne connoît ni l'une ni l'autre, en parle à tort et à travers; mais redressé et, pour ainsi dire, soufflé à mesure par Pourceaugnac lui-même, il finit par lui persuader qu'il a long-temps habité Limoges, et beaucoup fréquenté tous les Pourceaugnacs; et notre gentilhomme limousin s'écrie : « Il dit toute la parenté, » de même qu'Harpagon s'écrie : « Il n'y a point de doute; c'est elle assurément. » La passion fait chez celui-ci le même effet que la sottise chez l'autre : sorte de rapport qu'on a souvent occasion de remarquer.

ACTE V, SCÈNE III.

VALÈRE.

De quel crime voulez-vous donc parler?

HARPAGON.

De quel crime je veux parler, infâme? comme si tu ne savois pas ce que je veux dire! C'est en vain que tu prétendrois de le déguiser; l'affaire est découverte, et l'on vient de m'apprendre tout. Comment abuser ainsi de ma bonté*, et s'introduire exprès chez moi pour me trahir, pour me jouer un tour de cette nature?

VALÈRE.

Monsieur, puisqu'on vous a découvert tout, je ne veux point chercher de détours, et vous nier la chose [1].

MAITRE JACQUES, *à part*.

Oh! oh! aurois-je deviné sans y penser?

VARIANTE. * *Comment! abuser ainsi*, etc.

---

(1) Dans *l'Aululaire*, Lyconides, jeune homme qui a abusé de la fille d'Euclion, entendant celui-ci se lamenter sur la perte de son trésor, se figure qu'il déplore le malheur arrivé à sa fille; et abusé, comme Valère, par cette fausse apparence, il prend, comme lui, le parti d'avouer sa faute. Dans les deux pièces, tandis que le jeune homme parle de sa maîtresse, l'avare croit qu'il parle de son trésor. Le quiproquo est filé à peu près de la même manière. Seulement, dans Plaute, il est moins comique et beaucoup plus court : les mots à double entente y sont moins nombreux, et il n'y a aucun trait pareil aux *beaux yeux de la cassette*. Toute la méprise roule sur le mot *tangere*, toucher, qui, dans la réalité du fait, s'applique également bien à la marmite et à la fille. Molière a fait usage aussi de ce verbe équivoque, lorsqu'il fait dire à Harpagon : « Eh! dis-moi donc un peu; tu n'y as pas touché? » et que Valère répond : « Moi, y toucher? ah! vous lui faites tort, aussi bien qu'à moi; « et c'est d'une ardeur toute pure et respectueuse que j'ai brûlé pour « elle. » Lyconides n'en peut pas dire autant que Valère; car Phédra est enceinte de ses œuvres, et est à la veille d'accoucher.

Pierre Larivey, dans sa comédie des *Esprits*, acte V, scène II, a imité, avant Molière, le quiproquo imaginé par Plaute.

VALÈRE.

C'étoit mon dessein de vous en parler, et je voulois attendre, pour cela, des conjonctures favorables; mais, puisqu'il est ainsi, je vous conjure de ne vous point fâcher, et de vouloir entendre mes raisons.

HARPAGON.

Et quelles belles raisons peux-tu me donner, voleur infâme?

VALÈRE.

Ah! monsieur, je n'ai pas mérité ces noms. Il est vrai que j'ai commis une offense envers vous; mais, après tout, ma faute est pardonnable.

HARPAGON.

Comment! pardonnable? Un guet-à-pens, un assassinat de la sorte!

VALÈRE.

De grace, ne vous mettez point en colère. Quand vous m'aurez ouï, vous verrez que le mal n'est pas si grand que vous le faites.

HARPAGON.

Le mal n'est pas si grand que je le fais! Quoi! mon sang, mes entrailles [1], pendard!

VALÈRE.

Votre sang, monsieur, n'est pas tombé dans de mauvaises mains. Je suis d'une condition à ne lui point faire de tort; et il n'y a rien, en tout ceci, que je ne puisse bien réparer.

---

(1) *Mon sang, mes entrailles*, sont des paroles très-justes de la part d'un avare parlant de son or; ce sont aussi les plus propres à prêter au malentendu qui fait le fond de la scène.

ACTE V, SCÈNE III.

HARPAGON.

C'est bien mon intention, et que tu me restitues ce que tu m'as ravi.

VALÈRE.

Votre honneur, monsieur, sera pleinement satisfait.

HARPAGON.

Il n'est pas question d'honneur là-dedans. Mais, dis-moi, qui t'a porté à cette action ?

VALÈRE.

Hélas ! me le demandez-vous ?

HARPAGON.

Oui, vraiment, je te le demande.

VALÈRE.

Un dieu qui porte les excuses de tout ce qu'il fait faire, l'Amour [1].

HARPAGON.

L'Amour !

VALÈRE.

Oui.

HARPAGON.

Bel amour, bel amour, ma foi ! l'amour de mes louis d'or [2] !

---

[1] Dans *l'Aululaire*, Lyconides dit de même : *Deus impulsor mihi fuit, is me ad illam inlexit.* « J'ai cédé à l'impulsion d'un dieu ; c'est un « dieu qui m'a entraîné vers elle. »

[2] Ici Harpagon parle bien positivement de l'or qu'on lui a pris ; mais Valère, qui est à cent lieues de cette idée, doit ne voir dans le propos d'Harpagon, que le reproche d'avoir séduit une fille riche, pour se procurer une grosse dot. Jusqu'ici la méprise est des plus naturelles.

VALÈRE.

Non, monsieur; ce ne sont point vos richesses qui m'ont tenté; ce n'est pas cela qui m'a ébloui; et je proteste de ne prétendre rien à tous vos biens, pourvu que vous me laissiez celui que j'ai.

HARPAGON.

Non ferai, dé par tous les diables; je ne te le laisserai pas. Mais voyez quelle insolence, de vouloir retenir le vol qu'il m'a fait!

VALÈRE.

Appelez-vous cela un vol?

HARPAGON.

Si je l'appelle un vol? un trésor [1] comme celui-là!

VALÈRE.

C'est un trésor, il est vrai, et le plus précieux que vous ayez, sans doute; mais ce ne sera pas le perdre, que de me le laisser. Je vous le demande à genoux, ce trésor plein de charmes; et, pour bien faire, il faut que vous me l'accordiez.

HARPAGON.

Je n'en ferai rien. Qu'est-ce à dire cela?

VALÈRE.

Nous nous sommes promis une foi mutuelle, et avons fait serment de ne nous point abandonner.

---

[1] *Un trésor.* Un père parleroit ainsi de sa fille; et, bien qu'Harpagon ne soit rien moins qu'un père tendre, il pourroit parler ainsi d'Élise, pour aggraver le tort de celui qui l'auroit séduite. Ainsi, Valère est confirmé dans son erreur par chaque parole d'Harpagon, qui n'en dit pourtant pas une seule qu'il ne doive ou ne puisse dire naturellement.

ACTE V, SCÈNE III.

HARPAGON.

Le serment est admirable, et la promesse plaisante!

VALÈRE.

Oui, nous nous sommes engagés d'être l'un à l'autre à jamais.

HARPAGON.

Je vous en empêcherai bien, je vous assure.

VALÈRE.

Rien que la mort ne nous peut séparer.

HARPAGON.

C'est être bien endiablé après mon argent!

VALÈRE.

Je vous ai déja dit, monsieur, que ce n'étoit point l'intérêt qui m'avoit poussé à faire ce que j'ai fait. Mon cœur n'a point agi par les ressorts que vous pensez, et un motif plus noble m'a inspiré cette résolution.

HARPAGON.

Vous verrez que c'est par charité chrétienne qu'il veut avoir mon bien! Mais j'y donnerai bon ordre; et la justice, pendard effronté, me va faire raison de tout.

VALÈRE.

Vous en userez comme vous voudrez, et me voilà prêt à souffrir toutes les violences qu'il vous plaira; mais je vous prie de croire, au moins, que, s'il y a du mal, ce n'est que moi qu'il en faut accuser, et que votre fille, en tout ceci, n'est aucunement coupable.

HARPAGON.

Je le crois bien, vraiment! il seroit fort étrange que ma fille eût trempé dans ce crime. Mais je veux ravoir mon affaire(1), et que tu me confesses en quel endroit tu me l'as enlevée.

VALÈRE.

Moi? je ne l'ai point enlevée; et elle est encore chez vous.

HARPAGON, *à part.*

O ma chère cassette! (*haut.*) Elle n'est point sortie de ma maison?

VALÈRE.

Non, monsieur.

HARPAGON.

Hé! dis-moi donc un peu; tu n'y as point touché?

VALÈRE.

Moi, y toucher! Ah! vous lui faites tort, aussi bien qu'à moi; et c'est d'une ardeur toute pure et respectueuse, que j'ai brûlé pour elle.

HARPAGON, *à part.*

Brûlé pour ma cassette!

VALÈRE.

J'aimerois mieux mourir, que de lui avoir fait paroître aucune pensée offensante : elle est trop sage et trop honnête pour cela.

---

(1) Ce mot d'*affaire* n'est peut-être pas celui dont se serviroit Harpagon : c'est un mot bien indéfini, bien froid, pour désigner ce qu'il appeloit tout à l'heure si énergiquement, *son sang et ses entrailles.* Ce n'est pas non plus celui qu'il emploieroit en parlant de sa fille; et il y a presque de quoi faire soupçonner à Valère, qu'il existe un malentendu entre Harpagon et lui. Voilà, je crois, le seul endroit de toute la scène, où Molière ait fondé la méprise des personnages, sur le vague et l'impropriété de l'expression.

HARPAGON, *à part.*

Ma cassette trop honnête!

VALÈRE.

Tous mes desirs se sont bornés à jouir de sa vue; et rien de criminel n'a profané la passion que ses beaux yeux m'ont inspirée.

HARPAGON, *à part.*

Les beaux yeux de ma cassette! Il parle d'elle comme un amant d'une maîtresse.

VALÈRE.

Dame Claude, monsieur, sait la vérité de cette aventure; et elle vous peut rendre témoignage... (1)

HARPAGON.

Quoi! ma servante est complice de l'affaire?

VALÈRE.

Oui, monsieur: elle a été témoin de notre engagement; et c'est après avoir connu l'honnêteté de ma flamme, qu'elle m'a aidé à persuader votre fille de me donner sa foi, et recevoir la mienne. *

HARPAGON, *à part.*

Eh! est-ce que la peur de la justice le fait extravaguer? (*à Valère.*) Que nous brouilles-tu ici de ma fille?

VALÈRE.

Je dis, monsieur, que j'ai eu toutes les peines du monde à faire consentir sa pudeur à ce que vouloit mon amour.

VARIANTE. * *Et de recevoir la mienne.*

---

(1) Voir acte I, scène I, page 12, note 1.

HARPAGON.

La pudeur de qui?

VALÈRE.

De votre fille; et c'est seulement depuis hier qu'elle a pu se résoudre à nous signer mutuellement une promesse de mariage.

HARPAGON.

Ma fille t'a signé une promesse de mariage?

VALÈRE.

Oui, monsieur; comme, de ma part, je lui en ai signé une.

HARPAGON.

O ciel! autre disgrace!

MAITRE JACQUES, *au commissaire*.

Écrivez, monsieur, écrivez.

HARPAGON.

Rengrégement de mal! Surcroît de désespoir[1]! (*au commissaire.*) Allons, monsieur, faites le dû de votre charge, et dressez-lui-moi un procès comme larron et comme suborneur.

MAITRE JACQUES.

Comme larron et comme suborneur.*

VARIANTE. * Ces paroles de Maître Jacques ne sont point dans l'édition originale, mais seulement dans celle de 1682, d'où elles ont passé dans toutes les autres.

---

(1) Euclion dit de même, quand il apprend la perte de l'honneur de sa fille, après la perte de son trésor: *Ita mihi ad malum malæ res plurimæ se adglutinant.* « Ainsi pour moi vient se joindre à un « malheur, un malheur plus grand encore. »

VALÈRE.

Ce sont des noms qui ne me sont point dus; et quand on saura qui je suis... (1)

SCÈNE IV.

HARPAGON, ÉLISE, MARIANE, VALÈRE, FROSINE, MAITRE JACQUES, UN COMMISSAIRE.

HARPAGON.

Ah! fille scélérate! fille indigne d'un père comme moi! C'est ainsi que tu pratiques les leçons que je t'ai données? Tu te laisses prendre d'amour pour un voleur infâme, et tu lui engages ta foi sans mon consentement! Mais vous serez trompés l'un et l'autre. (*à Elise.*) Quatre bonnes murailles me répondront de ta conduite; (*à Valère.*) et une bonne potence* me fera raison de ton audace.

VALÈRE.

Ce ne sera point votre passion qui jugera l'affaire, et l'on m'écoutera au moins avant que de me condamner.

HARPAGON.

Je me suis abusé de dire une potence; et tu seras roué tout vif.

VARIANTE. * *Une bonne potence, pendard effronté.*

---

(1) Les quiproquo sont innombrables au théâtre. Celui qui remplit cette scène est le plus fameux de tous. Il a effacé celui du poëte latin à qui Molière l'avoit emprunté, et il a éclipsé d'avance tous ceux qui ont été faits à son imitation. Il n'y en a pas, en effet, un mieux ménagé et plus prolongé, un surtout où les deux personnages, parlant chacun dans leur sens et dans les termes qui conviennent, causent plus

ÉLISE, *aux genoux d'Harpagon.*

Ah! mon père, prenez des sentimens un peu plus humains, je vous prie, et n'allez point pousser les choses dans les dernières violences du pouvoir paternel [1]. Ne vous laissez point entraîner aux premiers mouvemens de votre passion, et donnez-vous le temps de considérer ce que vous voulez faire. Prenez la peine de mieux voir celui dont vous vous offensez [2]. Il est tout autre que vos yeux ne le jugent; et vous trouverez moins étrange que je me sois donnée à lui, lorsque vous saurez que, sans lui, vous ne m'auriez plus il y a long-temps. Oui, mon père, c'est celui qui me sauva de ce grand péril que vous savez que je courus dans l'eau, et à qui vous devez la vie de cette fille dont...

HARPAGON.

Tout cela n'est rien ; et il valoit bien mieux pour moi qu'il te laissât noyer, que de faire ce qu'il a fait [3].

ÉLISE.

Mon père, je vous conjure par l'amour paternel, de me...

---

naturellement et plus plaisamment à la fois la méprise l'un de l'autre. d'Hèle, dans *Gilles ravisseur*, a copié, ou, pour mieux dire, parodié la scène de Molière.

(1) On diroit mieux, *jusqu'aux dernières violences*, etc.

(2) On ne dit pas, *s'offenser de quelqu'un*, mais *s'offenser de quelque chose*. Élise veut dire, *celui contre qui vous vous emportez, par qui vous vous croyez offensé;* et c'est d'une de ces deux manières qu'elle eût dû rendre son idée.

(3) Harpagon se montre sans cesse un père dur et insensible. Molière sentoit bien qu'il ne pourroit trop souvent et trop fortement marquer ce trait de son odieux caractère, sinon pour excuser, du moins pour expliquer et pour adoucir la coupable irrévérence de Cléante.

HARPAGON.

Non, non; je ne veux rien entendre, et il faut que la justice fasse son devoir.

MAITRE JACQUES, *à part.*

Tu me paieras mes coups de bâton!

FROSINE, *à part.*

Voici un étrange embarras [1]!

SCÈNE V.

ANSELME, HARPAGON, ÉLISE, MARIANE, FROSINE, VALÈRE, UN COMMISSAIRE, MAITRE JACQUES.

ANSELME.

Qu'est-ce, seigneur Harpagon? je vous vois tout ému.

HARPAGON.

Ah! seigneur Anselme, vous me voyez le plus infortuné de tous les hommes; et voici bien du trouble et du désordre au contrat que vous venez faire. On m'assassine dans le bien; on m'assassine dans l'honneur; et voilà un traître, un scélérat qui a violé tous les droits les plus saints, qui s'est coulé chez moi sous le titre de domestique, pour me dérober mon argent, et pour me suborner ma fille.

---

[1] Diderot prétend que *la pièce finit sans qu'on y revoie* Frosine. C'est une erreur; nous voyons ici qu'elle est en scène, et elle y reste jusqu'à la fin. Ce qui est vrai, et ce qui est un juste sujet de reproche, c'est qu'elle assiste au dénouement, sans y contribuer en quoi que ce soit. Elle n'a donc paru dans la pièce que pour arranger entre Harpagon et Mariane un mariage qui ne se fait pas, et ensuite pour promettre d'empêcher ce même mariage qui manque sans qu'elle y soit pour rien.

VALÈRE.

Qui songe à votre argent, dont vous me faites un galimatias?

HARPAGON.

Oui, ils se sont donné l'un à l'autre une promesse de mariage. Cet affront vous regarde, seigneur Anselme; et c'est vous qui devez vous rendre partie contre lui, et faire toutes les poursuites de la justice *, pour vous venger de son insolence.

ANSELME.

Ce n'est pas mon dessein de me faire épouser par force, et de rien prétendre à un cœur qui se seroit donné; mais, pour vos intérêts, je suis prêt à les embrasser, ainsi que les miens propres.

HARPAGON.

Voilà monsieur qui est un honnête commissaire, qui n'oubliera rien, à ce qu'il m'a dit, de la fonction de son office. *(au commissaire, montrant Valère.)* Chargez-le comme il faut, monsieur, et rendez les choses bien criminelles.

VALÈRE.

Je ne vois pas quel crime on me peut faire de la passion que j'ai pour votre fille, et le supplice où vous croyez que je puisse être condamné pour notre engagement, lorsqu'on saura ce que je suis...**

HARPAGON.

Je me moque de tous ces contes; et le monde aujourd'hui n'est plein que de ces larrons de noblesse, que de ces imposteurs qui tirent avantage de leur obscurité, et

---

VARIANTES. * *Et faire, à vos dépens, toutes les poursuites de la justice.* — ** *Lorsqu'on saura ce que suis.*

ACTE V, SCÈNE V.

s'habillent insolemment du premier nom illustre qu'ils s'avisent de prendre.

VALÈRE.

Sachez que j'ai le cœur trop bon [1] pour me parer de quelque chose qui ne soit point à moi; et que tout Naples peut rendre témoignage de ma naissance.

ANSELME.

Tout beau! prenez garde à ce que vous allez dire. Vous risquez ici plus que vous ne pensez; et vous parlez devant un homme à qui tout Naples est connu [2], et qui peut aisément voir clair dans l'histoire que vous ferez.

VALÈRE, *en mettant fièrement son chapeau.*

Je ne suis point homme à rien craindre; et, si Naples vous est connu, vous savez qui étoit don Thomas d'Alburci.

ANSELME.

Sans doute, je le sais; et peu de gens l'ont connu mieux que moi.

HARPAGON.

Je ne me soucie ni de don Thomas ni de don Martin.

(*Harpagon voyant deux chandelles allumées, en souffle une.*) [3]

---

(1) L'expression propre seroit peut-être, *j'ai le cœur trop haut, trop élevé, trop bien placé,* etc.

(2) *Vous parlez devant un homme à qui tout Naples est connu.* — Cette phrase est devenue proverbe.

(3) Ce jeu de scène n'est point indiqué dans l'édition originale; il ne l'est que dans celle de 1682. Ce n'est pas le seul, au reste, que les comédiens exécutent : ils s'en permettent beaucoup d'autres dont quelques-uns sont dignes des derniers tréteaux. On ne peut, cette fois,

ANSELME.

De grace, laissez-le parler; nous verrons ce qu'il en veut dire.

VALÈRE.

Je veux dire que c'est lui qui m'a donné le jour.

ANSELME.

Lui!

VALÈRE.

Oui.

ANSELME.

Allez; vous vous moquez. Cherchez quelque autre histoire qui vous puisse mieux réussir, et ne prétendez pas vous sauver sous cette imposture.

VALÈRE.

Songez à mieux parler. Ce n'est point une imposture, et je n'avance rien qu'il ne me soit aisé de justifier.

ANSELME.

Quoi! vous osez vous dire fils de don Thomas d'Alburci?

VALÈRE.

Oui, je l'ose, et suis prêt de soutenir [1] cette vérité contre qui que ce soit.

---

leur en faire un bien grand reproche : leurs bouffonneries, en excitant le rire, font diversion à l'ennui des explications romanesques où vont entrer Anselme et ses enfans.

(1) *Prêt de soutenir.* — On dit, *être près de faire une chose*, être à l'instant de la faire, et, *être prêt à faire une chose*, être préparé, disposé à la faire. Ce sont deux façons de parler distinctes que l'on confond souvent.

ACTE V, SCÈNE V.

ANSELME.

L'audace est merveilleuse! Apprenez, pour vous confondre, qu'il y a seize ans, pour le moins, que l'homme dont vous nous parlez, périt sur mer avec ses enfans et sa femme, en voulant dérober leur vie aux cruelles persécutions qui ont accompagné les désordres de Naples, et qui en firent exiler plusieurs nobles familles [1].

VALÈRE.

Oui; mais apprenez, pour vous confondre, vous, que son fils, âgé de sept ans, avec un domestique, fut sauvé de ce naufrage par un vaisseau espagnol; et que ce fils sauvé est celui qui vous parle. Apprenez que le capitaine de ce vaisseau, touché de ma fortune, prit amitié pour moi; qu'il me fit élever comme son propre fils, et que les armes furent mon emploi, dès que je m'en trouvai capable; que j'ai su, depuis peu, que mon père n'étoit point mort, comme je l'avois toujours cru; que, passant ici pour l'aller chercher, une aventure, par le ciel concertée, me fit voir la charmante Élise; que cette vue me rendit esclave de ses beautés, et que la violence de mon amour et les sévérités de son père me firent prendre la résolution de m'introduire dans son logis, et d'envoyer un autre à la quête de mes parens.

---

[1] L'action de cette comédie n'ayant point d'époque déterminée, Molière a pu parler à l'aventure des *désordres* de Naples, pays où ont éclaté beaucoup de révolutions. Il est possible aussi qu'il ait fait allusion à la révolution populaire dont Mazaniello fut l'auteur, le héros et bientôt la victime, et pendant laquelle, en effet, les familles nobles eurent à souffrir de *cruelles persécutions*. Cette révolution eut lieu en 1647 et 1648 : c'étoit une vingtaine d'années avant la représentation de *l'Avare;* et l'âge des divers personnages s'accorde assez bien avec cette date.

ANSELME.

Mais quels témoignages encore, autres que vos paroles, nous peuvent assurer que ce ne soit point une fable que vous ayez bâtie sur une vérité?

VALÈRE.

Le capitaine espagnol; un cachet de rubis qui étoit à mon père; un brasselet d'agathe que ma mère m'avoit mis au bras; le vieux Pédro, ce domestique qui se sauva avec moi du naufrage.

MARIANE.

Hélas! à vos paroles je puis ici répondre, moi, que vous n'imposez point; et tout ce que vous dites me fait connoître clairement que vous êtes mon frère.

VALÈRE.

Vous, ma sœur!

MARIANE.

Oui. Mon cœur s'est ému dès le moment que vous avez ouvert la bouche; et notre mère, que vous allez ravir, m'a mille fois entretenue des disgraces de notre famille. Le ciel ne nous fit point aussi périr dans ce triste naufrage; mais il ne nous sauva la vie que par la perte de notre liberté; et ce furent des corsaires qui nous recueillirent, ma mère et moi, sur un débris de notre vaisseau. Après dix ans d'esclavage, une heureuse fortune nous rendit notre liberté, et nous retournâmes dans Naples, où nous trouvâmes tout notre bien vendu, sans y pouvoir trouver des nouvelles de notre père. Nous passâmes à Gênes, où ma mère alla ramasser quelques malheureux restes d'une succession qu'on avoit déchirée; et de là, fuyant la barbare injustice de ses parens, elle vint en ces lieux, où elle n'a presque vécu que d'une vie languissante.

ACTE V, SCÈNE V.

ANSELME.

O ciel! quels sont les traits de ta puissance! et que tu fais bien voir qu'il n'appartient qu'à toi de faire des miracles! Embrassez-moi, mes enfans, et mêlez tous deux vos transports à ceux de votre père.

VALÈRE.

Vous êtes notre père?

MARIANE.

C'est vous que ma mère a tant pleuré?

ANSELME.

Oui, ma fille; oui, mon fils; je suis don Thomas d'Alburci, que le ciel garantit des ondes avec tout l'argent qu'il portoit; et qui, vous ayant tous crus morts, durant seize ans, se préparoit, après de longs voyages, à chercher, dans l'hymen d'une douce et sage personne, la consolation de quelque nouvelle famille. Le peu de sûreté que j'ai vu pour ma vie à retourner à Naples, m'a fait y renoncer pour toujours; et, ayant su trouver moyen d'y faire vendre ce que j'avois, je me suis habitué ici, où, sous le nom d'Anselme, j'ai voulu m'éloigner [1] les chagrins de cet autre nom, qui m'a causé tant de traverses [2].

---

(1) *M'éloigner*, pour, *éloigner de moi*, n'est pas une expression conforme à l'usage.

(2) Les comédies grecques et latines se dénouoient ordinairement par des reconnoissances d'enfans. Cette espèce d'aventure n'avoit rien d'invraisemblable dans des siècles et dans des pays où les peuples étoient exposés à de fréquentes révolutions, et où ils portoient les uns chez les autres des guerres d'invasion, dont le succès entraînoit la dispersion ou la captivité des vaincus. Alors les enfans étoient souvent enlevés à leurs parens, et des évènemens ultérieurs les en rapprochoient quelquefois. Ces catastro-

HARPAGON, *à Anselme.*

C'est-là votre fils?

ANSELME.

Oui.

HARPAGON.

Je vous prends à partie pour me payer dix mille écus qu'il m'a volés (1).

ANSELME.

Lui! vous avoir volé?

HARPAGON.

Lui-même.

VALÈRE.

Qui vous dit cela?

HARPAGON.

Maître Jacques.

VALÈRE, *à maître Jacques.*

C'est toi qui le dis?

MAITRE JACQUES.

Vous voyez que je ne dis rien (2).

---

phes et leurs suites n'appartiennent pas aux temps modernes, et les poëtes de notre époque qui les ont transportées sur la scène, n'ont fait que copier les dramatiques anciens. Molière l'a fait trois fois : ici, dans *l'École des Femmes*, et dans *les Fourberies de Scapin*. Le dénouement de *l'Avare* est le plus mauvais des trois. Celui de *l'École des Femmes* a du moins le mérite de se rattacher au sujet, par la confusion qu'éprouve Arnolphe, en voyant que cette petite paysanne, qu'il a élevée avec des soins tout particuliers pour en faire sa femme, étoit destinée à devenir celle d'Horace, son jeune rival, et rival préféré.

(1) Nous voilà sortis du mauvais roman qui fait le dénouement, et la bonne comédie se remontre aussitôt.

(2) Dans *le Mari retrouvé*, on reproche aussi à Charlot son faux

ACTE V, SCÈNE VI.

HARPAGON.

Oui. Voilà monsieur le commissaire qui a reçu sa déposition.

VALÈRE.

Pouvez-vous me croire capable d'une action si lâche?

HARPAGON.

Capable ou non capable, je veux ravoir mon argent.

SCÈNE VI.

HARPAGON, ANSELME, ÉLISE, MARIANE, CLÉANTE, VALÈRE, FROSINE, UN COMMISSAIRE, MAITRE JACQUES, LA FLÈCHE.

CLÉANTE.

Ne vous tourmentez point, mon père, et n'accusez personne. J'ai découvert des nouvelles de votre affaire; et je viens ici pour vous dire que, si vous voulez vous résoudre à me laisser épouser Mariane, votre argent vous sera rendu.

HARPAGON.

Où est-il?

CLÉANTE.

Ne vous en mettez point en peine. Il est en lieu dont je réponds; et tout ne dépend que de moi. C'est à vous de me dire à quoi vous vous déterminez; et vous pouvez choisir, ou de me donner Mariane, ou de perdre votre cassette.

---

témoignage : « Tu dis cela, pendard ? » et il répond de même : « Moi, je « ne dis plus rien, j'ai perdu la parole. » C'est encore une imitation manifeste.

HARPAGON.

N'en a-t-on rien ôté?

CLÉANTE.

Rien du tout. Voyez si c'est votre dessein de souscrire à ce mariage, et de joindre votre consentement à celui de sa mère, qui lui laisse la liberté de faire un choix entre nous deux.

MARIANE, *à Cléante.*

Mais vous ne savez pas que ce n'est pas assez que ce consentement; et que le ciel (*montrant Valère*), avec un frère que vous voyez, vient de me rendre un père, (*montrant Anselme*) dont vous avez à m'obtenir.

ANSELME.

Le ciel, mes enfans, ne me redonne point à vous pour être contraire à vos vœux. Seigneur Harpagon, vous jugez bien que le choix d'une jeune personne tombera sur le fils plutôt que sur le père : allons, ne vous faites point dire ce qu'il n'est point nécessaire d'entendre; et consentez, ainsi que moi, à ce double hyménée.

HARPAGON.

Il faut, pour me donner conseil, que je voie ma cassette.

CLÉANTE.

Vous la verrez saine et entière [1].

---

[1] Regnard, dans *la Sérénade*, a imité cet endroit. On a pris un collier précieux à l'avare Grifon. Son fils, qui est au moins confident du vol, lui propose de lui faire voir le collier, s'il veut consentir à son mariage. Le père y donne les mains, et redemande son joyau. « Je vous « ai dit, répond le fils, que je vous le ferois voir; mais je ne vous ai pas « dit que je vous le rendrois. » Et aussitôt il donne le collier à sa maitresse, comme présent de noces; ce qui est encore à peu près imité du diamant d'Harpagon, donné par Cléante à Mariane.

HARPAGON.

Je n'ai point d'argent à donner en mariage à mes enfans.

ANSELME.

Hé bien! j'en ai pour eux; que cela ne vous inquiète point.

HARPAGON.

Vous obligerez-vous à faire tous les frais de ces deux mariages?

ANSELME.

Oui, je m'y oblige. Êtes-vous satisfait?

HARPAGON.

Oui, pourvu que, pour les noces, vous me fassiez faire un habit.

ANSELME.

D'accord. Allons jouir de l'allégresse que cet heureux jour nous présente.

LE COMMISSAIRE.

Holà! messieurs, holà! Tout doucement, s'il vous plaît. Qui me paiera mes écritures?

HARPAGON.

Nous n'avons que faire de vos écritures.

LE COMMISSAIRE.

Oui! mais je ne prétends pas, moi, les avoir faites pour rien.

HARPAGON, *montrant maître Jacques.*

Pour votre paiement, voilà un homme que je vous donne à pendre.

MAITRE JACQUES.

Hélas! comment faut-il donc faire? On me donne des

coups de bâton pour dire vrai; et on me veut pendre pour mentir!

ANSELME.

Seigneur Harpagon, il faut lui pardonner cette imposture.

HARPAGON.

Vous paierez donc le commissaire?

ANSELME.

Soit. Allons vîte faire part de notre joie à votre mère.

HARPAGON.

Et moi, voir ma chère cassette [1].

---

(1) Harpagon finit comme il a commencé. Ses dernières, comme ses premières paroles, sont celles d'un avare incorrigible. Il perd sa maîtresse; mais, comme, à ce prix, il recouvre sa chère cassette, la joie qu'il en éprouve ne laisse pas place au moindre regret, au moindre dépit. Cette joie toutefois ne fait pas qu'il se relâche un seul instant de sa sordide avarice. Il consent au mariage de ses deux enfans, mais à condition qu'il ne leur donnera rien; et il exige de plus que leur beau-père futur se charge des frais de la double noce, lui fasse faire un habit pour y paroître, et enfin paie les écritures du commissaire qu'il a mandé lui-même, et à qui il ne vouloit donner, pour ses honoraires, qu'un pauvre diable à pendre. On ignore si l'avare de Plaute restoit ou non fidèle à son caractère. Le cinquième acte de *l'Aululaire* manque presque en entier. Deux poëtes latins modernes, Antonius Codrus Urceus et Philippe Paré, ont voulu réparer cette perte. Dans le supplément du premier, Euclion se corrige subitement, et donne, avec sa fille, cette même marmite pleine d'or, dont la possession lui a causé tant de soucis, et la perte tant de douleurs. La Harpe reproche injustement cette faute à Plaute qui ne l'a pas commise. Quant à Molière, il connoissoit trop bien la nature et son art pour la commettre.

FIN DE L'AVARE.

NOTICE
HISTORIQUE ET LITTÉRAIRE
Sur l'Avare.

Grimarest, auteur d'une Vie de Molière, a écrit, le premier, que *l'Avare*, à une époque qu'il ne détermine pas avec précision, fut joué d'abord un petit nombre de fois sans succès; que Molière le retira, et, après un intervalle de plusieurs mois, le fit reparoître sur la scène, le 9 septembre 1668. Les auteurs de l'*Histoire du Théâtre-François*, Voltaire, Bret, Cailhava, et tous ceux qui ont écrit depuis sur Molière, ont répété les mêmes faits. Ces faits sont entièrement faux, comme quelques autres de même nature, que j'ai déja eu occasion de démentir; et j'emploierai, pour le prouver, le même moyen dont je me suis servi, l'autorité incontestable du registre de la troupe de Molière, tenu par le comédien La Grange, qui étoit chargé de ce soin, et s'en acquittoit avec une exactitude scrupuleuse. Dans ce registre, où, depuis l'établissement du théâtre, sont inscrits, jour par jour, les ouvrages représentés, ainsi que leur produit, il n'est fait aucune mention de *l'Avare*, avant le 9 septembre 1668; à cette époque seulement, il figure sous le titre de *pièce nouvelle*; et, après neuf représentations qui ne furent pas tout-à-fait consécutives, il disparoît pour ne se remontrer que plus de deux mois après, et obtenir onze représentations, à la faveur de je ne sais quelle farce nouvelle. Voilà l'exacte vérité, fondée sur un témoignage irrécusable. Prévaudra-t-elle contre une erreur consignée dans vingt ouvrages qui se sont répétés l'un l'autre? Des exemples qui me sont particuliers, m'autorisent à en douter.

D'après le détail même dans lequel je viens d'entrer, on voit que *l'Avare*, à sa naissance, ne reçut pas un accueil aussi favorable qu'il le méritoit. La prose avoit déja déplu dans les cinq actes du *Festin de Pierre*; elle choqua plus encore dans une comédie de caractère de la même étendue. On ne voulut pas sentir que, dans un genre de drame destiné à peindre la vie commune, le langage mesuré ne pouvant être une condition essentielle et rigoureuse, puisqu'il établit nécessairement une différence entre l'image et le modèle, il est seulement l'objet d'une espèce de convention ou, si l'on veut, de concession aux avantages de laquelle l'artiste peut renoncer, s'il les remplace par des avantages équivalens; que, d'ailleurs, le vers, dans nos comédies, n'est autre chose qu'une imitation de l'usage antique, et que toutefois notre vers alexandrin, le même qui sert pour l'épopée et pour la tragédie, est beaucoup moins propre à exprimer la liberté des entretiens familiers, que le système métrique des comiques grecs et latins, système large et presque irrégulier qui leur permettoit d'employer des vers de toute espèce et de toute mesure, dont la structure est encore aujourd'hui un sujet de dissentiment parmi les érudits. On ne voulut pas sentir, enfin, que, s'il est des sujets qui gagnent à recevoir les ornemens de la versification, il en est d'autres qui doivent y perdre; que le sujet de *l'Avare* pouvoit bien être de cette dernière espèce, et que probablement le même langage qui embellit les nobles boutades d'Alceste, ne feroit que gêner, affoiblir, altérer les saillies plus populaires d'Harpagon (1). Mais que peut la raison contre l'habitude ? En fait de grandes comédies, de comédies de caractère, on n'avoit encore vu jouer, on n'avoit encore applaudi que des pièces en vers. *L'Avare* étoit en prose : *l'Avare* donc étoit mauvais. On ne fit pas, on ne pouvoit pas faire un autre raisonnement (2). Il fallut du temps pour que cette excellente comédie triomphât du préjugé, et prît, parmi les chefs-d'œuvre de l'auteur, la place qu'elle a toujours conservée depuis.

Boileau, cette fois moins partial pour Plaute, qu'il ne l'avoit été au sujet d'*Amphitryon*, préféroit beaucoup *l'Avare* de Molière à celui du comique latin, et il n'avoit pas attendu que le public revînt de sa prévention, pour se déclarer en faveur de l'ouvrage. *Je vous vis dernièrement*, lui dit Racine,

---

(1) « Ce n'est pas peut-être une idée fausse, dit Voltaire, de penser « qu'il y a des plaisanteries de prose, et des plaisanteries de vers. »

(2) « Molière, dit encore Voltaire, avoit écrit son *Avare* en prose, « pour le mettre ensuite en vers; mais il parut si bon que les comédiens « voulurent le jouer tel qu'il étoit; et que personne n'osa depuis y tou- « cher. » J'ignore où Voltaire a pris ce fait qu'il rapporte avec tant d'assurance; et je ne vois rien dans *l'Avare* qui le confirme, si ce n'est un certain nombre de phrases plus ou moins éloignées de la simplicité du langage ordinaire, et où l'on pourroit croire que Molière cherchoit d'avance à introduire quelques-unes des formes propres à la versification. Depuis l'époque où Voltaire écrivoit ces lignes, on a *osé toucher* à *l'Avare*, c'est-à-dire le mettre en vers. C'est en 1775 qu'a paru ce chef-d'œuvre de hardiesse et de sottise, dont l'auteur se nommoit Mailhol.

à la pièce de Molière, et vous rïiez tout seul sur le théâtre. Je vous estime trop, lui répondit Boileau, *pour croire que vous n'y ayez pas ri vous-même, du moins intérieurement.*

Molière a principalement fait la guerre à des ridicules. Trois fois seulement, dans toute sa carrière dramatique, on l'a vu attaquer des vices véritables. Dans *Tartuffe*, il a mis en scène le plus odieux de tous peut-être, l'hypocrisie; et, dans *le Festin de Pierre*, il a, pour ainsi dire, personnifié tous les vices à la fois, en montrant un scélérat qu'aucun principe moral, aucun sentiment humain ne détourne de ses affreux penchans. Mais Tartuffe ne peut appartenir qu'à certaines époques, à certains états de la société ; mais don Juan est un être monstrueux, presque idéal, que sa perversité complète place hors de la sphère commune. Dans *l'Avare*, au contraire, Molière a peint un vice de tous les temps, de tous les pays, de toutes les conditions; un vice inhérent à notre nature, et dont beaucoup d'hommes sont attaqués. Ce n'est point une supériorité que j'établis en faveur de cette dernière pièce; c'est simplement une différence que je remarque et que je constate.

L'avarice est un vice des ames basses, des cœurs froids et des esprits faux. Il ne peut pas être trop méprisé : mais il est généralement plus détesté que beaucoup d'autres qui le mériteroient peut-être davantage, et cela sans doute parce qu'il a son principe dans ce qu'il y a de plus antisocial, l'égoïsme; qu'il est préjudiciable à autrui, plus encore qu'à celui qui en est possédé; et qu'enfin aucun transport de l'ame ou des sens n'est là pour excuser sa triste et solitaire turpitude. Toutefois, à l'examiner philosophiquement, plus qu'aucun autre vicieux, l'avare est un véritable fou. Que fait-il, en effet?

Comme l'argent est le moyen d'échange par lequel on se procure toutes les jouissances qui satisfont les sens, et même quelques-unes de celles qui flattent l'amour-propre, l'avare, parce qu'il possède le signe représentatif de beaucoup de choses, s'imagine posséder les choses mêmes que ce signe représente, c'est-à-dire, qu'il prend l'image pour la réalité, le moyen pour la fin, et une privation pour une jouissance. N'est-ce pas là une aberration de l'esprit, une démence bien caractérisée? Il ne faut pas pour cela, comme font quelques-uns, nier les plaisirs de l'avare, et refuser de les reconnoître: c'est assez de ne pas les comprendre. D'une source imaginaire peuvent découler des voluptés très-effectives. L'homme du Pirée n'avoit-il pas, en réalité, les plus douces jouissances de la propriété, bien qu'il ne fût possesseur qu'en idée des vaisseaux qu'il voyoit dans le port? Il se plaignit qu'on l'eût rendu pauvre, en le guérissant de sa manie. L'avare, qui ne possède pas autrement son trésor, puisqu'il ne fait que le contempler, seroit de même fondé à dire qu'on le ruine, si on pouvoit lui prouver que de l'or qui ne sert à rien, n'est pas de la richesse.

On semble croire généralement que Molière a emprunté à Plaute le sujet de sa comédie, c'est-à-dire l'idée du caractère d'Harpagon. C'est une opinion peu réfléchie. Le principal personnage de *l'Aululaire*, Euclion, est un indigent qui a trouvé un trésor. La possession subite et inattendue d'une si grosse somme le trouble, l'éblouit, l'embarrasse, lui ôte le repos. Il croit que tout le monde en veut à son or, et lui-même il craindroit d'y toucher. C'est un homme qu'une circonstance fortuite et inopinée a rendu avare et soucieux, et qui ne l'étoit peut-être pas naturellement; peut-être qu'Euclion nécessiteux n'étoit pas même économe. Il ressemble au savetier de la fable qui perdit la gaieté, l'appétit et le sommeil,

> Du moment qu'il gagna ce qui cause nos peines.

Cette avarice soudaine et accidentelle est une sorte de folie passagère, d'égarement momentané qui peut n'avoir pas sa racine dans le caractère, qui peut disparoître avec l'espèce de talisman qui l'a produit. Grégoire redevient joyeux dès qu'il a rendu les cent écus. Qui sait si Euclion ne recouvreroit pas de même la tranquillité, en se défaisant de son trésor ? Un érudit qui a suppléé le dénouement perdu de la pièce de Plaute, fait précisément prendre à Euclion ce parti-là que ne prendra jamais un véritable avare; et Plaute lui-même sembleroit avoir senti que son personnage est, si j'ose parler ainsi, avare par accident plutôt que par nature, puisque, pouvant appeler sa pièce, *Avarus*, de même qu'il a nommé *Pseudolus*, et *Miles gloriosus*, deux autres comédies, dont l'une est le portrait du trompeur et l'autre celui du soldat fanfaron, il a mieux aimé l'intituler simplement *Aulularia*, du nom du petit pot de terre dans lequel le trésor s'étoit trouvé renfermé.

Quel est le véritable avare, l'avare par tempérament, par habitude, et je dirois presque par principes ? C'est celui qui, n'ayant pas connu l'indigence, n'a pas été contraint à cette parcimonie qui dégénère aisément en lésine; qui, ayant toujours possédé plus d'or qu'il ne lui en falloit, est incessamment dévoré du desir d'en posséder davantage, et n'en possède jamais assez; qui, au lieu d'en jouir, l'entasse et l'enfouit; qui emploie les moyens les plus bas, les plus honteux pour en amasser, en amasser encore, et qui craindroit d'en détourner la moindre partie pour satisfaire aux besoins des siens et à ses propres besoins. Tel est l'avare de Molière; tel n'est pas celui de Plaute.

Quelle que soit cette différence essentielle, fondamentale, quelque avantage qu'elle donne à l'ouvrage moderne sur l'ouvrage ancien, le comique françois n'en a pas moins de grandes obligations au comique latin. Il suffit de dire ici qu'entre autres motifs de scène, il lui doit l'idée du fameux quiproquo entre Harpagon qui redemande sa cassette, et Valère qui vient s'excuser du commerce amoureux qu'il entretient avec Élise.

Il n'a pas fait aux modernes des emprunts moins nombreux et moins importans. La plus belle scène de l'ouvrage peut-être, celle du moins où le comique a le plus de force et de profondeur, la scène où le fils d'Harpagon reconnoît dans son père même l'infâme usurier qui travaille à sa ruine, n'appartient pas à Molière : il l'a prise et ne l'a pas prise seule dans *la Belle Plaideuse*, de Boisrobert, homme à bons mots, mais auteur plus médiocre encore que fécond, qui n'avoit sans doute vu qu'une situation propre à exciter le rire, là même où son heureux plagiaire trouva la matière d'une des plus hautes leçons que puisse donner le théâtre. On peut dire de *l'Avare* deux choses également vraies, quoiqu'elles semblent s'exclure, c'est que, de toutes les comédies de Molière, il n'en est pas une où il ait plus imité ses devanciers et ses contemporains, et que pourtant il en est peu où il ait mis plus de création réelle et d'originalité véritable. Des traits épars qui circulent dans le monde, ou qui sont enfermés dans les livres, sont peu de chose pour l'écrivain, pour le poëte : c'est l'art de la composition qui de ces traits fait un ouvrage, et c'est le génie qui de cet ouvrage fait un chef-d'œuvre.

Le proverbe, *A père avare, enfant prodigue*, renferme une observation de mœurs que Molière a développée : c'est comme un texte dont sa comédie est le commentaire. Mais, de l'avarice des pères, il a fait sortir une autre conséquence plus terrible encore et non moins naturelle, c'est le manque d'amour et de respect de la part des enfans. L'avarice, nuisible à tous, par conséquent odieuse et méprisable aux yeux de tous, doit particulièrement exciter la haine et le mépris de ceux qui ont le plus à en souffrir. Un avare a cessé d'être père ; il a même, pour ainsi dire, cessé d'être homme ; car il semble s'être dépouillé de la plus naturelle de nos affections, celle qui nous porte à nous aimer nous-mêmes et à chercher en tout notre bien-être. Puis donc qu'il n'a plus en lui aucun sentiment humain, il est inévitable, il est juste qu'il n'en rencontre aucun dans les autres. Il hait les siens, les siens le détestent ; il regrette leur naissance, ils souhaitent sa mort ; il se méfie d'eux, ils le trompent ; il les prive de ce qu'il leur doit, ils lui déroberoient volontiers ce qui lui appartient.

Horace apostrophe l'avare et lui dit :

> *Non uxor salvum te vult, non filius : omnes*
> *Vicini oderunt, noti, pueri atque puellæ.*
> *Miraris, cùm tu argento post omnia ponas,*
> *Si nemo præstet, quem non merearis, amorem !*
> *An si cognatos, nullo natura labore*
> *Quos tibi dat, retinere velis, servareque amicos ?*
> *Infelix operam perdas.*

Tu es malade ; ta femme et ton fils ne font point de vœux

« pour ta santé, pour ta vie. Tous tes voisins, tous ceux qui
« te connoissent, ceux et celles qui te servent, te haïssent éga-
« lement. Quoi! tu t'étonnes, préférant l'argent à tout, de
« n'inspirer à personne une affection que tu ne mérites pas!
« Tu te trompes, si tu crois pouvoir, sans faire les moindres
« frais, conserver la tendresse des parens que t'a donnés la
« nature. »

Il semble que ces vers du poëte de la raison pourroient être une réfutation suffisante du reproche grave et solennel adressé à Molière par le plus éloquent des sophistes. Si, suivant Horace, ou plutôt suivant la nature, un avare ne doit point compter sur l'amour et le respect de ses enfans, s'il doit, au contraire, s'attendre à leur haine et à leur mépris, quel crime a commis Molière, en donnant à Harpagon un fils qui manque à son égard de tendresse et de respect? Voici le texte même de la sentence fulminée contre l'auteur de *l'Avare* par l'auteur de *la Nouvelle Héloïse* : « C'est un grand vice d'être
« avare et de prêter à usure ; mais n'en est-ce pas un plus
« grand encore à un fils de voler son père, de lui manquer de
« respect, de lui faire mille insultans reproches, et, quand
« ce père irrité lui donne sa malédiction, de répondre d'un
« air goguenard, qu'il n'a que faire de ses dons? Si la plaisan-
« terie est excellente, en est-elle moins punissable? Et la pièce
« où l'on fait aimer le fils insolent qui l'a faite, en est-elle
« moins une école de mauvaises mœurs? (1) »

---

(1) La censure de Rousseau n'étoit pas nouvelle. Riccoboni, dans ses *Observations sur la Comédie*, avoit dit long-temps avant lui : « On cen-
« sure, dans Cléante, fils d'Harpagon, le peu de respect qu'il a pour son

Écartons les erreurs de fait, avant d'arriver à celles de raisonnement. Cléante ne *vole* point son père, c'est son valet qui commet le vol : il n'en est point complice, car il ne l'apprend que lorsqu'il est consommé, et c'est lui qui restitue la cassette à Harpagon. Il est faux que Molière *fasse aimer le fils insolent*, car il n'est pas vrai que le public l'aime. Le public, dans cette pièce, ne prend réellement personne en affection. Il hait Harpagon, plaint ses victimes, et éprouve quelque plaisir à voir l'un puni et les autres vengés : voilà tout. Un fils outrageant son père ne sera jamais, quoi qu'il arrive, un personnage intéressant pour les hommes rassemblés. Ils excuseront Cléante, parce qu'il est excusable ; mais ils ne l'approuveront pas, parce qu'il est criminel ; et le sentiment qui prévaudra dans leurs ames sera celui de l'indignation contre un mauvais père, coupable d'avoir un mauvais fils, puisque, devant mériter son amour et sa vénération, il n'a su mériter que sa haine et son mépris. Molière ne fait rien à tout cela : ses personnages sont ce qu'ils doivent être, et les impressions qu'ils produisent sur le spectateur, sont celles que produiroit la réalité même.

Maintenant le poëte a-t-il eu tort en offrant une image si

« père : on trouve qu'en cela les mœurs et les bienséances sont trop bles-
« sées ; on ajoute que, si le théâtre n'est pas fait pour inspirer la vertu,
« on ne doit pas, au moins, en faire une école du vice ; et qu'un pareil
« caractère pourroit diminuer, dans un fils qui verroit la représentation
« de *l'Avare*, les sentimens de respect qu'il doit à son père. Je conviens
« de tout cela. » Cette faute qu'il reproche à Molière, Riccoboni cherche à l'atténuer par beaucoup de raisons qui m'ont paru d'une extrême foiblesse. J'essaie d'en fournir d'autres qui répondront à Riccoboni lui-même, ainsi qu'à J. J. Rousseau.

fidèle de ce qu'on voit si souvent dans le monde? c'est là ce qu'il faut examiner; car c'est là qu'est véritablement toute la question. On ne peut nier d'abord que quiconque veut exciter l'horreur d'un vice, ne doive montrer tout ensemble ce qu'il a de plus nuisible, de plus funeste pour la société et pour le vicieux lui-même. Or, l'aversion et l'irrévérence des enfans sont, sans contredit, la punition la plus terrible que puissent subir les pères avares, et celle qui doit le plus effrayer les hommes portés au même vice. La leçon donnée par le poëte seroit donc incomplète, insuffisante, si l'avare n'avoit point d'enfans qu'il pût rendre victimes de ses mauvais traitemens, pour devenir victime à son tour de leurs sentimens dénaturés; et le drame seroit invraisemblable, si, l'avare étant père de famille, ses enfans, réduits par lui aux plus dures et aux plus humiliantes privations, n'en étoient pas moins tendres et respectueux. Peindre de tels enfans autrement qu'ils ne sont, qu'ils ne peuvent être, c'eût été épargner à leurs tyrans ce qu'il y a de plus propre à les corriger ou du moins à les faire rougir, et leur proposer à eux-mêmes l'inutile modèle d'une vertu impraticable; c'eût été, en un mot, pécher contre la vérité, sans aucun profit pour la morale. Représenter un vice puni par un autre vice qu'il a produit, ce n'est pas encourager celui-ci, c'est les combattre à la fois tous les deux. Si la censure du poëte guérit le vice des pères, elle prévient le crime des enfans qui en est la conséquence; et ainsi, loin d'être pernicieuse pour personne, elle devient salutaire pour tous.

Dans son éloquente tirade, Rousseau semble principalement révolté de ce que Cléante se moque de la malédiction que vient de lui donner son père. Rousseau ne prend-il pas trop à la lettre ce mot imposant de *malédiction*, et n'abuse-t-il pas du sens terrible qui y est attaché? Voyons les choses comme elles sont. Ce n'est certainement point ici l'acte solennel d'un père justement courroucé, foudroyant la tête d'un enfant coupable; c'est simplement le trait d'humeur, la saillie de colère d'un vieillard jaloux qui, trouvant un rival dans son fils, s'irrite assez injustement d'une résistance assez légitime : ainsi, la plaisanterie de ce fils, criminelle, si la malédiction eût été sérieuse et méritée, reste seulement indécente, dès qu'elle ne fait que répondre à une boutade ridicule et mal fondée. Telle qu'elle est toutefois, cette plaisanterie, et quoi qu'on puisse dire pour en atténuer le tort, non-seulement le personnage qui la profère est coupable, mais le poëte qui la lui met dans la bouche, ménage trop peu des bienséances d'un ordre supérieur et d'une nature presque sacrée, qu'on ne sauroit assez ménager. Il est vrai qu'à l'époque où écrivoit Molière, cette susceptibilité morale que blesse l'expression de certains sentimens contraires aux affections fondées sur le sang, étoit beaucoup moins délicate qu'aujourd'hui, puisque sans cesse le théâtre montroit à des spectateurs qui ne s'en scandalisoient pas, des jeunes gens prodigues et avides de jouir, s'affligeant trop peu de la mort de leurs parens ou même la hâtant de leurs vœux. Un poëte comique de nos jours craindroit de faire entendre ces regrets dérisoires ou ces souhaits impies; et il oseroit encore moins peut-être présenter un fils tournant en dérision la malédiction la plus ridicule.

Passons à des reproches moins graves. On a quelquefois blâmé Molière d'avoir donné à Harpagon des chevaux, un carrosse, d'assez nombreux domestiques et jusqu'à un intendant. Sans doute, s'il dépendoit de lui de n'avoir pas ce train dispendieux, il ne l'auroit pas; et, s'il l'a, c'est que son état, sa position dans le monde l'exige. Quel est cet état, cette position? Molière nous le laisse ignorer, et peut-être eût-il dû nous en instruire. Mais, d'après le caractère donné, puisque Harpagon a un équipage et des valets, il est évident qu'il est d'une condition à ne pouvoir s'en dispenser. Il n'est pas toujours permis d'être avare à sa manière et selon son goût. L'avare, à qui ses pères ont transmis de grandes richesses connues du public, ne peut pas vivre avec la même lésine que l'obscur usurier, unique artisan d'une fortune ignorée. L'avarice de celui-ci est un vice, qu'aucune bienséance ne combat, qu'aucun respect humain n'enchaîne, et qui se satisfait sans obstacle : on n'en pourroit supporter au théâtre l'abjecte monotonie et la dégoûtante uniformité. L'avarice de l'autre, au contraire, sans cesse aux prises avec le sentiment des convenances sociales, et la crainte des jugemens publics, sans cesse en butte aux plaintes, aux ruses et aux sarcasmes d'une famille qui pâtit au sein de la richesse, offrira ce conflit, cette lutte du caractère et de la situation, qui est le véritable ressort de l'intérêt comique. Quel lustre ne donnent pas à l'avarice d'Harpagon, la notoriété de son opulence et l'obligation qui en résulte pour lui de vivre à peu près selon son état? Quelles occasions ne lui fournissent-elles pas de s'exercer? Il a des chevaux, mais ils meurent de faim; il a des valets, mais ils ne sont ni vêtus ni nourris; il a un intendant, mais il ne lui coûte rien, et il semble enchérir sur lui-même en épargne sordide; il donne un repas, mais il voudroit qu'on le fît sans argent, comme il veut qu'on épouse sa fille sans dot. On a tenté de mettre au théâtre l'avare fastueux : c'étoit presque avoir oublié la pièce de Molière et le rôle d'Harpagon. Harpagon, en effet, est aussi fastueux qu'un avare peut l'être : il ne l'est point par goût, ce qui impliqueroit avec son vice ; mais il l'est par une sorte de nécessité ; et cette nécessité est la gêne, la torture morale qui, si j'ose m'exprimer ainsi, fait prendre au personnage tant d'attitudes plaisantes, et donne à sa figure un jeu de physionomie si comique.

C'est par un même trait de génie, et pour produire un même effet, que Molière a rendu Harpagon amoureux. Quoi de plus contraire à l'avarice, et en même temps de plus propre à la balancer, à l'emporter sur elle, que l'amour, la plus prodigue et la plus impérieuse de toutes les passions ? L'amour d'Harpagon pour Mariane est donc un autre genre d'épreuve où est mis son amour pour l'or ; mais c'est encore ce dernier qui triomphe, et c'est là sans doute sa plus belle victoire. Obligé de recevoir à souper son gendre futur, Harpagon profite de l'occasion pour inviter sa maîtresse : il n'auroit garde de faire les frais d'un repas pour elle seule. Une espiéglerie de son fils fait passer de son doigt à celui de Mariane un diamant d'un grand prix : le voilà au supplice, et à rien ne tient qu'il ne se jette sur la main qu'embellit cette bague, pour l'en arracher. Enfin, lorsqu'il s'agit de choisir entre sa cassette et sa maîtresse, de perdre l'une ou de renoncer à l'autre, il n'hésite pas, la cassette est préférée. Voilà ce qui s'appelle traiter un caractère en grand maître, le montrer sous toutes ses faces, le placer à tous les jours, le faire passer par toutes les épreuves. Qu'Harpagon n'ait ni maison, ni train, ni valets, ni enfans, ni maîtresse, qu'enfermé dans l'amour de l'or et dans la crainte de le perdre, il soit inaccessible à tout autre désir, à tout autre souci, il n'aura plus cette avarice diversifiée, animée, passionnée, qui fait de lui un personnage éminemment dramatique : ce ne sera plus le sublime Harpagon, ce sera quelque ignoble pince-maille, dont l'image ne vaudra pas mieux que la figure, aussi rebutant à voir au théâtre qu'à rencontrer dans le monde.

Les Anglois ont une expression bien philosophique pour désigner un avare : ils l'appellent *miser*. C'est en effet un misérable qu'un avare, mais un misérable volontaire, et pour lequel il n'y a point de pitié. *The Miser* est le titre d'une imitation qu'a faite de la pièce de Molière, un nommé Shadwell dont l'impertinence a ému la bile de Voltaire. Ce Shadwell dit en propres termes, que nos meilleures pièces, maniées par les plus mauvais auteurs de son pays, y gagnent toujours; qu'on peut juger, d'après cela, si *l'Avare* a perdu à passer par ses mains; qu'au reste, s'il a eu recours à Molière, ce n'est ni faute d'esprit ni faute d'invention, c'est simplement par paresse. « Quand on n'a pas assez d'esprit, dit judicieusement « Voltaire, pour mieux cacher sa vanité, on n'en a pas assez « pour faire mieux que Molière. » Fielding, l'auteur de *Tom Jones*, qui avoit plus d'esprit que Shadwell et qui ne s'en croyoit pas tant, a aussi traduit *l'Avare;* et son ouvrage, approprié au goût de sa nation, a obtenu le plus brillant succès.

GEORGE DANDIN,

OU

LE MARI CONFONDU,

COMÉDIE EN TROIS ACTES.

1668.

ACTEURS.

GEORGE DANDIN [1], riche paysan, mari d'Angélique.
ANGÉLIQUE, femme de George Dandin, et fille de M. de Sotenville.
MONSIEUR DE SOTENVILLE, gentilhomme campagnard, père d'Angélique.
MADAME DE SOTENVILLE.
CLITANDRE, amant d'Angélique.
CLAUDINE, suivante d'Angélique.
LUBIN, paysan, servant Clitandre.
COLIN, valet de George Dandin.

La scène est devant la maison de George Dandin, à la campagne.

---

[1] *Dandin* signifie depuis long-temps dans notre langue, un niais qui manque de contenance; et l'on en a fait les mots *dandiner* et *dandinement*. Rabelais, le premier, donna le nom de *Perrin Dandin* à un bonhomme qui, « quoy que juge ne feust, mais homme de bien, appoinctoit plus de « procès qu'il n'en étoit vuidé en tout le palais de Poictiers. » Racine, dans *les Plaideurs*, et, après lui, La Fontaine, dans la fable de *l'Huitre et les Plaideurs*, ont fait de Perrin Dandin un véritable juge. *George Dandin* est un autre personnage; mais il est de la même famille.

GEORGE DANDIN,

OU

LE MARI CONFONDU,

COMÉDIE.

―――――――――――――――――――――

ACTE PREMIER.

SCÈNE PREMIÈRE.

GEORGE DANDIN.

Ah! qu'une femme demoiselle ⁽¹⁾ est une étrange affaire! et que mon mariage est une leçon bien parlante à tous les paysans qui veulent s'élever au-dessus de leur condition, et s'allier, comme j'ai fait, à la maison d'un gentilhomme! La noblesse, de soi, est bonne; c'est une chose considérable, assurément : mais elle est accompagnée de tant de mauvaises circonstances, qu'il est très-bon de ne s'y point frotter. Je suis devenu là-dessus

―――――――――――――――――――――

(1) Autrefois, *une damoiselle* ou *demoiselle*, étoit une fille ou femme née de parens nobles; ainsi l'on pouvoit dire *une femme demoiselle*. Maintenant que *demoiselle* est l'opposé de femme mariée, et s'applique à toutes les filles de condition honnête, *femme demoiselle* signifieroit, femme qui ne l'est pas, ce qui seroit une absurdité, ou une méchante plaisanterie.

savant à mes dépens, et connois le style des nobles [1], lorsqu'ils nous font, nous autres, entrer dans leur famille. L'alliance qu'ils font est petite avec nos personnes. C'est notre bien seul qu'ils épousent ; et j'aurois bien mieux fait, tout riche que je suis, de m'allier en bonne et franche paysannerie [2], que de prendre une femme qui se tient au-dessus de moi, s'offense de porter mon nom, et pense qu'avec tout mon bien, je n'ai pas assez acheté la qualité de son mari. George Dandin! George Dandin! vous avez fait une sottise la plus grande du monde. Ma maison m'est effroyable maintenant, et je n'y rentre point sans y trouver quelque chagrin [3].

SCÈNE II.

GEORGE DANDIN, LUBIN.

GEORGE DANDIN, *à part, voyant sortir Lubin de chez lui.*

Que diantre ce drôle-là vient-il faire chez moi ?

LUBIN, *à part, apercevant George Dandin.*

Voilà un homme qui me regarde.

---

(1) *Style* est employé ici figurément pour, procédé, manière d'agir.

(2) *Paysannerie*, mot inventé par Molière, qu'on ne trouve pas dans les dictionnaires, et qu'on devroit y trouver.

(3) Le sujet n'est jamais assez tôt expliqué. Ici, plus que partout ailleurs, Molière s'est conformé à cette règle. Un simple monologue de quelques lignes nous apprend tout le sujet de la pièce, et même la leçon qu'il en faut tirer. Il nous fait entendre aussi cette plaisante apostrophe du personnage à lui-même, qui va se répéter dans tous ses monologues et tous ses *apartés*, et qui chaque fois excitera le rire le plus franc.

ACTE I, SCÈNE II.

GEORGE DANDIN, *à part.*

Il ne me connoît pas.

LUBIN, *à part.*

Il se doute de quelque chose.

GEORGE DANDIN, *à part.*

Ouais! il a grand' peine à saluer.

LUBIN, *à part.*

J'ai peur qu'il n'aille dire qu'il m'a vu sortir de là-dedans.

GEORGE DANDIN.

Bonjour.

LUBIN.

Serviteur.

GEORGE DANDIN.

Vous n'êtes pas d'ici, que je crois?

LUBIN.

Non : je n'y suis venu que pour voir la fête de demain.

GEORGE DANDIN.

Hé! dites-moi un peu, s'il vous plaît : vous venez de là-dedans?

LUBIN.

Chut!

GEORGE DANDIN.

Comment?

LUBIN.

Paix.

GEORGE DANDIN.

Quoi donc?

LUBIN.

Motus! Il ne faut pas dire que vous m'ayez vu sortir de là.

GEORGE DANDIN.

Pourquoi?

LUBIN.

Mon dieu! Parce...

GEORGE DANDIN.

Mais encore?

LUBIN.

Doucement. J'ai peur qu'on ne nous écoute.

GEORGE DANDIN.

Point, point.

LUBIN.

C'est que je viens de parler à la maîtresse du logis, de la part d'un certain monsieur qui lui fait les doux yeux; et il ne faut pas qu'on sache cela. Entendez-vous?*

GEORGE DANDIN.

Oui.

LUBIN.

Voilà la raison. On m'a enchargé **(1) de prendre garde que personne ne me vît; et je vous prie, au moins, de ne pas dire que vous m'ayez vu.

VARIANTES. * *Il ne faut pas qu'on sache cela, entendez-vous?*
— ** *On m'a chargé.*

---

(1) C'est à tort que des éditeurs modernes ont mis *chargé* pour *enchargé*. Ce dernier n'est point un barbarisme; et, en fût-il un, il ne seroit pas mal placé dans la bouche de Lubin. *Encharger quelqu'un de faire une chose*, signifioit autrefois, lui en donner la commission. Les Italiens disent dans le même sens, *incaricare*.

ACTE I, SCÈNE II.

GEORGE DANDIN.

Je n'ai garde.

LUBIN.

Je suis bien aise de faire les choses secrètement, comme on m'a recommandé.

GEORGE DANDIN.

C'est bien fait.

LUBIN.

Le mari, à ce qu'ils disent, est un jaloux qui ne veut pas qu'on fasse l'amour à sa femme; et il feroit le diable à quatre, si cela venoit à ses oreilles. Vous comprenez bien?

GEORGE DANDIN.

Fort bien.

LUBIN.

Il ne faut pas qu'il sache rien de tout ceci.

GEORGE DANDIN.

Sans doute.

LUBIN.

On le veut tromper tout doucement. Vous entendez bien?

GEORGE DANDIN.

Le mieux du monde.

LUBIN.

Si vous alliez dire que vous m'avez vu sortir de chez lui, vous gâteriez toute l'affaire. Vous comprenez bien (1)?

---

(1) Y a-t-il rien de plus plaisant que ce Lubin qui, craignant fort mal-à-propos sans doute de n'être pas compris du pauvre mari, lui dit à

GEORGE DANDIN.

Assurément. Hé! comment nommez-vous celui qui vous a envoyé là-dedans?

LUBIN.

C'est le seigneur de notre pays, monsieur le vicomte de... chose... Foin! je ne me souviens jamais comment diantre ils baragouinent ce nom-là. Monsieur Cli... Clitandre.

GEORGE DANDIN.

Est-ce ce jeune courtisan qui demeure?...

LUBIN.

Oui; auprès de ces arbres.

GEORGE DANDIN, *à part*.

C'est pour cela que depuis peu ce damoiseau poli s'est venu loger contre moi. J'avois bon nez, sans doute; et son voisinage déja m'avoit donné quelque soupçon.

LUBIN.

Tétigué! c'est le plus honnête homme que vous ayez jamais vu. Il m'a donné trois pièces d'or pour aller dire seulement à la femme qu'il est amoureux d'elle, et qu'il souhaite fort l'honneur de pouvoir lui parler. Voyez s'il y a là une grande fatigue, pour me payer si bien; et ce qu'est, au prix de cela, une journée de travail, où je ne gagne que dix sols [1]?

---

chaque phrase: *Vous comprenez bien? vous entendez bien?* Si George Dandin osoit, il diroit : Eh! oui, morbleu, je ne comprends que trop bien.

[1] Comme cette réflexion est bien d'un pauvre paysan, toujours habitué à mesurer son salaire sur sa peine, et, par conséquent, incapable

ACTE I, SCÈNE II.

GEORGE DANDIN.

Hé bien! avez-vous fait votre message?

LUBIN.

Oui. J'ai trouvé là-dedans une certaine Claudine, qui, tout du premier coup, a compris ce que je voulois, et qui m'a fait parler à sa maîtresse.

GEORGE DANDIN, *à part.*

Ah! coquine de servante!

LUBIN.

Morguienne! cette Claudine-là est tout-à-fait jolie: elle a gagné mon amitié, et il ne tiendra qu'à elle que nous ne soyons mariés ensemble *.

GEORGE DANDIN.

Mais, quelle réponse a fait ** (1) la maîtresse à ce monsieur le courtisan?

LUBIN.

Elle m'a dit de lui dire... Attendez, je ne sais si je me souviendrai bien de tout cela; qu'elle lui est tout-à-fait obligée de l'affection qu'il a pour elle, et qu'à cause de son mari, qui est fantasque, il garde d'en rien faire paroître, et qu'il faudra songer à chercher quelque invention pour se pouvoir entretenir tous deux.

VARIANTES. * *Que nous soyons mariés ensemble.* — ** *Mais quelle réponse a faite.*

---

de concevoir comment on peut donner trois pièces d'or à un homme pour porter seulement quelques paroles à une femme!

(1) Du temps de Molière, et long-temps encore après, quelques grammairiens vouloient que le participe passé, quoique précédé de son régime direct, n'en prît ni le genre ni le nombre, quand le sujet du verbe étoit

GEORGE DANDIN, *à part.*

Ah! pendarde de femme!

LUBIN.

Tétiguienne! cela sera drôle; car le mari ne se doutera point de la manigance : voilà ce qui est de bon, et il aura un pied de nez avec sa jalousie. Est-ce pas?

GEORGE DANDIN.

Cela est vrai.

LUBIN.

Adieu. Bouche cousue au moins. Gardez bien le secret, afin que le mari ne le sache pas.

GEORGE DANDIN.

Oui, oui.

LUBIN.

Pour moi, je vais faire semblant de rien. Je suis un fin matois, et l'on ne diroit pas que j'y touche [1].

---

mis après le participe. Ainsi, suivant eux, il falloit dire : *la réponse qu'a fait la maîtresse,* et, *la réponse que la maîtresse a faite.* La place du sujet ne changeant point le rapport grammatical du participe avec son régime, il faut dire *faite* dans les deux cas.

(1) Excellente scène qui va se répéter dans tout le cours de la pièce, mais se répéter avec variété, avec gradation. C'est un de ces secrets qui n'ont appartenu qu'à Molière, de faire une comédie entière avec un seul moyen. *L'Étourdi*, *l'École des Maris* et *l'École des Femmes*, n'ont, pour ainsi dire, comme *George Dandin,* qu'une seule scène, qui, se reproduisant plus ou moins souvent, se diversifie, prend chaque fois des formes nouvelles et de plus en plus piquantes.

Dancourt a fait des paysans bien vrais, bien comiques. Mais que Lubin leur est supérieur! et surtout qu'il laisse loin derrière lui, pour la naïveté plaisante, tous les niais passés et présens! Je n'ose parler de ceux que l'avenir nous destine.

SCÈNE III.

GEORGE DANDIN, *seul.*

Hé bien! George Dandin, vous voyez de quel air votre femme vous traite! Voilà ce que c'est d'avoir voulu épouser une demoiselle! L'on vous accommode de toutes pièces, sans que vous puissiez vous venger; et la gentilhommerie vous tient les bras liés. L'égalité de condition laisse du moins à l'honneur d'un mari liberté de ressentiment; et, si c'étoit une paysanne, vous auriez maintenant toutes vos coudées franches à vous en faire la justice [1] à bons coups de bâton. Mais vous avez voulu tâter de la noblesse; et il vous ennuyoit d'être maître chez vous. Ah! j'enrage de tout mon cœur, et je me donnerois volontiers des soufflets. Quoi! écouter impudemment l'amour d'un damoiseau, et y promettre en même temps de la correspondance [2]! Morbleu! je ne veux point laisser passer une occasion de la sorte. Il me faut, de ce pas, aller faire mes plaintes au père et à la mère, et les rendre témoins, à telle fin que de raison, des sujets de chagrin et de ressentiment que leur fille me donne. Mais les voici l'un et l'autre fort à propos [3].

---

[1] Il faudroit, *à vous en faire justice.* On verra plus loin la même faute dans cette phrase: *Nous serons les premiers, sa mère et moi, à vous en faire la justice.*

[2] On diroit mieux, *et promettre en même temps d'y correspondre.*

[3] Molière, si sobre de monologues, et qui n'en a pas mis un seul dans ses trois principaux chefs-d'œuvre, en est prodigue dans *George Dandin*, et il a raison. Ce sont les soliloques de ce pauvre mari qui nous font sentir tout le comique de sa situation.

SCÈNE IV.

MONSIEUR DE SOTENVILLE, MADAME DE SOTENVILLE, GEORGE DANDIN.

MONSIEUR DE SOTENVILLE.

Qu'est-ce, mon gendre? Vous me paroissez tout troublé.

GEORGE DANDIN.

Aussi en ai-je du sujet, et...

MADAME DE SOTENVILLE.

Mon dieu! notre gendre, que vous avez peu de civilité, de ne pas saluer les gens quand vous les approchez!

GEORGE DANDIN.

Ma foi! ma belle-mère, c'est que j'ai d'autres choses en tête; et...

MADAME DE SOTENVILLE.

Encore! Est-il possible, notre gendre, que vous sachiez si peu votre monde, et qu'il n'y ait pas moyen de vous instruire de la manière qu'il faut vivre [1] parmi les personnes de qualité?

GEORGE DANDIN.

Comment?

MADAME DE SOTENVILLE.

Ne vous déferez-vous jamais, avec moi, de la familiarité de ce mot de ma belle-mère, et ne sauriez-vous vous accoutumer à me dire madame?

---

[1] *Dont il faut vivre*, seroit plus correct, ou du moins plus conforme à l'usage actuel.

GEORGE DANDIN.

Parbleu ! si vous m'appelez votre gendre, il me semble que je puis vous appeler ma belle-mère.

MADAME DE SOTENVILLE.

Il y a fort à dire, et les choses ne sont pas égales. Apprenez, s'il vous plaît, que ce n'est pas à vous à vous servir de ce mot-là avec une personne de ma condition ; que, tout notre gendre que vous soyez [1], il y a grande différence de vous à nous, et que vous devez vous connoître.

MONSIEUR DE SOTENVILLE.

C'en est assez, m'amour [2] : laissons cela.

MADAME DE SOTENVILLE.

Mon dieu ! monsieur de Sotenville, vous avez des indulgences qui n'appartiennent qu'à vous, et vous ne savez pas vous faire rendre par les gens ce qui vous est dû.

MONSIEUR DE SOTENVILLE.

Corbleu ! pardonnez-moi : on ne peut point me faire de leçons là-dessus ; et j'ai su montrer en ma vie, par vingt actions de vigueur, que je ne suis point homme à démordre jamais d'une partie de mes prétentions ; mais il suffit de lui avoir donné un petit avertissement. Sachons un peu, mon gendre, ce que vous avez dans l'esprit.

---

(1) Il faudroit, *tout notre gendre que vous êtes.* On dit, *tout bon qu'il est*, et *quelque bon qu'il soit.* Beaucoup de personnes ignorent cette différence, ou négligent de l'observer.

(2) *M'amour.* — Anciennement, *amour* étoit féminin ; ou disoit, *ma amour*, et, par contraction, *m'amour*, comme on disoit, *m'amie*, pour, *ma amie*.

GEORGE DANDIN.

Puisqu'il faut donc parler catégoriquement, je vous dirai, monsieur de Sotenville, que j'ai lieu de...

MONSIEUR DE SOTENVILLE.

Doucement, mon gendre. Apprenez qu'il n'est pas respectueux d'appeler les gens par leur nom, et qu'à ceux qui sont au-dessus de nous, il faut dire monsieur tout court [1].

GEORGE DANDIN.

Hé bien! monsieur tout court, et non plus monsieur de Sotenville, j'ai à vous dire que ma femme me donne...

MONSIEUR DE SOTENVILLE.

Tout beau! Apprenez aussi que vous ne devez pas dire ma femme, quand vous parlez de notre fille.

GEORGE DANDIN.

J'enrage. Comment! ma femme n'est pas ma femme.

MADAME DE SOTENVILLE.

Oui, notre gendre, elle est votre femme; mais il ne vous est pas permis de l'appeler ainsi; et c'est tout ce que vous pourriez faire, si vous aviez épousé une de vos pareilles.

GEORGE DANDIN, *à part*.

Ah! George Dandin, où t'es-tu fourré? (*haut.*) Hé! de grace, mettez, pour un moment, votre gentilhomme-

---

[1] C'est, en effet, ce qu'on disoit jadis aux enfans qu'on vouloit former à la politesse. Mais n'est-il pas plaisant que M. de Sotenville regarde l'oubli de cette petite règle comme un manque de respect de la part de son gendre, lui qui, tout-à-l'heure, sembloit reprocher à sa femme de se montrer trop exigeante en fait d'égards, et que sa femme, de son côté, accusoit de ne pas se faire rendre ce qui lui étoit dû?

rie à côté (1), et souffrez que je vous parle maintenant comme je pourrai. (*à part.*) Au diantre soit la tyrannie de toutes ces histoires-là! (*à monsieur de Sotenville.*) Je vous dis donc que je suis mal satisfait de mon mariage.

MONSIEUR DE SOTENVILLE.

Et la raison, mon gendre?

MADAME DE SOTENVILLE.

Quoi! parler ainsi d'une chose dont vous avez tiré de si grands avantages!

GEORGE DANDIN.

Et quels avantages, madame, puisque madame y a? L'aventure n'a pas été mauvaise pour vous; car, sans moi, vos affaires, avec votre permission, étoient fort délabrées, et mon argent a servi à reboucher d'assez bons trous; mais, moi, de quoi y ai-je profité, je vous prie, que d'un alongement de nom, et, au lieu de George Dandin, d'avoir reçu par vous le titre de monsieur de la Dandinière?

MONSIEUR DE SOTENVILLE.

Ne comptez-vous pour rien, mon gendre, l'avantage d'être allié à la maison de Sotenville?

MADAME DE SOTENVILLE.

Et à celle de la Prudoterie (2), dont j'ai l'honneur d'être

---

(1) On ne dit pas en ce sens, *mettre une chose à côté*; on dit, *la mettre de côté*.

(2) La maison *de la Prudoterie* n'est dans aucun nobiliaire; mais son existence est constatée par deux grands poëtes; et il n'est pas de famille qui remonte si haut. Suivant La Fontaine, la fameuse matrone d'Éphèse en est la souche:

  D'elle descendent ceux de la Prudoterie,
   Antique et célèbre maison.

issue; maison où le ventre anoblit, et qui, par ce beau privilège, rendra vos enfans gentilshommes?

GEORGE DANDIN.

Oui, voilà qui est bien, mes enfans seront gentilshommes; mais je serai cocu, moi, si l'on n'y met ordre.

MONSIEUR DE SOTENVILLE.

Que veut dire cela, mon gendre?

GEORGE DANDIN.

Cela veut dire que votre fille ne vit pas comme il faut qu'une femme vive, et qu'elle fait des choses qui sont contre l'honneur.

MADAME DE SOTENVILLE.

Tout beau! Prenez garde à ce que vous dites. Ma fille est d'une race trop pleine de vertu, pour se porter jamais à faire aucune chose dont l'honnêteté soit blessée; et, de la maison de la Prudoterie, il y a plus de trois cents ans qu'on n'a point remarqué qu'il y ait eu de femme*, dieu merci, qui ait fait parler d'elle.

MONSIEUR DE SOTENVILLE.

Corbleu! dans la maison de Sotenville, on n'a jamais vu de coquette; et la bravoure n'y est pas plus héréditaire aux mâles, que la chasteté aux femelles.

MADAME DE SOTENVILLE.

Nous avons eu une Jacqueline de la Prudoterie, qui ne voulut jamais être la maîtresse d'un duc et pair, gouverneur de notre province.

VARIANTE. * Qu'il y ait eu une femme.

MONSIEUR DE SOTENVILLE.

Il y a eu une Mathurine de Sotenville, qui refusa vingt mille écus d'un favori du roi, qui ne lui demandoit seulement que la faveur de lui parler.

GEORGE DANDIN.

Oh bien ! votre fille n'est pas si difficile que cela ; et elle s'est apprivoisée depuis qu'elle est chez moi.

MONSIEUR DE SOTENVILLE.

Expliquez-vous, mon gendre. Nous ne sommes point gens à la supporter (1) dans de mauvaises actions, et nous serons les premiers, sa mère et moi, à vous en faire la justice.

MADAME DE SOTENVILLE.

Nous n'entendons point raillerie sur les matières de l'honneur ; et nous l'avons élevée dans toute la sévérité possible.

GEORGE DANDIN.

Tout ce que je vous puis dire, c'est qu'il y a ici un certain courtisan, que vous avez vu, qui est amoureux d'elle à ma barbe, et qui lui a fait faire des protestations d'amour qu'elle a très-humainement écoutées.

MADAME DE SOTENVILLE.

Jour de dieu ! je l'étranglerois de mes propres mains, s'il falloit qu'elle forlignât de l'honnêteté de sa mère (2).

---

(1) *A la supporter*, c'est-à-dire, à lui servir de support, d'appui, à la soutenir. Il a vieilli en ce sens.

(2) *Forligner*, vieux mot qui signifie proprement, sortir, s'écarter de la ligne. On l'appliquoit aux nobles qui, de quelque manière que ce fût, dégénéroient de la vertu de leurs ancêtres. Molière donne un régime indirect à ce verbe neutre, qui d'ordinaire ne s'employoit qu'absolument.

MONSIEUR DE SOTENVILLE.

Corbleu! je lui passerois mon épée au travers du corps, à elle et au galant, si elle avoit forfait à son honneur ⁽¹⁾.

GEORGE DANDIN.

Je vous ai dit ce qui se passe, pour vous faire mes plaintes; et je vous demande raison de cette affaire-là.

MONSIEUR DE SOTENVILLE.

Ne vous tourmentez point : je vous la ferai de tous deux; et je suis homme pour serrer le bouton à qui que ce puisse être ⁽²⁾. Mais êtes-vous bien sûr de ce que vous nous dites?

GEORGE DANDIN.

Très-sûr.

MONSIEUR DE SOTENVILLE.

Prenez bien garde, au moins; car, entre gentilshommes, ce sont des choses chatouilleuses; et il n'est pas question d'aller faire ici un pas de clerc.

GEORGE DANDIN.

Je ne vous ai rien dit, vous dis-je, qui ne soit véritable.

---

(1) *Forfaire à son honneur, forligner,* ces vieux mots, d'une couleur héraldique et chevaleresque, sont merveilleusement placés dans la bouche de ce couple de hobereaux, si fiers de l'antiquité et de la pureté de leur race.

(2) On pourroit croire que ce proverbe, *serrer le bouton à quelqu'un,* vient de l'action d'un escrimeur qui appuie fortement le bouton de son fleuret sur la poitrine de son adversaire, ou même de l'action d'un homme qui, parlant avec vivacité à un autre, le saisit fortement par un des boutons de son habit. Mais le proverbe a une autre origine. On appelle *bouton,* en termes de manége, la boucle de cuir qui coule le long des rênes, et qui les resserre. Ainsi l'on dit, *serrer le bouton,* qui est l'équivalent de tenir en bride.

MONSIEUR DE SOTENVILLE.

M'amour, allez-vous-en parler à votre fille, tandis qu'avec mon gendre, j'irai parler à l'homme.

MADAME DE SOTENVILLE.

Se pourroit-il, mon fils, qu'elle s'oubliât de la sorte, après le sage exemple que vous savez vous-même que je lui ai donné !

MONSIEUR DE SOTENVILLE.

Nous allons éclaircir l'affaire. Suivez-moi, mon gendre, et ne vous mettez pas en peine. Vous verrez de quel bois nous nous chauffons, lorsqu'on s'attaque à ceux qui nous peuvent appartenir.

GEORGE DANDIN.

Le voici qui vient vers nous [1].

---

(1) Deux genres de comique se font remarquer dans cette scène, le comique de caractère qui éclate dans la ridicule vanité de monsieur et de madame de Sotenville, et le comique de situation qui naît des contrariétés éprouvées par George Dandin, lequel, fort pressé de raconter à son beau-père et à sa belle-mère ses griefs contre leur fille, en est sans cesse empêché par nos deux gentillâtres qui, à chacune de ses paroles, lui reprochent un manque de politesse ou de respect, et partent de là pour vanter l'éclat de leur race et les vertus de leurs ancêtres. Dans *la Jalousie du Barbouillé*, farce attribuée à Molière, et où se trouve le germe de *George Dandin*, le Barbouillé, qui répond au personnage de Dandin, veut de même consulter le Docteur sur ce qu'il doit faire pour mettre sa femme à la raison; et le pédant, au lieu de l'écouter tranquillement, l'interrompt à chaque phrase, pour le gourmander sur son incivilité, son ignorance, et l'incongruité de ses expressions, et pour se louer lui-même à toute outrance. C'est l'orgueil de la science substitué à celui de la noblesse : du reste, le motif de la scène est tout semblable.

SCÈNE V.

MONSIEUR DE SOTENVILLE, CLITANDRE, GEORGE DANDIN.

MONSIEUR DE SOTENVILLE.

Monsieur, suis-je connu de vous?

CLITANDRE.

Non pas, que je sache, monsieur.

MONSIEUR DE SOTENVILLE.

Je m'appelle le baron de Sotenville.

CLITANDRE.

Je m'en réjouis fort.

MONSIEUR DE SOTENVILLE.

Mon nom est connu à la cour; et j'eus l'honneur, dans ma jeunesse, de me signaler des premiers à l'arrière-ban de Nancy [1].

CLITANDRE.

A la bonne heure.

MONSIEUR DE SOTENVILLE.

Monsieur mon père, Jean-Gilles de Sotenville, eut la

---

[1] *L'arrière-ban* étoit, comme on sait, la convocation et l'assemblée de tous les nobles d'une province, pour servir le roi dans ses armées, comme ils y étoient obligés par la loi des fiefs. On distinguoit anciennement le *ban* qui étoit l'assemblée des vassaux immédiats du roi, et *l'arrière-ban*, qui étoit celle des vassaux médiats; mais, par la suite, on a, pour ainsi dire, réuni ces deux mots en une seule expression, qui signifioit un appel fait à tous les gentilshommes.

gloire d'assister en personne au grand siége de Montauban (1).

CLITANDRE.

J'en suis ravi.

MONSIEUR DE SOTENVILLE.

Et j'ai eu un aïeul, Bertrand de Sotenville, qui fut si considéré en son temps, que d'avoir permission de vendre tout son bien pour le voyage d'outre-mer (2).

---

(1) Ce *grand siége* est certainement celui que Louis XIII, à la tête de ses meilleurs généraux, mit, en 1621, devant la ville de Montauban, occupée par les calvinistes, et qu'il fut obligé de lever à cause de la mésintelligence des nombreux chefs de son armée. Le mot de *gloire*, à propos d'un siége où l'armée royale échoua, pourroit ressembler à une ironie cruelle ; mais il ne faut y voir que l'importance orgueilleuse du personnage, chaque fois qu'il parle de lui ou des siens. C'est le même sentiment qui lui fait dire que *monsieur son père* assista *en personne* à ce siége : il ne parleroit pas autrement du roi lui-même.

(2) J. B. Rousseau, dans une lettre à Brossette, au sujet d'un commentaire de Molière que celui-ci préparoit, assure que, dans la nouveauté de *George Dandin*, « tout le monde fit l'application de cet endroit à « M. de la Feuillade, qui, en ce temps-là, s'avisa de mener en Candie « une centaine de gentilshommes équipés, pour combattre contre les « Turcs, pendant le siége de cette île. »

Si considéré... que d'avoir permission... est incorrect. Il faudroit, *si considéré qu'il eut...* ou *assez considéré pour avoir*, etc.

Champmeslé, dans sa petite comédie intitulée *la Rue Saint-Denis*, a visiblement imité cette partie du rôle de M. de Sotenville. Jean Guindé, fils d'un marchand, se prétend gentilhomme. « Il n'y a dans notre race, « dit-il, que des gens nobles. Nous avons eu un grand-père qui a eu l'honneur d'être conseiller à la Table de marbre... Nous avons eu un autre « nommé Sylvestre Guindé, qui est mort grand guidon de la compagnie « des arbalestriers de Soissons... Que n'y a-t-il point encore à dire sur « Marcou Guindé, qui étoit honoré de tous les grands seigneurs de « France, à qui il faisoit crédit ? Ayant mal fait ses affaires, il fut si « considérable à l'état, qu'il en obtint des lettres de répit. » Ce dernier trait est excellent et presque digne de Molière.

CLITANDRE.

Je le veux croire.

MONSIEUR DE SOTENVILLE.

Il m'a été rapporté, monsieur, que vous aimez et poursuivez une jeune personne, qui est ma fille, pour laquelle je m'intéresse, (*montrant George Dandin.*) et pour l'homme que vous voyez, qui a l'honneur d'être mon gendre.

CLITANDRE.

Qui? moi?

MONSIEUR DE SOTENVILLE.

Oui; et je suis bien aise de vous parler, pour tirer de vous, s'il vous plaît, un éclaircissement de cette affaire (1).

CLITANDRE.

Voilà une étrange médisance! Qui vous a dit cela, monsieur?

MONSIEUR DE SOTENVILLE.

Quelqu'un qui croit le bien savoir.

CLITANDRE.

Ce quelqu'un-là en a menti. Je suis honnête homme. Me croyez-vous capable, monsieur, d'une action aussi lâche que celle-là (2)? Moi, aimer une jeune et belle per-

---

(1) Dans le langage du point d'honneur, *éclaircissement*, de même qu'*explication*, est un terme consacré.

(2) *Je suis honnête homme*, dit Clitandre. Non, vraiment, il ne l'est pas; car il ment impudemment, en accusant lui-même d'avoir menti, l'homme qu'il sait bien avoir dit la vérité; et il se rend à peu près justice, lorsqu'il qualifie de *lâche* l'action qu'il désavoue, et que pourtant il a faite. Fontenelle, à ce qu'on prétend, proposoit un exemple presque sem-

sonne qui a l'honneur d'être la fille de monsieur le
baron de Sotenville! je vous révère trop pour cela, et
suis trop votre serviteur. Quiconque vous l'a dit, est
un sot (1).

MONSIEUR DE SOTENVILLE.

Allons, mon gendre.

GEORGE DANDIN.

Quoi?

CLITANDRE.

C'est un coquin et un maraud.

MONSIEUR DE SOTENVILLE, *à George Dandin.*

Répondez.

GEORGE DANDIN.

Répondez vous-même.

CLITANDRE.

Si je savois qui ce peut être, je lui donnerois, en
votre présence, de l'épée dans le ventre.

MONSIEUR DE SOTENVILLE, *à George Dandin.*

Soutenez donc la chose.

---

blable, pour prouver qu'il est des cas où l'on peut et même où l'on doit
trahir la vérité. Un homme, disoit-il, sort des bras d'une femme qui n'est
pas la sienne; le mari le rencontre, et lui demande d'où il vient. Dira-
t-il la vérité? Non, elle seroit nuisible à la femme, au mari et à lui-même,
tandis que le mensonge leur est favorable à tous trois. La meilleure morale à tirer de cette historiette, c'est qu'il ne faut pas faire de telles actions, qu'on soit obligé de les désavouer par un mensonge.

(1) A prendre le mot de *sot* dans une certaine acception qu'il avoit
alors; comme dans ce vers de Molière lui-même:

Épouser une sotte est pour n'être point sot,

je crains bien que Clitandre ne dise la vérité cette fois, et que le pauvre
Dandin ne soit ou ne doive être bientôt ce qu'il dit.

GEORGE DANDIN.
Elle est toute soutenue. Cela est vrai.

CLITANDRE.
Est-ce votre gendre, monsieur, qui?...

MONSIEUR DE SOTENVILLE.
Oui, c'est lui-même qui s'en est plaint à moi.

CLITANDRE.
Certes, il peut remercier l'avantage qu'il a de vous appartenir; et, sans cela, je lui apprendrois bien à tenir de pareils discours d'une personne comme moi.

SCÈNE VI.

MONSIEUR ET MADAME DE SOTENVILLE, ANGÉLIQUE, CLITANDRE, GEORGE DANDIN, CLAUDINE.

MADAME DE SOTENVILLE.
Pour ce qui est de cela, la jalousie est une étrange chose! J'amène ici ma fille pour éclaircir l'affaire en présence de tout le monde.

CLITANDRE, *à Angélique.*
Est-ce donc vous, madame, qui avez dit à votre mari que je suis amoureux de vous?

ANGÉLIQUE.
Moi? Et comment lui aurois-je dit (1)? Est-ce que cela est? Je voudrois bien le voir, vraiment, que vous fussiez amoureux de moi. Jouez-vous-y, je vous en prie; vous

---

(1) On diroit plus régulièrement, *et comment le lui aurois-je dit?*

trouverez à qui parler; c'est une chose que je vous conseille de faire. Ayez recours, pour voir, à tous les détours des amans : essayez un peu, par plaisir, à m'envoyer des ambassades, à m'écrire secrètement de petits billets doux, à épier les momens que mon mari n'y sera pas, ou le temps que je sortirai, pour me parler de votre amour; vous n'avez qu'à y venir, je vous promets que vous serez reçu comme il faut [1].

CLITANDRE.

Hé! là, là, madame, tout doucement. Il n'est pas nécessaire de me faire tant de leçons, et de vous tant scandaliser. Qui vous dit que je songe à vous aimer?

ANGÉLIQUE.

Que sais-je, moi, ce qu'on me vient conter ici?

CLITANDRE.

On dira ce que l'on voudra; mais vous savez si je vous ai parlé d'amour, lorsque je vous ai rencontrée.

ANGÉLIQUE.

Vous n'aviez qu'à le faire, vous auriez été bien venu!

CLITANDRE.

Je vous assure qu'avec moi vous n'avez rien à craindre; que je ne suis point homme à donner du chagrin aux belles; et que je vous respecte trop, et vous, et messieurs vos parens, pour avoir la pensée d'être amoureux de vous.

---

[1] Voici un moyen comique dont Molière a usé plus d'une fois. Dans *l'Étourdi,* dans *le Malade imaginaire,* et principalement dans *l'École des Maris,* on voit, comme ici, une femme entretenir son amant en présence du personnage le plus contraire à leur amour, et, à la faveur d'un langage équivoque, l'encourager, lui indiquer ce qu'il doit faire pour tromper un importun surveillant.

MADAME DE SOTENVILLE, *à George Dandin.*

Hé bien! vous le voyez.

MONSIEUR DE SOTENVILLE.

Vous voilà satisfait, mon gendre [1]. Que dites-vous à cela?

GEORGE DANDIN.

Je dis que ce sont là des contes à dormir debout; que je sais bien ce que je sais; et que tantôt, puisqu'il faut parler net, elle a reçu une ambassade de sa part.

ANGÉLIQUE.

Moi? j'ai reçu une ambassade?

CLITANDRE.

J'ai envoyé une ambassade?

ANGÉLIQUE.

Claudine?

CLITANDRE, *à Claudine.*

Est-il vrai?

CLAUDINE.

Par ma foi, voilà une étrange fausseté!

GEORGE DANDIN.

Taisez-vous, carogne que vous êtes. Je sais de vos

---

[1] *Satisfait!* Quelle satisfaction! Mais c'est encore une expression consacrée dans le langage du point d'honneur. George Dandin est *satisfait*, parce que celui qui a séduit sa femme, daigne lui dire que cela n'est pas vrai: de même, un homme est *satisfait*, quand il est blessé ou tué par celui qui lui a fait une offense. Dans la plupart des cas, *demander, obtenir, recevoir satisfaction*, pourroit se traduire ainsi: Demander, recevoir un coup d'épée, après avoir reçu un soufflet, ou tel autre affront. On dit encore, dans le même style, *demander, avoir raison d'un outrage*. Cela est, en effet, aussi *raisonnable* que *satisfaisant*.

nouvelles; et c'est vous qui tantôt avez introduit le courrier.

CLAUDINE.

Qui? moi?

GEORGE DANDIN.

Oui, vous. Ne faites point tant la sucrée.

CLAUDINE.

Hélas! que le monde aujourd'hui est rempli de méchanceté, de m'aller soupçonner ainsi, moi, qui suis l'innocence même!

GEORGE DANDIN.

Taisez-vous, bonne pièce. Vous faites la sournoise, mais je vous connois il y a long-temps; et vous êtes une dessalée.

CLAUDINE, *à Angélique.*

Madame, est-ce que?...

GEORGE DANDIN.

Taisez-vous, vous dis-je; vous pourriez bien porter la folle enchère de tous les autres; et vous n'avez point de père gentilhomme [1].

ANGÉLIQUE.

C'est une imposture si grande, et qui me touche si fort au cœur, que je ne puis pas même avoir la force d'y répondre. Cela est bien horrible, d'être accusée par un mari, lorsqu'on ne lui fait rien qui ne soit à faire!

---

[1] Comment laisser passer un tel trait sans s'y arrêter? et de quels termes se servir pour exprimer à quel point il est admirable? Tout ce qu'on peut dire, c'est qu'il n'y en a pas un plus comique dans Molière, et que, par conséquent, il n'y en a pas un pareil dans tout le reste de notre théâtre.

Hélas! si je suis blâmable de quelque chose, c'est d'en user trop bien avec lui.

CLAUDINE.

Assurément.

ANGÉLIQUE.

Tout mon malheur est de le trop considérer; et plût au ciel que je fusse capable de souffrir, comme il dit, les galanteries de quelqu'un! je ne serois pas tant à plaindre. Adieu; je me retire, et je ne puis plus* endurer qu'on m'outrage de cette sorte.

SCÈNE VII.

MONSIEUR et MADAME DE SOTENVILLE, CLITANDRE, GEORGE DANDIN, CLAUDINE.

MADAME DE SOTENVILLE, *à George Dandin.*

Allez, vous ne méritez pas l'honnête femme qu'on vous a donnée.

CLAUDINE.

Par ma foi, il mériteroit qu'elle lui fît dire vrai: et, si j'étois en sa place, je n'y marchanderois pas (1). (*à Clitandre.*) Oui, monsieur, vous devez, pour le punir, faire l'amour à ma maîtresse. Poussez, c'est moi qui vous le dis; ce sera fort bien employé; et je m'offre à vous y servir, puisqu'il m'en a déja taxée. (*Claudine sort.*)

VARIANTE. * *Je me retire; je ne puis plus*, etc.

---

(1) *Je n'y marchanderois pas.* — *Y*, est de trop, du moins selon l'usage; on dit absolument, *je ne marchanderois pas.*

MONSIEUR DE SOTENVILLE.

Vous méritez, mon gendre, qu'on vous dise ces choses-là ; et votre procédé met tout le monde contre vous [1].

MADAME DE SOTENVILLE.

Allez, songez à mieux traiter une demoiselle bien née ; et prenez garde désormais à ne plus faire de pareilles bévues.

GEORGE DANDIN, *à part.*

J'enrage de bon cœur d'avoir tort, lorsque j'ai raison.

SCÈNE VIII.

MONSIEUR DE SOTENVILLE, CLITANDRE, GEORGE DANDIN.

CLITANDRE, *à monsieur de Sotenville.*

Monsieur, vous voyez comme j'ai été faussement accusé : vous êtes homme qui savez les maximes du point d'honneur ; et je vous demande raison de l'affront qui m'a été fait.

MONSIEUR DE SOTENVILLE.

Cela est juste, et c'est l'ordre des procédés. Allons, mon gendre, faites satisfaction à monsieur.

GEORGE DANDIN.

Comment ! satisfaction ?

---

[1] C'est à-peu-près ainsi, mais avec plus de raison sans doute, que, dans *Tartuffe*, Cléante dit à Orgon, dont l'impertinente Dorine vient de se moquer :

> A votre nez, mon frère, elle se rit de vous ;
> Et, sans avoir dessein de vous mettre en courroux,
> Je vous dirai tout franc que c'est avec justice.

MONSIEUR DE SOTENVILLE.

Oui, cela se doit dans les règles, pour l'avoir à tort accusé.

GEORGE DANDIN.

C'est une chose, moi, dont je ne demeure pas d'accord, de l'avoir à tort accusé; et je sais bien ce que j'en pense.

MONSIEUR DE SOTENVILLE.

Il n'importe. Quelque pensée qui vous puisse rester, il a nié: c'est satisfaire les personnes; et l'on n'a nul droit de se plaindre de tout homme qui se dédit.

GEORGE DANDIN.

Si bien donc que, si je le trouvois couché avec ma femme, il en seroit quitte pour se dédire (1).

MONSIEUR DE SOTENVILLE.

Point de raisonnement. Faites-lui les excuses que je vous dis.

GEORGE DANDIN

Moi! je lui ferai encore des excuses après!...

MONSIEUR DE SOTENVILLE.

Allons, vous dis-je; il n'y a rien à balancer (2); et vous

---

(1) L'objection, quoique un peu crue, est bien comique; mais elle n'a pas toute la force qu'on pourroit croire. Il est certain que, d'après les règles du point d'honneur, une rétractation, un désaveu, efface un propos que vous avez tenu ou qui vous est prêté. Mais un fait offensant dont vous avez la certitude physique, est toute autre chose : une dénégation ne le répare pas; et vous devez en demander une autre *satisfaction*, c'est-à-dire vous exposer à perdre la vie, des mains de celui même qui vous a ôté l'honneur. Voilà ce que M. de Sotenville, si bien instruit de l'*ordre des procédés*, pourroit répondre à George Dandin; mais que comprendroit à cela le manant qui a l'honneur d'être son gendre?

(2) *Balancer*, dans le sens d'hésiter, s'emploie absolument, et on doit dire, *il n'y a point à balancer.*

n'avez que faire d'avoir peur d'en trop faire, puisque c'est moi qui vous conduis.

GEORGE DANDIN.

Je ne saurois...

MONSIEUR DE SOTENVILLE.

Corbleu! mon gendre, ne m'échauffez pas la bile. Je me mettrois avec lui contre vous. Allons, laissez-vous gouverner par moi.

GEORGE DANDIN, *à part.*

Ah! George Dandin!

MONSIEUR DE SOTENVILLE.

Votre bonnet à la main, le premier; monsieur est gentilhomme, et vous ne l'êtes pas.

GEORGE DANDIN, *à part, le bonnet à la main.*

J'enrage!

MONSIEUR DE SOTENVILLE.

Répétez avec moi: Monsieur...

GEORGE DANDIN.

Monsieur...

MONSIEUR DE SOTENVILLE.

Je vous demande pardon... (*voyant que George Dandin fait difficulté de lui obéir.*) Ah!

GEORGE DANDIN.

Je vous demande pardon...

MONSIEUR DE SOTENVILLE.

Des mauvaises pensées que j'ai eues de vous.

GEORGE DANDIN.

Des mauvaises pensées que j'ai eues de vous.

MONSIEUR DE SOTENVILLE.

C'est que je n'avois pas l'honneur de vous connoître.

GEORGE DANDIN.

C'est que je n'avois pas l'honneur de vous connoître.

MONSIEUR DE SOTENVILLE.

Et je vous prie de croire...

GEORGE DANDIN.

Et je vous prie de croire...

MONSIEUR DE SOTENVILLE.

Que je suis votre serviteur.

GEORGE DANDIN.

Voulez-vous que je sois serviteur d'un homme qui me veut faire cocu?

MONSIEUR DE SOTENVILLE, *le menaçant encore.*

Ah!

CLITANDRE.

Il suffit, monsieur.

MONSIEUR DE SOTENVILLE.

Non, je veux qu'il achève, et que tout aille dans les formes. Que je suis votre serviteur.

GEORGE DANDIN.

Que je suis votre serviteur.

CLITANDRE, *à George Dandin.*

Monsieur, je suis le vôtre de tout mon cœur; et je ne songe plus à ce qui s'est passé. (*à monsieur de Sotenville.*) Pour vous, monsieur, je vous donne le bonjour, et suis fâché du petit chagrin que vous avez eu.

ACTE I, SCÈNE IX.

MONSIEUR DE SOTENVILLE.

Je vous baise les mains ; et, quand il vous plaira, je vous donnerai le divertissement de courre un lièvre.

CLITANDRE.

C'est trop de grace que vous me faites.

(Clitandre sort.)

MONSIEUR DE SOTENVILLE.

Voilà, mon gendre, comme il faut pousser les choses. Adieu. Sachez que vous êtes entré dans une famille qui vous donnera de l'appui, et ne souffrira point que l'on vous fasse aucun affront [1].

SCÈNE IX.

GEORGE DANDIN, *seul*.

Ah ! que je... Vous l'avez voulu ; vous l'avez voulu, George Dandin, vous l'avez voulu ; cela vous sied fort bien, et vous voilà ajusté comme il faut : vous avez justement ce que vous méritez. Allons, il s'agit seulement de désabuser le père et la mère ; et je pourrai trouver peut-être quelque moyen d'y réussir.

---

[1] Excellente scène, où éclatent à l'envi la ridicule vanité de la naissance et la triste chimère du point d'honneur. Infatué de l'une et de l'autre, M. de Sotenville exige du plaignant, de l'offensé, qui est son gendre, mais qui n'est qu'un roturier, qu'il s'humilie en cent façons devant l'offenseur, qui lui est étranger, mais qui est un gentilhomme ; et, quand il a achevé ce bel ouvrage, enchanté de lui-même, il s'écrie : « Voilà comme « il faut pousser les choses ! » et il félicite son gendre du bonheur qu'il a d'être entré dans une famille où l'on trouve un tel appui. Cette saillie

d'orgueil et de satisfaction : *Voilà comme il faut pousser les choses !* rappelle le Chrysale des *Femmes savantes*, qui, ayant constamment fait les volontés de sa femme, et les faisant encore au moment même où l'on marie sa fille à son propre gré, dit fièrement à son gendre :

> Je le savois bien, moi, que vous l'épouseriez.

Si, après avoir remarqué un trait admirable dans Molière, on veut trouver un trait pareil, c'est dans Molière encore qu'il le faut chercher.

FIN DU PREMIER ACTE.

ACTE II.

SCÈNE PREMIÈRE.

CLAUDINE, LUBIN.

CLAUDINE.

Oui, j'ai bien deviné qu'il falloit que cela vînt de toi, et que tu l'eusses dit à quelqu'un qui l'ait rapporté à notre maître.

LUBIN.

Par ma foi, je n'en ai touché qu'un petit mot, en passant, à un homme, afin qu'il ne dît point qu'il m'avoit vu sortir; et il faut que les gens, en ce pays-ci, soient de grands babillards!

CLAUDINE.

Vraiment, ce monsieur le vicomte a bien choisi son monde, que de te prendre pour son ambassadeur; et il s'est allé servir là d'un homme bien chanceux.

LUBIN.

Va, une autre fois je serai plus fin, et je prendrai mieux garde à moi.

CLAUDINE.

Oui, oui, il sera temps!

LUBIN.

Ne parlons plus de cela. Écoute.

CLAUDINE.

Que veux-tu que j'écoute?

LUBIN.

Tourne un peu ton visage devers moi.

CLAUDINE.

Hé bien! qu'est-ce?

LUBIN.

Claudine.

CLAUDINE.

Quoi?

LUBIN.

Hé! là! ne sais-tu pas bien ce que je veux dire?

CLAUDINE.

Non.

LUBIN.

Morgué! je t'aime.

CLAUDINE.

Tout de bon?

LUBIN.

Oui, le diable m'emporte! tu me peux croire, puisque j'en jure.

CLAUDINE.

A la bonne heure.

LUBIN.

Je me sens tout tribouiller (1) le cœur quand je te regarde.

---

(1) *Tribouiller*, qu'on écrivoit autrefois *tribouler*, a la même étymologie que *tribulation*, qui vient du latin *tribula* ou *tribulum*, espèce de traîneau dont on se servoit pour faire sortir le blé de son épi.

ACTE II, SCÈNE I.

CLAUDINE.

Je m'en réjouis.

LUBIN.

Comment est-ce que tu fais pour être si jolie?

CLAUDINE.

Je fais comme font les autres.

LUBIN.

Vois-tu, il ne faut point tant de beurre pour faire un quarteron [1] : si tu veux, tu seras ma femme, je serai ton mari, et nous serons tous deux mari et femme.

CLAUDINE.

Tu serois peut-être jaloux comme notre maître.

LUBIN.

Point.

CLAUDINE.

Pour moi, je hais les maris soupçonneux; et j'en veux un qui ne s'épouvante de rien, un si plein de confiance, et si sûr de ma chasteté, qu'il me vît sans inquiétude au milieu de trente hommes.

LUBIN.

Hé bien! je serai tout comme cela.

CLAUDINE.

C'est la plus sotte chose du monde que de se défier d'une femme, et de la tourmenter. La vérité de l'affaire est qu'on n'y gagne rien de bon : cela nous fait songer à mal; et ce sont souvent les maris, qui, avec leurs vacarmes, se font eux-mêmes ce qu'ils sont.

---

[1] Proverbe populaire, dont le sens est qu'il n'y a pas une grande difficulté à la chose qu'on propose; qu'elle est très-facile à faire.

LUBIN.

Hé bien! je te donnerai la liberté de faire tout ce qu'il te plaira.

CLAUDINE.

Voilà comme il faut faire pour n'être point trompé. Lorsqu'un mari se met à notre discrétion, nous ne prenons de liberté que ce qu'il nous en faut; et il en est comme avec ceux qui nous ouvrent leur bourse, et nous disent: Prenez. Nous en usons honnêtement, et nous nous contentons de la raison. Mais ceux qui nous chicanent, nous nous efforçons de les tondre, et nous ne les épargnons point.

LUBIN.

Va, je serai de ceux qui ouvrent leur bourse; et tu n'as qu'à te marier avec moi.

CLAUDINE.

Hé bien! bien, nous verrons.

LUBIN.

Viens donc ici, Claudine.

CLAUDINE.

Que veux-tu?

LUBIN.

Viens, te dis-je.

CLAUDINE.

Ah! doucement. Je n'aime point les patineurs [1].

---

[1] Suivant le dictionnaire de l'Académie, le mot de *patineur* est libre. Dans les premières éditions de ce dictionnaire, il n'étoit pas frappé de la même réprobation; et madame de Sévigné écrivoit sans scrupule: *Les provinciaux sont grands patineurs.* Étrange caprice de l'usage, qui proscrit

ACTE II, SCÈNE I.

LUBIN.

Hé! un petit brin d'amitié.

CLAUDINE.

Laisse-moi là, te dis-je; je n'entends pas raillerie.

LUBIN.

Claudine.

CLAUDINE, *repoussant Lubin.*

Hai!

LUBIN.

Ah! que tu es rude à pauvres gens! Fi! que cela est malhonnête de refuser les personnes! N'as-tu point de honte d'être belle, et de ne vouloir pas qu'on te caresse? Hé! là!

CLAUDINE.

Je te donnerai sur le nez.

LUBIN.

Oh! la farouche! la sauvage! Fi! pouas! la vilaine, qui est cruelle!

CLAUDINE.

Tu t'émancipes trop.

LUBIN.

Qu'est-ce que cela te coûteroit de me laisser un peu faire?

CLAUDINE.

Il faut que tu te donnes patience.

---

comme indécent un terme qui exprime une action simplement immodeste, et qui permet d'employer dans tous les styles d'autres termes dont la signification est tout-à-fait impure, comme *fornicateur, adultère!* etc.

LUBIN.

Un petit baiser seulement, en rabattant sur notre mariage.

CLAUDINE.

Je suis votre servante.

LUBIN.

Claudine, je t'en prie, sur l'et-tant-moins [1].

CLAUDINE.

Hé! que nenni! J'y ai déja été attrapée [2]. Adieu. Va-t'en, et dis à monsieur le vicomte que j'aurai soin de rendre son billet.

LUBIN.

Adieu, beauté rude ânière [3].

CLAUDINE.

Le mot est amoureux.

---

[1] *Sur l'et-tant-moins*, ou plutôt, *sur et tant moins*, est un terme de pratique qui signifie, en déduction.

[2] Ce joli mot pourroit bien avoir été emprunté par Molière à un conte du sieur d'Ouville, frère de l'abbé de Boisrobert, conte qui est le premier de son recueil, et qu'on a plus d'une fois mis en vers. Un jeune homme qui recherchoit une jeune fille en mariage, lui avoit souvent demandé avec instance, non pas un petit baiser, comme Lubin à Claudine, mais quelque autre faveur de plus grande conséquence, et elle l'avoit constamment refusé. La première nuit de leurs noces, il lui avoua que, si elle avoit cédé à ses desirs, il ne l'auroit jamais épousée. *Vraiment*, lui répondit-elle, *je n'avois garde d'être si sotte; j'y avois déja été attrapée deux ou trois fois.*

[3] *Rude ânière.* — C'est ce que porte l'édition originale. Plus tard, on a joint ces deux mots par un tiret, *rude-ânière*; et aujourd'hui on écrit, par contraction, *rudânière*.

LUBIN.

Adieu, rocher, caillou, pierre de taille, et tout ce qu'il y a de plus dur au monde.

CLAUDINE, *seule.*

Je vais remettre aux mains de ma maîtresse... Mais la voici avec son mari : éloignons-nous, et attendons qu'elle soit seule [1].

SCÈNE II.

GEORGE DANDIN, ANGÉLIQUE.

GEORGE DANDIN.

Non, non; on ne m'abuse pas avec tant de facilité, et je ne suis que trop certain que le rapport que l'on m'a fait est véritable. J'ai de meilleurs yeux qu'on ne pense, et votre galimatias ne m'a point tantôt ébloui.

SCÈNE III.

CLITANDRE, ANGÉLIQUE, GEORGE DANDIN.

CLITANDRE, *à part, dans le fond du théâtre.*

Ah! la voilà; mais le mari est avec elle.

GEORGE DANDIN, *sans voir Clitandre.*

Au travers de toutes vos grimaces, j'ai vu la vérité

---

[1] Claudine, dans son genre, vaut bien Lubin : l'une est aussi madrée, aussi matoise, que l'autre est simple et ingénu. Lubin et Claudine, de *George Dandin*, Pierrot, Charlotte et Mathurine, du *Festin de Pierre*, sont les modèles que Dancourt n'a cessé de copier, sans pouvoir en égaler jamais la malice rustique ou la naïveté villageoise.

de ce que l'on m'a dit, et le peu de respect que vous avez pour le nœud qui nous joint. (*Clitandre et Angélique se saluent.*) Mon dieu! laissez-là votre révérence; ce n'est pas de ces sortes de respect dont je vous parle, et vous n'avez que faire de vous moquer.

ANGÉLIQUE.

Moi! me moquer! en aucune façon.

GEORGE DANDIN.

Je sais votre pensée, et connois... (*Clitandre et Angélique se saluent encore.*) Encore! Ah! ne raillons point davantage. Je n'ignore pas qu'à cause de votre noblesse, vous me tenez fort au-dessous de vous; et le respect que je veux dire ne regarde point ma personne. J'entends parler de celui que vous devez à des nœuds aussi vénérables que le sont ceux du mariage. (*Angélique fait signe à Clitandre.*) Il ne faut point lever les épaules, et je ne dis point de sottises.

ANGÉLIQUE.

Qui songe à lever les épaules?

GEORGE DANDIN.

Mon dieu! nous voyons clair. Je vous dis, encore une fois, que le mariage est une chaîne à laquelle on doit porter toute sorte de respect; et que c'est fort mal fait à vous d'en user comme vous faites. (*Angélique fait signe de la tête à Clitandre.*) Oui, oui, mal fait à vous; et vous n'avez que faire de hocher la tête, et de me faire la grimace.

ANGÉLIQUE.

Moi? je ne sais ce que vous voulez dire.

ACTE II, SCÈNE III.

GEORGE DANDIN.

Je le sais fort bien, moi; et vos mépris me sont connus. Si je ne suis pas né noble, au moins suis-je d'une race où il n'y a point de reproche; et la famille des Dandins... (1)

CLITANDRE, *derrière Angélique, sans être aperçu de George Dandin.*

Un moment d'entretien.

GEORGE DANDIN, *sans voir Clitandre.*

Hé?

ANGÉLIQUE.

Quoi? Je ne dis mot (2).

(*George Dandin tourne autour de sa femme, et Clitandre se retire en faisant une grande révérence à George Dandin.*)

---

(1) Ne voilà-t-il pas Dandin qui a aussi son orgueil de famille, et qui parle aussi de ses ancêtres? Il dit, *les Dandins*, comme son beau-père diroit, *les Sotenville*. La noblesse, à le bien prendre, n'est pas renfermée dans la classe qui en affecte le nom; elle est encore dans la roture, et, comme dit Molière, dans la *paysannerie*, puisque tout homme aspire à se distinguer de ses égaux, et s'enorgueillit des emplois, des talens, des services ou des vertus de ceux dont il est issu.

(2) Il y a un peu de charge dans ce jeu de théâtre si prolongé; mais cela fait rire, et n'est pas indigne d'une comédie dont George Dandin est le héros.

GEORGE DANDIN.

SCÈNE IV.

GEORGE DANDIN, ANGÉLIQUE.

GEORGE DANDIN.

Le voilà qui vient rôder autour de vous.

ANGÉLIQUE.

Hé bien! est-ce ma faute? Que voulez-vous que j'y fasse?

GEORGE DANDIN.

Je veux que vous y fassiez ce que fait une femme qui ne veut plaire qu'à son mari. Quoi qu'on en puisse dire, les galans n'obsèdent jamais que quand on le veut bien. Il y a un certain air doucereux qui les attire, ainsi que le miel fait les mouches; et les honnêtes femmes ont des manières qui les savent chasser d'abord.

ANGÉLIQUE.

Moi, les chasser! et par quelle raison? Je ne me scandalise point qu'on me trouve bien faite; et cela me fait du plaisir [1].

---

[1] La coquette Angélique reçoit de son mari les mêmes reproches que la coquette Célimène de son amant Alceste, et elle y répond de la même manière. On remarque même ici plusieurs expressions qui semblent être des souvenirs de la scène du *Misanthrope* :

ALCESTE.

Vous avez trop d'amans qu'on voit vous *obséder*,
Et mon cœur de cela ne peut s'accommoder.

CÉLIMÈNE.

Des amans que je fais me rendez-vous coupable?

ACTE II, SCÈNE IV.

GEORGE DANDIN.

Oui! Mais quel personnage voulez-vous que joue un mari pendant cette galanterie?

ANGÉLIQUE.

Le personnage d'un honnête homme, qui est bien aise de voir sa femme considérée.

GEORGE DANDIN.

Je suis votre valet. Ce n'est pas là mon compte; et les Dandins ne sont point accoutumés à cette mode-là.

ANGÉLIQUE.

Oh! les Dandins s'y accoutumeront s'ils veulent; car, pour moi, je vous déclare que mon dessein n'est pas de renoncer au monde et de m'enterrer toute vive dans un mari [1]. Comment! parce qu'un homme s'avise de nous épouser, il faut d'abord que toutes choses soient finies pour nous, et que nous rompions tout commerce avec les vivans! C'est une chose merveilleuse que cette tyrannie de messieurs les maris; et je les trouve bons de vouloir qu'on soit morte à tous les divertissemens, et qu'on ne vive que pour eux! Je me moque de cela, et ne veux point mourir si jeune.

Puis-je empêcher les gens de me trouver aimable?
. . . .

ALCESTE.

... Votre accueil retient ceux qu'*attirent* vos yeux;
. . . .
Et votre complaisance, un peu moins étendue,
De tant de soupirans *chasseroit* la cohue.

[1] Célimène dit de même:
Moi! renoncer au monde avant que de vieillir,
Et dans votre désert aller m'ensevelir!

GEORGE DANDIN.

C'est ainsi que vous satisfaites aux engagemens de la foi que vous m'avez donnée publiquement?

ANGÉLIQUE.

Moi? je ne vous l'ai point donnée de bon cœur, et vous me l'avez arrachée. M'avez-vous, avant le mariage, demandé mon consentement, et si je voulois bien de vous [1]? Vous n'avez consulté, pour cela, que mon père et ma mère; ce sont eux, proprement, qui vous ont épousé, et c'est pourquoi vous ferez bien de vous plaindre toujours à eux des torts que l'on pourra vous faire. Pour moi, qui ne vous ai point dit de vous marier avec moi, et que vous avez prise sans consulter mes sentimens, je prétends n'être point obligée à me soumettre en esclave à vos volontés; et je veux jouir, s'il vous plaît, de quelque nombre de beaux jours que m'offre la jeunesse, prendre les douces libertés que l'âge me permet; voir un peu le beau monde, et goûter le plaisir de m'ouïr dire des douceurs. Préparez-vous-y, pour votre punition; et rendez graces au ciel de ce que je ne suis pas capable de quelque chose de pis [2].

---

(1) On se doutoit bien, sans qu'Angélique le dît, qu'une demoiselle de Sotenville n'avoit pas épousé de son plein gré le rustre George Dandin; mais Molière le lui fait dire expressément, sans doute pour atténuer le tort de sa conduite plus que légère à l'égard de son mari. Certainement, dans cette union mal assortie, la première faute a été celle du mari qui l'a recherchée, qui *l'a voulue*, comme il en convient lui-même; mais Angélique se moque, lorsqu'elle reproche à George Dandin de lui avoir *arraché sa foi*, et que, de cette prétendue violence, elle prend droit de berner et de tromper son mari. S'il a été un sot, elle est, elle, une coquine, ou peu s'en faut; et il n'est pas encore reçu que l'un doive absolument justifier l'autre.

(2) Au théâtre, nous ne pouvons savoir des actions et des sentimens

GEORGE DANDIN.

Oui! C'est ainsi que vous le prenez? Je suis votre mari, et je vous dis que je n'entends pas cela.

ANGÉLIQUE.

Moi, je suis votre femme, et je vous dis que je l'entends.

GEORGE DANDIN, *à part.*

Il me prend des tentations d'accommoder tout son visage à la compote, et le mettre en état de ne plaire de sa vie aux diseurs de fleurettes. Ah! Allons, George Dandin; je ne pourrois me retenir, et il vaut mieux quitter la place.

SCÈNE V.

ANGÉLIQUE CLAUDINE.

CLAUDINE.

J'avois, madame, impatience qu'il s'en allât, pour vous rendre ce mot de la part que vous savez.

ANGÉLIQUE.

Voyons.

---

des personnages, que ce que nous en voyons, ou ce qu'ils nous en disent eux-mêmes : le poëte devant ne nous rien cacher de ce qui les regarde, les conjectures, les interprétations seroient sans objet. Il est pourtant bien difficile ici d'en croire Angélique sur sa périlleuse parole. De l'humeur dont elle est et avec la conduite qu'elle tient, se bornera-t-elle toujours à *s'ouïr dire des douceurs?* George Dandin n'en est pas persuadé, et j'avoue que je partage son incrédulité. L'assurance qu'elle donne, ne me paroît autre chose qu'un moyen imaginé par l'auteur pour diminuer l'extrême indécence du sujet.

CLAUDINE, *à part.*

A ce que je puis remarquer, ce qu'on lui dit* ne lui déplaît pas trop.

ANGÉLIQUE.

Ah! Claudine, que ce billet s'explique d'une façon galante! Que, dans tous leurs discours et dans toutes leurs actions, les gens de cour ont un air agréable! Et qu'est-ce que c'est, auprès d'eux, que nos gens de province?

CLAUDINE.

Je crois qu'après les avoir vus, les Dandins ne vous plaisent guère.

ANGÉLIQUE.

Demeure ici : je m'en vais faire la réponse.

CLAUDINE, *seule.*

Je n'ai pas besoin, que je pense, de lui recommander de la faire agréable. Mais voici...

SCÈNE VI.

CLITANDRE, LUBIN, CLAUDINE.

CLAUDINE.

Vraiment, monsieur, vous avez pris là un habile messager!

CLITANDRE.

Je n'ai pas osé envoyer de mes gens; mais, ma pauvre Claudine, il faut que je te récompense des bons offices que je sais que tu m'as rendus. (*Il fouille dans sa poche.*)

VARIANTE. * *Ce qu'on lui écrit.*

ACTE II, SCÈNE VI.

CLAUDINE.

Hé! monsieur, il n'est pas nécessaire. Non, monsieur, vous n'avez que faire de vous donner cette peine-là; et je vous rends service, parce que vous le méritez, et que je me sens au cœur de l'inclination pour vous.

CLITANDRE, *donnant de l'argent à Claudine.*

Je te suis obligé.

LUBIN, *à Claudine.*

Puisque nous serons mariés, donne-moi cela, que je le mette avec le mien.

CLAUDINE.

Je te le garde, aussi-bien que le baiser.

CLITANDRE, *à Claudine.*

Dis-moi, as-tu rendu mon billet à ta belle maîtresse?

CLAUDINE.

Oui. Elle est allée y répondre.

CLITANDRE.

Mais, Claudine, n'y a-t-il pas moyen que je la puisse entretenir?

CLAUDINE.

Oui: venez avec moi, je vous ferai parler à elle.

CLITANDRE.

Mais le trouvera-t-elle bon? et n'y a-t-il rien à risquer?

CLAUDINE.

Non, non. Son mari n'est pas au logis; et puis, ce n'est pas lui qu'elle a le plus à ménager; c'est son père et sa mère; et, pourvu qu'ils soient prévenus [1], tout le reste n'est point à craindre.

---

(1) *Et pourvu qu'ils soient prévenus*, c'est-à-dire, pourvu qu'ils aient toujours la même prévention en faveur de leur fille, pourvu qu'ils soient toujours disposés à ne rien croire de ce qu'on leur dira contre elle.

CLITANDRE.

Je m'abandonne à ta conduite [1].

LUBIN, *seul.*

Tétiguenne! Que j'aurai là une habile femme! Elle a de l'esprit comme quatre.

SCÈNE VII.

GEORGE DANDIN, LUBIN.

GEORGE DANDIN, *bas, à part.*

Voici mon homme de tantôt. Plût au ciel qu'il pût se résoudre à vouloir rendre témoignage au père et à la mère, de ce qu'ils ne veulent point croire!

LUBIN.

Ah! vous voilà, monsieur le babillard, à qui j'avois tant recommandé de ne point parler, et qui me l'aviez tant promis! Vous êtes donc un causeur, et vous allez redire ce que l'on vous dit en secret?

GEORGE DANDIN.

Moi?

LUBIN.

Oui. Vous avez été tout rapporter au mari, et vous

---

[1] Si Angélique assure qu'elle veut se borner au plaisir d'entendre des *douceurs,* Clitandre ne dit pas qu'il veuille s'en tenir au plaisir d'en conter; et l'honnête Claudine, qui leur ménage un rendez-vous dans la propre maison du mari, ne dit pas non plus que tout doive s'y passer en conversation. Répétons-le: il y a indécence dans le sujet: on ne peut s'empêcher d'y voir un homme qui veut de la femme d'un autre; cette femme qui s'y prête de fort bonne grace; et une effrontée suivante qui favorise leur commerce de tout son pouvoir. C'est certainement l'adultère mis à la scène, et l'adultère triomphant.

êtes cause qu'il a fait du vacarme. Je suis bien aise de savoir que vous avez de la langue; et cela m'apprendra à ne vous plus rien dire.

GEORGE DANDIN.

Écoute, mon ami.

LUBIN.

Si vous n'aviez point babillé, je vous aurois conté ce qui se passe à cette heure; mais, pour votre punition, vous ne saurez rien du tout.

GEORGE DANDIN.

Comment! qu'est-ce qui se passe?

LUBIN.

Rien, rien. Voilà ce que c'est d'avoir causé; vous n'en tâterez plus, et je vous laisse sur la bonne bouche [1].

GEORGE DANDIN.

Arrête un peu.

LUBIN.

Point.

GEORGE DANDIN.

Je ne te veux dire qu'un mot.

LUBIN.

Nennin, nennin. Vous avez envie de me tirer les vers du nez.

GEORGE DANDIN.

Non, ce n'est pas cela.

---

[1] *Sur la bonne bouche*, est d'un heureux choix d'expression. Quand Lubin y mettroit autant de malice qu'il y met de simplicité, il ne pourroit pas dire mieux.

LUBIN.

Eh! quelque sot... Je vous vois venir.

GEORGE DANDIN.

C'est autre chose. Écoute.

LUBIN.

Point d'affaire. Vous voudriez que je vous disse que monsieur le vicomte vient de donner de l'argent à Claudine, et qu'elle l'a mené chez sa maîtresse. Mais je ne suis pas si bête.

GEORGE DANDIN.

De grace...

LUBIN.

Non.

GEORGE DANDIN.

Je te donnerai...

LUBIN.

Tarare [1] !

SCÈNE VIII.

GEORGE DANDIN, *seul.*

Je n'ai pu me servir, avec cet innocent, de la pensée

---

[1] Voici la seconde confidence de Lubin au mari; mais, cette fois, il la lui fait sans vouloir la lui faire, et lui dit tout en refusant de lui rien dire. La naïveté est forte; mais elle ne l'est pas trop pour Lubin, et l'on ne peut s'empêcher d'en rire.

Dandin est exactement dans la même situation qu'Arnolphe, de *l'École des Femmes.* Trompé comme lui, il reçoit comme lui la confidence de tous les tours qu'on lui a joués ou qu'on lui prépare; et, comme lui encore, il n'en est pas plus avancé : rien de ce qu'il apprend ne lui profite, rien de ce qu'il imagine ne lui réussit.

que j'avois. Mais le nouvel avis qui lui est échappé, feroit la même chose ; et, si le galant est chez moi, ce seroit pour avoir raison aux yeux du père et de la mère, et les convaincre pleinement de l'effronterie de leur fille. Le mal de tout ceci, c'est que je ne sais comment faire pour profiter d'un tel avis. Si je rentre chez moi, je ferai évader le drôle ; et, quelque chose que je puisse voir moi-même de mon déshonneur, je n'en serai point cru à mon serment, et l'on me dira que je rêve. Si, d'autre part, je vais quérir beau-père et belle-mère, sans être sûr de trouver chez moi le galant, ce sera la même chose, et je retomberai dans l'inconvénient de tantôt. Pourrois-je point m'éclaircir doucement s'il y est encore? *(après avoir été regarder par le trou de la serrure.)* Ah, ciel! il n'en faut plus douter, et je viens de l'apercevoir par le trou de la porte. Le sort me donne ici de quoi confondre ma partie ; et, pour achever l'aventure, il fait venir à point nommé les juges dont j'avois besoin.

SCÈNE IX.

MONSIEUR et MADAME DE SOTENVILLE, GEORGE DANDIN.

GEORGE DANDIN.

Enfin, vous ne m'avez pas voulu croire tantôt, et votre fille l'a emporté sur moi ; mais j'ai en main de quoi vous faire voir comme elle m'accommode ; et, dieu merci, mon déshonneur est si clair maintenant, que vous n'en pourrez plus douter [1].

---

(1) Il se flatte, car nous l'entendrons bientôt s'écrier: « O ciel! se-

MONSIEUR DE SOTENVILLE.

Comment! mon gendre, vous en êtes encore là-dessus?

GEORGE DANDIN.

Oui, j'y suis; et jamais je n'eus tant de sujet d'y être.

MADAME DE SOTENVILLE.

Vous nous venez encore étourdir la tête?

GEORGE DANDIN.

Oui, madame, et l'on fait bien pis à la mienne.

MONSIEUR DE SOTENVILLE.

Ne vous lassez-vous point de vous rendre importun?

GEORGE DANDIN.

Non; mais je me lasse fort d'être pris pour dupe.

MADAME DE SOTENVILLE.

Ne voulez-vous point vous défaire de vos pensées extravagantes?

GEORGE DANDIN.

Non, madame; mais je voudrois bien me défaire d'une femme qui me déshonore.

MADAME DE SOTENVILLE.

Jour de dieu! notre gendre, apprenez à parler.

« conde mes desseins, et m'accorde la grace de faire voir aux gens que « l'on me déshonore! » Et cette grace, il n'aura pas le bonheur de l'obtenir. Pauvre Dandin! Qu'on ne dise pas que de tels vœux manquent de vérité. Nous avons vu naguère un procès où un homme a fait d'incroyables efforts en face de la justice, pour prouver qu'il étoit ce que George Dandin craint si fort d'être, et qui, comme lui, a été assez malheureux pour n'en pas convaincre ses juges. Il auroit gagné sa cause devant le public.

ACTE II, SCÈNE IX.

MONSIEUR DE SOTENVILLE.

Corbleu ! cherchez des termes moins offensans que ceux-là.

GEORGE DANDIN.

Marchand qui perd, ne peut rire.

MADAME DE SOTENVILLE.

Souvenez-vous que vous avez épousé une demoiselle.

GEORGE DANDIN.

Je m'en souviens assez, et ne m'en souviendrai que trop.

MONSIEUR DE SOTENVILLE.

Si vous vous en souvenez, songez donc à parler d'elle avec plus de respect.

GEORGE DANDIN.

Mais que ne songe-t-elle plutôt à me traiter plus honnêtement ? Quoi ! parce qu'elle est demoiselle, il faut qu'elle ait la liberté de me faire ce qui lui plaît [1], sans que j'ose souffler ?

MONSIEUR DE SOTENVILLE.

Qu'avez-vous donc, et que pouvez-vous dire ? N'avez-vous pas vu, ce matin, qu'elle s'est défendue de connoître celui dont vous m'étiez venu parler ?

GEORGE DANDIN.

Oui. Mais vous, que pourrez-vous dire, si je vous fais voir maintenant que le galant est avec elle ?

---

[1] *Ce qui lui plaît*, veut dire, ce qui lui fait plaisir ; et *ce qu'il lui plaît*, signifie, ce qu'elle a la volonté, la fantaisie de faire. Les deux sens conviennent ici ; je crois pourtant que Molière a voulu exprimer le second, quoique sa phrase ne rende que le premier.

MADAME DE SOTENVILLE.

Avec elle?

GEORGE DANDIN.

Oui, avec elle, et dans ma maison.

MONSIEUR DE SOTENVILLE.

Dans votre maison?

GEORGE DANDIN.

Oui, dans ma propre maison.

MADAME DE SOTENVILLE.

Si cela est, nous serons pour vous contre elle.

MONSIEUR DE SOTENVILLE.

Oui. L'honneur de notre famille nous est plus cher que toute chose; et, si vous dites vrai, nous la renoncerons pour notre sang, et l'abandonnerons à votre colère.

GEORGE DANDIN.

Vous n'avez qu'à me suivre.

MADAME DE SOTENVILLE.

Gardez de vous tromper.

MONSIEUR DE SOTENVILLE.

N'allez pas faire comme tantôt.

GEORGE DANDIN.

Mon dieu! vous allez voir. (*montrant Clitandre qui sort avec Angélique.*) Tenez, ai-je menti?

SCÈNE X.

ANGÉLIQUE, CLITANDRE, CLAUDINE, MONSIEUR DE SOTENVILLE, MADAME DE SOTENVILLE, *avec* GEORGE DANDIN, *dans le fond du théâtre.*

ANGÉLIQUE, *à Clitandre.*

Adieu. J'ai peur qu'on vous surprenne ici [1], et j'ai quelques mesures à garder.

CLITANDRE.

Promettez-moi donc, madame, que je pourrai vous parler cette nuit.

ANGÉLIQUE.

J'y ferai mes efforts.

GEORGE DANDIN, *à monsieur et à madame de Sotenville.*

Approchons doucement par derrière, et tâchons de n'être point vus.

CLAUDINE, *à Angélique.*

Ah! madame, tout est perdu. Voilà votre père et votre mère, accompagnés de votre mari.

CLITANDRE.

Ah! ciel!

ANGÉLIQUE, *bas, à Clitandre et à Claudine.*

Ne faites pas semblant de rien [2], et me laissez faire tous deux. (*haut, à Clitandre.*) Quoi! vous osez en user de la sorte, après l'affaire de tantôt; et c'est ainsi que

---

[1] Il faudroit, *j'ai peur qu'on ne vous surprenne ici.*
[2] Il faudroit, *ne faites semblant de rien.*

vous dissimulez vos sentimens? On me vient rapporter que vous avez de l'amour pour moi, et que vous faites des desseins de me solliciter ⁽¹⁾ : j'en témoigne mon dépit, et m'explique à vous clairement en présence de tout le monde; vous niez hautement la chose, et me donnez parole de n'avoir aucune pensée de m'offenser; et cependant, le même jour, vous prenez la hardiesse de venir chez moi me rendre visite, de me dire que vous m'aimez, et de me faire cent sots contes, pour me persuader de répondre à vos extravagances; comme si j'étois femme à violer la foi que j'ai donnée à un mari, et m'éloigner jamais de la vertu que mes parens m'ont enseignée? Si mon père savoit cela, il vous apprendroit bien à tenter de ces entreprises! Mais une honnête femme n'aime point les éclats; je n'ai garde de lui en rien dire; (*après avoir fait signe à Claudine d'apporter un bâton.*) et je veux vous montrer que, toute femme que je suis, j'ai assez de courage pour me venger moi-même des offenses que l'on me fait. L'action que vous avez faite n'est pas d'un gentilhomme, et ce n'est pas en gentilhomme aussi que je veux vous traiter.

(*Angélique prend le bâton, et le lève sur Clitandre, qui se range de façon que les coups tombent sur George Dandin.*)

CLITANDRE, *criant comme s'il avoit été frappé.*

Ah! ah! ah! ah! ah! doucement ⁽²⁾.

---

(1) On dit, *j'ai fait*, ou plutôt, *j'ai formé le dessein de vous aller voir;* mais *faire des desseins de solliciter quelqu'un*, est une phrase que l'usage n'admet pas.

(2) Aux coups de bâtons près, qui sentent la parade, la scène est ex-

SCÈNE XI.

MONSIEUR et MADAME DE SOTENVILLE, ANGÉLIQUE, GEORGE DANDIN, CLAUDINE.

CLAUDINE.

Fort, madame! frappez comme il faut.

ANGÉLIQUE, *faisant semblant de parler à Clitandre.*

S'il vous demeure quelque chose sur le cœur, je suis pour vous répondre.

CLAUDINE.

Apprenez à qui vous vous jouez.

ANGÉLIQUE, *faisant l'étonnée.*

Ah! mon père, vous êtes là?

MONSIEUR DE SOTENVILLE.

Oui, ma fille; et je vois qu'en sagesse et en courage, tu te montres un digne rejeton de la maison de Sotenville. Viens-çà; approche-toi, que je t'embrasse.

MADAME DE SOTENVILLE.

Embrasse-moi aussi, ma fille. Las! je pleure de joie,

---

cellente. Angélique montre beaucoup de présence d'esprit et d'adresse, en faisant tourner à la confusion de son mari une circonstance où il sembloit qu'elle-même enfin ne pût manquer d'être confondue. Changer subitement de langage, à l'approche d'une personne qu'on trompe, et continuer de parler, en feignant de ne pas le voir, est un moyen dont Molière a déja usé dans *le Festin de Pierre.* Sganarelle, pendant que don Juan s'est éloigné, avertit les deux paysannes des piéges qu'il tend à leur honneur; et, s'apercevant tout-à-coup que son maître est de retour et qu'il l'écoute, convertit ce qu'il disoit lui-même en calomnies répandues par d'autres, et qu'il répète exprès pour les démentir.

et reconnois mon sang aux choses que tu viens de faire.

MONSIEUR DE SOTENVILLE.

Mon gendre, que vous devez être ravi! et que cette aventure est pour vous pleine de douceurs! Vous aviez un juste sujet de vous alarmer; mais vos soupçons se trouvent dissipés le plus avantageusement du monde.

MADAME DE SOTENVILLE.

Sans doute, notre gendre, et vous devez* maintenant être le plus content des hommes.

CLAUDINE.

Assurément. Voilà une femme, celle-là! Vous êtes trop heureux de l'avoir, et vous devriez baiser les pas où elle passe (1).

GEORGE DANDIN, *à part.*

Hé! traîtresse!

MONSIEUR DE SOTENVILLE.

Qu'est-ce, mon gendre? Que ne remerciez-vous un peu votre femme, de l'amitié que vous voyez qu'elle montre pour vous?

ANGÉLIQUE.

Non, non, mon père; il n'est pas nécessaire. Il ne m'a aucune obligation de ce qu'il vient de voir; et tout ce que j'en fais, n'est que pour l'amour de moi-même.

MONSIEUR DE SOTENVILLE.

Où allez-vous, ma fille?

VARIANTE. * *Sans doute, notre gendre, vous devez, etc.*

---

(1) On dit plus communément, et plus exactement peut-être, *vous devriez baiser les pas par où elle passe.*

ANGÉLIQUE.

Je me retire, mon père, pour ne me voir point obligée de recevoir ses complimens.

CLAUDINE, *à George Dandin.*

Elle a raison d'être en colère. C'est une femme qui mérite d'être adorée; et vous ne la traitez pas comme vous devriez.

GEORGE DANDIN, *à part.*

Scélérate!

SCÈNE XII.

MONSIEUR et MADAME DE SOTENVILLE, GEORGE DANDIN.

MONSIEUR DE SOTENVILLE.

C'est un petit ressentiment de l'affaire de tantôt, et cela se passera avec un peu de caresse que vous lui ferez. Adieu, mon gendre; vous voilà en état de ne vous plus inquiéter. Allez-vous-en faire la paix ensemble, et tâchez de l'apaiser, par des excuses de votre emportement.

MADAME DE SOTENVILLE.

Vous devez considérer que c'est une jeune fille élevée à la vertu, et qui n'est point accoutumée à se voir soupçonnée d'aucune vilaine action. Adieu. Je suis ravie de voir vos désordres [1] finis, et des transports de joie que vous doit donner sa conduite.

---

(1) *Désordres,* pour, *démêlés, altercations, troubles domestiques,* ne se dit plus, et ne s'est peut-être jamais dit. Il signifie, dérèglement de conduite, mauvais déportemens. On diroit d'un jeune homme débauché, *quand cesseront ses désordres, les désordres de sa conduite?*

SCÈNE XIII.

GEORGE DANDIN, *seul*.

Je ne dis mot, car je ne gagnerois rien à parler; et jamais il ne s'est rien vu d'égal à ma disgrace. Oui, j'admire mon malheur et la subtile adresse de ma carogne de femme, pour se donner toujours raison, et me faire avoir tort. Est-il possible que toujours j'aurai du dessous avec elle; que les apparences toujours tourneront contre moi; et que je ne parviendrai point à convaincre mon effrontée! O ciel! seconde mes desseins, et m'accorde la grace de faire voir aux gens que l'on me déshonore [1]!

---

(1) Tous les élémens dont le premier acte est formé, se retrouvent exactement dans celui-ci, savoir, les confidences de Lubin, les monologues de George Dandin, l'impudence de Clitandre, d'Angélique et de Claudine, enfin la sotte obstination de monsieur et de madame de Sotenville. C'est la même situation qui continue, ce sont les mêmes moyens qui sont mis en jeu; mais la situation devient plus vive et plus forte de scène en scène; mais les moyens, quoique semblables au fond, sont variés dans la forme, avec un art qui les fait paroître nouveaux.

FIN DU SECOND ACTE.

ACTE III.

SCÈNE PREMIÈRE.

CLITANDRE, LUBIN.

CLITANDRE.

La nuit est avancée, et j'ai peur qu'il ne soit trop tard. Je ne vois point à me conduire. Lubin?

LUBIN.

Monsieur?

CLITANDRE.

Est-ce par ici?

LUBIN.

Je pense que oui. Morgué! voilà une sotte nuit, d'être si noire que cela!

CLITANDRE.

Elle a tort, assurément; mais, si, d'un côté, elle nous empêche de voir, elle empêche, de l'autre, que nous ne soyons vus.

LUBIN.

Vous avez raison, elle n'a pas tant de tort. Je voudrois bien savoir, monsieur, vous qui êtes savant, pourquoi il ne fait point jour la nuit?

CLITANDRE.

C'est une grande question, et qui est difficile. Tu es curieux, Lubin.

LUBIN.

Oui; si j'avois étudié, j'aurois été songer à des choses où on n'a jamais songé.

CLITANDRE.

Je le crois. Tu as la mine d'avoir l'esprit subtil et pénétrant.

LUBIN.

Cela est vrai. Tenez, j'explique du latin, quoique jamais je ne l'aie appris; et, voyant l'autre jour écrit sur une grande porte, *collegium,* je devinai que cela vouloit dire collége.

CLITANDRE.

Cela est admirable! Tu sais donc lire, Lubin?

LUBIN.

Oui, je sais lire la lettre moulée; mais je n'ai jamais su apprendre à lire l'écriture [1].

CLITANDRE.

Nous voici contre la maison. (*après avoir frappé dans ses mains.*) C'est le signal que m'a donné Claudine.

LUBIN.

Par ma foi, c'est une fille qui vaut de l'argent; et je l'aime de tout mon cœur.

CLITANDRE.

Aussi t'ai-je amené avec moi pour l'entretenir [2].

---

[1] Ici, Molière paroît s'être souvenu de ce vers de *l'Esprit Follet,* comédie de d'Ouville :

Je lis bien le moulé, mais non pas l'écriture.

[2] Clitandre a pensé à tout. On se doute bien qu'il n'a pas amené Lubin avec lui, tout exprès pour qu'il ait le plaisir de causer avec

ACTE III, SCÈNE II.

LUBIN.

Monsieur, je vous suis...

CLITANDRE.

Chut! J'entends quelque bruit.

SCÈNE II.

ANGÉLIQUE, CLAUDINE, CLITANDRE, LUBIN.

ANGÉLIQUE.

Claudine?

CLAUDINE.

Hé bien?

ANGÉLIQUE.

Laisse la porte entr'ouverte.

CLAUDINE.

Voilà qui est fait.

(*Scène de nuit. Les acteurs se cherchent les uns les autres dans l'obscurité.*)

CLITANDRE, *à Lubin*.

Ce sont elles. St.

ANGÉLIQUE.

St.

Claudine; mais, pendant que le rustre entretiendra sa maîtresse, il conversera en plus grande liberté avec la sienne. Autant en amour un tiers est importun, autant les parties carrées sont commodes pour tout le monde.

LUBIN.

St.

CLAUDINE.

St.

CLITANDRE, *à Claudine, qu'il prend pour Angélique.*

Madame!

ANGÉLIQUE, *à Lubin, qu'elle prend pour Clitandre.*

Quoi?

LUBIN, *à Angélique, qu'il prend pour Claudine.*

Claudine?

CLAUDINE, *à Clitandre, qu'elle prend pour Lubin.*

Qu'est-ce?

CLITANDRE, *à Claudine, croyant parler à Angélique.*

Ah! madame, que j'ai de joie!

LUBIN, *à Angélique, croyant parler à Claudine.*

Claudine? ma pauvre Claudine [1]!

CLAUDINE, *à Clitandre.*

Doucement, monsieur.

ANGÉLIQUE, *à Lubin.*

Tout beau, Lubin.

---

[1] Cette scène nocturne, où chacun des personnages, trompé par l'obscurité, prend le premier qu'il rencontre pour celui qu'il cherche, est tout-à-fait dans le goût des canevas italiens. Un tel jeu de théâtre, qui convient peu à la haute comédie, à la comédie de caractère, est parfaitement à sa place dans les petites pièces d'intrigues, et particulièrement dans les opéras-comiques : aussi l'y voit-on sans cesse employé.

CLITANDRE.

Est-ce toi, Claudine ?

CLAUDINE.

Oui.

LUBIN.

Est-ce vous, madame ?

ANGÉLIQUE.

Oui.

CLAUDINE, *à Clitandre*.

Vous avez pris l'une pour l'autre.

LUBIN, *à Angélique*.

Ma foi, la nuit, on n'y voit goutte.

ANGÉLIQUE.

Est-ce pas vous, Clitandre ?

CLITANDRE.

Oui, madame.

ANGÉLIQUE.

Mon mari ronfle comme il faut ; et j'ai pris ce temps pour nous entretenir ici.

CLITANDRE.

Cherchons quelque lieu pour nous asseoir.

CLAUDINE.

C'est fort bien avisé.

(*Angélique, Clitandre et Claudine vont s'asseoir dans le fond du théâtre.*) (1)

---

(1) Les amans ne quittent point la scène; mais ils n'en sont pas moins indécens. Dans cet entretien nocturne, je ne puis voir autre chose qu'une

LUBIN, *cherchant Claudine.*

Claudine! où est-ce que tu es?

SCÈNE III.

ANGÉLIQUE, CLITANDRE, CLAUDINE, *assis au fond du théâtre;* GEORGE DANDIN, *à moitié déshabillé;* LUBIN.

GEORGE DANDIN, *à part.*

J'ai entendu descendre ma femme; et je me suis vite habillé pour descendre après elle. Où peut-elle être allée? Seroit-elle sortie?

LUBIN, *cherchant Claudine, et prenant George Dandin pour Claudine.*

Où es-tu donc, Claudine? Ah! te voilà. Par ma foi, ton maître est plaisamment attrapé; et je trouve ceci aussi drôle que les coups de bâton de tantôt, dont on m'a fait récit. Ta maîtresse dit qu'il ronfle, à cette heure, comme tous les diantres; et il ne sait pas que monsieur le vicomte et elle sont ensemble, pendant qu'il dort. Je voudrois bien savoir quel songe il fait maintenant. Cela est tout-à-fait risible. De quoi s'avise-t-il aussi, d'être

---

sorte d'allégorie, sous laquelle se cache une idée qui n'est pas tout-à-fait celle d'une simple conversation. Il est impossible que l'aversion si décidée d'Angélique pour son mari; les poursuites de Clitandre, dont le but ne sauroit être douteux; et la complaisance de Claudine, qui ne connoît ni bornes, ni scrupules, n'aboutissent qu'à l'amour platonique et à l'innocente galanterie. Si c'est par-là que commencent les personnages, ce n'est certainement pas par-là qu'ils doivent finir; et c'est trop, sans doute, que nous avoir montré le prélude d'un commerce amoureux qui ne peut manquer d'avoir un tel dénoucment.

jaloux de sa femme, et de vouloir qu'elle soit à lui tout seul? C'est un impertinent, et monsieur le vicomte lui fait trop d'honneur[1]. Tu ne dis mot, Claudine? Allons, suivons-les; et me donne ta petite menote, que je la baise. Ah! que cela est doux! Il me semble que je mange des confitures. (*à George Dandin, qu'il prend toujours pour Claudine, et qui le repousse rudement.*) Tudieu! comme vous y allez! voilà une petite menote qui est un peu bien rude.

GEORGE DANDIN.

Qui va là?

LUBIN.

Personne.

GEORGE DANDIN.

Il fuit, et me laisse informé de la nouvelle perfidie de ma coquine. Allons, il faut que, sans tarder, j'envoie appeler son père et sa mère, et que cette aventure me serve à me faire séparer d'elle. Holà! Colin! Colin!

---

(1) La pièce a trois actes, et chaque acte contient une confidence de Lubin à George Dandin : voici la troisième. Celle-ci est faite par méprise; mais, dans les deux premières, Lubin avoit poussé l'indiscrétion de la simplicité aussi loin qu'elle pouvoit aller; il n'étoit plus possible d'user du même moyen, et, d'ailleurs, il en falloit trouver un autre pour varier. La scène de nuit le fournissoit tout naturellement à Molière.

SCÈNE IV.

ANGÉLIQUE, CLITANDRE, CLAUDINE, LUBIN, *assis au fond du théâtre;* **GEORGE DANDIN, COLIN.**

COLIN, *à la fenêtre.*

Monsieur!

GEORGE DANDIN.

Allons, vite ici-bas.

COLIN, *sautant par la fenêtre.*

M'y voilà, on ne peut pas plus vite.

GEORGE DANDIN.

Tu es là?

COLIN.

Oui, monsieur.

(*Pendant que George Dandin va chercher Colin du côté où il a entendu sa voix, Colin passe de l'autre, et s'endort.*)

GEORGE DANDIN, *se tournant du côté où il croit qu'est Colin.*

Doucement. Parle bas. Écoute. Va-t'en chez mon beau-père et ma belle-mère, et dis que je les prie très-instamment de venir tout à l'heure ici. Entends-tu? Hé! Colin! Colin!

COLIN, *de l'autre côté, se réveillant.*

Monsieur!

GEORGE DANDIN.

Où diable es-tu?

ACTE III, SCÈNE IV.

COLIN.

Ici.

GEORGE DANDIN.

Peste soit du maroufle, qui s'éloigne de moi! (*Pendant que George Dandin retourne du côté où il croit que Colin est resté, Colin, à moitié endormi, passe de l'autre côté, et se rendort.*) [1] Je te dis que tu ailles de ce pas trouver mon beau-père et ma belle-mère, et leur dire que je les conjure de se rendre ici tout à l'heure. M'entends-tu bien? Réponds. Colin! Colin!

COLIN, *de l'autre côté, se réveillant.*

Monsieur!

GEORGE DANDIN.

Voilà un pendard qui me fera enrager. Viens-t'en à moi. (*Ils se rencontrent, et tombent tous deux.*) Ah! le traître! il m'a estropié. Où est-ce que tu es? Approche, que je te donne mille coups. Je pense qu'il me fuit.

COLIN.

Assurément.

GEORGE DANDIN.

Veux-tu venir?

COLIN.

Nenni, ma foi.

GEORGE DANDIN.

Viens, te dis-je.

COLIN.

Point. Vous me voulez battre.

---

(1) Encore un jeu de scène à l'italienne : celui-ci fait beaucoup rire à la représentation.

GEORGE DANDIN.

Hé bien! non, je ne te ferai rien.

COLIN.

Assurément?

GEORGE DANDIN.

Oui. Approche. (*à Colin, qu'il tient par le bras.*) Bon! Tu es bien heureux de ce que j'ai besoin de toi. Va-t'en vite, de ma part, prier mon beau-père et ma belle-mère de se rendre ici le plus tôt qu'ils pourront; et leur dis que c'est pour une affaire de la dernière conséquence; et, s'ils faisoient quelque difficulté, à cause de l'heure, ne manque pas de les presser et de leur bien faire entendre qu'il est très-important qu'ils viennent, en quelque état qu'ils soient. Tu m'entends bien, maintenant?

COLIN.

Oui, monsieur.

GEORGE DANDIN.

Va vite, et reviens de même. (*se croyant seul.*) Et moi, je vais rentrer dans ma maison, attendant que... Mais j'entends quelqu'un. Ne seroit-ce point ma femme? Il faut que j'écoute, et me serve de l'obscurité qu'il fait.

(*George Dandin se range près de la porte de sa maison.*)

SCÈNE V.

ANGÉLIQUE, CLITANDRE, CLAUDINE, LUBIN, GEORGE DANDIN.

ANGÉLIQUE, *à Clitandre.*

Adieu. Il est temps de se retirer.

CLITANDRE.

Quoi! si tôt?

ANGÉLIQUE.

Nous nous sommes assez entretenus.

CLITANDRE.

Ah! madame, puis-je assez vous entretenir, et trouver, en si peu de temps, toutes les paroles dont j'ai besoin? Il me faudroit des journées entières pour me bien expliquer à vous de tout ce que je sens [1]; et je ne vous ai pas dit encore la moindre partie de ce que j'ai à vous dire.

ANGÉLIQUE.

Nous en écouterons une autre fois davantage.

CLITANDRE.

Hélas! de quel coup me percez-vous l'ame, lorsque vous me parlez de vous retirer; et avec combien de chagrin m'allez-vous laisser maintenant!

ANGÉLIQUE.

Nous trouverons moyen de nous revoir.

CLITANDRE.

Oui. Mais je songe qu'en me quittant, vous allez trouver un mari. Cette pensée m'assassine; et les priviléges qu'ont les maris, sont des choses cruelles pour un amant qui aime bien [2].

---

(1) On dit absolument, *s'expliquer, s'expliquer avec quelqu'un*; mais on ne dit pas, *s'expliquer à quelqu'un de ce qu'on sent*. Il faudroit, *pour vous bien expliquer tout ce que je sens*.

(2) Cela est clair; la susceptibilité délicate de Clitandre ne laisse aucun doute sur la nature de ses prétentions et de ses espérances.

ANGÉLIQUE.

Serez-vous assez foible pour avoir cette inquiétude, et pensez-vous qu'on soit capable d'aimer de certains maris qu'il y a? On les prend parce qu'on ne s'en peut défendre, et que l'on dépend de parens qui n'ont des yeux que pour le bien; mais on sait leur rendre justice, et l'on se moque fort de les considérer au-delà de ce qu'ils méritent.

GEORGE DANDIN, à part.

Voilà nos carognes de femmes!

CLITANDRE.

Ah! qu'il faut avouer que celui qu'on vous a donné étoit peu digne de l'honneur qu'il a reçu, et que c'est une étrange chose que l'assemblage qu'on a fait d'une personne comme vous, avec un homme comme lui!

GEORGE DANDIN, à part.

Pauvres maris! voilà comme on vous traite.

CLITANDRE.

Vous méritez, sans doute, une toute autre destinée; et le ciel ne vous a point faite pour être la femme d'un paysan [1].

GEORGE DANDIN.

Plût au ciel! fût-elle la tienne [2]! tu changerois bien de langage! Rentrons; c'en est assez.

(*George Dandin, étant rentré, ferme la porte en-dedans.*)

---

[1] Don Juan dit exactement la même chose à une paysanne qu'il veut séduire : « Quoi! une personne comme vous seroit la femme d'un paysan! « Non, non, c'est profaner tant de beautés, et vous n'êtes pas née pour « demeurer dans un village. Vous méritez, sans doute, une meilleure « fortune, etc. »

[2] *Plût au ciel! fût-elle la tienne!* — On lit dans *Amphitryon:*
Et plût au ciel, le fût-il moins!

SCÈNE VI.

ANGÉLIQUE, CLITANDRE, CLAUDINE, LUBIN.

CLAUDINE.

Madame, si vous avez à dire du mal de votre mari, dépêchez vîte, car il est tard [1].

CLITANDRE.

Ah! Claudine, que tu es cruelle!

ANGÉLIQUE, *à Clitandre*.

Elle a raison. Séparons-nous.

CLITANDRE.

Il faut donc s'y résoudre, puisque vous le voulez. Mais, au moins, je vous conjure de me plaindre un peu des méchans momens que je vais passer.

ANGÉLIQUE.

Adieu.

LUBIN.

Où es-tu, Claudine, que je te donne le bon soir?

CLAUDINE.

Va, va, je le reçois de loin, et je t'en renvoie autant.

Cette construction est extraordinaire, et peut même sembler vicieuse. On diroit mieux, *plût au ciel qu'elle fût la tienne! plût au ciel qu'il le fût moins!*

(1) Quel joli mot! Angélique a déja dit qu'*il étoit temps de se retirer*, ce qui ne l'a pas empêchée de converser encore long-temps avec Clitandre; mais c'est de bonne foi que Claudine trouve qu'il est tard : Lubin n'a pas été aussi bonne compagnie pour elle, que Clitandre pour sa maîtresse; et puis, elle n'a pas, comme celle-ci, un mari qu'elle trompe et dont elle ait à dire du mal.

SCÈNE VII.

ANGÉLIQUE, CLAUDINE.

ANGÉLIQUE.

Rentrons sans faire de bruit.

CLAUDINE.

La porte s'est fermée.

ANGÉLIQUE.

J'ai le passe-partout.

CLAUDINE.

Ouvrez donc doucement.

ANGÉLIQUE.

On a fermé en-dedans, et je ne sais comment nous ferons.

CLAUDINE.

Appelez le garçon qui couche là.

ANGÉLIQUE.

Colin! Colin! Colin!

SCÈNE VIII.

GEORGE DANDIN, ANGÉLIQUE, CLAUDINE.

GEORGE DANDIN, *à la fenêtre.*

Colin! Colin! Ah! je vous y prends donc, madame ma femme; et vous faites des *escampativos* (1) pendant

---

(1) *Escampativos,* expression burlesque, qui, comme celle d'*escampette,*

ACTE III, SCÈNE VIII.

que je dors! Je suis bien aise de cela, et de vous voir dehors à l'heure qu'il est.

ANGÉLIQUE.

Hé bien! quel grand mal est-ce qu'il y a à prendre le frais de la nuit?

GEORGE DANDIN.

Oui, oui. L'heure est bonne à prendre le frais! C'est bien plutôt le chaud, madame la coquine [1]; et nous savons toute l'intrigue du rendez-vous et du damoiseau. Nous avons entendu votre galant entretien, et les beaux vers à ma louange que vous avez dits l'un et l'autre. Mais ma consolation, c'est que je vais être vengé, et que votre père et votre mère seront convaincus maintenant de la justice de mes plaintes, et du déréglement de votre conduite. Je les ai envoyé querir, et ils vont être ici dans un moment.

ANGÉLIQUE, à part.

Ah! ciel!

---

vient du vieux verbe *escamper*, qui signifie, s'échapper, s'évader, prendre la clé des champs. Les Italiens disent de même, *scampare*, et les Espagnols, *escampare*.

[1] Ce trait un peu cru, même un peu grossier, rappelle un passage du *Mariage de Figaro*, dont Molière a peut-être suggéré l'idée à Beaumarchais, et qui, sous une expression plus décente, cache un sens qui n'est pas moins libre.

SUZANNE.

Si madame n'avoit pas besoin de moi, je prendrois l'air un moment, sous ces arbres.

LA COMTESSE.

C'est le serein que tu prendras.

FIGARO, à part.

Ah! oui, le serein!

CLAUDINE.

Madame!

GEORGE DANDIN.

Voilà un coup, sans doute, où vous ne vous attendiez pas. C'est maintenant que je triomphe, et j'ai de quoi mettre à bas votre orgueil, et détruire vos artifices. Jusques ici, vous avez joué mes accusations [1], ébloui vos parens, et plâtré vos malversations. J'ai eu beau voir et beau dire; et votre adresse * toujours l'a emporté sur mon bon droit, et toujours vous avez trouvé moyen d'avoir raison; mais, à cette fois, dieu merci, les choses vont être éclaircies, et votre effronterie sera pleinement confondue.

ANGÉLIQUE.

Hé! je vous prie, faites-moi ouvrir la porte.

GEORGE DANDIN.

Non, non: il faut attendre la venue de ceux que j'ai mandés, et je veux qu'ils vous trouvent dehors à la belle heure qu'il est. En attendant qu'ils viennent, songez, si vous voulez, à chercher dans votre tête quelque nouveau détour pour vous tirer de cette affaire; à inventer quelque moyen de rhabiller votre escapade; à trouver quelque belle ruse pour éluder ici les gens [2] et paroître

VARIANTE. * *J'ai eu beau voir et beau dire; votre adresse...*

---

(1) *Vous avez joué mes accusations.* — On diroit mieux: *vous vous êtes jouée de mes accusations.*

(2) *Pour éluder ici les gens.* — Molière a déjà dit dans *Amphitryon*:

C'est trop être éludés par un fourbe exécrable.

Éluder, n'a pas le même sens que, *illudere*, dont il est traduit; celui-ci signifie, tromper; l'autre signifie seulement, éviter avec adresse.

innocente, quelque prétexte spécieux de pélerinage nocturne, ou d'amie en travail d'enfant, que vous veniez de secourir.

ANGÉLIQUE.

Non. Mon intention n'est pas de vous rien déguiser. Je ne prétends point me défendre, ni vous nier les choses, puisque vous les savez.

GEORGE DANDIN.

C'est que vous voyez bien que tous les moyens vous en sont fermés, et que, dans cette affaire, vous ne sauriez inventer d'excuse qu'il ne me soit facile de convaincre de fausseté.

ANGÉLIQUE.

Oui, je confesse que j'ai tort, et que vous avez sujet de vous plaindre. Mais je vous demande, par grace, de ne m'exposer point maintenant à la mauvaise humeur de mes parens, et de me faire promptement ouvrir.

GEORGE DANDIN.

Je vous baise les mains.

ANGÉLIQUE.

Hé! mon pauvre petit mari, je vous en conjure!

GEORGE DANDIN.

Hé! mon pauvre petit mari! Je suis votre petit mari, maintenant, parce que vous vous sentez prise [1]. Je suis bien aise de cela; et vous ne vous étiez jamais avisée de me dire ces douceurs.

---

[1] Dans *les Fourberies de Scapin*, Scapin dit de même à son maître, qui le cajole après l'avoir menacé: « Ah! mon pauvre Scapin. Je suis mon pauvre Scapin, à cette heure qu'on a besoin de moi. »

ANGÉLIQUE.

Tenez, je vous promets de ne vous plus donner aucun sujet de déplaisir, et de me...

GEORGE DANDIN.

Tout cela n'est rien. Je ne veux point perdre cette aventure; et il m'importe qu'on soit une fois éclairci à fond de vos déportemens.

ANGÉLIQUE.

De grace, laissez-moi vous dire. Je vous demande un moment d'audience.

GEORGE DANDIN.

Hé bien! quoi?

ANGÉLIQUE.

Il est vrai que j'ai failli, je vous l'avoue encore une fois; que votre ressentiment est juste; que j'ai pris le temps de sortir pendant que vous dormiez; et que cette sortie est un rendez-vous que j'avois donné à la personne que vous dites. Mais enfin ce sont des actions que vous devez pardonner à mon âge, des emportemens de jeune personne qui n'a encore rien vu, et ne fait que d'entrer au monde [1]; des libertés où l'on s'abandonne, sans y penser de mal, et qui, sans doute, dans le fond, n'ont rien de...

GEORGE DANDIN.

Oui : vous le dites, et ce sont des choses qui ont besoin qu'on les croie pieusement.

ANGÉLIQUE.

Je ne veux point m'excuser, par-là, d'être coupable

---

(1) Dans le sens de, commencer à vivre, à figurer dans le monde, dans la société, on dit, *entrer dans le monde*, et non pas, *entrer au monde*.

envers vous, et je vous prie seulement d'oublier une offense dont je vous demande pardon de tout mon cœur; et de m'épargner, en cette rencontre, le déplaisir que me pourroient causer les reproches fâcheux de mon père et de ma mère. Si vous m'accordez généreusement la grace que je vous demande, ce procédé obligeant, cette bonté que vous me ferez voir, me gagnera entièrement; elle touchera tout-à-fait mon cœur, et y fera naître pour vous ce que tout le pouvoir de mes parens et les liens du mariage n'avoient pu y jeter. En un mot, elle sera cause que je renoncerai à toutes les galanteries, et n'aurai de l'attachement que pour vous. Oui, je vous donne ma parole que vous m'allez voir désormais la meilleure femme du monde, et que je vous témoignerai tant d'amitié, tant d'amitié, que vous en serez satisfait.

GEORGE DANDIN.

Ah! crocodile, qui flatte les gens pour les étrangler!

ANGÉLIQUE.

Accordez-moi cette faveur.

GEORGE DANDIN.

Point d'affaires. Je suis inexorable.

ANGÉLIQUE.

Montrez-vous généreux.

GEORGE DANDIN.

Non.

ANGÉLIQUE.

De grace!

GEORGE DANDIN.

Point.

ANGÉLIQUE.

Je vous en conjure de tout mon cœur.

GEORGE DANDIN.

Non, non, non. Je veux qu'on soit détrompé de vous, et que votre confusion éclate.

ANGÉLIQUE.

Hé bien! si vous me réduisez au désespoir, je vous avertis qu'une femme, en cet état, est capable de tout, et que je ferai quelque chose ici dont vous vous repentirez.

GEORGE DANDIN.

Hé! que ferez-vous, s'il vous plaît?

ANGÉLIQUE.

Mon cœur se portera jusqu'aux extrêmes résolutions; et, de ce couteau que voici, je me tuerai sur la place.

GEORGE DANDIN.

Ah! ah! A la bonne heure.

ANGÉLIQUE.

Pas tant à la bonne heure pour vous que vous vous imaginez. On sait de tous côtés nos différends, et les chagrins perpétuels que vous concevez contre moi[1]. Lorsqu'on me trouvera morte, il n'y aura personne qui mette en doute que ce ne soit vous qui m'aurez tuée; et mes parens ne sont pas gens, assurément, à laisser cette mort impunie, et ils en feront, sur votre personne,

---

[1] On ne dit pas, *concevoir des chagrins contre quelqu'un*. Angélique devoit peut-être dire, pour rendre exactement et clairement sa pensée: *on sait... les chagrins perpétuels que je vous donne*, ou, *les plaintes perpétuelles que vous faites de moi, contre moi*.

toute la punition que leur pourront offrir et les poursuites de la justice, et la chaleur de leur ressentiment [1]. C'est par-là que je trouverai moyen de me venger de vous; et je ne suis pas la première qui ait su recourir à de pareilles vengeances, qui n'ait pas fait difficulté de se donner la mort, pour perdre ceux qui ont la cruauté de nous pousser à la dernière extrémité.

GEORGE DANDIN.

Je suis votre valet. On ne s'avise plus de se tuer soi-même, et la mode en est passée il y a long-temps.

ANGÉLIQUE.

C'est une chose dont vous pouvez vous tenir sûr; et, si vous persistez dans votre refus, si vous ne me faites ouvrir, je vous jure que, tout-à-l'heure, je vais vous faire voir jusqu'où peut aller la résolution d'une personne qu'on met au désespoir.

GEORGE DANDIN.

Bagatelles, bagatelles. C'est pour me faire peur.

ANGÉLIQUE.

Hé bien! puisqu'il le faut, voici qui nous contentera tous deux, et montrera si je me moque. (*après avoir fait semblant de se tuer.*) Ah! c'en est fait. Fasse le ciel que ma mort soit vengée comme je le souhaite, et que celui qui en est cause, reçoive un juste châtiment de la dureté qu'il a eue pour moi!

---

(1) Angélique veut dire: ils se vengeront de vous de toutes les manières possibles, et par les voies de droit et par les voies de fait; ils demanderont justice contre vous, et ils se feront justice de vous eux-mêmes. La phrase qui exprime cette pensée, est embarrassée, obscure et pleine d'impropriétés.

GEORGE DANDIN.

Ouais! seroit-elle bien si malicieuse, que de s'être tuée pour me faire pendre[1]? Prenons un bout de chandelle pour aller voir.

SCÈNE IX.

ANGÉLIQUE, CLAUDINE.

ANGÉLIQUE, *à Claudine.*

St. Paix. Rangeons-nous chacune immédiatement contre un des côtés de la porte.

SCÈNE X.

ANGÉLIQUE ET CLAUDINE, *entrant dans la maison au moment que George Dandin en sort, et fermant la porte en dedans;* GEORGE DANDIN, *une chandelle à la main.*

GEORGE DANDIN.

La méchanceté d'une femme iroit-elle bien jusque-là? (*seul, après avoir regardé partout.*) Il n'y a personne. Hé! je m'en étois bien douté; et la pendarde s'est retirée, voyant qu'elle ne gagnoit rien après moi[2], ni par prières, ni par menaces. Tant mieux! cela rendra ses

---

(1) *Si malicieuse que de s'être tuée.* — Molière a déjà dit, acte I, scène V, *si considéré que d'avoir permission.* Cette construction semble peu correcte.

(2) On dit, *vous ne gagnerez rien sur moi, auprès de moi,* et non pas, *après moi.*

affaires encore plus mauvaises; et le père et la mère qui vont venir, en verront mieux son crime. (*après avoir été à la porte de sa maison, pour rentrer.*) Ah! ah! la porte s'est fermée. Holà! ho! quelqu'un! qu'on m'ouvre promptement (1)!

---

(1) La comédie de *George Dandin* toute entière est tirée de deux Nouvelles de Boccace. L'une (la VIIIe de la VIIe Journée) a pu donner à Molière l'idée des caractères, et elle lui a fourni celle d'une partie de l'intrigue, comme va le prouver cette courte analyse. Arriguccio Berlinghieri, riche marchand, a fait la folie d'épouser une demoiselle noble, appelée Sismonde. Sa femme a un amant qu'elle reçoit la nuit, à un signal convenu. S'apercevant une fois de leur manége, il descend dans la rue, et se met à la poursuite du galant. Pendant ce temps, la femme fait mettre une servante, à sa place, dans son lit. Le mari revient, frappe outrageusement cette fille, qu'il prend pour son infidèle, lui coupe les cheveux, et va, en toute hâte, chercher les parens de sa femme. Celle-ci aussitôt renvoie la servante, et attend tranquillement son mari, qui rentre accompagné de la mère et des trois frères de Sismonde. Qu'on juge de l'étonnement et de la confusion du mari, lorsqu'une femme qu'il croyoit trouver sans chevelure et avec le visage tout meurtri, se présente à lui sans une seule contusion sur la figure, et avec tous ses cheveux sur la tête. Sismonde alors l'accuse effrontément d'être un ivrogne, un libertin, et d'avoir, dans son ivresse, fait à quelque autre femme tout ce qu'il prétend avoir fait à la sienne. Toutefois, comme elle est remplie de douceur et d'indulgence, elle déclare qu'elle pardonne à son mari, et elle prie ses parens d'en faire de même. Mais sa mère ne s'apaise pas si facilement; elle reproche à son gendre la bassesse de son extraction, et l'indignité de sa conduite envers une femme à laquelle il n'auroit jamais dû prétendre; enfin elle excite contre lui la colère de ses trois fils, qui accablent d'injures leur beau-frère, et le menacent des plus mauvais traitemens, si quelque chose de semblable arrive encore à leurs oreilles. La sottise qu'a eue George Dandin d'épouser une demoiselle; le ridicule orgueil des Sotenville; l'impudence de leur fille, et l'adresse qu'elle met à faire tourner contre son mari les moyens mêmes qu'il emploie pour la confondre, tout se retrouve, au moins indiqué, dans le récit abrégé qu'on vient de lire.

L'autre Nouvelle de Boccace, qui est la IVe de la même Journée, renferme en entier ce qu'on vient de voir du dénouement de la comédie, et ce qu'on en doit voir encore. La situation qui l'amène est tout-à-fait la

SCÈNE XI.

ANGÉLIQUE ET CLAUDINE, *à la fenêtre;* GEORGE DANDIN.

ANGÉLIQUE.

Comment! c'est toi? D'où viens-tu, bon pendard? Est-il l'heure de revenir chez soi, quand le jour est près de paroître? et cette manière de vivre est-elle celle que doit suivre un honnête mari?

CLAUDINE.

Cela est-il beau, d'aller ivrogner toute la nuit, et de laisser ainsi toute seule une pauvre jeune femme dans la maison?

GEORGE DANDIN.

Comment! vous avez...

---

même dans la comédie et dans la Nouvelle; les discours supplians ou menaçans de la femme pour obtenir de rentrer dans la maison, et les réponses négatives du mari, sont absolument semblables. La seule différence qui mérite d'être remarquée, c'est que, dans la Nouvelle, la femme, au lieu de faire semblant de se donner un coup de couteau, feint de se jeter dans un puits, et y jette réellement une très-grosse pierre, dont le bruit fait d'autant mieux croire au mari qu'elle a accompli sa menace. Le sujet de la Nouvelle de Boccace est aussi celui d'un ancien fabliau, dont l'auteur est Pierre d'Ansol, et le titre, *la Femme qui, ayant tort, parut avoir raison.* Dans *la Jalousie du Barbouillé*, cette farce dont j'ai déja parlé, le dénouement est le même aussi que dans la Nouvelle et dans la comédie. Le langage seulement est libre et presque grossier, tel qu'il convient à des personnages de farce. On y remarque toutefois quelques traits de dialogue, que Molière a repris ou empruntés, pour les placer dans *George Dandin*, tels, entre autres, que cette apostrophe du mari à la femme: « Ah! crocodile! ah! serpent dangereux! tu me caresses pour me trahir!»

ANGÉLIQUE.

Va, va, traître, je suis lasse de tes déportemens, et je m'en veux plaindre, sans plus tarder, à mon père et à ma mère.

GEORGE DANDIN.

Quoi! C'est ainsi que vous osez...

SCÈNE XII.

MONSIEUR et **MADAME DE SOTENVILLE**, *en déshabillé de nuit;* COLIN, *portant une lanterne;* ANGÉLIQUE et CLAUDINE, *à la fenêtre;* GEORGE DANDIN.

ANGÉLIQUE, *à monsieur et à madame de Sotenville.*

Approchez, de grace, et venez me faire raison de l'insolence la plus grande du monde, d'un mari à qui le vin et la jalousie ont troublé de telle sorte la cervelle, qu'il ne sait plus ni ce qu'il dit, ni ce qu'il fait; et vous a lui-même envoyé querir pour vous faire témoins [1] de l'extravagance la plus étrange dont on ait jamais ouï parler. Le voilà qui revient, comme vous voyez, après s'être fait attendre toute la nuit; et, si vous voulez l'écouter, il vous dira qu'il a les plus grandes plaintes du monde à vous faire de moi; que, durant qu'il dormait, je me suis dérobée d'auprès de lui pour m'en aller courir, et cent autres contes de même nature qu'il est allé rêver.

---

[1] *Vous faire témoins.* — On diroit plus volontiers, peut-être, *vous rendre témoins*. Les deux phrases, toutefois, sont bien françoises, et, tout en préférant celle-ci, on n'a pas droit de condamner l'autre. Ni l'une ni l'autre ne se trouve dans les dictionnaires.

GEORGE DANDIN, *à part.*

Voilà une méchante carogne!

CLAUDINE.

Oui, il nous a voulu faire accroire qu'il étoit dans la maison, et que nous en étions dehors; et c'est une folie qu'il n'y a pas moyen de lui ôter de la tête.

MONSIEUR DE SOTENVILLE.

Comment! Qu'est-ce à dire cela?

MADAME DE SOTENVILLE.

Voilà une furieuse impudence, que de nous envoyer querir!

GEORGE DANDIN.

Jamais...

ANGÉLIQUE.

Non, mon père, je ne puis plus souffrir un mari de la sorte: ma patience est poussée à bout; et il vient de me dire cent paroles injurieuses.

MONSIEUR DE SOTENVILLE, *à George Dandin.*

Corbleu! vous êtes un malhonnête homme.

CLAUDINE.

C'est une conscience de voir une pauvre jeune femme traitée de la façon; et cela crie vengeance au ciel.

GEORGE DANDIN.

Peut-on?...

MONSIEUR DE SOTENVILLE.

Allez, vous devriez mourir de honte.

GEORGE DANDIN.

Laissez-moi vous dire deux mots.

ACTE III, SCÈNE XII.

ANGÉLIQUE.

Vous n'avez qu'à l'écouter : il va vous en conter de belles !

GEORGE DANDIN, *à part.*

Je désespère.

CLAUDINE.

Il a tant bu, que je ne pense pas qu'on puisse durer contre lui; et l'odeur du vin qu'il souffle est montée jusqu'à nous.

GEORGE DANDIN.

Monsieur mon beau-père, je vous conjure...

MONSIEUR DE SOTENVILLE.

Retirez-vous : vous puez le vin à pleine bouche [1].

GEORGE DANDIN.

Madame, je vous prie...

MADAME DE SOTENVILLE.

Fi ! ne m'approchez pas : votre haleine est empestée.

GEORGE DANDIN, *à monsieur de Sotenville.*

Souffrez que je vous...

MONSIEUR DE SOTENVILLE.

Retirez-vous, vous dis-je, on ne peut vous souffrir.

GEORGE DANDIN, *à madame de Sotenville.*

Permettez, de grace, que...

---

[1] Chamfort, dans son *Éloge de La Fontaine*, fait, à propos de ce trait, un rapprochement ingénieux et juste entre le premier des comiques et le premier des fabulistes. « Qui peint le mieux, dit-il, les effets de la « prévention, ou M. de Sotenville, repoussant un homme à jeun, et lui « disant : *Retirez-vous, vous puez le vin;* ou l'ours qui, s'écartant d'un « corps qu'il prend pour un cadavre, se dit à lui-même : *Otons-nous, car* « *il sent.* »

MADAME DE SOTENVILLE.

Pouas! vous m'engloutissez le cœur. Parlez de loin, si vous voulez.

GEORGE DANDIN.

Hé bien! oui, je parle de loin. Je vous jure que je n'ai bougé de chez moi, et que c'est elle qui est sortie.

ANGÉLIQUE.

Ne voilà pas ce que je vous ai dit?

CLAUDINE.

Vous voyez quelle apparence il y a.

MONSIEUR DE SOTENVILLE, *à George Dandin.*

Allez, vous vous moquez des gens. Descendez, ma fille, et venez ici.

SCÈNE XIII.

MONSIEUR et MADAME DE SOTENVILLE, GEORGE DANDIN, COLIN.

GEORGE DANDIN.

J'atteste le ciel que j'étois dans la maison, et que...

MONSIEUR DE SOTENVILLE.

Taisez-vous : c'est une extravagance qui n'est pas supportable.

GEORGE DANDIN.

Que la foudre m'écrase tout à l'heure, si... (1)

---

(1) Le malheureux n'est pas même écouté ; on ne lui permet pas d'achever une seule de ses phrases. Que pourroit-il dire ? Les faits parlent. Angélique est dans la maison, et il est dans la rue. Qu'on ne se moque pas des Sotenville : beaucoup de gens, témoins de l'aventure, partageroient leur prévention en faveur de leur fille, tant l'apparence est pour elle, tant son stratagème lui a réussi.

MONSIEUR DE SOTENVILLE.

Ne nous rompez pas davantage la tête, et songez à demander pardon à votre femme.

GEORGE DANDIN.

Moi! demander pardon?

MONSIEUR DE SOTENVILLE.

Oui, pardon, et sur-le-champ.

GEORGE DANDIN.

Quoi! je...

MONSIEUR DE SOTENVILLE.

Corbleu! si vous me répliquez, je vous apprendrai ce que c'est que de vous jouer à nous.

GEORGE DANDIN.

Ah! George Dandin!

SCÈNE XIV.

MONSIEUR et MADAME DE SOTENVILLE, ANGÉLIQUE, GEORGE DANDIN, CLAUDINE, COLIN.

MONSIEUR DE SOTENVILLE.

Allons, venez, ma fille, que votre mari vous demande pardon.

ANGÉLIQUE.

Moi! lui pardonner tout ce qu'il m'a dit? Non, non, mon père, il m'est impossible de m'y résoudre; et je vous prie de me séparer d'un mari avec lequel je ne saurois plus vivre.

CLAUDINE.

Le moyen d'y résister !

MONSIEUR DE SOTENVILLE.

Ma fille, de semblables séparations ne se font point sans grand scandale ; et vous devez vous montrer plus sage que lui, et patienter encore cette fois.

ANGÉLIQUE.

Comment patienter, après de telles indignités ? Non, mon père ; c'est une chose où je ne puis consentir [1].

MONSIEUR DE SOTENVILLE.

Il le faut, ma fille ; et c'est moi qui vous le commande.

ANGÉLIQUE.

Ce mot me ferme la bouche ; et vous avez sur moi une puissance absolue.

CLAUDINE.

Quelle douceur !

ANGÉLIQUE.

Il est fâcheux d'être contrainte d'oublier de telles injures ; mais, quelque violence que je me fasse, c'est à moi de vous obéir.

CLAUDINE.

Pauvre mouton !

MONSIEUR DE SOTENVILLE, *à Angélique.*

Approchez.

---

(1) On ne dit pas, *la chose où je consens*, comme on dit, *le but où je tends, la fin où cela doit aboutir*, etc. J'ai déjà expliqué plusieurs fois en quels cas cette espèce de pronom relatif *où* pouvoit ou ne pouvoit pas remplacer *auquel, à laquelle*.

ANGÉLIQUE.

Tout ce que vous me faites faire ne servira de rien ; et vous verrez que ce sera dès demain à recommencer.

MONSIEUR DE SOTENVILLE.

Nous y donnerons ordre. (*à George Dandin.*) Allons, mettez-vous à genoux.

GEORGE DANDIN.

A genoux ?

MONSIEUR DE SOTENVILLE.

Oui, à genoux, et sans tarder.

GEORGE DANDIN, *à genoux, une chandelle à la main.* (1)

(*à part.*) O ciel ! (*à monsieur de Sotenville.*) Que faut-il dire ?

MONSIEUR DE SOTENVILLE.

Madame, je vous prie de me pardonner...

GEORGE DANDIN.

Madame, je vous prie de me pardonner...

MONSIEUR DE SOTENVILLE.

L'extravagance que j'ai faite...

GEORGE DANDIN.

L'extravagance que j'ai faite... (*à part.*) de vous épouser.

---

(1) Ceci est une véritable *amende honorable*, toute semblable à celle que les tribunaux infligeoient autrefois. George Dandin est presque *en chemise*, car ses soupçons jaloux l'ont éveillé au fort de son sommeil, et il est sorti sans prendre le temps de s'habiller ; la chandelle qu'il tient à la main, figure très-bien *la torche au poing* ; et, enfin, on exige qu'il demande pardon *à genoux*. Il n'y manque absolument que la *corde au cou*.

MONSIEUR DE SOTENVILLE.

Et je vous promets de mieux vivre à l'avenir.

GEORGE DANDIN.

Et je vous promets de mieux vivre à l'avenir [1].

MONSIEUR DE SOTENVILLE, *à George Dandin.*

Prenez-y garde, et sachez que c'est ici la dernière de vos impertinences que nous souffrirons.

MADAME DE SOTENVILLE.

Jour de dieu! si vous y retournez, on vous apprendra le respect que vous devez à votre femme et à ceux de qui elle sort.

MONSIEUR DE SOTENVILLE.

Voilà le jour qui va paroître. Adieu. (*à George Dandin.*) Rentrez chez vous, et songez bien à être sage. (*à madame de Sotenville.*) Et nous, m'amour, allons nous mettre au lit.

SCÈNE XV.

GEORGE DANDIN, *seul.*

Ah! je le quitte maintenant, et je n'y vois plus de remède. Lorsqu'on a, comme moi, épousé une méchante femme, le meilleur parti qu'on puisse prendre, c'est de s'aller jeter dans l'eau, la tête la première [2].

---

(1) Voici la seconde fois que le pauvre George Dandin, soufflé par M. de Sotenville, fait, dans les termes mêmes qui lui sont dictés, les plus humiliantes excuses à ceux qui l'ont offensé : c'étoit d'abord au galant de sa femme; c'est maintenant à sa femme elle-même. Rien ne manque à son malheur et à sa honte : la punition est complète.

(2) Voici un dénouement où, sans contredit, le vice et le ridicule

triomphent ; mais c'est le vice d'Angélique et de Clitandre ; mais c'est le ridicule de M. et de madame de Sotenville. Ce n'étoit point là ce que Molière se proposoit d'attaquer. Le seul but de sa comédie étoit de montrer les inconvéniens de ces alliances inégales, où un roturier riche achète, au poids de l'or, les mépris d'une famille noble et pauvre. L'inconduite et l'insolence de la femme, la sotte vanité des parens et leur non moins sotte prévention pour leur fille, ne sont que les moyens dont le poëte avoit besoin pour punir le ridicule, le tort de conduite, qui étoit le principal ou plutôt le seul objet de sa censure. Ce tort a des conséquences irrémédiables, puisque le mariage est un lien indissoluble. Voilà pourquoi la situation de George Dandin ne change point. Il se repent de sa sottise, c'est tout ce qu'il peut faire ; il ne dépend pas de lui de la réparer, et il a raison de dire, sauf à n'en rien faire, qu'il ne lui reste plus qu'à *s'aller jeter dans l'eau, la tête la première.*

FIN DE GEORGE DANDIN.

RELATION

DE

LA FÊTE DE VERSAILLES,

du 18 juillet 1668.

AVERTISSEMENT
DU COMMENTATEUR.

La comédie de *George Dandin* fit partie des divertissemens dont se composa la fête magnifique donnée, à Versailles, par Louis XIV, le 18 juillet 1668, après la conquête de la Franche-Comté, et la paix d'Aix-la-Chapelle. La Relation qu'on va lire, écrite par Félibien [1], parut, l'année suivante, en un volume grand in-folio, imprimé par Mabre-Cramoisy, et orné de cinq belles planches. En 1760, un éditeur de Molière, au lieu de se borner à extraire de cette Relation, les intermèdes dont la représentation de la comédie fut accompagnée à Versailles seulement, imagina d'imprimer la Relation toute entière, à la suite de *George Dandin*. Son exemple a passé en usage; et aucun éditeur de Molière ne peut maintenant se dispenser de l'imiter. Il auroit pu se dispenser lui-même, en réimprimant l'ouvrage de Félibien,

---

[1] André Félibien, né en 1619 et mort en 1695. Il fut historiographe

d'y faire certains changemens et même certaines suppressions, dont il est impossible d'apercevoir le motif. Je rétablis le texte, d'après l'édition originale de Mabre-Cramoisy.

---

des bâtimens, des arts et manufactures, secrétaire de l'Académie d'architecture, et un des huit qui formèrent, dans le principe, l'Académie des Inscriptions. Il composa plusieurs ouvrages, dont le plus estimé a pour titre, *Entretiens sur les Vies et sur les Ouvrages des plus excellens peintres, anciens et modernes*. Il eut deux fils, dont l'un hérita de son amour pour les arts, et de la plupart de ses emplois; et dont l'autre, religieux de l'ordre de Saint-Benoît, écrivit l'*Histoire de l'Abbaye de Saint-Denis*, et commença l'*Histoire de la ville de Paris*, achevée par dom Lobineau, son confrère.

RELATION

DE

LA FÊTE DE VERSAILLES,

DU DIX-HUIT JUILLET MIL SIX CENT SOIXANTE-HUIT.

Le Roi ayant accordé la paix aux instances de ses alliés et aux vœux de toute l'Europe, et donné des marques d'une modération et d'une bonté sans exemple, même dans le plus fort de ses conquêtes, ne pensoit plus qu'à s'appliquer aux affaires de son royaume, lorsque, pour réparer, en quelque sorte, ce que la cour avoit perdu dans le carnaval, pendant son absence, il résolut de faire une fête dans les jardins de Versailles, où, parmi les plaisirs que l'on trouve dans un séjour si délicieux, l'esprit fût encore touché de ces beautés surprenantes et extraordinaires, dont ce grand prince sait si bien assaisonner tous ses divertissemens.

Pour cet effet, voulant donner la comédie ensuite d'une collation, et le souper après la comédie, qui fût suivi d'un bal et d'un feu d'artifice, il jeta les yeux sur les personnes qu'il jugea les plus capables pour disposer toutes les choses propres à cela. Il leur marqua lui-même les endroits où la disposition du lieu pouvoit, par sa beauté naturelle, contribuer davantage à leur décoration; et, parce que l'un des plus beaux ornemens de cette maison est la quantité des eaux que l'art y a conduites, malgré la nature qui les lui avoit refusées, sa majesté leur ordonna de s'en servir, le plus qu'ils pourroient, à l'embellissement de ces lieux, et même leur ouvrit les moyens de les employer, et d'en tirer les effets qu'elles peuvent faire.

Pour l'exécution de cette fête, le duc de Créquy, comme premier gentilhomme de la chambre, fut chargé de ce qui regardoit la comédie; le maréchal de Bellefonds, comme premier maître-d'hôtel du roi, prit soin de la collation, du souper, et de tout ce qui regardoit le service des tables; et M. Colbert, comme surintendant des bâtimens, fit construire et embellir les divers lieux destinés à ce divertissement royal, et donna les ordres pour l'exécution des feux d'artifice.

Le sieur Vigarani eut ordre de dresser le théâtre pour la comédie; le sieur Gissey, d'accommoder un endroit pour le souper; et le sieur le Vau, premier architecte du roi, un autre pour le bal.

Le mercredi, dix-huitième jour de juillet, le roi étant parti de Saint-Germain, vint dîner à Versailles avec la reine, monseigneur le dauphin, Monsieur et Madame. Le reste de la cour, étant arrivé incontinent après midi, trouva des officiers du roi qui faisoient les honneurs, et recevoient tout le monde dans les salles du château, où il y avoit, en plusieurs endroits, des tables dressées, et de quoi se rafraîchir; les principales dames furent conduites dans des chambres particulières pour se reposer.

Sur les six heures du soir, le roi, ayant commandé au marquis de Gesvres, capitaine de ses gardes, de faire ouvrir toutes les portes, afin qu'il n'y eût personne qui ne prît part au divertissement, sortit du château avec la reine, et tout le reste de la cour, pour prendre le plaisir de la promenade.

Quand leurs majestés eurent fait le tour du grand parterre, elles descendirent dans celui de gazon qui est du côté de la Grotte, où, après avoir considéré les fontaines qui les embellissent, elles s'arrêtèrent particulièrement à regarder celle qui est au bas du petit parc, du côté de la Pompe. Dans le milieu de son bassin, l'on voit un dragon de bronze, qui, percé d'une flèche, semble vomir le sang par la gueule, en poussant en l'air un bouillon d'eau qui retombe en pluie, et couvre tout le bassin.

Autour de ce dragon, il y a quatre petits Amours sur des cygnes, qui font chacun un grand jet d'eau, et qui nagent vers le bord comme pour se sauver. Deux de ces Amours, qui sont en face du dragon, se cachent le visage avec la main pour ne le pas voir, et sur leur visage l'on aperçoit toutes les marques de la crainte parfaitement exprimées; les deux autres, plus hardis, parce que le monstre n'est pas tourné de leur côté, l'attaquent de leurs armes. Entre ces Amours, sont des dauphins de bronze, dont la gueule ouverte pousse en l'air de gros bouillons d'eau.

Leurs majestés allèrent ensuite chercher le frais dans ces bosquets si délicieux, où l'épaisseur des arbres empêche que le soleil ne se fasse sentir. Lorsqu'elles furent dans celui dont un grand nombre d'agréables allées forme une espèce de labyrinthe, elles arrivèrent, après plusieurs détours, dans un cabinet de verdure pentagone, où aboutissent cinq allées. Au milieu de ce cabinet, il y a une fontaine dont le bassin est bordé de gazon. De ce bassin sortoient cinq tables en manière de buffets, chargées de toutes les choses qui peuvent composer une collation magnifique.

L'une de ces tables représentoit une montagne, où, dans plusieurs espèces de cavernes, on voyoit diverses sortes de viandes froides ; l'autre étoit comme la face d'un palais bâti de massepains et pâtes sucrées. Il y en avoit une chargée de pyramides de confitures sèches; une autre d'une infinité de vases remplis de toutes sortes de liqueurs ; et la dernière étoit composée de caramels. Toutes ces tables, dont les plans étoient ingénieusement formés en divers compartimens, étoient couvertes d'une infinité de choses délicates, et disposées d'une manière toute nouvelle; leurs pieds et leurs dossiers étoient environnés de feuillages mêlés de festons de fleurs, dont une partie étoit soutenue par des Bacchantes. Il y avoit, entre ces tables, une petite pelouse de mousse verte, qui s'avançoit dans le bassin, et sur laquelle on voyoit, dans un grand vase, un oranger dont les fruits étoient confits ; chacun de ces orangers avoit à côté de lui deux autres arbres de différentes espèces, dont les fruits étoient pareillement confits.

Du milieu de ces tables s'élevoit un jet d'eau de plus de trente pieds de haut, dont la chute faisoit un bruit très-agréable ; de sorte qu'en voyant tous ces buffets d'une même hauteur ; joints les uns aux autres par les branches d'arbres et les fleurs dont ils étoient revêtus, il sembloit que ce fût une petite montagne, du haut de laquelle sortît une fontaine.

La palissade qui fait l'enceinte de ce cabinet, étoit disposée d'une manière toute particulière; le jardinier, ayant employé son industrie à bien ployer les branches des arbres, et à les lier ensemble en diverses façons, en avoit formé une espèce d'architecture. Dans le milieu du couronnement, on voyoit un socle de verdure, sur lequel il y avoit un dé qui portoit un vase rempli de fleurs. Aux côtés du dé, et sur le même socle, étoient deux autres vases de fleurs; et, en cet endroit, le haut de la palissade, venant doucement à s'arrondir en forme de galbe, se terminoit, aux deux extrémités, par deux autres vases aussi remplis de fleurs.

Au lieu de siéges de gazon, il y avoit, tout autour du cabinet, des couches de melons, dont la quantité, la grosseur et la bonté étoient surprenantes pour la saison. Ces couches étoient faites d'une manière toute extraordinaire; et, à bien considérer la beauté de ce lieu, l'on auroit pu dire autrefois que les hommes n'auroient point eu de part à un si bel arrangement, mais que quelques divinités de ces bois auroient employé leurs soins pour l'embellir de la sorte.

Comme il y a cinq allées qui se terminent toutes dans ce cabinet, et qui forment une étoile, l'on trouvoit ces allées ornées, de chaque côté, de vingt-six arcades de cyprès. Sous chaque arcade, et sur des siéges de gazon, il y avoit de grands vases remplis de divers arbres chargés de leurs fruits. Dans la première de ces allées, il n'y avoit que des orangers de Portugal. La seconde étoit toute de bigareautiers et de cerisiers mêlés ensemble. La troisième étoit bordée d'abricotiers et de pêchers; la quatrième, de groseilliers de Hollande; et dans la cinquième, l'on ne voyoit que des poiriers de différentes espèces. Tous ces arbres faisoient un agréable objet à la vue, à cause de leurs fruits, qui paroissoient encore davantage contre l'épaisseur du bois.

Au bout de ces cinq allées, il y a cinq grandes niches de verdure, que l'on voit toutes en face du milieu du cabinet. Ces niches étoient cintrées; et, sur les pilastres des côtés, s'élevoient deux rouleaux qui s'alloient joindre à un carré qui étoit au milieu. Dans ce carré, l'on voyoit les chiffres du roi, composés de différentes fleurs; et des deux côtés pendoient des festons qui s'attachoient à l'extrémité des rouleaux. A côté de la niche, il y avoit deux arcades aussi de verdure, avec leurs pilastres, d'un côté et d'autre; et tous ces pilastres étoient terminés par des vases remplis de fleurs.

Dans l'une de ces niches, étoit la figure du dieu Pan, qui, ayant sur le visage toutes les marques de la joie, sembloit prendre part à celle de toute l'assemblée. Le sculpteur l'avoit disposé dans une action qui faisoit connoître qu'il étoit mis là comme la divinité qui présidoit dans ce lieu.

Dans les quatre autres niches, il y avoit quatre Satyres, deux hommes et deux femmes, qui tous sembloient danser, et témoigner le plaisir qu'ils ressentoient de se voir visités par un si grand monarque, suivi d'une si belle cour. Toutes ces figures étoient dorées, et faisoient un effet admirable contre le vert de ces palissades.

Après que leurs majestés eurent été quelque temps dans cet endroit si charmant, et que les dames eurent fait collation, le roi abandonna les tables au pillage des gens qui suivoient; et la destruction d'un arrangement si beau servit encore d'un divertissement agréable à toute la cour, par l'empressement et la confusion de ceux qui démolissoient ces châteaux de massepains et ces montagnes de confitures.

Au sortir de ce lieu, le roi rentrant dans une calèche,

la reine dans sa chaise, et tout le reste de la cour dans leurs carrosses, poursuivirent leur promenade pour se rendre à la comédie, et, passant dans une grande allée de quatre rangs de tilleuls, firent le tour du bassin de la fontaine des Cygnes, qui termine l'allée Royale vis-à-vis du château. Ce bassin est un carré long finissant par deux demi-ronds. Sa longueur est de soixante toises, sur quarante de large. Dans son milieu, il y a une infinité de jets d'eau, qui, réunis ensemble, font une gerbe d'une hauteur et d'une grosseur extraordinaires.

À côté de la grande allée Royale, il y en a deux autres qui en sont éloignées d'environ deux cents pas; celle qui est à droite en montant vers le château, s'appelle l'allée du Roi, et celle qui est à gauche, l'allée des Prés. Ces trois allées sont traversées par une autre qui se termine à deux grilles qui font la clôture du petit parc. Ces deux allées des côtés, et celle qui les traverse, ont cinq toises de large; mais, à l'endroit où elles se rencontrent, elles forment un grand espace qui a plus de treize toises en carré. C'est dans cet endroit de l'allée du Roi, que le sieur Vigarani avoit disposé le lieu de la comédie. Le théâtre, qui avançoit un peu dans le carré de la place, s'enfonçoit de dix toises dans l'allée qui monte vers le château, et laissoit, pour la salle, un espace de treize toises de face sur neuf de large.

L'exhaussement de ce salon étoit de trente pieds jusques à la corniche, d'où les côtés du plafond s'élevoient encore de huit pieds jusques au dernier enfoncement. Il étoit couvert de feuillée par-dehors; et, par-dedans, paré de riches tapisseries que le sieur du Metz, intendant des meubles de la couronne, avoit pris soin de faire disposer de la manière la plus belle et la plus convenable pour la décoration de ce lieu. Du haut du plafond pendoient trente-deux chandeliers de cristal, portant chacun dix bougies de cire blanche. Autour de la salle étoient plusieurs siéges disposés en amphitéâtre, remplis de plus de douze cents personnes; et, dans le parterre, il y avoit encore sur des bancs une plus grande quantité de monde. Cette salle étoit percée par deux grandes arcades, dont l'une étoit vis-à-vis du théâtre, et l'autre, du côté qui va vers la grande allée. L'ouverture du théâtre étoit de trente-six pieds, et, de chaque côté, il y avoit deux grandes colonnes torses, de bronze et de lapis, environnées de branches et de feuilles de vigne d'or; elles étoient posées sur des piédestaux de marbre, et portoient une grande corniche aussi de marbre, dans le milieu de laquelle on voyoit les armes du roi sur un cartouche doré, accompagné de trophées; l'architecture étoit d'ordre ionique. Entre chaque colonne, il y avoit une figure : celle qui étoit à droite représentoit la Paix, et celle qui étoit à gauche figuroit la Victoire; pour montrer que Sa Majesté est toujours en état de faire que ses peuples jouissent d'une paix heureuse et pleine d'abondance, en établissant le repos dans l'Europe, ou d'une victoire glorieuse et remplie de joie, quand elle est obligée de prendre les armes pour soutenir ses droits.

Lorsque leurs majestés furent arrivées dans ce lieu, dont la grandeur et la magnificence surprit toute la cour, et quand elles eurent pris leurs places sur le haut dais qui étoit au milieu du parterre, on leva la toile qui cachoit la décoration du théâtre; et alors, les yeux se trouvant tout-à-fait trompés, l'on crut voir effectivement un jardin d'une beauté extraordinaire.

FÊTE DE VERSAILLES.

A l'entrée de ce jardin on découvroit deux palissades si ingénieusement moulées, qu'elles formoient un ordre d'architecture, dont la corniche étoit soutenue par quatre termes qui représentoient des Satyres. La partie d'en-bas de ces termes, et ce qu'on appelle gaîne, étoient de jaspe, et le reste de bronze doré. Ces Satyres portoient sur leurs têtes des corbeilles pleines de fleurs; et, sur les piédestaux de marbre qui soutenoient ces mêmes termes, il y avoit de grands vases dorés, aussi remplis de fleurs.

Un peu plus loin, paroissoient deux terrasses revêtues de marbre blanc, qui environnoient un long canal. Au bord de ces terrasses, il y avoit des masques dorés qui vomissoient de l'eau dans le canal; et, au-dessus de ces masques, on voyoit des vases de bronze doré, d'où sortoient aussi autant de véritables jets d'eau.

On montoit sur ces terrasses par trois degrés; et, sur la même ligne où étoient rangés les termes, il y avoit, d'un côté et d'autre, une longue allée de grands arbres, entre lesquels paroissoient des cabinets d'une architecture rustique. Chaque cabinet couvroit un grand bassin de marbre, soutenu sur un piédestal de même matière, et de ces bassins sortoient autant de jets d'eau.

Le bout du canal le plus proche étoit bordé de douze jets d'eau, qui formoient autant de chandeliers; et, à l'autre extrémité, on voyoit un superbe édifice en forme de dôme. Il étoit percé de trois grands portiques, au travers desquels on découvroit une grande étendue de pays.

D'abord l'on vit sur le théâtre une collation magnifique d'oranges de Portugal, et de toutes sortes de fruits chargés à fond et en pyramides dans trente-six corbeilles, qui furent servies à toute la cour par le maréchal de Bellefonds, et par plusieurs seigneurs, pendant que le sieur de Launay, intendant des menus plaisirs et affaires de la chambre, donnoit de tous côtés des imprimés qui contenoient le sujet de la comédie et du ballet.

Bien que la pièce qu'on représenta doive être considérée comme un impromptu, et un de ces ouvrages où la nécessité de satisfaire sur-le-champ aux volontés du roi, ne donne pas toujours le loisir d'y apporter la dernière main, et d'en former les derniers traits, néanmoins il est certain qu'elle est composée de parties si diversifiées et si agréables, qu'on peut dire qu'il n'en a guère paru sur le théâtre de plus capable de satisfaire tout ensemble l'oreille et les yeux des spectateurs. La prose dont on s'est servi, est un langage très-propre pour l'action qu'on représente; et les vers qui se chantent entre les actes de la comédie, conviennent si bien au sujet, et expriment si tendrement les passions dont ceux qui les récitent doivent être émus, qu'il n'y a jamais rien eu de plus touchant. Quoiqu'il semble que ce soient deux comédies que l'on joue en même temps, dont l'une soit en prose et l'autre en vers, elles sont pourtant si bien unies à un même sujet, qu'elles ne sont qu'une même pièce, et ne représentent qu'une seule action.

L'ouverture du théâtre se fait par quatre bergers [1] déguisés en valets de fêtes, qui, accompagnés de quatre autres bergers [2] qui jouent de la flûte, font une danse, où ils obligent d'entrer avec eux un riche paysan qu'ils rencontrent, et qui, mal satisfait de son mariage, n'a

---

(1) Beauchamp, Saint-André, La Pierre, Favier. — (2) Descouteaux, Philbert, Jean et Martin Hottere.

l'esprit rempli que de fâcheuses pensées : aussi l'on voit qu'il se retire bientôt de leur compagnie, où il n'a demeuré que par contrainte.

Climène [1] et Chloris [2], qui sont deux bergères amies, entendant le son des flûtes, viennent joindre leurs voix à ces instruments, et chantent :

> L'autre jour, d'Annette
> J'entendis la voix,
> Qui, sur sa musette,
> Chantoit dans nos bois :
> Amour, que sous ton empire
> On souffre de maux cuisans !
> Je le puis bien dire,
> Puisque je le sens.

> La jeune Lisette,
> Au même moment,
> Sur le ton d'Annette,
> Reprit tendrement :
> Amour, si, sous ton empire,
> Je souffre des maux cuisans,
> C'est de n'oser dire
> Tout ce que je sens.

Tircis [3] et Philène [4], amans de ces deux bergères, les abordent pour les entretenir de leur passion, et font avec elles une scène en musique.

CHLORIS.

Laissez-nous en repos, Philène.

---

[1] Mademoiselle Hilaire. — [2] Mademoiselle des Fronteaux. [3] Blondel. — [4] Gaye.

CLIMÈNE.

Tircis, ne viens point m'arrêter.

TIRCIS ET PHILÈNE.

Ah! belle inhumaine,
Daigne un moment m'écouter!

CLIMÈNE ET CHLORIS.

Mais que me veux-tu conter?

LES DEUX BERGERS.

Que d'une flamme immortelle,
Mon cœur brûle sous tes lois.

LES DEUX BERGÈRES.

Ce n'est pas une nouvelle :
Tu me l'as dit mille fois.

PHILÈNE, *à Chloris.*

Quoi! veux-tu, toute ma vie,
Que j'aime et n'obtienne rien?

CHLORIS.

Non : ce n'est pas mon envie.
N'aime plus; je le veux bien.

TIRCIS, *à Climène.*

Le ciel me force à l'hommage
Dont tous ces bois sont témoins.

CLIMÈNE.

C'est au ciel, puisqu'il t'engage,
A te payer de tes soins.

PHILÈNE, *à Chloris.*

C'est par ton mérite extrême,
Que tu captives mes vœux.

CHLORIS.

Si je mérite qu'on m'aime,
Je ne dois rien à tes feux.

FÊTE DE VERSAILLES.

LES DEUX BERGERS.

L'éclat de tes yeux me tue.

LES DEUX BERGÈRES.

Détourne de moi tes pas.

LES DEUX BERGERS.

Je me plais dans cette vue.

LES DEUX BERGÈRES.

Berger, ne t'en plains donc pas.

PHILÈNE.

Ah! belle Climène!

TIRCIS.

Ah! belle Chloris.

PHILÈNE, *à Climène.*

Rends-la pour moi plus humaine.

TIRCIS, *à Chloris.*

Dompte pour moi ses mépris.

CLIMÈNE, *à Chloris.*

Sois sensible à l'amour que te porte Philène.

CHLORIS, *à Climène.*

Sois sensible à l'ardeur dont Tircis est épris.

CLIMÈNE, *à Chloris.*

Si tu veux me donner ton exemple, bergère,
Peut-être je le recevrai.

CHLORIS, *à Climène.*

Si tu veux te résoudre à marcher la première.
Possible que je te suivrai.

CLIMÈNE, *à Philène.*

Adieu, berger.

CHLORIS, *à Tircis.*

Adieu, berger.

CLIMÈNE, *à Philène.*

Attends un favorable sort.

CHLORIS, *à Tircis.*

Attends un doux succès du mal qui te possède.

TIRCIS.

Je n'attends aucun remède.

PHILÈNE.

Et je n'attends que la mort.

TIRCIS ET PHILÈNE.

Puisqu'il nous faut languir en de tels déplaisirs,
Mettons fin, en mourant, à nos tristes soupirs.

Ces deux bergers se retirent, l'ame pleine de douleur et de désespoir; et, ensuite de cette musique, commence le premier acte de la comédie en prose.

Le sujet est qu'un riche paysan, s'étant marié à la fille d'un gentilhomme de campagne, ne reçoit que du mépris de sa femme aussi-bien que de son beau-père et de sa belle-mère, qui ne l'avoient pris pour leur gendre qu'à cause de ses grands biens.

Toute cette pièce est traitée de la même sorte que le sieur de Molière a de coutume de faire ses autres pièces de théâtre; c'est-à-dire, qu'il y représente avec des couleurs si naturelles le caractère des personnes qu'il introduit, qu'il ne se peut rien voir de plus ressemblant que ce qu'il a fait pour montrer la peine et les chagrins où se trouvent souvent ceux qui s'allient au-dessus de leur condition; et, quand il dépeint l'humeur et la manière de faire de certains nobles campagnards, il ne forme point de traits qui n'exprime parfaitement leur véritable image. Sur la fin de l'acte, le paysan est interrompu par une bergère qui lui vient apprendre le désespoir des deux bergers : mais, comme il est agité d'autres inquiétudes, il la quitte en colère ; et Chloris entre, qui vient faire une plainte sur la mort de son amant :

>Ah ! mortelles douleurs !
>Qu'ai-je plus à prétendre ?
>Coulez, coulez, mes pleurs ;
>Je n'en puis trop répandre.

>Pourquoi faut-il qu'un tyrannique honneur
>Tienne notre ame en esclave asservie ?
>Hélas ! pour contenter sa barbare rigueur,
>J'ai réduit mon amant à sortir de la vie.

>Ah ! mortelles douleurs !
>Qu'ai-je plus à prétendre ?
>Coulez, coulez, mes pleurs ;
>Je n'en puis trop répandre.

>Me puis-je pardonner, dans ce funeste sort,
>Les sévères froideurs dont je m'étois armée ?
>Quoi donc, mon cher amant ! je t'ai donné la mort !
>Est-ce le prix, hélas ! de m'avoir tant aimée ?

>Ah ! mortelles douleurs !
>Qu'ai-je plus à prétendre ?
>Coulez, coulez, mes pleurs ;
>Je n'en puis trop répandre.

Après cette plainte, commença le second acte de la comédie en prose. C'est une suite des déplaisirs du paysan marié, qui se trouve encore interrompu par la même bergère, qui vient lui dire que Tircis et Philène ne sont point morts; et lui montre six bateliers [1] qui les ont sauvés. Le paysan, importuné de tous ces avis, se retire, et quitte la place aux bateliers, qui, ravis de la récompense qu'ils ont reçue, dansent avec leurs crocs, et se jouent ensemble; après quoi se récite le troisième acte de la comédie en prose.

Dans ce dernier acte, l'on voit le paysan dans le comble de la douleur, par les mauvais traitemens de sa femme. Enfin, un de ses amis lui conseille de noyer dans le vin toutes ses inquiétudes, et l'emmène pour joindre sa troupe, voyant venir toute la foule des bergers amoureux, qui commence à célébrer, par des chants et des danses, le pouvoir de l'Amour.

Ici la décoration du théâtre se trouve changée en un instant, et l'on ne peut comprendre comment tant de véritables jets d'eau ne paroissent plus, ni par quel artifice, au lieu de ces cabinets et de ces allées, on ne découvre sur le théâtre que de grandes roches entremêlées d'arbres, où l'on voit plusieurs bergers qui chantent et qui jouent de toutes sortes d'instrumens. Chloris commence, la première, à joindre sa voix au son des flûtes et des musettes.

CHLORIS.

Ici l'ombre des ormeaux
Donne un teint frais aux herbettes;
Et les bords de ces ruisseaux
Brillent de mille fleurettes
Qui se mirent dans les eaux.
Prenez, bergers, vos musettes,
Ajustez vos chalumeaux,

---

[1] Jonan, Beauchamp, Chicanneau, Favier, Noblet, Mayeu.

Et mêlons nos chansonnettes
Au chant des petits oiseaux.
Le Zéphyre, entre ces eaux,
Fait mille courses secrètes ;
Et les rossignols nouveaux,
De leurs douces amourettes
Parlent aux tendres rameaux.
Prenez, bergers, vos musettes,
Ajustez vos chalumeaux,
Et mêlons nos chansonnettes
Au chant des petits oiseaux.

Pendant que la musique charme les oreilles, les yeux sont agréablement occupés à voir danser plusieurs bergers [1] et bergères [2], galamment vêtus. Et Climène chante :

Ah! qu'il est doux, belle Sylvie,
Ah! qu'il est doux de s'enflammer!
Il faut retrancher de la vie
Ce qu'on en passe sans aimer.

CHLORIS.

Ah! les beaux jours qu'Amour nous donne,
Lorsque sa flamme unit les cœurs!
Est-il ni gloire ni couronne
Qui vaille ses moindres douceurs?

TIRCIS.

Qu'avec peu de raison on se plaint d'un martyre
Que suivent de si doux plaisirs!

PHILÈNE.

Un moment de bonheur, dans l'amoureux empire,
Répare dix ans de soupirs.

---

[1] Chicanneau, Saint-André, La Pierre, Favier. — [2] Bonard. Arnald, Noblet, Foignard.

TOUS ENSEMBLE.

Chantons tous de l'Amour le pouvoir adorable ;
Chantons tous dans ces lieux
Ses attraits glorieux :
Il est le plus aimable
Et le plus grand des dieux.

A ces mots, l'on vit s'approcher, du fond du théâtre, un grand rocher couvert d'arbres, sur lequel étoit assise toute la troupe de Bacchus, composée de quarante Satyres. L'un d'eux [1], s'avançant à la tête, chanta fièrement ces paroles :

Arrêtez : c'est trop entreprendre.
Un autre dieu, dont nous suivons les lois,
S'oppose à cet honneur qu'à l'Amour osent rendre
Vos musettes et vos voix :
A des titres si beaux Bacchus seul peut prétendre ;
Et nous sommes ici pour défendre ses droits.

CHOEUR DE SATYRES.

Nous suivons de Bacchus le pouvoir adorable ;
Nous suivons en tous lieux
Ses attraits glorieux :
Il est le plus aimable
Et le plus grand des dieux.

Plusieurs du parti de Bacchus mêloient aussi leurs pas à la musique ; et l'on vit un combat des danseurs et des chantres de Bacchus contre les danseurs et les chantres qui soutenoient le parti de l'Amour.

---

(1) D'Estival.

FÊTE DE VERSAILLES.

CHLORIS.

C'est le printemps qui rend l'ame
A nos champs semés de fleurs ;
Mais c'est l'Amour et sa flamme
Qui font revivre nos cœurs.

UN SUIVANT DE BACCHUS [1].

Le soleil chasse les ombres
Dont le ciel est obscurci,
Et des ames les plus sombres
Bacchus chasse le souci.

CHOEUR DE BACCHUS.

Bacchus est révéré sur la terre et sur l'onde.

CHOEUR DE L'AMOUR.

Et l'Amour est un dieu qu'on adore en tous lieux.

CHOEUR DE BACCHUS.

Bacchus à son pouvoir a soumis tout le monde.

CHOEUR DE L'AMOUR.

Et l'Amour a dompté les hommes et les dieux.

CHOEUR DE BACCHUS.

Rien peut-il égaler sa douceur sans seconde?

CHOEUR DE L'AMOUR.

Rien peut-il égaler ses charmes précieux?

CHOEUR DE BACCHUS.

Fi de l'Amour et de ses feux!

LE PARTI DE L'AMOUR.

Ah! quel plaisir d'aimer!

---

[1] Gingan.

LE PARTI DE BACCHUS.

Ah! quel plaisir de boire!

LE PARTI DE L'AMOUR.

A qui vit sans amour, la vie est sans appas.

LE PARTI DE BACCHUS.

C'est mourir, que de vivre et de ne boire pas.

LE PARTI DE L'AMOUR.

Aimables fers!

LE PARTI DE BACCHUS.

Douce victoire!

LE PARTI DE L'AMOUR.

Ah! quel plaisir d'aimer!

LE PARTI DE BACCHUS.

Ah! quel plaisir de boire!

LES DEUX PARTIS.

Non, non, c'est un abus.
Le plus grand dieu de tous...

LE PARTI DE L'AMOUR.

C'est l'Amour.

LE PARTI DE BACCHUS.

C'est Bacchus.

Un Berger⁽¹⁾ arrive, qui se jette au milieu des deux partis pour les séparer, et leur chante ces vers:

C'est trop, c'est trop, bergers. Eh! pourquoi ces débats?
Souffrons qu'en un parti la raison nous assemble.
L'Amour a des douceurs, Bacchus a des appas:

---

* (1) Le Gros.

Ce sont deux déités qui sont fort bien ensemble ;
Ne les séparons pas.

LES DEUX CHOEURS.

Mêlons donc leurs douceurs aimables,
Mêlons nos voix dans ces lieux agréables,
Et faisons répéter aux échos d'alentour,
Qu'il n'est rien de plus doux que Bacchus et l'Amour.

Tous les danseurs se mêlent ensemble, et l'on voit parmi les bergers et les bergères quatre des suivans de Bacchus [1], avec des thyrses, et quatre Bacchantes [2] avec des espèces de tambours de basque, qui représentent ces cribles qu'elles portoient anciennement aux fêtes de Bacchus. De ces thyrses, les suivans frappent sur les cribles des Bacchantes, et font différentes postures, pendant que les bergers et les bergères dansent plus sérieusement.

On peut dire que, dans cet ouvrage, le sieur de Lulli a trouvé le secret de satisfaire et de charmer tout le monde ; car jamais il n'y a rien eu de si beau et de mieux inventé. Si l'on regarde les danses, il n'y a point de pas qui ne marque l'action que les danseurs doivent faire, et dont les gestes ne soient autant de paroles qui se fassent entendre. Si l'on regarde la musique, il n'y a rien qui n'exprime parfaitement toutes les passions, et qui ne ravisse l'esprit des auditeurs. Mais ce qui n'a jamais été vu, est cette harmonie de voix si agréable, cette symphonie d'instrumens, cette belle union de dif-

---

[1] Beauchamp, Dolivet, Chicanneau, Mayeu. — [2] Paysan, Manceau, Le Roy, Pesan.

férens chœurs, ces douces chansonnettes, ces dialogues si tendres et si amoureux, ces échos, et enfin cette conduite admirable dans toutes les parties, où, depuis les premiers récits, l'on a vu toujours que la musique s'est augmentée, et qu'enfin, après avoir commencé par une seule voix, elle a fini par un concert de plus de cent personnes qu'on a vues, toutes à la fois sur un même théâtre, joindre ensemble leurs instrumens, leurs voix et leurs pas dans un accord et une cadence qui finit la pièce, en laissant tout le monde dans une admiration qu'on ne peut assez exprimer.

Cet agréable spectacle étant fini de la sorte, le Roi et toute la cour sortirent par le portique du côté gauche du salon, et qui rend dans l'allée de traverse, au bout de laquelle, à l'endroit où elle coupe l'allée des Prés, l'on aperçut de loin un édifice élevé de cinquante pieds de haut. Sa figure étoit octogone, et sur le haut de la couverture s'élevoit une espèce de dôme d'une grandeur et d'une hauteur si belle et si proportionnée, que le tout ensemble ressembloit beaucoup à ces beaux temples antiques dont l'on voit encore quelques restes; il étoit tout couvert de feuillages, et rempli d'une infinité de lumières. A mesure qu'on s'en approchoit, on y découvroit mille différentes beautés. Il étoit isolé, et l'on voyoit dans les huit angles autant de pilastres qui servoient comme de pieds forts ou d'arcs-boutans élevés de quinze pieds de haut. Au-dessus de ces pilastres, il y avoit de grands vases ornés de différentes façons, et remplis de lumières. Du haut de ces vases sortoit une fontaine, qui, retombant à l'entour, les environnoit comme d'une cloche de cristal; ce qui faisoit un effet d'autant plus admirable, qu'on voyoit un feu éclairer agréablement au milieu de l'eau.

Cet édifice étoit percé de huit portes. Au-devant de celle par où l'on entroit, et sur deux piédestaux de verdure, étoient deux grandes figures dorées qui représentoient deux Faunes jouant chacun d'un instrument. Au-dessus de ces portes, on voyoit comme une espèce de frise ornée de huit grands bas-reliefs, représentant, par des figures assises, les quatre saisons de l'année et les quatre parties du jour. A côté des premières, il y avoit de doubles L; et, à côté des autres, des fleurs de lis. Elles étoient toutes enchâssées parmi le feuillage, et faites avec un artifice de lumière si beau et si surprenant, qu'il sembloit que toutes ces figures, ces L et ces fleurs de lis, fussent d'un métal lumineux et transparent.

Le tour du dôme étoit aussi orné de huit bas-reliefs éclairés de la même sorte ; mais, au lieu de figures, c'étoient des trophées disposés en différentes manières. Sur les angles du principal édifice et du dôme, il y avoit de grosses boules de verdure qui en terminoient les extrémités.

Si l'on fut surpris en voyant par dehors la beauté de ce lieu, on le fut encore davantage en voyant le dedans. Il étoit presque impossible de ne se pas persuader que ce ne fût un enchantement, tant il y paroissoit de choses qu'on croiroit ne se pouvoir faire que par magie! Sa grandeur étoit de huit toises de diamètre. Au milieu, il y avoit un grand rocher, et autour du rocher, une table de figure octogone, chargée de soixante-quatre couverts. Ce rocher étoit percé en quatre endroits. Il sembloit que la nature eût fait choix de tout ce qu'elle a de plus beau et de plus riche pour la composition de cet ouvrage, et qu'elle eût elle-même pris plaisir d'en faire son chef-d'œuvre, tant les ouvriers avoient bien su cacher l'artifice dont ils s'étoient servis pour l'imiter!

Sur la cime du rocher étoit le cheval Pégase; il sembloit, en se cabrant, faire sortir de l'eau qu'on voyoit couler doucement de dessous ses pieds, mais qui aussitôt tomboit avec abondance, et formoit comme quatre fleuves. Cette eau, qui se précipitoit avec violence et par gros bouillons parmi les pointes du rocher, le rendoit tout blanc d'écume, et ne s'y perdoit que pour paroître ensuite plus belle et plus brillante; car, ressortant avec impétuosité par des endroits cachés, elle faisoit des chutes d'autant plus agréables qu'elles se séparoient en plusieurs petits ruisseaux parmi les cailloux et les coquilles. Il sortoit, de tous les endroits les plus creux du rocher, mille gouttes d'eau qui, avec celle des cascades, venoient inonder une pelouse couverte de mousse et de divers coquillages, qui en faisoit l'entrée. C'étoit sur ce beau vert, et à l'entour de ces coquilles, que ces eaux, venant à se répandre et à couler agréablement, faisoient une infinité de retours qui paroissoient autant de petites ondes d'argent, et, avec un murmure doux et agréable qui s'accordoit au bruit des cascades, tomboient, en cent différentes manières, dans huit canaux qui séparoient la table d'avec le rocher, et en recevoient toutes les eaux. Ces canaux étoient revêtus de carreaux de porcelaine et de mousse, au bord desquels il y avoit de grands vases à l'antique, émaillés d'or et d'azur, qui, jetant l'eau par trois différens endroits, remplissoient trois grandes coupes de cristal qui se dégorgeoient encore dans ces mêmes canaux.

Au-dessous du cheval Pégase, et vis-à-vis la porte par où l'on entroit, on voyoit la figure d'Apollon assise, tenant dans sa main une lyre; les neuf Muses étoient au-dessous de lui, qui tenoient aussi divers instrumens. Dans les quatre coins du rocher, et au-dessous de la chute de ces fleuves, il y avoit quatre figures couchées, qui en représentoient les divinités.

De quelque côté qu'on regardât ce rocher, l'on y voyoit toujours différens effets d'eau; et les lumières dont il étoit éclairé étoient si bien disposées, qu'il n'y en avoit point qui ne contribuassent à faire paroître toutes les figures qui étoient d'argent, et à faire briller davantage les divers éclats de l'eau et les différentes couleurs des pierres et des cristaux dont il étoit composé. Il y avoit même des lumières si industrieusement cachées dans les cavités de ce rocher, qu'elles n'étoient point aperçues, mais qui cependant le faisoient voir partout, et donnoient un lustre et un éclat merveilleux à toutes les gouttes d'eau qui tomboient.

Des huit portes dont ce salon étoit percé, il y en avoit quatre au droit des quatre grandes allées, et quatre autres qui étoient vis-à-vis des petites allées qui sont dans les angles de cette place. A côté de chaque porte, il y avoit quatre grandes niches percées à jour, et remplies d'un grand pied d'argent; au-dessus étoit un grand vase de même matière, qui portoit une girandole de cristal, allumée de dix bougies de cire blanche. Dans les huit angles qui forment la figure de ce lieu, il y avoit un corps solide taillé rustiquement, et dont le fond verdâtre brilloit en façon de cristal ou d'eau congelée. Contre ce corps étoient quatre coquilles de marbre les unes au-dessous des autres, et dans des distances fort proportionnées; la plus haute étoit la moins grande, et celles de dessous augmentoient toujours en grandeur, pour mieux recevoir l'eau qui tomboit des unes dans les autres. On avoit mis sur la coquille la plus élevée une girandole de cristal, allumée de dix bougies, et de cette coquille sortoit de l'eau en forme de nappe, qui, tombant dans la seconde coquille, se répandoit dans une troisième, où l'eau d'un masque posé au-dessus venant à se rendre, la remplissoit encore davantage. Cette troisième coquille étoit portée par deux dauphins, dont les écailles étoient de couleur de nacre; ces deux dauphins jetoient de l'eau dans la quatrième coquille, où tomboit aussi en nappe l'eau de la coquille qui étoit au-dessus; et toutes ces eaux venoient enfin à se rendre dans un bassin de marbre, aux deux extrémités duquel étoient deux grands vases remplis d'orangers.

Le plafond de ce lieu n'étoit pas cintré en forme de voûte; il s'élevoit, jusques à l'ouverture du dôme, par huit pans qui représentoient un compartiment de menuiserie, artistement taillé de feuillages dorés. Dans ces compartimens, qui paroissoient percés, l'on avoit peint des branches d'arbres au naturel, pour avoir plus d'union avec la feuillée dont le corps de cet édifice étoit composé. Le haut du dôme étoit aussi un compartiment d'une riche broderie d'or et d'argent sur un fond vert.

Outre vingt-cinq lustres de cristal, chacun de dix bougies, qui éclairoient ce lieu, et qui tomboient du haut de la voûte, il y en avoit encore d'autres au milieu des huit portes, qui étoient attachés avec de grandes écharpes de gaze d'argent entre des festons de fleurs, noués avec de pareilles écharpes, enrichies d'une frange de même.

Sur la grande corniche qui régnoit tout autour de ce salon, étoient rangés soixante et quatre vases de porcelaine remplis de diverses fleurs; et, entre ces vases, on avoit mis soixante et quatre boules de cristal de diverses couleurs, et d'un pied de diamètre, soutenues sur des pieds d'argent; elles paroissoient comme autant de pierres précieuses, et étoient éclairées d'une manière si ingénieuse, que la lumière passant au travers, et se trouvant chargée des différentes couleurs de ces cristaux, se répandoit par tout le haut du plafond, où elle faisoit des effets si admirables, qu'il sembloit que ce fussent les couleurs même d'un véritable arc-en-ciel. De cette corniche et du tour que formoit l'ouverture du dôme, pendoient plusieurs festons de toutes sortes de fleurs, attachés avec de grandes écharpes de gaze d'argent, dont les bouts, tombant entre chaque feston, paroissoient avec beaucoup d'éclat et de grace sur tout le corps de cette architecture, qui étoit de feuillage, et dont l'on avoit si bien su former différentes sortes de verdure, que la diversité des arbres qu'on y avoit employés, et que l'on avoit su accommoder les uns auprès des autres, ne faisoit pas une des moindres beautés de la composition de cet agréable édifice.

Au-delà du portique, qui étoit vis-à-vis de celui par où l'on entroit, on avoit dressé un buffet d'une beauté et d'une richesse toute extraordinaire. Il étoit enfoncé de dix-huit pieds dans l'allée, et l'on y montoit par trois grands degrés en forme d'estrade. Il y avoit, des deux côtés de ce buffet, deux manières d'ailes élevées d'environ dix pieds de haut, dont le dessous servoit pour passer ceux qui portoient les viandes. Sur le milieu de chacune de ces ailes étoit un socle de verdure, qui portoit un grand guéridon d'argent, chargé d'une girandole aussi d'argent, allumée de bougies de cire blanche, et, à côté de ces guéridons, plusieurs grands vases d'argent; contre ce socle étoit attachée une grande plaque d'argent à trois branches, portant chacune un flambeau de cire blanche.

Sur la table du buffet, il y avoit quatre degrés de deux pieds de large et de trois à quatre pieds de haut, qui s'élevoient jusques à un plafond de feuillée de vingt-cinq pieds d'exhaussement. Sur ce buffet et sur ces degrés, l'on voyoit, dans une disposition agréable, vingt-quatre bassins d'argent d'une grandeur extrême et d'un ouvrage merveilleux : ils étoient séparés les uns des autres par autant de grands vases, de cassolettes et de girandoles d'argent d'une pareille beauté. Il y avoit sur la table vingt-quatre grands pots d'argent, remplis de toutes sortes de fleurs, avec la nef du roi, la vaisselle et les verres destinés pour son service. Au-devant de la table, on voyoit une grande cuvette d'argent en forme de coquille, et, aux deux bouts du buffet, quatre guéridons d'argent, de six pieds de haut, sur lesquels étoient des girandoles d'argent, allumées de dix bougies de cire blanche.

Dans les deux autres arcades qui étoient à côté de celle-ci, étoient deux autres buffets moins hauts et moins larges que celui du milieu; chaque table avoit deux degrés, sur lesquels étoient dressés quatre grands bassins d'argent, qui accompagnoient un grand vase chargé d'une girandole allumée de dix bougies; et, entre ces bassins et ce vase, il y avoit plusieurs figures d'argent. Aux deux bouts du buffet, l'on voyoit deux grandes plaques, portant chacune trois flambeaux de cire blanche; au-dessus du dossier, un guéridon d'argent, chargé de plusieurs bougies, et, à côté, plusieurs grands vases d'un prix et d'une pesanteur extraordinaires, outre six grands bassins qui servoient de fond. Devant chaque table, il y avoit une grande cuvette d'argent, pesant mille marcs; et ces tables, qui étoient comme deux crédences pour accompagner le grand buffet du Roi, étoient destinées pour le service des dames.

Au-delà de l'arcade qui servoit d'entrée du côté de l'allée qui descend vers les grilles du grand parc, étoit un enfoncement de dix-huit toises de long, qui formoit comme un avant-salon.

Ce lieu étoit terminé d'un grand portique de verdure, au-delà duquel il y avoit une grande salle, bornée par les deux côtés des palissades de l'allée, et, par l'autre bout, d'un autre portique de feuillage. Dans cette salle l'on avoit dressé quatre grandes tentes très-magnifiques, sous lesquelles étoient huit tables accompagnées de leurs buffets chargés de bassins, de verres et de lumières, disposés dans un ordre tout-à-fait singulier.

Lorsque le Roi fut entré dans le salon octogone, et que toute la cour, surprise de la beauté et de la disposition si extraordinaire de ce lieu, en eut bien considéré toutes les parties, Sa Majesté se mit à table, le dos tourné du côté par où elle étoit entrée; et, lorsque Monsieur eut pris aussi sa place, les dames qui étoient nommées par Sa Majesté pour y souper prirent les leurs, selon qu'elles se rencontrèrent, sans garder aucun rang. Celles qui eurent cet honneur, furent:

Mesdemoiselles d'Angoulême,

Madame Aubry de Courcy,

Madame de Saint-Arbre,

Madame de Broglio,

Madame de Bailleul,
Madame de Bonnelle,
Madame Bignon,
Madame de Bordeaux,
Mademoiselle Borelle,
Madame de Brissac,
Madame de Coulange,
Madame la maréchale de Clérambaut,
Madame la maréchale de Castelnau,
Madame de Comminge,
Madame la marquise de Castelnau,
Mademoiselle d'Elbeuf,
Madame la maréchale d'Albret, et mademoiselle sa fille,
Madame la maréchale d'Estrées,
Madame la maréchale de la Ferté,
Madame de la Fayette,
Madame la comtesse de Fiesque,
Madame de Fontenay-Hotman,
Madame de Fieubet,
Madame la maréchale de Grancey, et mesdemoiselles ses deux filles,
Madame des Hameaux,
Madame la maréchale de l'Hôpital,
Madame la lieutenante civile,
Madame la comtesse de Louvigny,
Mademoiselle de Manicham,
Madame de Meckelbourg,
Madame la Grande-Maréchale,
Madame de Marré,
Madame de Nemours,
Madame de Richelieu,

Madame la duchesse de Richemont,
Mademoiselle de Tresmes,
Madame Tambonneau,
Madame de la Trousse,
Madame la présidente Tubœuf,
Madame la duchesse de la Vallière,
Madame la marquise de la Vallière,
Madame de Vilacerf,
Madame la duchesse de Wirtemberg, et madame sa fille,
Madame de Valavoire.

Comme la somptuosité de ce festin passe tout ce qu'on en pourroit dire, tant par l'abondance et la délicatesse des viandes qui y furent servies, que par le bel ordre que le maréchal de Bellefonds et le sieur de Valentiné, contrôleur-général de la maison du Roi, y apportèrent, je n'entreprendrai pas d'en faire le détail; je dirai seulement que le pied du rocher étoit revêtu, parmi les coquilles et la mousse, de quantité de pâtes, de confitures de conserves, d'herbages et de fruits sucrés, qui sembloient être crûs parmi les pierres, et en faire partie. Il y avoit sur les huit angles qui marquent la figure du rocher et de la table, huit pyramides de fleurs, dont chacune étoit composée de treize porcelaines remplies de différens mets. Il y eut cinq services, chacun de cinquante-six plats; les plats du dessert étoient chargés de seize porcelaines en pyramides, où tout ce qu'il y a de plus exquis et de plus rare dans la saison, y paroissoit à l'œil et au goût, d'une manière qui secondoit bien ce que l'on avoit fait dans cet agréable lieu pour charmer la vue.

Dans une allée assez proche de là, et sous une tente, étoit la table de la Reine, où mangeoient Madame, Mademoiselle, madame la Princesse, madame la princesse de Carignan. Monseigneur le Dauphin soupa au château, dans son appartement.

Le Roi étoit servi par monsieur le duc; et Monsieur, par le sieur de Valentiné. Les sieurs Grotteau, contrôleur de la bouche, Gaut et Chamois, contrôleurs d'office, mettoient les viandes sur la table.

Le maréchal de Bellefonds servoit la Reine; et le sieur Courtet, contrôleur d'office, servoit Madame; le sieur de la Grange, aussi contrôleur d'office, mettoit sur table; les cent-Suisses de la garde portoient les viandes, et les pages et valets-de-pied du Roi, de la Reine, de Monsieur et de Madame, servoient les tables de leurs Majestés.

Dans le même temps que l'on portoit sur ces deux tables, il y en avoit huit autres que l'on servoit de la même manière, qui étoient dressées sous les quatre tentes dont j'ai parlé; et ces tables avoient leurs maîtres d'hôtel, qui faisoient porter les viandes par les gardes-suisses.

La première étoit celle

De madame la comtesse de Soissons, de	20 couverts.
De madame la princesse de Bade, de	20 couverts.
De madame la duchesse de Créquy, de	20 couverts.
De madame la maréchale de la Mothe, de	20 couverts.
De madame de Montausieur, de	40 couverts.
De madame la maréchale de Bellefonds, de	65 couverts.
De madame la maréchale d'Humières, de	20 couverts.
De madame de Bethune, de	20 couverts.

Il y en avoit encore trois autres dans une petite allée à côté de celle que tenoit madame la maréchale de Bellefonds, de quinze à seize couverts chacune, dont les maîtres d'hôtel du Roi avoient le soin.

Quantité d'autres tables se servoient de la desserte de la Reine, et des autres, pour les femmes de la Reine et pour d'autres personnes.

Dans la Grotte, proche du château, il y eut trois tables pour les ambassadeurs, qui furent servies en même temps, de vingt-deux couverts chacune.

Il y avoit encore, en plusieurs endroits, des tables dressées, où l'on donnoit à manger à tout le monde; et l'on peut dire que l'abondance des viandes, des vins et des liqueurs, la beauté et l'excellence des fruits et des confitures, et une infinité d'autres choses délicatement apprêtées, faisoient bien voir que la magnificence du Roi se répandoit de tous côtés.

Le Roi s'étant levé de table pour donner un nouveau divertissement aux dames, et passant par le portique où l'allée monte vers le château, les conduisit dans la salle du bal.

A deux cents pas de l'endroit où l'on avoit soupé, et dans une traverse d'allées qui forme un espace d'une vaste grandeur, l'on avoit dressé un édifice d'une figure octogone, haut de plus de neuf toises, et large de dix. Toute la cour marcha le long de l'allée, sans s'apercevoir du lieu où elle étoit; mais, comme elle eut fait plus de la moitié du chemin, il y eut une palissade de verdure, qui, s'ouvrant tout d'un coup de part et d'autre, laissa voir, au travers d'un grand portique, un salon rempli d'une infinité de lumières, et une longue allée au-delà, dont l'extraordinaire beauté surprit tout le monde.

Ce bâtiment n'étoit pas tout de feuillages, comme celui où l'on avoit soupé; il représentoit une superbe salle, revêtue de marbre et de porphire, et ornée seulement, en quelques endroits, de verdure et de festons. Un grand portique de seize pieds de large, et de trente-deux de haut, servoit d'entrée à ce riche salon; il avançoit environ trois toises dans l'allée; et cette avance servoit encore de vestibule, et faisoit symétrie aux autres enfoncemens qui se rencontroient dans les huit côtés. Du milieu du portique pendoient de grands festons de fleurs, attachés de part et d'autre. Aux deux côtés de l'entrée, et sur deux piédestaux, on voyoit des thermes représentant des Satyres, qui étoient là comme les gardes de ce beau lieu. A la hauteur de huit pieds, ce salon étoit ouvert par les six côtés, entre la porte par où l'on entroit, et l'allée du milieu; ces ouvertures formoient six grandes arcades, qui servoient de tribunes, où l'on avoit dressé plusieurs siéges en forme d'amphithéâtres, pour asseoir plus de six-vingts personnes dans chacune. Ces enfoncemens étoient ornés de feuillages, qui, venant se terminer contre les pilastres et le haut des arcades, y montroient assez que ce bel endroit étoit paré comme à un jour de fête, puisque l'on y mêloit des feuilles et des fleurs pour l'orner; car les impostes et les clefs des arcades étoient marqués par des festons et des ceintures de fleurs.

Du côté droit, dans l'arcade du milieu, et au haut de l'enfoncement, étoit une grotte de rocaille, où, dans un large bassin travaillé rustiquement, l'on voyoit Arion porté sur un dauphin, et tenant une lyre; il y avoit à côté de lui deux Tritons : c'étoit dans ce lieu que les musiciens étoient placés. A l'opposite, l'on avoit mis tous les joueurs d'instrumens; l'enfoncement de l'arcade où ils étoient, formoit aussi une grotte, où l'on voyoit Orphée sur un rocher, qui sembloit joindre sa voix à celle de deux Nymphes assises auprès de lui. Dans le fond des quatre autres arcades, il y avoit d'autres grottes, où, par la gueule de certains monstres, sortoit de l'eau qui tomboit dans des bassins rustiques, d'où elle s'échappoit entre des pierres, et dégouttoit lentement parmi la mousse et les rocailles.

Contre les huit pilastres qui formoient ces arcades, et sur des piédestaux de marbre, l'on avoit posé huit grandes figures de femmes, qui tenoient dans leurs mains divers instrumens, dont elles sembloient se servir pour contribuer au divertissement du bal.

Dans le milieu des piédestaux, il y avoit des masques de bronze doré, qui jetoient de l'eau dans un bassin. Au bas de chaque piédestal, et des deux côtés du même bassin, s'élevoient deux jets d'eau, qui formoient deux chandeliers. Tout autour de ce salon régnoit un siége de marbre, sur lequel, d'espace en espace, étoient plusieurs vases remplis d'orangers.

Dans l'arcade qui étoit vis-à-vis de l'entrée, et qui servoit d'ouverture à une grande allée de verdure, l'on voyoit encore, sur deux piédestaux, deux figures qui représentoient Flore et Pomone. De ces piédestaux, il en sortoit de l'eau comme de ceux du salon.

Le haut du salon s'élevoit au-dessus de la corniche, par huit pans, jusqu'à la hauteur de douze pieds; puis, formant un plafond de figure octogone, laissoit, dans le milieu, une ouverture de pareille forme, dont l'enfoncement étoit de cinq à six pieds. Dans ces huit pans, étoient huit grands soleils d'or, soutenus de huit figures qui représentoient les douze mois de l'année, avec les signes du zodiaque : le fond étoit d'azur, semé de fleurs de lis d'or; et le reste enrichi de roses et d'autres ornemens d'or, d'où pendoient trente-deux lustres, portant chacun douze bougies.

Outre toutes ces lumières, qui faisoient le plus beau jour du monde, il y avoit dans les six tribunes vingt-quatre plaques, dont chacune portoit neuf bougies; et, aux deux côtés des huit pilastres, au-dessus des figures, sortoient de la feuillée de grands fleurons d'argent, en forme de branches d'arbres, qui soutenoient treize chandeliers disposés en pyramides. Aux deux côtés de la porte, et dans l'endroit qui servoit comme de vestibule, il y avoit six grandes plaques en ovale, enrichies des chiffres du Roi; chacune de ces plaques portoit seize chandeliers allumés de seize bougies.

L'allée qui aboutit au milieu de ce salon, avoit plus de vingt pieds de large; elle étoit toute de feuillée de part et d'autre, et paroissoit découverte par le haut; par les côtés, elle sembloit accompagnée de huit cabinets, où, à chaque encoignure, l'on voyoit, sur des piédestaux de marbre, des thermes qui représentoient des Satyres : à l'endroit où étoient ces thermes, les cabinets se fermoient en berceau.

Au bout de l'allée, il y avoit une grotte de rocaille, où l'art étoit si heureusement joint à la nature, que, parmi les figures qui l'ornoient, on y voyoit cette belle négligence, et cet arrangement rustique, qui donne un si grand plaisir à la vue.

Au haut, et dans le lieu le plus enfoncé de la grotte, on découvroit une espèce de masque de bronze doré, représentant la tête d'un monstre marin. Deux Tritons argentés ouvroient les deux côtés de la gueule de ce masque, duquel s'élevoit, en forme d'aigrette, un gros bouillon d'eau, dont la chute, augmentant celle qui tomboit de sa gueule, extraordinairement grande, faisoit une nappe qui se répandoit dans un grand bassin, d'où ces deux Tritons sembloient sortir.

De ce bassin se formoit une autre grande nappe, accompagnée de deux gros jets d'eau, que deux animaux, d'une figure monstrueuse, vomissoient en se regardant l'un l'autre. Ces deux animaux, qui ne paroissoient qu'à demi hors de la roche, étoient aussi de bronze doré. De cette quantité d'eau qu'ils jetoient, et de celle de ce bassin qui tomboit dans un autre beaucoup plus grand, il se formoit une troisième nappe, qui, couvrant tout le bas du rocher, et se déchirant inégalement contre les pierres d'en bas, faisoit paroître des éclats si beaux et si extraordinaires, qu'on ne les peut bien exprimer.

Cette abondance d'eau, qui, comme un agréable torrent, se précipitoit de la sorte par différentes chutes, sembloit couvrir le rocher de plusieurs voiles d'argent, qui n'empêchoient pas qu'on ne vît la disposition des pierres et des coquillages, dont les couleurs paroissoient encore avec plus de beauté parmi la mousse mouillée, et au travers de l'eau qui tomboit en bas, où elle formoit de gros bouillons d'écume.

De ce dernier endroit, où toute cette eau finissoit sa chute dans un carré qui étoit au pied de la grotte, elle se divisoit en deux canaux, qui, bordant les deux côtés de l'allée, venoient se terminer dans un grand bassin, dont la figure étoit d'un carré long, augmenté, par les quatre côtés, de quatre demi-ronds, lequel séparoit l'allée d'avec le salon : mais cette eau ne couloit pas sans faire paroître mille beaux effets; car, vis-à-vis des huit cabinets, il y avoit, dans chaque canal, deux jets d'eau qui formoient de chaque côté seize lances de douze à quinze pieds de haut; et, d'espace en espace, l'eau de ces canaux, venant à tomber, faisoit des cascades qui composoient autant de petites nappes argentées, dont la longueur de chaque canal étoit agréablement interrompue.

Ces canaux étoient bordés de gazon de part et d'autre. Du côté des cabinets, et entre les thermes qui en marquoient les encoignures, il y avoit, dans de grands vases, des orangers chargés de fleurs et de fruits; et le milieu de l'allée étoit d'un sable jaune qui partageoit les deux lisières de gazon.

Dans le bassin qui séparoit l'allée d'avec le salon, il y avoit un groupe de quatre dauphins dans des coquilles de bronze doré, posées sur un petit rocher: ces quatre dauphins ne formoient qu'une seule tête, qui étoit renversée, et qui, ouvrant la gueule en haut, poussoit un jet d'eau d'une grosseur extraordinaire. Après que cette eau, qui s'élevoit de plus de trente pieds de haut, avoit frappé la feuillée avec violence, elle retomboit dans le bassin en mille petites boules de cristal.

Aux deux côtés de ce bassin, il y avoit quatre grandes plaques en ovale, chargées chacune de quinze bougies; mais, comme toutes les autres lumières qui éclairoient cette allée étoient cachées derrière les pilastres et les thermes qui marquoient les cabinets, l'on ne voyoit qu'un jour universel qui se répandoit si agréablement dans tout ce lieu, et en découvroit les parties avec tant de beauté, que tout le monde préféroit cette clarté à la lumière des plus beaux jours. Il n'y avoit point de jet d'eau qui ne fît paroître mille brillans; et l'on recon-

FÊTE DE VERSAILLES.

noissoit principalement dans ce lieu et dans la grotte où le Roi avoit soupé, une distribution d'eau si belle et si extraordinaire, que jamais il ne s'est rien vu de pareil. Le sieur Joly, qui en avoit eu la conduite, les avoit si bien ménagées, que, produisant toutes des effets différens, il y avoit encore une union et un certain accord qui faisoit paroître partout une agréable beauté, la chute des unes servant, en plusieurs endroits, à donner plus d'éclat à la chute des autres. Les jets d'eau qui s'élevoient de quinze pieds sur le devant des deux canaux, venoient peu à peu à diminuer de hauteur et de force, à mesure qu'ils s'éloignoient de la vue; de sorte que, s'accordant avec la belle manière dont l'on avoit disposé l'allée, il sembloit que cette allée, qui n'avoit guère plus de quinze toises de long, en eût quatre fois davantage, tant toutes choses y étoient bien conduites!

Pendant que, dans un séjour si charmant, leurs Majestés et toute la cour prenoient le divertissement du bal, à la vue de ces beaux objets et au bruit de ces eaux qui n'interrompoient qu'agréablement le son des instrumens, l'on préparoit ailleurs d'autres spectacles dont personne ne s'étoit aperçu, et qui devoient surprendre tout le monde. Le sieur Gissey, outre le soin qu'il avoit pris du lieu où le Roi avoit soupé, et des dessins de tous les habits de la comédie, se trouvant encore chargé des illuminations qu'on devoit mettre au château, et en plusieurs endroits du parc, travailloit à mettre toutes ces choses en ordre, pour faire que ce beau divertissement eût une fin aussi heureuse et aussi agréable, que le succès en avoit été favorable jusques alors; ce qui arriva en effet par les soins qu'il y prit. Car, en un moment, toutes les choses furent si bien ordonnées, que, quand leurs Majestés sortirent du bal, elles aperçurent le tour du Fer-à-cheval et le château tout en feu, mais d'un feu si beau et si agréable, que cet élément, qui ne paroît guère dans l'obscurité de la nuit sans donner de la crainte et de la frayeur, ne causoit que du plaisir et de l'admiration. Deux cent vases de quatre pieds de haut, de plusieurs façons, et ornés de différentes manières, entouroient ce grand espace qui enferme les parterres de gazon, et qui forme le Fer-à-cheval. Au bas des dégrés qui sont au milieu, on voyoit quatre figures représentant quatre Fleuves; et au-dessus, sur quatre piédestaux qui sont aux extrémités des rampes, quatre autres figures qui représentoient les quatre parties du monde. Sur les angles du Fer-à-cheval, et entre les vases, il y avoit trente-huit candélabres ou chandeliers antiques, de six pieds de haut; et ces vases, ces candélabres et ces figures, étant éclairés de la même sorte que celles qui avoient paru dans la frise du salon où l'on avoit soupé, faisoient un spectacle merveilleux. Mais la cour étant arrivée au haut du Fer-à-cheval, et découvrant encore mieux tout le château, ce fut alors que tout le monde demeura dans une surprise qui ne se peut connoître qu'en la ressentant.

Il étoit orné de quarante-cinq figures. Dans le milieu de la porte du château, il y en avoit une qui représentoit Janus; et, des deux côtés, dans les quatorze fenêtres d'en bas, l'on voyoit différens trophées de guerre. A l'étage d'en haut, il y avoit quinze figures qui représentoient diverses vertus, et au-dessus, un soleil avec des lyres, et d'autres instrumens ayant rapport à Apollon, qui paroissoient en quinze différens endroits. Tou-

FÊTE DE VERSAILLES.

tes ces figures étoient de diverses couleurs, mais si brillantes et si belles, que l'on ne pouvoit dire si c'étoient différens métaux allumés, ou des pierres de plusieurs couleurs qui fussent éclairées par un artifice inconnu. Les balustrades qui environnent le fossé du château, étoient illuminées de la même sorte; et dans les endroits où, durant le jour, on avoit vu des vases remplis d'orangers et de fleurs, l'on y voyoit cent vases de diverses formes, allumés de différentes couleurs.

De si merveilleux objets arrêtoient la vue de tout le monde, lorsqu'un bruit qui s'éleva vers la grande allée, fit qu'on se tourna de ce côté-là. Aussitôt on la vit éclairée, d'un bout à l'autre, de soixante-douze thermes, faits de la même manière que les figures qui étoient au château, et qui la bordoient des deux côtés. De ces thermes il partit, en un moment, un si grand nombre de fusées, que les unes, se croisant sur l'allée, faisoient une espèce de berceau, et les autres s'élevant tout droit, et laissant jusques en terre une grosse trace de lumière, formoient comme une haute palissade de feu. Dans le temps que ces fusées montoient jusques au ciel, et qu'elles remplissoient l'air de mille clartés plus brillantes que les étoiles, l'on voyoit, tout au bas de l'allée, le grand bassin d'eau, qui paroissoit une mer de flamme et de lumière, dans laquelle une infinité de feux plus rouges et plus vifs sembloient se jouer au milieu d'une clarté plus blanche et plus claire.

A de si beaux effets, se joignit le bruit de plus de cinq cent boîtes, qui, étant dans le grand parc, et fort éloignées, sembloient être l'écho de ces grands éclats dont les grosses fusées faisoient retentir l'air, lorsqu'elles étoient en haut.

Cette grande allée ne fut guère en cet état, que les trois bassins des fontaines qui sont dans le parterre de gazon, au bas du Fer-à-cheval, parurent trois sources de lumières. Mille feux sortoient du milieu de l'eau, qui, comme furieux et s'échappant d'un lieu où ils auroient été retenus par force, se répandoient de tous côtés sur les bords du parterre. Une infinité d'autres feux sortant de la gueule des lézards, des crocodiles, des grenouilles, et des autres animaux de bronze qui sont sur les bords des fontaines, sembloient aller secourir les premiers, et, se jetant dans l'eau, sous la figure de plusieurs serpens, tantôt séparément, tantôt joints ensemble par gros pelotons, lui faisoient une rude guerre. Dans ces combats, accompagnés de bruits épouvantables, et d'un embrasement qu'on ne peut représenter, ces deux élémens étoient si étroitement mêlés ensemble, qu'il étoit impossible de les distinguer. Mille fusées qui s'élevoient en l'air, paroissoient comme des jets d'eau enflammés; et l'eau qui bouillonnoit de toutes parts, ressembloit à des flots de feu, et à des flammes agitées.

Bien que tout le monde sût que l'on préparoit des feux d'artifice, néanmoins, en quelque lieu qu'on allât durant le jour, l'on n'y voyoit nulle disposition; de sorte que, dans le temps que chacun étoit en peine du lieu où ils devoient paroître, l'on s'en trouva tout à coup environné; car non-seulement ils partoient de ces bassins de fontaines, mais encore des grandes allées qui environnent le parterre; et, en voyant sortir de terre mille flammes qui s'élevoient de tous côtés, l'on ne savoit s'il y avoit des canaux qui fournissoient, cette nuit-là, autant de feux, comme, pendant le jour, on avoit vu des jets d'eau qui rafraîchissoient ce beau parterre. Cette surprise causa un agréable désordre parmi tout le monde, qui, ne sachant où se retirer, se cachoit dans l'épaisseur des bocages, et se jetoit contre terre.

Ce spectacle ne dura qu'autant de temps qu'il en faut pour imprimer dans l'esprit une belle image de ce que l'eau et le feu peuvent faire quand ils se rencontrent ensemble et qu'ils se font la guerre ; et chacun, croyant que la fête se termineroit par un artifice si merveilleux, retournoit vers le château, quand, du côté du grand étang, l'on vit tout d'un coup le ciel rempli d'éclairs, et l'air d'un bruit qui sembloit faire trembler la terre. Chacun se rangea vers la Grotte pour voir cette nouveauté, et aussitôt il sortit de la tour de la pompe qui élève toutes les eaux, une infinité de grosses fusées qui remplirent tous les environs de feu et de lumières. A quelque hauteur qu'elles montassent, elles laissoient attachée à la tour une grosse queue, qui ne s'en séparoit point, que la fusée n'eût rempli l'air d'une infinité d'étoiles qu'elle y alloit répandre. Tout le haut de cette tour sembloit être embrasé, et, de moment en moment, elle vomissoit une infinité de feux, dont les uns s'élevoient jusques au ciel, et les autres, ne montant pas si haut, sembloient se jouer par mille mouvemens agréables qu'ils faisoient. Il y en avoit même qui, marquant les chiffres du Roi par leurs tours et retours, traçoient dans l'air de doubles L, toutes brillantes d'une lumière très-vive et très-pure. Enfin, après que de cette tour il fut sorti, à plusieurs fois, une si grande quantité de fusées, que jamais on n'a rien vu de semblable, toutes ces lumières s'éteignirent ; et, comme si elles eussent obligé les étoiles du ciel à se retirer, l'on s'aperçut que, de ce côté-là, la plus grande partie ne se voyoit plus, mais que le jour, jaloux des avantages d'une si belle nuit, commençoit à paroître.

Leurs Majestés prirent aussitôt le chemin de Saint-Germain avec toute la cour, et il n'y eut que Monseigneur le Dauphin qui demeura dans le château.

Ainsi finit cette grande fête, de laquelle si l'on remarque bien toutes les circonstances, on verra qu'elle a surpassé, en quelque façon, ce qui a jamais été fait de plus mémorable. Car, soit que l'on regarde comme en si peu de temps l'on a dressé des lieux d'une grandeur extraordinaire pour la comédie, pour le souper et pour le bal, soit que l'on considère les divers ornemens dont on les a embellis, le nombre des lumières dont on les a éclairés, la quantité d'eau qu'il a fallu conduire, et la distribution qui en a été faite, la somptuosité des repas où l'on a vu une quantité de toutes sortes de viandes qui n'est pas concevable; et, enfin, toutes les choses nécessaires à la magnificence de ces spectacles, et à la conduite de tant de différens ouvriers; on avouera qu'il ne s'est jamais rien fait de plus surprenant, et qui ait causé plus d'admiration.

Mais, comme il n'y a que le Roi qui puisse, en si peu de temps, mettre de grandes armées sur pied, et faire des conquêtes avec cette rapidité que l'on a vue, et dont toute la terre a été épouvantée, lorsque, dans le milieu de l'hiver, il triomphoit de ses ennemis, et faisoit ouvrir les portes de toutes les villes par où il passoit: aussi n'appartient-il qu'à ce grand prince de mettre ensemble, avec la même promptitude, autant de musiciens, de danseurs, et de joueurs d'instrumens, et tant de différentes beautés. Un capitaine romain disoit autrefois, qu'il n'étoit pas moins d'un grand homme de savoir bien disposer un festin agréable à ses amis, que de ranger une armée redoutable à ses ennemis : ainsi l'on voit que Sa Majesté fait toutes ses actions avec une grandeur égale, et que, soit dans la paix, soit dans la guerre, elle est partout inimitable.

Quelque image que j'aie tâché de faire de cette belle fête, j'avoue qu'elle n'est que très-imparfaite, et l'on ne doit pas croire que l'idée qu'on s'en formera sur ce que j'en ai écrit, approche, en aucune façon, de la vérité. On peut voir ici les figures des principales décorations; mais ni les paroles, ni les figures ne sauroient bien représenter tout ce qui servit de divertissement dans ce grand jour de réjouissance.

Félibien.

NOTICE

HISTORIQUE ET LITTÉRAIRE

SUR GEORGE DANDIN.

Dans l'hiver de 1668, la Franche-Comté avoit été conquise en moins d'un mois par Louis XIV en personne; et, le 2 mai de la même année, un traité de paix avoit été signé à Aix-la-Chapelle, entre la France et l'Espagne. Le roi, par ce traité, renonçoit à sa nouvelle conquête, sans en perdre la gloire, et il conservoit, du consentement même de l'Espagne, tout ce qu'il avoit conquis précédemment sur elle dans les Pays-Bas. Tandis que le monarque et son armée faisoient tomber en leur pouvoir les places de la Franche-Comté, Paris et surtout Saint-Germain étoient sevrés des plaisirs que l'hiver y ramenoit chaque année. Louis XIV, pour dédommager sa cour de la privation qu'elle avoit éprouvée pendant son absence, et en même temps pour célébrer les succès que venoient d'obtenir ses armes et ses négociations, voulut qu'une fête magnifique fût donnée, le 18 juillet, dans les jardins de Versailles. Après la collation et avant le souper, la comédie de *George Dandin* fut représentée sur un théâtre dressé tout exprès; avec des intermèdes dont Molière avoit fait les paroles et Lulli la musique. Le 9 novembre suivant, la pièce fut jouée à Paris, sans les intermèdes, et elle eut une dizaine de représentations presque consécutives.

Molière se disposoit, dit-on, à faire jouer sa comédie, lorsqu'un de ses amis l'avertit qu'il y avoit à Paris un homme qui pourroit bien se reconnoître dans le personnage de George Dandin, et qui étoit en état, par ses nombreux entours, de nuire beaucoup à un ouvrage où il se croiroit insulté. Cet homme étoit fort assidu au théâtre : Molière l'y aborde, lui témoigne le désir de lui faire entendre sa nouvelle comédie, et le prie de choisir son jour. Enchanté de cette flatteuse marque de déférence, notre homme donne parole pour le lendemain, court aussitôt tout Paris, et rassemble un nombreux auditoire. La pièce fut jugée excellente, surtout par le maître de la maison; et, quand elle fut représentée, elle n'eut pas de partisan plus zélé que celui même dont elle retraçoit les aventures. L'anecdote est assez peu vraisemblable, et c'est Grimarest qui la rapporte : double raison pour en douter.

Deux choses sont à remarquer dans la comédie de *George Dandin*, l'intrigue et les caractères. L'intrigue est d'une extrême simplicité. Lubin, messager d'amour du vicomte, fait trois fois au mari la confidence de ce qu'on a fait ou de ce qu'on va faire contre lui. Le mari, bien averti, croit chaque fois avoir le moyen de prouver aux parens de sa femme qu'elle se conduit mal; et chaque fois la malice de cette femme fait tourner à la confusion de son mari ce qui devoit tourner à la sienne. C'est à peu près l'intrigue de *l'École des Femmes*, où Arnolphe, informé par son rival de tous les tours qu'on lui a joués ou qu'on lui prépare, n'en peut éviter aucun, et s'engage dans le piége par les efforts mêmes qu'il fait pour s'en garantir.

La fable particulière de *George Dandin* est empruntée à deux Nouvelles de Boccace : l'une a donné l'idée de la principale scène du second acte, et l'autre a fourni le sujet du dénouement. Ce sujet est de la plus haute antiquité : on le trouve dans tous les siècles et dans tous les idiomes. Les modernes l'ont apperçu, pour la première fois, dans *le Dolopathos, ou Roman du Roi et des Sept Sages*, ouvrage bizarre, originairement composé en indien, cent ans avant Jésus-Christ, et successivement traduit en arabe, en hébreu, en syriaque, en grec, en latin, en roman, en françois, en allemand et en italien. De ce recueil de contes, assez semblable aux *Mille et une Nuits*, Boccace a tiré plusieurs de ses Nouvelles, et, entre autres, celle dont Molière a fait son dénouement. Molière, qui avoit déja employé la même idée dans sa farce de *la Jalousie du Barbouillé*, l'avoit prise sans doute dans le conteur italien ; mais il auroit pu la prendre également dans un de nos vieux rimeurs françois, Pierre d'Ansol, qui, avant Boccace même, en composa un fabliau ayant pour titre, *la femme qui, ayant tort, parut avoir raison*.

La partie essentielle de l'ouvrage, les caractères et les mœurs appartiennent à Molière ; il les avoit trouvés dans la société qu'il observoit sans cesse, et dont il ne détournoit sûrement pas ses regards, pour aller chercher dans les livres ce qui se présentoit à lui de toute part. Je ne tairai cependant pas que, dans une des deux Nouvelles de Boccace qui lui ont servi pour l'intrigue de sa pièce, on voit, comme dans cette pièce même, une belle-mère noble, reprochant au roturier qui est son gendre, la bassesse de son extraction, l'injustice des plaintes qu'il forme contre sa femme, et l'indignité de sa propre conduite. Mais que sont quelques paroles dures et hautaines, comparées aux deux rôles si comiques de monsieur et de madame de Sotenville? Je rappellerai aussi qu'on a cru apercevoir le germe de l'idée morale développée par Molière, dans un passage de *l'Aululaire* de Plaute. Mégadore prie Euclion de lui donner sa fille en mariage. Euclion répond : « Voulez-« vous savoir ce que je pense, Mégadore? Vous êtes un homme « riche et puissant; moi, je suis le plus pauvre des hommes. Si « je vous donne ma fille, vous serez le bœuf, et moi je serai « l'âne. Accouplé avec vous, je ne pourrai porter une aussi « forte charge, et je tomberai dans le bourbier. Vous, bœuf, « vous ne me regarderez pas plus que si je n'existois pas. J'é-« prouverai vos mépris, et mes pareils se moqueroient de moi. « Si nous en venons à rompre ensemble, je ne trouverai nulle « part une étable où me réfugier. Les ânes me mordront à « belles dents, et les bœufs me perceront de leurs cornes. Il y « a un trop grand danger pour moi à sortir du rang des ânes, « pour m'élever au rang des bœufs. »

Molière, a-t-on dit, qui devoit avoir souvent sous les yeux *l'Aululaire*, en composant son *Avare*, a pu être frappé de ce passage sur le danger des alliances inégales, et concevoir dès lors le projet de le mettre en action. Je ne repousse pas cette conjecture ingénieuse et même plausible; mais je dirai encore, Qu'est-ce qu'un passage de quelques vers, comparé à toute une comédie? et enfin, quel besoin Molière avoit-il de Plaute, pour former le projet d'attaquer un travers de mœurs que la cour et la ville offroient incessamment à ses regards?

Sous Louis XIV, plus qu'à aucune autre époque de la monarchie, la noblesse parut être un objet d'envie et de convoitise. Quand on ne la possédoit pas, on l'achetoit; et, quand on ne pouvoit l'acheter, on la prenoit, on se la donnoit à soi-même. Les anoblis et les faux nobles abondoient. Il fallut plus d'une fois que le gouvernement fît la recherche de ces derniers, et les contraignît, sous des peines assez sévères, à déposer les qualités et les armoiries qu'ils avoient usurpées. D'honnêtes et riches bourgeois, désespérant de devenir nobles de leur chef, vouloient du moins s'allier à des familles nobles : les uns donnoient leur fille à quelque gentilhomme obéré, qu'une grosse dot affranchissoit de la poursuite de ses créanciers; les autres, en plus petit nombre, épousoient eux-mêmes quelque fille de qualité, dont les parens recevoient, pour prix de cette mésalliance, de quoi rétablir leurs affaires délabrées. Dans ces unions ridicules de la roture opulente et de la noblesse nécessiteuse, l'une étoit presque toujours condamnée à supporter les mépris de l'autre. La demoiselle, dont le nom et les quartiers venoient s'abîmer dans un hymen plébéien, rougissoit du mari qui l'avoit tirée de son orgueilleuse misère, et se croyoit plus que quitte envers lui quand elle n'avoit fait que l'humilier. L'homme de qualité, en vertu de son rang, dédaignoit celle qui lui avoit donné les moyens de le soutenir, et souvent portoit à d'autres femmes les prodigalités qu'elle l'avoit mis en état de faire. Cette espèce de désordre social appeloit, méritoit certainement la censure de Molière. On peut regretter qu'il n'ait pas donné à ses figures de plus grandes proportions; à sa composition plus de noblesse, de mouvement et de variété; à son tableau un cadre plus étendu. Le ridicule et le danger des alliances inégales auroient peut-être été présentés d'une manière plus frappante, plus utile et même plus vraie, si, agrandissant ses personnages, et les plaçant sur un théâtre plus élevé, il eût montré quelque homme considérable de la bourgeoisie de Paris, indignement méprisé, bafoué, trompé, déshonoré par quelque fille d'une grande et illustre maison. Le sujet, ainsi traité, eût porté jusqu'à la haute comédie de mœurs un ouvrage qui, par sa forme un peu vulgaire, semble n'appartenir qu'à la petite comédie d'intrigue. Tel qu'il est toutefois, l'intention de l'auteur n'y sauroit être méconnue. Si l'alliance d'un riche paysan et d'un gentillâtre campagnard n'est pas la satire directe de certaines unions ridiculement fameuses qui scandalisoient ou égayoient Paris et Saint-Germain, elle est du moins une espèce d'apologue dont il est facile de tirer la moralité et de faire l'application (1).

Monsieur et madame de Sotenville sont de ces personnages vrais, réels, que Molière est allé prendre dans le monde, et qu'il a placés tout vivans sur le théâtre, où ils ont, pour ainsi dire, fait souche. On y voit, en effet, paroître, par intervalles, quelques-uns de leurs descendans. Entre autres, le comte et

---

(1) La manie des alliances disproportionnées, les inconvéniens qu'elles entraînent et les regrets qu'elles excitent, n'appartiennent pas seulement aux sociétés modernes : on les retrouve dans l'antiquité. Strepsiade, le principal personnage de la comédie des *Nuées*, d'Aristophane, se plaint d'avoir épousé une femme d'une condition supérieure à la sienne. « Avant « cela, dit-il, je passois les jours les plus heureux à la campagne. Sans « recherche dans mes habits et dans mes manières, j'avois des ruches, des « brebis, et du marc d'olives en abondance ; mais depuis que j'ai été assez « sot pour prendre à la ville une femme dépensière, délicate, et plus glo- « rieuse que la superbe Cæsyra, enfin, la nièce de Mégaclès, de ce grand « Mégaclès, moi qui étois un bon villageois, je n'ai point un moment de « bon temps. »

la comtesse de *l'Impromptu de Campagne*, le baron et la baronne de *la Fausse Agnès*, sont incontestablement de cette lignée.

A Paris et à Saint-Germain, l'éclat des plus grands noms étoit absorbé par la splendeur du trône : c'étoit comme ces comètes qui, suivant quelques physiciens, tombent dans le soleil et servent à alimenter son foyer. Les nobles d'illustration, les grands seigneurs de la cour ne pouvant briller que d'une lumière réfléchie dans cette atmosphère éblouissante qui environnoit le monarque, et pouvant encore moins exercer le despotisme du privilége sous les regards d'un prince, aux yeux de qui tous ses sujets étoient égaux, comme tous les hommes le sont aux yeux de Dieu, avoient cherché à se créer dans la société un autre genre de prérogative, celle de l'élégance des mœurs et des manières, du ton et du langage : noblement familiers avec leurs supérieurs, ils n'étoient fiers qu'avec leurs égaux, et ils étoient envers leurs inférieurs d'une politesse qui, par son excès même, avoit presque les effets de la hauteur.

C'est dans les provinces seulement qu'on voyoit subsister quelques restes de la rudesse, de l'arrogance et de la tyrannie féodale; c'est là que vivoient, dans des manoirs délabrés, ces gentilshommes d'ancienne famille, dont les aïeux s'étoient obscurément ruinés et fait tuer pour le service de l'état. Ils se consoloient, se dédommageoient de leur noble indigence, par un profond respect pour eux-mêmes et pour ceux de leur classe; par un mépris non moins profond pour ceux qui n'en étoient pas; enfin par toutes ces petites jouissances de vanité, que leur procuroient les hommages de leurs paysans et les honneurs du banc seigneurial. Plaider leur curé, courre le lièvre, vider ou arranger quelques affaires selon toutes les règles du point d'honneur, telles étoient leurs occupations, leurs amusemens, leur existence entière. Voilà les originaux que Molière a peints avec une vérité si amusante. Il y en avoit en foule dans son siècle; la race n'en est pas éteinte dans le nôtre. Il y a encore, au fond de quelques provinces, des Sotenville et des bons, des Sotenville en ligne directe : ils ne sont pas vêtus tout-à-fait comme leurs ancêtres, ils ont un langage et des manières un peu différentes; mais les qualités héréditaires subsistent en eux, et l'air de famille est profondément empreint sur leur figure.

Nous retrouvons encore ici J. J. Rousseau gourmandant Molière, et l'accusant d'avoir fait du théâtre une école de mauvaises mœurs, en nous montrant toujours le triomphe du vice sur le ridicule, de la méchanceté sur la sottise. « Quel est, dit-
« il, le plus criminel d'un paysan assez fou pour épouser une
« demoiselle, ou d'une femme qui cherche à déshonorer son
« mari? Que penser d'une pièce où le public applaudit à l'infi-
« délité, au mensonge, à l'impudence de celle-ci, et rit de la
« bêtise du manant puni ? » Dans ses idées de justice distributive, Rousseau voudroit-il donc qu'Angélique et son complice fussent punis, et que George Dandin triomphât de leurs machinations coupables? Mais Molière n'a point voulu faire une pièce où les amans adultères apprissent que leurs complots contre l'honneur d'un mari peuvent être renversés et retomber sur eux-mêmes. C'est une leçon que le monde leur donne quelquefois, et qu'ils n'ont pas besoin de venir chercher au théâtre où elle ne leur profiteroit guère : cette leçon, d'ailleurs, ne seroit pas une répréhension suffisante d'un désordre qui viole les

lois divines et humaines; et la Muse de la comédie n'a pas caractère pour prêcher en matière aussi grave sur le ton qui conviendroit. Molière a voulu simplement corriger les hommes de la sotte vanité qui les porte à chercher des alliances dans un rang plus élevé que le leur. Les moyens qu'il a employés pour arriver à ce but sont-ils ceux qui doivent l'y conduire? en un mot, a-t-il bien fait et pouvoit-il faire autrement ce qu'il vouloit faire? C'est-là ce qu'il s'agit d'examiner. Rousseau prétend que, dans cette pièce, le public applaudit à la femme infidèle, et rit du mari trompé. Rousseau, par un artifice familier à tous les sophistes, pose d'abord en fait ce qui est en question. Est-il bien vrai que le public applaudisse *à l'infidélité, au mensonge, à l'impudence* d'Angélique? Je ne le pense pas. Rire des tours qu'on joue à un sot qui s'y est exposé volontairement, ce n'est pas approuver l'aigrefin, le fourbe, le fripon qui le trompe. Il y a une grande différence entre ces deux choses, et Rousseau se plaît à les confondre. Il faut en revenir ici aux principes que j'ai rappelés, à l'occasion de *l'Avare*, sur la fin et les moyens de la comédie, en ce qui regarde la leçon morale. La mission du poëte comique consiste à combattre les vices et les ridicules, et plus souvent les ridicules que les vices, par la raison que ceux-ci ont quelque chose d'odieux et de révoltant qui répugne à une condition essentielle du genre, celle d'amuser et de faire rire les honnêtes gens. Mais, soit qu'il attaque un vice, soit qu'il fronde un ridicule, il faut, de toute nécessité, qu'il montre ce que l'un ou l'autre a de préjudiciable, de nuisible, de funeste, et pour l'individu qui en est attaqué, et pour la société, si elle y est intéressée. L'impiété perverse de don Juan et la scélérate hypocrisie de Tartuffe sont des vices ou plutôt des crimes qui n'appartiennent pas à la justice ordinaire du théâtre comique : les personnages mis en scène, quoi qu'ils fissent, ne sauroient les châtier suffisamment. Que fait alors le poëte? il livre l'un de ces coupables à la vengeance du ciel, et l'autre à la vindicte du prince. Hors de ces cas qui doivent être fort rares, le poëte ne peut placer la punition d'un personnage vicieux ou ridicule que dans l'action des autres personnages qui l'entourent; et ceux-ci sont, pour ainsi dire, chargés de représenter les désordres, les disgraces, les dangers, les inconvéniens de tout genre, conséquences naturelles et accoutumées du défaut qu'il s'agit de corriger. Prenons toujours nos exemples dans le théâtre de Molière, et choisissons les pièces mêmes que Rousseau a condamnées comme contraires aux bonnes mœurs. Le poëte veut-il préserver les hommes de l'avarice, il leur dit : Si vous êtes avares, vous aurez des enfans dissipateurs qui, privés par vous du nécessaire, se procureront le superflu par des moyens ruineux; des enfans qui, victimes de votre odieuse passion et témoins du mépris qu'elle inspire, n'auront pour vous ni affection ni respect. Veut-il les garantir de la vaniteuse foiblesse de dédaigner la condition de leurs pères et la société de leurs égaux, de fréquenter et d'imiter les personnes du haut parage; il leur dit : Vous trouverez quelque brillant escroc, quelque fripon titré qui flattera votre manie pour s'en faire un revenu, vous fera payer ses propres folies, et ne vous remboursera de tous vos frais qu'en vous accablant de ridicules. Veut-il enfin les détourner des alliances disproportionnées, il leur dit : Votre noble épouse aura honte de vous, de vos manières, de vos liaisons; du mépris de votre personne, elle passera facilement à celui du nœud qui vous lie;

elle en violera tous les devoirs, et vous porterez inutilement vos plaintes, de vos nouveaux alliés qui s'en offenseront, à vos anciens égaux qui n'en feront que rire. Il n'est pas de moraliste, de prédicateur même, en qui l'on ne dût applaudir une aussi saine doctrine et d'aussi utiles enseignemens. Ce qui, sortant de la plume du moraliste ou de la bouche du prédicateur, obtiendroit l'approbation publique, le poëte comique le met en action. Comment le tableau dramatique, qui ne fait que rendre la leçon morale plus frappante et plus persuasive, pourroit-il être nuisible et coupable, quand cette leçon elle-même est salutaire pour ceux qui la reçoivent, et méritoire pour ceux qui la font?

C'est donc à tort que les comédies de Molière en général, et celle de *George Dandin* en particulier, ont été condamnées comme ménageant le vice et même le favorisant. Elles attaquent principalement les ridicules, mais comme d'abondantes sources de désordres et de vices; elles peignent de mauvaises mœurs, mais pour combattre les travers qui les engendrent et les nourrissent: elles ne sont donc pas, elles ne peuvent donc pas être immorales. Ceux qui les ont flétries de cette qualification, ont confondu la morale et la décence. On peut, en prêchant l'une, offenser quelquefois l'autre: c'est ce qui est arrivé aux satiriques de l'antiquité; c'est ce qui est arrivé à la plupart de nos anciens sermonaires; c'est ce qui est arrivé à Molière lui-même dans *George Dandin*. Je ne conviendrai jamais que Clitandre et Angélique soient intéressans: Molière, qui possédoit si bien l'art de rendre ses amoureux aimables, n'a répandu sur ceux-ci aucune de ces teintes douces et naïves qui donnent tant de charme à la peinture des autres; mais il ne leur a pas imprimé non plus ce sceau de réprobation que tout vicieux doit porter à la scène, et qui, au milieu même de son triomphe, fait présager sa punition prochaine. Molière eût satisfait à cette justice du théâtre, il eût vengé la morale publique outragée par la conduite coupable d'Angélique, s'il lui eût donné pour amant un des libertins pervers, un de ces vils chevaliers d'industrie, en qui le vice ne peut être que hideux, et qui se chargent de punir eux-mêmes, tôt ou tard, les complices de leur déréglement.

MONSIEUR
DE POURCEAUGNAC,

COMÉDIE-BALLET EN TROIS ACTES.

1669.

ACTEURS DE LA COMÉDIE.

MONSIEUR DE POURCEAUGNAC [1].
ORONTE.
JULIE, fille d'Oronte.
ÉRASTE, amant de Julie.
NÉRINE, femme d'intrigue, feinte Picarde.
LUCETTE, feinte Gasconne.
SBRIGANI [2], Napolitain, homme d'intrigue.
PREMIER MÉDECIN.
SECOND MÉDECIN.
UN APOTHICAIRE.
UN PAYSAN.
UNE PAYSANNE.
PREMIER SUISSE.
SECOND SUISSE.
UN EXEMPT.
DEUX ARCHERS.

---

[1] Le nom de *Pourceaugnac* est très-significatif. La terminaison en *gnac* désigne le pays du personnage, et le reste du nom désigne un peu crûment le personnage lui-même. Un des annotateurs critiques du Dictionnaire de Bayle a cru voir, dans l'anecdote suivante, l'origine du nom de *Pourceaugnac*. Un sieur Descars, gentilhomme limousin, s'étoit vanté, à Henri III et à la reine-mère, d'avoir à son commandement quatre mille gentilshommes, qui empêcheroient les Huguenots de bouger dans sa province. Jeanne d'Albret, mère de Henri IV, apprenant cette forfanterie, dit : « Apparemment que, par ces quatre mille gentilshommes, Descars, « Limousin, entendoit des pourceaux, appelés gentilshommes dans son « village parce qu'ils sont vêtus de soie. » L'origine est douteuse, pour le moins.

[2] Le nom de *Sbrigani* semble venir du verbe italien *sbrigare*, qui signifie, hâter, expédier. Sbrigani est, en effet, un personnage prompt, alerte et expéditif.

ACTEURS DU BALLET.

UNE MUSICIENNE.
DEUX MUSICIENS.
TROUPE DE DANSEURS.
DEUX MAITRES A DANSER.
DEUX PAGES DANSANS.
QUATRE CURIEUX DE SPECTACLES, DANSANS.
DEUX SUISSES DANSANS.
DEUX MÉDECINS GROTESQUES.
MATASSINS [1] DANSANS.
DEUX AVOCATS CHANTANS.
DEUX PROCUREURS DANSANS.
DEUX SERGENS DANSANS.
TROUPE DE MASQUES.
UNE ÉGYPTIENNE CHANTANTE.
UN ÉGYPTIEN CHANTANT.
UN PANTALON [2] CHANTANT.
CHOEUR DE MASQUES CHANTANS.
SAUVAGES DANSANS.
BISCAYENS DANSANS.

La scène est à Paris.

---

(1) *Les matassins* étoient une sorte de danse bouffonne, empruntée aux Espagnols, qui l'appeloient *matachines*. On disoit, *danser les matassins*, et on nommoit aussi *matassins* ceux qui exécutoient cette danse.

(2) *Pantalon* étoit un personnage de l'ancienne comédie italienne, dont l'emploi consistoit en danses grotesques, en gestes violens et en postures extravagantes : il étoit habillé, des pieds à la tête, d'un vêtement d'une seule pièce et fort juste. C'est de lui que viennent la forme et le nom de la partie d'habillement qui a presque universellement remplacé la culotte ou haut-de-chausses.

L'APPOTHICAIRE.
Prenez le, Monsieur, prenez le........
POURCEAUGNAC.
Allez vous en au diable.

Pourceaugnac, Acte 1.er Scène XVI.

MONSIEUR DE POURCEAUGNAC,

COMÉDIE-BALLET.

ACTE PREMIER.

SCÈNE PREMIÈRE.

ÉRASTE, UNE MUSICIENNE, DEUX MUSICIENS CHANTANS, PLUSIEURS AUTRES JOUANT DES INSTRUMENS; TROUPE DE DANSEURS.

ÉRASTE, *aux musiciens et aux danseurs.*

Suivez les ordres que je vous ai donnés pour la sérénade. Pour moi, je me retire, et ne veux point paroître ici [1].

---

[1] Ces paroles d'Éraste ne se trouvent ni dans l'édition originale de la comédie de *Pourceaugnac*, ni dans le livre du ballet, imprimé à Blois, chez Jules Hotot, 1669. Elles ont paru, pour la première fois, dans l'édition des OEuvres de Molière, de 1682.

SCÈNE II.

UNE MUSICIENNE, DEUX MUSICIENS chantans, plusieurs autres jouant des instrumens; TROUPE DE DANSEURS.

(Cette sérénade est composée de chant, d'instrumens et de danse. Les paroles qui s'y chantent, ont rapport à la situation où Éraste se trouve avec Julie, et expriment les sentimens de deux amans qui sont traversés dans leurs amours par le caprice de leurs parens.)

UNE MUSICIENNE.

Répands, charmante nuit, répands sur tous les yeux
    De tes pavots la douce violence; (1)
Et ne laisse veiller en ces aimables lieux,
Que les cœurs que l'amour soumet à sa puissance.
      Tes ombres et ton silence,
     Plus beaux que le plus beau jour,
Offrent de doux momens à soupirer d'amour. (2)

PREMIER MUSICIEN.

    Que soupirer d'amour
    Est une douce chose,
Quand rien à nos vœux ne s'oppose !

---

(1) La *douce violence* des pavots de la nuit, est une charmante expression ; mais peut-on dire, *répandre une violence ?*

(2)   Offrent de doux momens à soupirer d'amour.
A, au lieu de, *pour*. Molière et ses contemporains, comme je l'ai déja remarqué plus d'une fois, employoient souvent l'une de ces prépositions pour l'autre. *A* étoit la traduction littérale de l'*ad* des Latins.

A d'aimables penchans notre cœur nous dispose :
Mais on a des tyrans à qui l'on doit le jour.
      Que soupirer d'amour
      Est une douce chose,
   Quand rien à nos vœux ne s'oppose !

SECOND MUSICIEN.

   Tout ce qu'à nos vœux on oppose,
Contre un parfait amour ne gagne jamais rien :
    Et, pour vaincre toute chose,
    Il ne faut que s'aimer bien.

TOUS TROIS ENSEMBLE.

  Aimons-nous donc d'une ardeur éternelle :
Les rigueurs des parens, la contrainte cruelle,
L'absence, les travaux, la fortune rebelle,
Ne font que redoubler une amitié fidèle.
  Aimons-nous donc d'une ardeur éternelle :
    Quand deux cœurs s'aiment bien,
    Tout le reste n'est rien. [1]

PREMIÈRE ENTRÉE DE BALLET.

Danse de deux Maîtres à danser.

DEUXIÈME ENTRÉE DE BALLET.

Danse de deux Pages.

---

[1] Ces paroles, bien peu dignes de Molière, ont du moins, comme dit le programme, le mérite de faire entendre qu'il sera question, dans la pièce, d'un amour traversé par la volonté bizarre et tyrannique des parens. Mais la prose va le dire aussi, et le dira beaucoup mieux.

TROISIÈME ENTRÉE DE BALLET.

Quatre curieux de spectacles, qui ont pris querelle pendant la danse des deux Pages, dansent en se battant l'épée à la main.

QUATRIÈME ENTRÉE DE BALLET.

Deux Suisses séparent les quatre combattans, et, après les avoir mis d'accord, dansent avec eux.

SCÈNE III.

JULIE, ÉRASTE, NÉRINE.

JULIE.

Mon dieu! Éraste, gardons d'être surpris. Je tremble qu'on ne nous voie ensemble; et tout seroit perdu, après la défense que l'on m'a faite.

ÉRASTE.

Je regarde de tous côtés, et je n'aperçois rien.

JULIE, *à Nérine.*

Aie aussi l'œil au guet, Nérine; et prends bien garde qu'il ne vienne personne.

NÉRINE, *se retirant dans le fond du théâtre.*

Reposez-vous sur moi, et dites hardiment ce que vous avez à vous dire.

JULIE.

Avez-vous imaginé pour notre affaire quelque chose de favorable? et croyez-vous, Éraste, pouvoir venir à

ACTE I, SCÈNE III.

bout de détourner ce fâcheux mariage que mon père s'est mis en tête?

ÉRASTE.

Au moins y travaillons-nous fortement; et déja nous avons préparé un bon nombre de batteries pour renverser ce dessein ridicule.

NÉRINE, *accourant, à Julie.*

Par ma foi, voilà votre père.

JULIE.

Ah! séparons-nous vite.

NÉRINE.

Non, non, non, ne bougez; je m'étois trompée.

JULIE.

Mon dieu! Nérine, que tu es sotte de nous donner de ces frayeurs [1]!

ÉRASTE.

Oui, belle Julie, nous avons dressé pour cela quantité de machines; et nous ne feignons point de mettre tout en usage [2], sur la permission que vous m'avez donnée. Ne nous demandez point tous les ressorts que nous ferons jouer; vous en aurez le divertissement; et, comme aux comédies, il est bon de vous laisser le plaisir de la surprise, et de ne vous avertir point de tout

---

[1] Cette fausse peur donnée par Nérine, et fondée sur une méprise, n'aboutit à rien; mais c'est sans doute un petit artifice du poëte pour rendre la situation encore plus vive, et pour jeter quelque variété dans l'entretien des deux amans.

[2] *Nous ne feignons point de mettre tout en usage.* — *Ne pas feindre de faire une chose*, dans le sens de, ne pas hésiter à la faire, est une expression qui commence à vieillir.

ce qu'on vous fera voir : c'est assez de vous dire que nous avons en main divers stratagêmes tout prêts à produire [1] dans l'occasion, et que l'ingénieuse Nérine et l'adroit Sbrigani entreprennent l'affaire [2].

NÉRINE.

Assurément. Votre père se moque-t-il, de vouloir vous anger [3] de son avocat de Limoges, monsieur de Pourceaugnac, qu'il n'a vu de sa vie, et qui vient par le coche vous enlever à notre barbe? Faut-il que trois ou quatre mille écus de plus, sur la parole de votre oncle, lui fassent rejeter un amant qui vous agrée? et une personne comme vous est-elle faite pour un Limosin [4]? S'il a envie de se marier, que ne prend-il une

---

(1) *Tout prêts à produire*, pour, *tout prêts à être produits*. — C'est ainsi qu'on dit passivement, *du vin prêt à boire; cela est bon à manger*.

(2) On voit tout de suite qu'il ne s'agit point, si j'ose ainsi parler, d'une comédie de bonne foi, d'une comédie où le comique résulte de la passion ou du ridicule des personnages. Il s'agit d'une *pièce* qu'on veut jouer à un sot, de ce qu'on appelle aujourd'hui une mystification. Chacun veut y avoir son rôle; il y aura comédie dans la comédie. Tous les conjurés devroient être dans la confidence; mais il ne faut pas que le public y soit; et il y a de l'adresse, de la part du poëte, dans ce que dit Éraste à Julie, qu'*il ne veut pas l'avertir de tout, afin de lui laisser le plaisir de la surprise*.

(3) *Anger*. — Ce vieux mot, qu'on ne trouve ni dans Nicot, ni dans Cotgrave, vient du latin *angere*, et signifie, embarrasser, incommoder. On lit, dans *le Pédant joué*, de Cyrano de Bergerac : « Qui m'a angé de « ce galouriau? »

Angarier, autre vieux mot, qui a la même signification, a probablement la même origine.

(4) Molière écrit *Limosin*; plus loin nous verrons *Périgordin*: on dit aujourd'hui plus communément, *Limousin* et *Périgourdin*. Par un changement contraire, nous disons maintenant, *Bordeaux*, au lieu de *Bourdeaux* qu'on disoit autrefois.

ACTE I, SCÈNE III.

Limosine, et ne laisse-t-il en repos les chrétiens [1]? Le seul nom de monsieur de Pourceaugnac m'a mis * [2] dans une colère effroyable. J'enrage de monsieur de Pourceaugnac. Quand il n'y auroit que ce nom-là, monsieur de Pourceaugnac, j'y brûlerai mes livres, ou je romprai ce mariage; et vous ne serez point madame de Pourceaugnac. Pourceaugnac! cela se peut-il souffrir? Non, Pourceaugnac est une chose que je ne saurois supporter; et nous lui jouerons tant de pièces, nous lui ferons tant de niches sur niches, que nous renverrons à Limoges monsieur de Pourceaugnac [3].

VARIANTE. * *Monsieur de Pourceaugnac m'a mise.*

---

[1] L'aversion, l'horreur pour un pays, ou plutôt pour l'homme qui en est, peut-elle être plus énergiquement et plus plaisamment exprimée? Un Limousin, pour Nérine, n'est pas un *chrétien;* c'est à peine s'il est un homme! Plus d'un siècle après, dans *l'Optimiste* de Collin d'Harleville, M. de Plinville, récapitulant tous les avantages qu'il possède, et tous les malheurs dont il est exempt, se félicite d'être

      Européen, François, Tourangeau, gentilhomme;

et il ajoute:

      Je pouvois naître Turc, Limousin, paysan.

C'est d'après une très-ancienne et sans doute très-injuste tradition, que les Limousins sont considérés par le vulgaire comme des gens lourds et stupides. Nous disons encore aujourd'hui, *épais comme un Limousin.* Le Limousin est notre Béotie.

[2] *M'a mis,* n'est point une faute d'impression, et ce n'étoit pas même une faute de langue du temps de Molière: du moins pourroit-on la justifier par de nombreux exemples. La règle des participes n'a été fixée que par les grammairiens modernes, et encore reste-t-il quelques points douteux.

[3] Huit fois de suite le nom de *Pourceaugnac!* On est las du personnage, ou en a, pour ainsi dire, des nausées avant de l'avoir aperçu. C'est

ÉRASTE.

Voici notre subtil Napolitain, qui nous dira des nouvelles.

SCÈNE IV.

JULIE, ÉRASTE, SBRIGANI, NÉRINE.

SBRIGANI.

Monsieur, votre homme arrive. Je l'ai vu à trois lieues d'ici, où a couché le coche; et, dans la cuisine, où il est descendu pour déjeûner, je l'ai étudié une bonne grosse demi-heure, et je le sais déja par cœur. Pour sa figure, je ne veux point vous en parler : vous verrez de quel air la nature l'a dessinée*, et si l'ajustement qui l'accompagne y répond comme il faut [1]; mais, pour son esprit, je vous avertis, par avance, qu'il est des plus épais qui se fassent; que nous trouvons en lui une matière tout-à-fait disposée pour ce que nous voulons, et qu'il est homme enfin à donner dans tous les panneaux qu'on lui présentera [2].

VARIANTE. * *L'a dessiné.*

---

avec la même affectation, et dans la même intention, que Dorine répète le nom de *Tartuffe.*

La tirade de Nérine est pleine d'une verve de colère, qui est ici de la verve comique. Parmi tant de traits plaisans, comment ne pas remarquer celui-ci : *J'y brûlerai mes livres?* Les *livres* de Nérine !

[1] Une description exacte et détaillée de la *figure* et de l'*ajustement* de Pourceaugnac n'en donneroit peut-être pas aussi bien l'idée que cette espèce de réticence qui laisse le champ libre à l'imagination, et permet de se figurer tout ce qu'il y a de plus laid et de plus ridicule.

[2] Si Pourceaugnac est *homme à donner dans tous les panneaux qu'on lui présentera*, il y aura peu de peine et de mérite à le tromper; et

ÉRASTE.

Nous dis-tu vrai?

SBRIGANI.

Oui, si je me connois en gens.

NÉRINE.

Madame, voilà un illustre. Votre affaire ne pouvoit être mise en de meilleures mains, et c'est le héros de notre siècle pour les exploits dont il s'agit; un homme qui, vingt fois en sa vie, pour servir ses amis, a généreusement affronté les galères; qui, au péril de ses bras et de ses épaules, sait mettre noblement à fin les aventures les plus difficiles, et qui, tel que vous le voyez, est exilé de son pays pour je ne sais combien d'actions honorables qu'il a généreusement entreprises.

SBRIGANI.

Je suis confus des louanges dont vous m'honorez : et je pourrois vous en donner avec plus de justice sur les merveilles de votre vie, et principalement sur la gloire que vous acquîtes, lorsque avec tant d'honnêteté

---

il n'étoit pas besoin pour cela de deux aussi habiles fourbes que Nérine et Sbrigani. Mais il falloit que Pourceaugnac fût ridicule de tout point, qu'il fût aussi mal fait d'esprit que de corps. Le comique de la pièce ne consistera donc pas dans la finesse, dans la subtilité des piéges qui lui seront tendus, mais dans la stupide confiance avec laquelle il y donnera, et dans cette épaisse suffisance qui est un accompagnement si ordinaire et si amusant de la sottise renforcée. Des successeurs de Molière, travaillant à peu près sur le même plan, en ont conçu autrement l'exécution. A des fourbes de profession, ils ont opposé des hommes très-méfians, très-rusés eux-mêmes, qui déconcertent toutes leurs fourberies, les obligent sans cesse à en imaginer de nouvelles et de mieux ourdies, et enfin ne succombent dans cette lutte, que parce qu'il faut qu'ils aient le dessous, et que la pièce finisse.

vous pipâtes au jeu, pour douze mille écus, ce jeune seigneur étranger que l'on mena chez vous ; lorsque vous fîtes galamment ce faux contrat qui ruina toute une famille ; lorsque avec tant de grandeur d'ame vous sûtes nier le dépôt qu'on vous avoit confié ; et que si généreusement on vous vit prêter votre témoignage à faire pendre ces deux personnes qui ne l'avoient pas mérité [1].

---

(1) Dans *l'Asinaire* de Plaute, acte III, scène II, deux esclaves fripons, Léonida et Liban, s'entre-félicitent de leurs prouesses, de la même manière et quelquefois dans les mêmes termes. Voici le passage :

LEONIDA.

Edepol virtutes qui tuas nunc possit collaudare,
Sicut ego possim, quæ domi duellique malè fecisti?
Næ illa edepol pro merito nunc tuo memorari multa possunt.
Ubi fidentem fraudaveris, ubi hero infidelis fueris,
Ubi verbis conceptis sciens lubenter perjuraris,
Ubi parietes perfoderis, in furto ubi sis prehensus,
Ubi sæpè caussam dixeris pendens adversùs octo
Astutos, audaceis viros, valenteis virgatores.

LIBANUS.

Fateor profectò, ut prædicas, Leonida, esse vera.
Verùm edepol næ etiam tua quoque malefacta iterari multa
Et verò possunt. Ubi sciens fideli infidus fueris :
Ubi prehensus in furto sies, et manifestò verberatus :
Ubi perjuraris : ubi sacro manus sis admolitus :
Ubi heris damno, molestiæ, et dedecori sæpè fueris :
Ubi creditum tibi quod sit, tibi datum esse pernegaris :
Ubi amicæ, quàm amico tuo, fueris magis fidelis :
Ubi sæpè ad languorem tuâ duritiâ dederis octo
Validos lictores, ulmeis affectos lentis virgis.
Num male relata est gratia? ut collegam collaudavi !

LEONIDA.

Ut meque teque maxumè : utque ingenio nostro decuit.

LIBANUS.

Jam omitte ista, atque hoc quod rogo, responde.

LÉONIDA.

« Qui pourroit, aussi-bien que moi, louer tes vertus, tes exploits pendant la guerre et pendant la paix ? Que d'actions dignes de mémoire, et qu'on ne peut célébrer assez dignement ! Quelle gloire tu acquis, lors-

NÉRINE.

Ce sont petites bagatelles qui ne valent pas qu'on en parle; et vos éloges me font rougir.

« que tu fis cet abus de confiance, lorsque tu trompas ton maître, lors-
« que tu te parjuras sciemment et sans y être forcé, lorsque tu perças
« cette muraille, lorsque tu fus pris commettant ce vol, lorsque si souvent
« on te vit plaider courageusement ta cause, suspendu devant huit hardis
« et vigoureux coquins, consommés dans l'art de donner des coups de
« verges !

LIBAN.

« Ton récit est fidèle, cher Léonida, j'en conviens. Mais je pourrois
« avec la même vérité célébrer tes nombreuses prouesses. Je te montrerois
« lorsque tu trompas à bon escient la confiance qu'on t'accordoit; lors-
« que tu fus surpris au milieu de ton larcin, et dûment fustigé; lorsque tu
« faussas la foi jurée; lorsque tu mis la main sur les choses sacrées; lorsque
« tu causas le tourment, la ruine et le déshonneur de tes maîtres; lorsque
« tu nias ce dépôt qui t'avoit été confié; lorsque tu fus plus fidèle à ta
« maîtresse qu'à ton ami; lorsque si souvent tu as lassé par ta fermeté
« huit licteurs vigoureux, armés de verges flexibles. Ne t'ai-je pas bien
« rendu la pareille? n'ai-je pas loué mon collègue comme il le mérite?

LÉONIDA.

« Comme il convenoit à toi et à moi, d'une manière bien digne de
« notre génie.

LIBAN.

« Mais laissons cela, et réponds-moi. »

L'imitation est manifeste. Aussi les deux personnages de Sbrigani et de Nérine appartiennent-ils plus à notre ancienne comédie, lorsqu'elle se modeloit sur le théâtre antique, qu'à notre comédie nouvelle, image fidèle des mœurs contemporaines. Suivant nos mœurs, Éraste et surtout Julie compromettroient leur délicatesse, en employant, même contre un rival et un poursuivant détesté, des gens capables d'aussi mauvaises actions que celles dont nos deux fourbes se complimentent réciproquement. Du reste, il étoit inutile d'avertir, comme l'a fait Bret, que Nérine n'est pas la suivante de Julie. Il est trop évident qu'elle n'est qu'une intrigante de profession, dont les services ont été pris à loyer par Éraste, pour tout le temps que durera la pièce concertée contre M. Pourceaugnac. Nérine disparoît même tout-à-fait, dès que son rôle est achevé.

SBRIGANI.

Je veux bien épargner votre modestie; laissons cela: et, pour commencer notre affaire, allons vite joindre notre provincial, tandis que de votre côté vous nous tiendrez prêts au besoin les autres acteurs de la comédie [1].

ÉRASTE.

Au moins, madame, souvenez-vous de votre rôle; et, pour mieux couvrir notre jeu, feignez, comme on vous a dit, d'être la plus contente du monde des résolutions de votre père.

JULIE.

S'il ne tient qu'à cela, les choses iront à merveille.

ÉRASTE.

Mais, belle Julie, si toutes nos machines venoient à ne pas réussir?

JULIE.

Je déclarerai à mon père mes véritables sentimens.

ÉRASTE.

Et si, contre vos sentimens, il s'obstinoit à son dessein?

JULIE.

Je le menacerois de me jeter dans un couvent.

ÉRASTE.

Mais si, malgré tout cela, il vouloit vous forcer à ce mariage?

---

[1] Molière ramène encore ici l'idée et le mot même de *comédie*. Cette espèce d'affectation prouve qu'il vouloit que, dans cette pièce, rien ne fût pris au sérieux, que tout y parût sans conséquence, et qu'enfin l'on n'y vît paroître autre chose qu'un sot provincial berné.

JULIE.
Que voulez-vous que je vous dise?
ÉRASTE.
Ce que je veux que vous me disiez!
JULIE.
Oui.
ÉRASTE.
Ce qu'on dit quand on aime bien.
JULIE.
Mais quoi?
ÉRASTE.
Que rien ne pourra vous contraindre; et que, malgré tous les efforts d'un père, vous me promettez d'être à moi.
JULIE.
Mon dieu! Éraste, contentez-vous de ce que je fais maintenant; et n'allez point tenter sur l'avenir les résolutions de mon cœur; ne fatiguez point mon devoir par les propositions d'une fâcheuse extrémité [1] dont peut-être n'aurons-nous pas besoin; et, s'il y faut venir, souffrez au moins que j'y sois entraînée par la suite des choses.
ÉRASTE.
Hé bien!...
SBRIGANI.
Ma foi! voici notre homme: songeons à nous.
NÉRINE.
Ah! comme il est bâti!

---

(1) On ne peut disconvenir que, *tenter sur l'avenir les résolutions d'un cœur*, et *fatiguer le devoir de quelqu'un par les propositions d'une fâcheuse extrémité*, ne soient des phrases écrites d'un style bien peu naturel.

SCÈNE V.

MONSIEUR DE POURCEAUGNAC, SBRIGANI.

MONSIEUR DE POURCEAUGNAC, *se tournant du côté où il est venu, et parlant à des gens qui le suivent.*

Hé bien! quoi? Qu'est-ce? Qu'y a-t-il? Au diantre soit la sotte ville, et les sottes gens qui y sont! Ne pouvoir faire un pas, sans trouver des nigauds qui vous regardent et se mettent à rire! Hé! messieurs les badauds, faites vos affaires, et laissez passer les personnes sans leur rire au nez. Je me donne au diable, si je ne baille un coup de poing au premier que je verrai rire [1].

SBRIGANI, *parlant aux mêmes personnes.*

Qu'est-ce que c'est, messieurs? Que veut dire cela? A qui en avez-vous? Faut-il se moquer ainsi des honnêtes étrangers qui arrivent ici?

MONSIEUR DE POURCEAUGNAC.

Voilà un homme raisonnable, celui-là.

SBRIGANI.

Quel procédé est le vôtre! et qu'avez-vous à rire?

MONSIEUR DE POURCEAUGNAC.

Fort bien.

---

(1) Si je ne craignois de commettre une espèce de sacrilége, en comparant le chef-d'œuvre de la comédie à une simple farce, je dirois, qu'en son genre, l'entrée de Pourceaugnac paroît valoir celle de Tartuffe. Le plus ridicule des campagnards n'est-il pas aussi bien annoncé par la première, que l'est, par la seconde, le plus odieux des imposteurs? Cette foule qui le suit en riant aux éclats, est un cortége bien digne de notre gentilhomme limousin; et, à son aspect, la salle ne manque jamais de faire chorus avec le théâtre.

SBRIGANI.

Monsieur a-t-il quelque chose de ridicule en soi?

MONSIEUR DE POURCEAUGNAC.

Oui.

SBRIGANI.

Est-il autrement que les autres?

MONSIEUR DE POURCEAUGNAC.

Suis-je tortu ou bossu?

SBRIGANI.

Apprenez à connoître les gens.

MONSIEUR DE POURCEAUGNAC.

C'est bien dit.

SBRIGANI.

Monsieur est d'une mine à respecter.

MONSIEUR DE POURCEAUGNAC.

Cela est vrai.

SBRIGANI.

Personne de condition.

MONSIEUR DE POURCEAUGNAC.

Oui. Gentilhomme Limosin.

SBRIGANI.

Homme d'esprit.

MONSIEUR DE POURCEAUGNAC.

Qui a étudié en droit [1].

---

[1] Homme d'esprit. Et Pourceaugnac qui croit enchérir sur cet éloge, en ajoutant, *qui a étudié en droit!* Que cela est plaisant! Mais prenons acte de la déclaration. Nous verrons par la suite notre gentilhomme mettre de la fatuité à nier ces mêmes études en droit, dont il tire vanité en ce moment.

SBRIGANI.

Il vous fait trop d'honneur de venir dans votre ville.

MONSIEUR DE POURCEAUGNAC.

Sans doute.

SBRIGANI.

Monsieur n'est point une personne à faire rire.

MONSIEUR DE POURCEAUGNAC.

Assurément.

SBRIGANI.

Et quiconque rira de lui, aura affaire à moi.

MONSIEUR DE POURCEAUGNAC, *à Sbrigani*.

Monsieur, je vous suis infiniment obligé.

SBRIGANI.

Je suis fâché, monsieur, de voir recevoir de la sorte une personne comme vous; et je vous demande pardon pour la ville.

MONSIEUR DE POURCEAUGNAC.

Je suis votre serviteur.

SBRIGANI.

Je vous ai vu ce matin, monsieur, avec le coche, lorsque vous avez déjeûné; et la grace avec laquelle vous mangiez votre pain, m'a fait naître d'abord de l'amitié pour vous [1]; et, comme je sais que vous n'êtes jamais venu en ce pays, et que vous y êtes tout neuf,

---

(1) La *grace* de Pourceaugnac! et la grace avec laquelle il mangeoit son pain! voilà une des causes de sympathie les plus merveilleuses. Et cet imbécille qui croit tout cela, parce qu'il est aussi vain qu'il est sot, et que sa vanité trompe sa défiance au point de ne lui laisser concevoir aucun soupçon sur les empressemens et les cajoleries extraordinaires dont il est l'objet!

je suis bien aise de vous avoir trouvé, pour vous offrir mon service à cette arrivée, et vous aider à vous conduire parmi ce peuple, qui n'a pas, parfois, pour les honnêtes gens, toute la considération qu'il faudroit.

MONSIEUR DE POURCEAUGNAC.

C'est trop de grace que vous me faites.

SBRIGANI.

Je vous l'ai déja dit: du moment que je vous ai vu, je me suis senti pour vous de l'inclination.

MONSIEUR DE POURCEAUGNAC.

Je vous suis obligé.

SBRIGANI.

Votre physionomie m'a plu.

MONSIEUR DE POURCEAUGNAC.

Ce m'est beaucoup d'honneur.

SBRIGANI.

J'y ai vu quelque chose d'honnête.

MONSIEUR DE POURCEAUGNAC.

Je suis votre serviteur.

SBRIGANI.

Quelque chose d'aimable.

MONSIEUR DE POURCEAUGNAC.

Ah! ah!

SBRIGANI.

De gracieux.

MONSIEUR DE POURCEAUGNAC.

Ah! ah!

SBRIGANI.

De doux.

MONSIEUR DE POURCEAUGNAC.

Ah! ah!

SBRIGANI.

De majestueux.

MONSIEUR DE POURCEAUGNAC.

Ah! ah!

SBRIGANI.

De franc.

MONSIEUR DE POURCEAUGNAC.

Ah! ah!

SBRIGANI.

Et de cordial.

MONSIEUR DE POURCEAUGNAC.

Ah! ah!

SBRIGANI.

Je vous assure que je suis tout à vous.

MONSIEUR DE POURCEAUGNAC.

Je vous ai beaucoup d'obligation.

SBRIGANI.

C'est du fond du cœur que je parle.

MONSIEUR DE POURCEAUGNAC.

Je le crois.

SBRIGANI.

Si j'avois l'honneur d'être connu de vous, vous sauriez que je suis un homme* tout-à-fait sincère.

MONSIEUR DE POURCEAUGNAC.

Je n'en doute point.

SBRIGANI.

Ennemi de la fourberie.

VARIANTE. * *Que je suis homme.*

MONSIEUR DE POURCEAUGNAC.

J'en suis persuadé.

SBRIGANI.

Et qui n'est pas capable de déguiser ses sentimens.

MONSIEUR DE POURCEAUGNAC.

C'est ma pensée *.

SBRIGANI.

Vous regardez mon habit, qui n'est pas fait comme les autres; mais je suis originaire de Naples, à votre service, et j'ai voulu conserver un peu et la manière ** de s'habiller, et la sincérité de mon pays (1).

MONSIEUR DE POURCEAUGNAC.

C'est fort bien fait. Pour moi, j'ai voulu me mettre à la mode de la cour pour la campagne (2).

SBRIGANI.

Ma foi, cela vous va mieux qu'à tous nos courtisans.

VARIANTES. * Ces mots ne se trouvent que dans l'édition originale de 1670. — ** *Un peu la manière.*

---

(1) Il faut toute l'effronterie d'un Sbrigani, et toute la sottise d'un Pourceaugnac, pour que l'un parle impunément à l'autre de la *sincérité* des Napolitains. Qui peut ignorer qu'un préjugé, faux ou vrai, mais généralement adopté, les accuse de manquer de franchise et de bonne foi? Sannazar, qui étoit de Naples, voulut protester, du moins en ce qui le regardoit, contre cette réputation faite à ses compatriotes, en publiant la plupart de ses poésies sous le nom emprunté d'*Accius Sincerus.*

(2) *Pour la campagne.* — Veut-il dire, par ces mots, pour faire le voyage, ou bien, pour habiter Limoges? Limoges est-il une campagne? et un habitant de cette ville l'appelleroit-il ainsi? Mais ne veut-il pas dire plutôt, j'ai pris pour venir à la cour l'habit dont les gens de la cour se servent pour aller à la campagne? J'avoue qu'entre ces trois sens, je ne sais pour lequel me décider.

MONSIEUR DE POURCEAUGNAC.

C'est ce que m'a dit mon tailleur (1). L'habit est propre et riche, et il fera du bruit ici.

SBRIGANI.

Sans doute. N'irez-vous pas au Louvre?

MONSIEUR DE POURCEAUGNAC.

Il faudra bien aller faire ma cour (2).

SBRIGANI.

Le roi sera ravi de vous voir.

MONSIEUR DE POURCEAUGNAC.

Je le crois.

SBRIGANI.

Avez-vous arrêté un logis?

MONSIEUR DE POURCEAUGNAC.

Non; j'allois en chercher un.

SBRIGANI.

Je serai bien aise d'être avec vous pour cela; et je connois tout ce pays-ci.

SCÈNE VI.

ÉRASTE, MONSIEUR DE POURCEAUGNAC, SBRIGANI.

ÉRASTE.

Ah! Qu'est-ce ci? Que vois-je? Quelle heureuse ren-

---

(1) Excellente caution! Comment ne pas croire qu'un habit va bien, quand c'est le tailleur qui l'assure?

(2) Il s'y résignera, quand ce ne seroit que pour ne pas faire de peine au roi. Où la fatuité va-t-elle se loger?

contre! Monsieur de Pourceaugnac! Que je suis ravi de vous voir! Comment! il semble que vous ayez peine à me reconnoître!

MONSIEUR DE POURCEAUGNAC.

Monsieur, je suis votre serviteur.

ÉRASTE.

Est-il possible que cinq ou six années m'aient ôté de votre mémoire, et que vous ne reconnoissiez pas le meilleur ami de toute la famille des Pourceaugnacs?

MONSIEUR DE POURCEAUGNAC.

Pardonnez-moi. (*bas, à Sbrigani.*) Ma foi, je ne sais qui il est.

ÉRASTE.

Il n'y a pas un Pourceaugnac à Limoges que je ne connoisse, depuis le plus grand jusques au plus petit; je ne fréquentois qu'eux dans le temps que j'y étois, et j'avois l'honneur de vous voir presque tous les jours.

MONSIEUR DE POURCEAUGNAC.

C'est moi qui l'ai reçu, monsieur.

ÉRASTE.

Vous ne vous remettez point mon visage?

MONSIEUR DE POURCEAUGNAC.

Si fait. (*à Sbrigani.*) Je ne le connois point.

ÉRASTE.

Vous ne vous ressouvenez pas que j'ai eu le bonheur de boire avec vous, je ne sais combien de fois [1]?

---

[1] Il faut se rappeler que les gens de la meilleure compagnie, les gens de la cour même fréquentoient le cabaret.

MONSIEUR DE POURCEAUGNAC.

Excusez-moi. (*à Sbrigani.*) Je ne sais ce que c'est.

ÉRASTE.

Comment appelez-vous ce traiteur de Limoges qui fait si bonne chère?

MONSIEUR DE POURCEAUGNAC.

Petit-Jean?

ÉRASTE.

Le voilà. Nous allions le plus souvent ensemble chez lui nous réjouir. Comment est-ce que vous nommez à Limoges ce lieu où l'on se promène?

MONSIEUR DE POURCEAUGNAC.

Le Cimetière des Arênes?

ÉRASTE.

Justement. C'est où je passois de si douces heures à jouir de votre agréable conversation. Vous ne vous remettez pas tout cela?

MONSIEUR DE POURCEAUGNAC.

Excusez-moi; je me le remets. (*à Sbrigani.*) Diable emporte si je m'en souviens.

SBRIGANI, *bas, à monsieur de Pourceaugnac.*

Il y a cent choses comme cela qui passent de la tête.

ÉRASTE.

Embrassez-moi donc, je vous prie, et resserrons les nœuds de notre ancienne amitié.

SBRIGANI, *à monsieur de Pourceaugnac.*

Voilà un homme qui vous aime fort.

ÉRASTE.

Dites-moi un peu des nouvelles de toute la parenté.

Comment se porte monsieur votre... là... qui est si honnête homme?

MONSIEUR DE POURCEAUGNAC.

Mon frère le consul?

ÉRASTE.

Oui.

MONSIEUR DE POURCEAUGNAC.

Il se porte le mieux du monde.

ÉRASTE.

Certes, j'en suis ravi. Et celui qui est de si bonne humeur? Là... monsieur votre...

MONSIEUR DE POURCEAUGNAC.

Mon cousin l'assesseur?

ÉRASTE.

Justement.

MONSIEUR DE POURCEAUGNAC.

Toujours gai et gaillard.

ÉRASTE.

Ma foi, j'en ai beaucoup de joie. Et monsieur votre oncle? Le...

MONSIEUR DE POURCEAUGNAC.

Je n'ai point d'oncle.

ÉRASTE.

Vous aviez pourtant en ce temps-là...

MONSIEUR DE POURCEAUGNAC.

Non : rien qu'une tante.

ÉRASTE.

C'est ce que je voulois dire, madame votre tante. Comment se porte-t-elle?

MONSIEUR DE POURCEAUGNAC.
Elle est morte depuis six mois.
ÉRASTE.
Hélas! la pauvre femme! Elle étoit si bonne personne!
MONSIEUR DE POURCEAUGNAC.
Nous avons aussi mon neveu le chanoine qui a pensé mourir de la petite-vérole.
ÉRASTE.
Quel dommage ç'auroit été!
MONSIEUR DE POURCEAUGNAC.
Le connoissez-vous aussi (1)?
ÉRASTE.
Vraiment, si je le connois! Un grand garçon bien fait.
MONSIEUR DE POURCEAUGNAC.
Pas des plus grands.
ÉRASTE.
Non; mais de taille bien prise.
MONSIEUR DE POURCEAUGNAC.
Hé! oui.
ÉRASTE.
Qui est votre neveu (2)?
MONSIEUR DE POURCEAUGNAC.
Oui.

---

(1) *Le connoissez-vous aussi?* est excellent. Vraiment, il le connoît aussi bien que tous les autres, ni plus, ni moins.

(2) *Qui est votre neveu*, lorsque l'autre a dit plus haut, *mon neveu le chanoine*, est d'une impudence bien comique; et l'autre qui va dire *oui*, qui va affirmer que c'est vrai!

ACTE I, SCÈNE VI.

ÉRASTE.

Fils de votre frère ou de votre sœur (1).

MONSIEUR DE POURCEAUGNAC.

Justement.

ÉRASTE.

Chanoine de l'église de... Comment l'appelez-vous ?

MONSIEUR DE POURCEAUGNAC.

De Saint-Étienne.

ÉRASTE.

Le voilà ; je ne connois autre.

MONSIEUR DE POURCEAUGNAC, *à Sbrigani.*

Il dit toute la parenté (2).

---

(1) L'édition originale porte : *Fils de votre frère et de votre sœur.* En s'exprimant ainsi, Éraste ne risqueroit pas de se tromper, puisque l'usage veut qu'on appelle *frère* son beau-frère, ou *sœur* sa belle-sœur ; et, dans cette supposition, Pourceaugnac auroit raison de répondre, *justement* ; ce qui n'est pas la réponse convenable, si la phrase d'Éraste est dubitative. J'avoue cependant que je préférerois, *fils de votre frère ou de votre sœur,* parce que le propos est plus effronté, et plus digne du sot personnage à qui il s'adresse. Peut-être y a-t-il faute d'impression dans le texte original : les lecteurs en jugeront.

(2) Mot admirable, qui couronne dignement cette risible reconnoissance. La conviction de Pourceaugnac est entière. Comment ne le seroit-elle pas ? L'homme qui lui parle sait qu'il y a à Limoges un traiteur et une promenade ; il sait que Pourceaugnac, qui est de la ville, y a des parens, et que ces parens sont honnêtes, de bonne humeur et de belle taille ; il sait enfin que son neveu est son neveu, et, qui plus est, fils de son frère ou de sa sœur. Il est bien vrai qu'il ne sait le nom ni des lieux, ni des personnes ; qu'il ignore le sexe et la qualité de ces gens qu'il a tant fréquentés ; et qu'il se trompe sur quelques autres circonstances. Mais ce sont des misères, et il faudroit être bien incrédule pour s'y arrêter.

J'ai remarqué dans mes notes sur *l'Avare,* et je rappelle ici le rapport qu'il y a entre Pourceaugnac s'écriant : *Il dit toute la parenté,* et Harpagon disant, en parlant de sa cassette : *Il n'y a point de doute ; c'est elle,*

SBRIGANI.

Il vous connoît plus que vous ne croyez.

MONSIEUR DE POURCEAUGNAC.

A ce que je vois, vous avez demeuré long-temps dans notre ville?

ÉRASTE.

Deux ans entiers.

MONSIEUR DE POURCEAUGNAC.

Vous étiez donc là quand mon cousin l'élu fit tenir son enfant à monsieur notre gouverneur?

ÉRASTE.

Vraiment, oui; j'y fus convié des premiers.

MONSIEUR DE POURCEAUGNAC.

Cela fut galant.

ÉRASTE.

Très-galant.

MONSIEUR DE POURCEAUGNAC.

C'étoit un repas bien troussé.

ÉRASTE.

Sans doute.

MONSIEUR DE POURCEAUGNAC.

Vous vîtes donc aussi la querelle que j'eus avec ce gentilhomme Périgordin?

ÉRASTE.

Oui.

---

assurément. Les renseignemens fournis par Éraste sur la ville de Limoges et la famille de Pourceaugnac ont le même degré d'exactitude, de précision, que les réponses faites par maître Jacques dans son interrogatoire au sujet de la cassette enlevée. Harpagon et Pourceaugnac, l'un par passion, l'autre par sottise, sont également convaincus.

MONSIEUR DE POURCEAUGNAC.

Parbleu! il trouva à qui parler.

ÉRASTE.

Ah! ah!

MONSIEUR DE POURCEAUGNAC.

Il me donna un soufflet; mais je lui dis bien son fait [1].

ÉRASTE.

Assurément. Au reste, je ne prétends pas que vous preniez d'autre logis que le mien.

MONSIEUR DE POURCEAUGNAC.

Je n'ai garde de...

ÉRASTE.

Vous moquez-vous? Je ne souffrirai point du tout que mon meilleur ami soit autre part que dans ma maison.

MONSIEUR DE POURCEAUGNAC.

Ce seroit vous...

ÉRASTE.

Non. Le diable m'emporte! * vous logerez chez moi.

SBRIGANI, *à monsieur de Pourceaugnac.*

Puisqu'il le veut obstinément, je vous conseille d'accepter l'offre.

ÉRASTE.

Où sont vos hardes?

VARIANTE. * *Non : vous avez beau faire.*

---

[1] Excellente naïveté, où se peignent à la fois la poltronnerie, la fanfaronnerie et la sottise du personnage. Le mot a fait fortune, et est devenu proverbe.

MONSIEUR DE POURCEAUGNAC.

Je les ai laissées, avec mon valet, où je suis descendu.

ÉRASTE.

Envoyons-les querir par quelqu'un.

MONSIEUR DE POURCEAUGNAC.

Non. Je lui ai défendu de bouger, à moins que j'y fusse moi-même, de peur de quelque fourberie.

SBRIGANI.

C'est prudemment avisé.

MONSIEUR DE POURCEAUGNAC.

Ce pays-ci est un peu sujet à caution.

ÉRASTE.

On voit les gens d'esprit en tout.

SBRIGANI.

Je vais accompagner monsieur, et le ramenerai où vous voudrez.

ÉRASTE.

Oui. Je serai bien aise de donner quelques ordres, et vous n'avez qu'à revenir à cette maison-là.

SBRIGANI.

Nous sommes à vous tout à l'heure.

ÉRASTE, *à monsieur de Pourceaugnac.*

Je vous attends avec impatience.

MONSIEUR DE POURCEAUGNAC, *à Sbrigani.*

Voilà une connoissance où je ne m'attendois point [1].

---

(1) *Une connoissance où je ne m'attendois pas*, est tout-à-fait contraire à l'usage actuel. Molière, plus qu'aucun autre écrivain de son temps, sembloit avoir en aversion les pronoms relatifs *auquel, dans lequel,* etc.

SBRIGANI.

Il a la mine d'être honnête homme [1].

ÉRASTE, *seul*.

Ma foi, monsieur de Pourceaugnac, nous vous en donnerons de toutes les façons : les choses sont préparées, et je n'ai qu'à frapper. Holà [2] !

SCÈNE VII.

ÉRASTE, UN APOTHICAIRE.

ÉRASTE.

Je crois, monsieur, que vous êtes le médecin à qui l'on est venu parler de ma part?

L'APOTHICAIRE.

Non, monsieur; ce n'est pas moi qui suis le médecin; à moi n'appartient pas cet honneur, et je ne suis qu'apothicaire; apothicaire indigne, pour vous servir [3].

Il les bannissoit de la prose, presque aussi rigoureusement qu'ils doivent être exclus de la poésie, et il les remplaçoit toujours par *où*, qui ne les remplace pas bien dans tous les cas.

(1) Remarquez l'astucieuse réserve de Sbrigani : il n'affirme pas qu'Éraste est un honnête homme, il dit seulement qu'il en a la mine.

Cette scène de feinte reconnoissance est une des mieux faites et des plus divertissantes qui soient au théâtre. C'est un assaut d'effronterie spirituelle et de crédulité stupide, une suite de menteries, de bévues, de naïvetés et de surprises, qui enchante continuellement. Que de fois cette scène n'a-t-elle pas été imitée ! et qui pourroit hésiter à reconnoître que le modèle est resté supérieur à toutes les copies?

(2) *Holà !* n'est pas dans l'édition originale, et il se trouve pour la première fois dans celle de 1682.

(3) Les apothicaires étoient, à cette époque, les très-humbles serviteurs des médecins, et ils se regardoient comme placés au-dessous d'eux à une

ÉRASTE.

Et monsieur le médecin est-il à la maison ?

L'APOTHICAIRE.

Oui. Il est là embarrassé à expédier quelques malades; et je vais lui dire que vous êtes ici.

ÉRASTE.

Non : ne bougez; j'attendrai qu'il ait fait. C'est pour lui mettre entre les mains certain parent que nous avons, dont on lui a parlé, et qui se trouve attaqué de quelque folie, que nous serions bien aise qu'il pût guérir avant que de le marier.

L'APOTHICAIRE.

Je sais ce que c'est, je sais ce que c'est [1]; et j'étois avec lui quand on lui a parlé de cette affaire. Ma foi, ma foi! vous ne pouviez pas vous adresser à un médecin plus habile. C'est un homme qui sait la médecine à fond, comme je sais ma croix de par Dieu; et qui, quand on devroit crever, ne démordroit pas d'un *iota* des règles des anciens. Oui, il suit toujours le grand chemin, le grand chemin, et ne va point chercher midi à quatorze heures; et, pour tout l'or du monde, il ne voudroit pas avoir guéri une personne avec d'autres remèdes que ceux que la Faculté permet.

---

distance infinie. L'expression d'*apothicaire indigne* est une plaisante imitation de l'usage où étoient certains prêtres et certains religieux de s'appeler, par humilité chrétienne, *prêtre indigne*, *capucin indigne*, etc. Peut-être est-ce une allusion à l'humilité de certaines fonctions qu'alors les apothicaires exerçoient eux-mêmes de leurs propres mains.

(1) Nous verrons que, dans tout le cours de son rôle, monsieur l'apothicaire a le tic de répéter la plupart de ses mots. C'est celui d'un assez grand nombre de personnes, et particulièrement de celles qui bredouillent.

ÉRASTE.

Il fait fort bien. Un malade ne doit point vouloir guérir que la Faculté n'y consente.

L'APOTHICAIRE.

Ce n'est pas parce que nous sommes grands amis que j'en parle; mais il y a plaisir, il y a plaisir * d'être son malade; et j'aimerois mieux mourir de ses remèdes, que de guérir de ceux d'un autre. Car, quoi qu'il puisse arriver, on est assuré que les choses sont toujours dans l'ordre, et, quand on meurt sous sa conduite, vos héritiers n'ont rien à vous reprocher.

ÉRASTE.

C'est une grande consolation pour un défunt!

L'APOTHICAIRE.

Assurément. On est bien aise au moins d'être mort méthodiquement. Au reste, il n'est pas de ces médecins qui marchandent les maladies; c'est un homme expéditif, expéditif, qui aime à dépêcher ses malades; et, quand on a à mourir, cela se fait avec lui le plus vite du monde.

ÉRASTE.

En effet, il n'est rien tel que de sortir promptement d'affaire.

L'APOTHICAIRE.

Cela est vrai. A quoi bon tant barguigner et tant tourner autour du pot? Il faut savoir vitement le court ou le long d'une maladie.

ÉRASTE.

Vous avez raison.

VARIANTE. * *Il y a plaisir*, n'est répété que dans l'édition originale.

L'APOTHICAIRE.

Voilà déja trois de mes enfans dont il m'a fait l'honneur de conduire la maladie, qui sont morts en moins de quatre jours, et qui, entre les mains d'un autre, auroient langui plus de trois mois.

ÉRASTE.

Il est bon d'avoir des amis comme cela.

L'APOTHICAIRE.

Sans doute. Il ne me reste plus que deux enfans, dont il prend soin comme des siens; il les traite et gouverne à sa fantaisie, sans que je me mêle de rien; et, le plus souvent, quand je reviens de la ville, je suis tout étonné que je les trouve saignés ou purgés par son ordre.

ÉRASTE.

Voilà des soins fort obligeans.

L'APOTHICAIRE.

Le voici, le voici, le voici qui vient [1].

---

(1) Voilà encore Molière qui revient à la charge contre les médecins. Il est intarissable sur ce sujet; il semble abandonner, oublier tout pour s'en occuper. En effet, la scène qu'on vient de lire et celle qui va suivre, sont d'une entière inutilité, soit pour le développement de l'action, soit pour celui des principaux caractères. Quoi qu'il en soit, le fanatisme de l'apothicaire est fort comique; et il l'est d'autant plus, qu'il part d'un homme que sa profession a mis à même de voir de près les bévues et les inconséquences meurtrières du charlatanisme médical. Ce fanatisme, comme tous les autres, est stupide et presque féroce; car il porte un père à s'applaudir de ce que trois de ses enfans sont morts, en moins de quatre jours, de la main de cet habile médecin *qui lui a fait l'honneur de conduire leur maladie*, et qui n'a pas, comme quelques-uns de ses confrères, le tort de faire languir les gens. On a pu remarquer avec quelle abondance et quelle variété d'expressions Molière paraphrase, dans cette scène, le fameux mot, *Mourir dans les formes*, qu'il a employé dans *l'Amour Médecin*.

SCÈNE VIII.

ÉRASTE, PREMIER MÉDECIN, UN APOTHICAIRE,
UN PAYSAN, UNE PAYSANNE.

LE PAYSAN, *au médecin.*

Monsieur, il n'en peut plus ; et il dit qu'il sent dans la tête les plus grandes douleurs du monde.

PREMIER MÉDECIN.

Le malade est un sot ; d'autant plus que, dans la maladie dont il est attaqué, ce n'est pas la tête, selon Galien, mais la rate qui lui doit faire mal [1].

LE PAYSAN.

Quoi que c'en soit, monsieur, il a toujours, avec cela, son cours de ventre depuis six mois.

PREMIER MÉDECIN.

Bon ! c'est signe que le dedans se dégage. Je l'irai visiter dans deux ou trois jours ; mais, s'il mouroit avant ce temps-là, ne manquez pas de m'en donner avis ; car il n'est pas de la civilité qu'un médecin visite un mort [2].

---

[1] Un malade qui a l'impertinence d'avoir mal autre part que ne l'a dit Galien ! cela ne peut se tolérer. Que deviendroit l'infaillibilité des maîtres de la science ? que deviendroit la science de leurs disciples ? Cela est bien gai... dans Molière ! Dans *l'Amour Médecin*, M. Tomès soutient de même qu'il est impossible qu'un de ses malades soit mort au bout de six jours de maladie, parce qu'*Hippocrate dit que ces sortes de maladies ne se terminent qu'au quatorze ou au vingt-un.*

[2] La règle est des plus sensées : un médecin n'a plus rien à faire chez un homme, quand il est mort ; sa tâche est finie, et, d'ailleurs, sa visite ne lui seroit pas payée. On en use aujourd'hui comme du temps de Molière.

LA PAYSANNE, *au médecin.*

Mon père, monsieur, est toujours malade de plus en plus.

PREMIER MÉDECIN.

Ce n'est pas ma faute. Je lui donne des remèdes: que ne guérit-il? Combien a-t-il été saigné de fois?

LA PAYSANNE.

Quinze, monsieur, depuis vingt jours.

PREMIER MÉDECIN.

Quinze fois saigné?

LA PAYSANNE.

Oui.

PREMIER MÉDECIN.

Et il ne guérit point?

LA PAYSANNE.

Non, monsieur.

PREMIER MÉDECIN.

C'est signe que la maladie n'est pas dans le sang. Nous le ferons purger autant de fois, pour voir si elle n'est pas dans les humeurs; et, si rien ne nous réussit, nous l'enverrons aux bains [1].

L'APOTHICAIRE.

Voilà le fin, cela; voilà le fin de la médecine [2].

---

(1) C'est encore un usage que la médecine a conservé. Elle envoie mourir aux bains ceux qu'elle désespère de guérir.

(2) Je l'ai déjà dit: cette scène est complètement inutile; et on prend même le parti assez raisonnable de la supprimer à la représentation. C'est un épisode, et un épisode fort postiche, où Molière a toutefois placé de nouvelles et d'excellentes plaisanteries contre la médecine. Il y a aussi, dans *le Médecin malgré lui*, une scène de consultation, qui ne tient pas davantage au sujet de la pièce, et qui ne s'y lie pas mieux.

SCÈNE IX.

ÉRASTE, PREMIER MÉDECIN, UN APOTHICAIRE.

ÉRASTE, *au médecin.*

C'est moi, monsieur, qui vous ai envoyé parler, ces jours passés, pour un parent un peu troublé d'esprit, que je veux vous donner chez vous, afin de le guérir [1] avec plus de commodité, et qu'il soit vu de moins de monde.

PREMIER MÉDECIN.

Oui, monsieur; j'ai déja disposé tout, et promets [2] d'en avoir tous les soins imaginables.

ÉRASTE.

Le voici.

PREMIER MÉDECIN.

La conjoncture est tout-à-fait heureuse, et j'ai ici un ancien de mes amis, avec lequel je serai bien aise de consulter sa maladie [3].

---

(1) *Afin que vous le guérissiez*, seroit plus correct.

(2) Il en est de même de cette phrase. Il faut répéter le pronom personnel quand le verbe change de temps, et dire, *j'ai déja disposé tout, et je promets*, etc.

(3) On assure que nos médecins ne sont plus aussi empressés de consulter avec leurs confrères, et qu'ils ne s'y décident que malgré eux.

SCÈNE X.

MONSIEUR DE POURCEAUGNAC, ÉRASTE, PREMIER MÉDECIN, UN APOTHICAIRE.

ÉRASTE, *à monsieur de Pourceaugnac.*

Une petite affaire m'est survenue, qui m'oblige à vous quitter; (*montrant le médecin.*) mais voilà une personne entre les mains de qui je vous laisse, qui aura soin pour moi de vous traiter [1] du mieux qu'il lui sera possible.

PREMIER MÉDECIN.

Le devoir de ma profession m'y oblige; et c'est assez que vous me chargiez de ce soin.

MONSIEUR DE POURCEAUGNAC, *à part.*

C'est son maître d'hôtel*; et il faut que ce soit un homme de qualité.

PREMIER MÉDECIN, *à Éraste.*

Oui; je vous assure que je traiterai monsieur méthodiquement et dans toutes les régularités de notre art.

MONSIEUR DE POURCEAUGNAC.

Mon dieu! il ne me faut point tant de cérémonies; et je ne viens pas ici pour incommoder.

PREMIER MÉDECIN.

Un tel emploi ne me donne que de la joie.

VARIANTE. * *C'est son maître d'hôtel, sans doute.*

---

[1] L'heureuse équivoque de ce mot *traiter* va fonder l'erreur de Pourceaugnac, qui prendra tout à l'heure un médecin pour un maître-d'hôtel.

ÉRASTE, *au médecin.*

Voilà toujours six pistoles * d'avance, en attendant ce que j'ai promis.

MONSIEUR DE POURCEAUGNAC.

Non, s'il vous plaît ; je n'entends pas que vous fassiez de dépense, et que vous envoyiez rien acheter pour moi.

ÉRASTE.

Mon dieu ! laissez faire. Ce n'est pas pour ce que vous pensez (1).

MONSIEUR DE POURCEAUGNAC.

Je vous demande de ne me traiter qu'en ami.

ÉRASTE.

C'est ce que je veux faire. (*bas, au médecin.*) Je vous recommande surtout de ne le point laisser sortir de vos mains ; car, parfois, il veut s'échapper.

PREMIER MÉDECIN.

Ne vous mettez pas en peine.

ÉRASTE, *à monsieur de Pourceaugnac.*

Je vous prie de m'excuser de l'incivilité que je commets.

VARIANTE. * *Dix pistoles.*

---

(1) Voici la première fois qu'Éraste dit la vérité à Pourceangnac, et il le trompe comme quand il mentoit. Il a l'air de ne pas vouloir convenir, par délicatesse, et afin de dispenser Pourceaugnac de la reconnoissance, que l'argent qu'il donne doit être employé pour lui ; et Pourceauguac n'en est que plus touché de ses procédés. Ce trait d'effronterie est charmant et du meilleur goût.

MONSIEUR DE POURCEAUGNAC.

Vous vous moquez; et c'est trop de grace que vous me faites [1].

SCÈNE XI.

MONSIEUR DE POURCEAUGNAC, PREMIER MÉDECIN, SECOND MÉDECIN, UN APOTHICAIRE.

PREMIER MÉDECIN.

Ce m'est beaucoup d'honneur, monsieur, d'être choisi pour vous rendre service.

MONSIEUR DE POURCEAUGNAC.

Je suis votre serviteur.

PREMIER MÉDECIN.

Voici un habile homme, mon confrère, avec lequel je vais consulter la manière dont nous vous traiterons.

MONSIEUR DE POURCEAUGNAC.

Il ne faut point tant de façons, vous dis-je; et je suis homme à me contenter de l'ordinaire.

PREMIER MÉDECIN.

Allons, des sièges.

(*Des laquais entrent, et donnent des sièges.*)

MONSIEUR DE POURCEAUGNAC, *à part*.

Voilà, pour un jeune homme, des domestiques bien lugubres.

---

[1] Est-il rien de plus comique que la situation de cet homme qui se croit hébergé chez un ami, et qui se trouve placé comme malade chez un médecin?

ACTE I, SCÈNE XI.

PREMIER MÉDECIN.

Allons, monsieur : prenez votre place, monsieur.

(*Les deux médecins font asseoir monsieur de Pourceaugnac entre eux deux.*)

MONSIEUR DE POURCEAUGNAC, *s'asseyant.*

Votre très-humble valet. (*Les deux médecins lui prenant chacun une main pour lui tâter le pouls.*) Que veut dire cela?

PREMIER MÉDECIN.

Mangez-vous bien, monsieur?

MONSIEUR DE POURCEAUGNAC.

Oui; et bois encore mieux.

PREMIER MÉDECIN.

Tant pis! Cette grande appétition du froid et de l'humide, est une indication de la chaleur et sécheresse qui est au-dedans. Dormez-vous fort?

MONSIEUR DE POURCEAUGNAC.

Oui; quand j'ai bien soupé.

PREMIER MÉDECIN.

Faites-vous des songes?

MONSIEUR DE POURCEAUGNAC.

Quelquefois.

PREMIER MÉDECIN.

De quelle nature sont-ils?

MONSIEUR DE POURCEAUGNAC.

De la nature des songes. Quelle diable de conversation est-ce là?

PREMIER MÉDECIN.

Vos déjections, comment sont-elles?

MONSIEUR DE POURCEAUGNAC.

Ma foi, je ne comprends rien à toutes ces questions; et je veux plutôt boire un coup (1).

PREMIER MÉDECIN.

Un peu de patience. Nous allons raisonner sur votre affaire devant vous; et nous le ferons en françois, pour être plus intelligibles.

MONSIEUR DE POURCEAUGNAC.

Quel grand raisonnement faut-il pour manger un morceau?

PREMIER MÉDECIN.

Comme ainsi soit, qu'on ne puisse guérir une maladie qu'on ne la connoisse parfaitement, et qu'on ne la puisse parfaitement connoître sans en bien établir l'idée particulière, et la véritable espèce, par ses signes diagnostiques et prognostiques; vous me permettrez, monsieur

---

(1) L'idée de mettre comme fou entre les mains des médecins un homme qui a toute sa raison, a été fournie à Molière par Plaute. Dans *les Ménechmes*, l'un des deux jumeaux, celui qui est étranger dans la ville, traité de fou par tout le monde, à cause de l'extravagance apparente de ses discours, se décide à contrefaire le fou furieux, pour se délivrer des gens qui l'obsèdent. Le beau-père de son frère, qui le prend pour son gendre, va prier un médecin de se charger de lui, et d'entreprendre sa cure. En l'absence du vieillard, il s'enfuit; mais son frère arrive, et est pris à son tour pour le prétendu fou : le médecin lui adresse à peu près les mêmes questions qu'on fait à Pourceaugnac; et il arrive de même que chacune de ses réponses passe pour une preuve de la folie dont on le croit atteint. Dans Plaute, tout le comique de la situation consiste dans la méprise occasionnée par la ressemblance des deux frères; car, du reste, il n'est ni extraordinaire ni plaisant que l'on croie fou un homme qui joue la folie, et qu'on songe à le faire traiter. Mais escamoter, pour ainsi dire, un rival qui n'est ni ne paroît être fou, en le confiant comme tel à un médecin qui lui trouve tous les symptômes de la folie, voilà ce qui est vraiment original et risible.

notre ancien, d'entrer en considération de la maladie
dont il s'agit, avant que de toucher à la thérapeutique,
et aux remèdes qu'il nous conviendra faire pour la par-
faite curation d'icelle. Je dis donc, monsieur, avec votre
permission, que notre malade ici présent est malheureusement attaqué, affecté, possédé, travaillé de cette sorte
de folie que nous nommons fort bien mélancolie hypocondriaque; espèce de folie très-fâcheuse, et qui ne
demande pas moins qu'un Esculape comme vous, consommé dans notre art : vous, dis-je, qui avez blanchi,
comme on dit, sous le harnois, et auquel il en a tant
passé par les mains, de toutes les façons. Je l'appelle
mélancolie hypocondriaque, pour la distinguer des deux
autres; car le célèbre Galien établit doctement, à son
ordinaire, trois espèces de cette maladie, que nous nommons mélancolie, ainsi appelée, non-seulement par les
Latins, mais encore par les Grecs : ce qui est bien à remarquer pour notre affaire. La première, qui vient du
propre vice du cerveau : la seconde, qui vient de tout
le sang, fait et rendu atrabilaire : la troisième, appelée
hypocondriaque, qui est la nôtre, laquelle procède du
vice de quelque partie du bas-ventre, et de la région
inférieure, mais particulièrement de la rate, dont la
chaleur et l'inflammation porte au cerveau de notre
malade beaucoup de fuligines épaisses et crasses, dont
la vapeur noire et maligne cause dépravation aux fonctions de la faculté princesse, et fait la maladie dont, par
notre raisonnement, il est manifestement atteint et convaincu. Qu'ainsi ne soit [1], pour diagnostique incontes-

---

[1] *Qu'ainsi ne soit.* — « C'est par l'ellipse, dit Dumarsais, que l'on doit
« rendre raison d'une façon de parler qui n'est plus aujourd'hui en usage

table de ce que je dis, vous n'avez qu'à considérer ce grand sérieux que vous voyez, cette tristesse accompagnée de crainte et de défiance, signes pathognomoniques et individuels de cette maladie, si bien marquée chez le divin vieillard Hippocrate ; cette physionomie, ces yeux rouges et hagards, cette grande barbe, cette habitude du corps, menue, grêle, noire et velue, lesquels signes le dénotent très-affecté de cette maladie, procédante du vice des hypocondres ; laquelle maladie, par laps de temps, naturalisée, envieillie, habituée, et ayant pris droit de bourgeoisie chez lui, pourroit bien dégénérer ou en manie, ou en phthisie, ou en apoplexie, ou même en fine frénésie et fureur. Tout ceci supposé, puisqu'une maladie bien connue est à demi guérie, car *ignoti nulla est curatio morbi* [1] ; il ne vous sera pas difficile de convenir des remèdes que nous devons faire à monsieur. Premièrement, pour remédier à cette pléthore obturante, et à cette cacochymie luxuriante par tout le corps, je suis d'avis qu'il soit phlébotomisé libéralement ; c'est-à-dire, que les saignées soient fréquentes et plantureuses : en premier lieu, de la basilique, puis de

---

« dans notre langue, mais qu'on trouve dans les livres mêmes du siècle
« passé ; c'est, *et qu'ainsi ne soit*, pour dire, *ce que je dis est si vrai que*, etc.
« Cette manière de parler, dit Danet (*verbo* AINSI), se prend en un sens
« tout contraire à celui qu'elle semble avoir ; car elle est affirmative nonob-
« stant la négation. *J'étois dans ce jardin, et qu'ainsi ne soit, voilà une*
« *fleur que j'y ai cueillie ;* c'est comme si je disois, *et pour preuve de cela,*
« *voilà une fleur que j'y ai cueillie.* » Dumarsais cite ensuite la phrase de
Pourceaugnac, et, pour mieux expliquer encore l'expression elliptique
qu'ainsi ne soit, il en donne ce qu'il appelle la *construction pleine :* afin
que vous ne disiez point que cela ne soit pas ainsi.

(1) « On ne peut guérir une maladie qu'on ne connoît pas. »

ACTE I, SCÈNE XI.

la céphalique [1]; et même, si le mal est opiniâtre, de lui ouvrir la veine du front, et que l'ouverture soit large, afin que le gros sang puisse sortir; et, en même temps, de le purger, désopiler, et évacuer par purgatifs propres et convenables; c'est-à-dire, par cholagogues, mélanogogues [2], *et cætera*; et comme la véritable source de tout le mal est ou une humeur crasse et féculente, ou une vapeur noire et grossière, qui obscurcit, infecte et salit les esprits animaux, il est à propos ensuite qu'il prenne un bain d'eau pure et nette, avec force petit-lait clair, pour purifier, par l'eau, la féculence de l'humeur crasse, et éclaircir, par le lait clair, la noirceur de cette vapeur. Mais, avant toute chose, je trouve qu'il est bon de le réjouir par agréables conversations, chants et instrumens de musique; à quoi il n'y a pas d'inconvénient de joindre des danseurs, afin que leurs mouvemens, disposition [3] et agilité, puissent exciter et réveiller la paresse de ses esprits engourdis, qui occasionne l'épaisseur de son sang, d'où procède la maladie [4]. Voilà les remèdes que j'imagine, auxquels pourront être ajoutés beaucoup d'autres meilleurs, par monsieur notre maître

---

(1) La *basilique*, veine qui monte le long de la partie interne de l'os du bras jusqu'à l'axillaire où elle se rend. La *céphalique*, l'une des veines du bras, qu'on croyoit autrefois venir de la tête, et qu'on ouvroit, par cette raison, dans les cas où la tête avoit besoin d'être soulagée.

(2) *Cholagogues*, remèdes qui font couler la bile. *Mélanogogues*, remèdes qu'on croit propres à purger la bile noire.

(3) *Disposition* signifioit alors, agilité, légèreté. L'adjectif *dispos*, qui est resté, a le même sens.

(4) Outre que cette partie du traitement ordonné convient assez bien aux hypocondriaques, c'est, de la part de l'auteur, une préparation pour le divertissement qui va suivre.

et ancien, suivant l'expérience, jugement, lumière et suffisance qu'il s'est acquise * dans notre art. *Dixi* [1].

SECOND MÉDECIN.

A Dieu ne plaise, monsieur, qu'il me tombe en pensée d'ajouter rien à ce que vous venez de dire! Vous avez si bien discouru sur tous les signes, les symptômes et les causes de la maladie de monsieur; le raisonnement que vous en avez fait est si docte et si beau, qu'il est impossible qu'il ne soit pas fou et mélancolique hypocondriaque; et, quand il ne le seroit pas, il faudroit qu'il le devînt, pour la beauté des choses que vous avez dites, et la justesse du raisonnement que vous avez fait. Oui, monsieur, vous avez dépeint fort graphiquement, *graphicè depinxisti*, tout ce qui appartient à cette maladie. Il ne se peut rien de plus doctement, sagement, ingénieusement conçu, pensé, imaginé, que ce que vous avez prononcé au sujet de ce mal, soit pour la diagnose, ou la prognose, ou la thérapie [2]; et il ne me reste rien ici, que de féliciter monsieur d'être tombé entre vos mains, et de lui dire qu'il est trop heureux d'être fou, pour éprouver l'efficace et la douceur des remèdes que vous avez si judicieusement proposés. Je les approuve tous, *manibus et pedibus descendo in tuam sententiam* [3].

VARIANTE. * *Qu'il s'est acquis.*

---

[1] « J'ai dit. » C'est par cette formule latine que se terminoient alors la plupart des discours tenus dans les exercices publics, tels que thèses, conférences, examens, etc.

[2] *Diagnose*, connoissance des symptômes. *Prognose*, jugement d'après les symptômes. *Thérapie*, traitement de la maladie.

[3] Dans le sénat romain, quand quelqu'un, en opinant, avoit ouvert

ACTE I, SCÈNE XI.

Tout ce que j'y voudrois, c'est de faire les saignées et les purgations en nombre impair, *numero Deus impare gaudet* [1]; de prendre le lait clair avant le bain; de lui composer un fronteau [2] où il entre du sel, le sel est symbole de la sagesse; de faire blanchir les murailles de sa chambre, pour dissiper les ténèbres de ses esprits, *album est disgregativum visûs* [3]; et de lui donner tout à l'heure un petit lavement, pour servir de prélude et d'introduction à ces judicieux remèdes, dont, s'il a à guérir, il doit recevoir du soulagement [4]. Fasse le ciel que ces remèdes, monsieur, qui sont les vôtres, réussissent au malade, selon notre intention [5]!

---

un avis, ceux qui pensoient comme lui, se rangeoient de son côté, et ceux qui étoient d'un sentiment contraire, passoient du côté opposé. L'action des premiers s'exprimoit par cette phrase, *Pedibus ire* ou *descendere in sententiam alicujus*; phrase qu'il seroit impossible de traduire littéralement en françois, mais dont le sens est à peu près conservé dans l'expression figurée, *se ranger à l'avis de quelqu'un*.

(1) Cet hémistiche de la huitième églogue de Virgile signifie : « Le nombre pair plaît aux dieux. »

(2) *Fronteau*, bandeau appliqué sur le front.

(3) « Le blanc cause la disgrégation de la vue. »

(4) Quelque déférence que le dernier consultant ait pour l'avis du premier, quelque approbation qu'il donne à ses prescriptions, il ne manque jamais d'ajouter quelque chose, comme le *fronteau de sel*, ou le *lavement*. Cela est aujourd'hui comme du temps de Molière; cela ne peut changer.

(5) Les discours des deux docteurs ne sont pas, comme on pourroit l'imaginer, une imitation burlesque, une parodie de la manière dont les médecins d'alors dissertoient sur leur art; c'en est la représentation fidèle, ou plutôt c'est la chose même. Dans ces discours, dont la matière avoit probablement été fournie à Molière par Mauvilain, son médecin et son ami, se retrouve toute la doctrine des *humoristes*, et tout le galimatias dont ils se servoient pour expliquer des effets inexplicables. Hippocrate et Galien

MONSIEUR DE POURCEAUGNAC.

Messieurs, il y a une heure que je vous écoute [1]. Est-ce que nous jouons ici une comédie [2] ?

PREMIER MÉDECIN.

Non, monsieur, nous ne jouons point.

MONSIEUR DE POURCEAUGNAC.

Qu'est-ce que tout ceci? et que voulez-vous dire, avec votre galimatias et vos sottises?

PREMIER MÉDECIN.

Bon! dire des injures! Voilà un diagnostique qui nous

---

ne sont point cités à faux; mais ils le sont par deux pédans qui ne les comprennent pas, et qui, plus soumis à l'autorité qu'à la raison, ne savent pas discerner, dans les écrits de ces deux grands hommes, les erreurs qui s'y trouvent mêlées aux vérités, et sont portés, par un certain instinct de la sottise, à choisir toujours les unes de préférence aux autres. Ce qui est encore un caractère de la vieille et fausse médecine, nos deux docteurs joignent aux chimères les plus dogmatiques, les superstitions les plus populaires, telles que l'influence des nombres, la propriété physique de certaines substances, fondée sur des idées symboliques, etc. Du reste, ils ont encore plus tort dans la forme que dans le fond, et leur langage est plus ridicule que leur doctrine n'est vicieuse. Celle-ci est fondée, en général, sur des phénomènes réels; et les conséquences qu'ils en tirent, soit pour l'explication des causes, soit pour l'application des remèdes, sont quelquefois fort judicieuses. Il est seulement dommage que Pourceaugnac ne soit pas malade; et, comme dit l'un d'eux, *il faudroit qu'il le devînt* pour justifier *les belles choses* qui ont été dites. C'est là qu'est véritablement tout le comique de la situation et du dialogue. Il n'étoit pas nécessaire cette fois que le langage des médecins fût absurde; il suffisoit qu'il portât à faux, et c'est ce qui arrive.

(1) Ce mot, dans la bouche de Pourceaugnac, est une sorte d'aveu, de la part de l'auteur, que les discours des deux médecins sont un peu longs; mais ils sont si plaisans en eux-mêmes, et la stupéfaction, l'impatience du personnage qui les écoute, sont si plaisantes aussi, que le public en est amusé et en rit jusqu'à la fin.

(2) On diroit que Molière, dans cette pièce, craint que le public n'oublie qu'il est à la comédie: il en ramène sans cesse l'idée et le mot.

manquoit pour la confirmation de son mal ; et ceci pourroit bien tourner en manie.

MONSIEUR DE POURCEAUGNAC, *à part.*

Avec qui m'a-t-on mis ici ?

(*Il crache deux ou trois fois.*)

PREMIER MÉDECIN.

Autre diagnostique : la sputation fréquente.

MONSIEUR DE POURCEAUGNAC.

Laissons cela, et sortons d'ici.

PREMIER MÉDECIN.

Autre encore : l'inquiétude de changer de place.

MONSIEUR DE POURCEAUGNAC.

Qu'est-ce donc que toute cette affaire ? et que me voulez-vous ?

PREMIER MÉDECIN.

Vous guérir, selon l'ordre qui nous a été donné.

MONSIEUR DE POURCEAUGNAC.

Me guérir ?

PREMIER MÉDECIN.

Oui.

MONSIEUR DE POURCEAUGNAC.

Parbleu ! je ne suis pas malade.

PREMIER MÉDECIN.

Mauvais signe, lorsqu'un malade ne sent pas son mal.

MONSIEUR DE POURCEAUGNAC.

Je vous dis que je me porte bien.

PREMIER MÉDECIN.

Nous savons mieux que vous comment vous vous

portez; et nous sommes médecins qui voyons clair dans votre constitution.

MONSIEUR DE POURCEAUGNAC.

Si vous êtes médecins, je n'ai que faire de vous; et je me moque de la médecine.

PREMIER MÉDECIN.

Hom! hom! voici un homme plus fou que nous ne pensons (1).

MONSIEUR DE POURCEAUGNAC.

Mon père et ma mère n'ont jamais voulu de remèdes, et ils sont morts tous deux sans l'assistance des médecins.

PREMIER MÉDECIN.

Je ne m'étonne pas s'ils ont engendré un fils qui est insensé. (*au second médecin.*) Allons, procédons à la curation; et, par la douceur exhilarante de l'harmonie, adoucissons, lénifions, et accoisons (2) l'aigreur de ses esprits, que je vois prêts à s'enflammer.

---

(1) Il ne sauroit ouvrir la bouche ou mouvoir le corps, que sa moindre parole, son moindre geste ne soit considéré comme un nouveau signe de la maladie *dont il est manifestement atteint et convaincu.* Effet ordinaire de la prévention en toute matière : aux yeux de beaucoup de médecins et de juges, tout paroît symptôme dans un homme soupçonné de maladie, tout paroît indice dans un homme soupçonné de crime.

(2) *Accoiser,* vieux mot qui signifie, calmer, apaiser. Il vient de l'adjectif *coi,* qui s'emploie encore en quelques phrases, et qui lui-même est tiré du latin *quietus,* tranquille.

SCÈNE XII.

MONSIEUR DE POURCEAUGNAC, *seul.*

Que diable est-ce là? Les gens de ce pays-ci sont-ils insensés? Je n'ai jamais rien vu de tel, et je n'y comprends rien du tout.

SCÈNE XIII.

MONSIEUR DE POURCEAUGNAC, DEUX MÉDECINS GROTESQUES.

(*Ils s'asseyent d'abord tous trois ; les médecins se lèvent à différentes reprises pour saluer M. de Pourceaugnac, qui se lève autant de fois pour les saluer.*)

LES DEUX MÉDECINS.

Buon dì, buon dì, buon dì,
Non vi lasciate uccidere
Dal dolor malinconico,
Noi vi faremo ridere
Col nostro canto armonico ;
 Sol per guarirvi
Siamo venuti qui.
 Buon dì, buon dì, buon dì.

PREMIER MÉDECIN.

Altro non è la pazzia
 Che malinconia.
  Il malato
 Non è disperato,
Se vol pigliar un poco d'allegria,

Altro non è la pazzia
Che malinconia.

SECOND MÉDECIN.

Sù, cantate, ballate, ridete;
E, se far meglio volete,
Quando sentite il deliro vicino,
Pigliate del vino,
E qualche volta un poco di tabac.
Allegramente, monsu Pourceaugnac. (1)

SCÈNE XIV.

MONSIEUR DE POURCEAUGNAC,
DEUX MÉDECINS grotesques, MATASSINS.

ENTRÉE DE BALLET.

(Danses des Matassins autour de M. de Pourceaugnac.)

---

(1) A la première représentation de *Pourceaugnac*, donnée à Chambord devant le roi, Lulli joua le rôle d'un des deux médecins grotesques, et, par conséquent, chanta sa part de ces trois couplets, dont il avoit, dit-on, fait les paroles, et dont certainement il avoit fait la musique. C'est lui qui est désigné dans le livre du ballet par le nom de, *il signor Chiacchiarone*. En italien, *Chiacchiarone*, ou plutôt *Chiacchierone*, signifie causeur, hableur, diseur de balivernes. Voici la traduction des couplets italiens.

« Bonjour, bonjour, bonjour. Ne vous laissez pas emporter par l'affec-
« tion mélancolique. Nous vous ferons rire avec nos chants harmonieux.
« Nous ne sommes venus ici que pour vous guérir. Bonjour, bonjour,
« bonjour. »

« La folie n'est pas autre chose que la mélancolie. Le malade n'est pas
« désespéré, s'il veut prendre un peu de divertissement. La folie n'est pas
« autre chose que la mélancolie. »

« Allons, courage. Chantez, dansez, riez; et, si vous voulez encore

SCÈNE XV.

M. DE POURCEAUGNAC, UN APOTHICAIRE,
tenant une seringue.

L'APOTHICAIRE.

Monsieur, voici un petit remède, un petit remède, qu'il vous faut prendre, s'il vous plaît, s'il vous plaît.

MONSIEUR DE POURCEAUGNAC.

Comment? je n'ai que faire de cela!

L'APOTHICAIRE.

Il a été ordonné, monsieur, il a été ordonné.

MONSIEUR DE POURCEAUGNAC.

Ah! que de bruit!

L'APOTHICAIRE.

Prenez-le, monsieur, prenez-le; il ne vous fera point de mal, il ne vous fera point de mal.

MONSIEUR DE POURCEAUGNAC.

Ah!

L'APOTHICAIRE.

C'est un petit clystère, un petit clystère, benin, benin; il est benin, benin : là, prenez, prenez, monsieur; c'est pour déterger, pour déterger, déterger.

« mieux faire, quand vous sentirez approcher votre accès de folie, prenez
« un verre de vin, et quelquefois une prise de tabac. Allons, gai, monsieur
« de Pourceaugnac. »

SCÈNE XVI.

M. DE POURCEAUGNAC, UN APOTHICAIRE, DEUX MÉDECINS grotesques, MATASSINS, *avec des seringues.*

LES DEUX MÉDECINS.

Piglialo sù,
Signor monsu,
Piglialo, piglialo, piglialo sù,
Che non ti farà male.
Piglialo sù questo serviziale;
Piglialo sù,
Signor monsu,
Piglialo, piglialo, piglialo sù. [1]

MONSIEUR DE POURCEAUGNAC.

Allez-vous-en au diable.

(*M. de Pourceaugnac, mettant son chapeau pour se garantir des seringues, est suivi par les deux médecins et par les matassins; il passe par derrière le théâtre, et revient se mettre sur sa chaise, auprès de laquelle il trouve l'apothicaire qui l'attendoit; les deux médecins et les matassins rentrent aussi.*)

LES DEUX MÉDECINS.

Piglialo sù,
Signor monsu;

---

[1] Dans ce couplet qui se chante deux fois, Lulli n'a fait que rimer une phrase de prose que vient de dire l'apothicaire : « Prenez-le, monsieur, prenez-le (le clystère); il ne vous fera point de mal. »

Piglialo, piglialo, piglialo sù;
Che non ti farà male.
Piglialo sù questo serviziale,
Piglialo sù,
Signor monsu;
Piglialo, piglialo, piglialo sù. [1]

(*M. de Pourceaugnac s'enfuit avec la chaise; l'apothicaire appuie sa seringue contre, et les médecins et les matassins le suivent.*)

---

[1] Ce sont ces intermèdes surtout qui donnent à la pièce l'air et la couleur d'une farce. Les intermèdes sembloient être l'ornement obligé de toutes les comédies jouées à la cour : il falloit employer les chanteurs et les danseurs du roi; il falloit que Lulli fît des airs; il falloit enfin plus de pompe qu'à un spectacle ordinaire. Quelques pièces de Molière en ont été gâtées, mais à la cour seulement, car, à la ville, on supprimoit ces divertissemens; dans quelques autres, la musique et la danse s'unissoient plus naturellement au sujet : *Pourceaugnac* est de cette dernière espèce.

FIN DU PREMIER ACTE.

ACTE II.

SCÈNE PREMIÈRE.

PREMIER MÉDECIN, SBRIGANI.

PREMIER MÉDECIN.

Il a forcé tous les obstacles que j'avois mis, et s'est dérobé aux remèdes que je commençois de lui faire.

SBRIGANI.

C'est être bien ennemi de soi-même, que de fuir des remèdes aussi salutaires que les vôtres.

PREMIER MÉDECIN.

Marque d'un cerveau démonté, et d'une raison dépravée, que de ne vouloir pas guérir.

SBRIGANI.

Vous l'auriez guéri haut la main.

PREMIER MÉDECIN.

Sans doute : quand il y auroit eu complication de douze maladies.

SBRIGANI.

Cependant voilà cinquante pistoles bien acquises qu'il vous fait perdre.

PREMIER MÉDECIN.

Moi, je n'entends point les perdre, et prétends* le

VARIANTE. * *Et je prétends.*

ACTE II, SCÈNE I.

guérir en dépit qu'il en ait. Il est lié et engagé à mes remèdes; et je veux le faire saisir où je le trouverai, comme déserteur de la médecine et infracteur de mes ordonnances.

SBRIGANI.

Vous avez raison. Vos remèdes étoient un coup sûr; et c'est de l'argent qu'il vous vole.

PREMIER MÉDECIN.

Où puis-je en avoir des nouvelles?

SBRIGANI.

Chez le bonhomme Oronte, assurément, dont il vient épouser la fille, et qui, ne sachant rien de l'infirmité de son gendre futur, voudra peut-être se hâter de conclure le mariage [1].

PREMIER MÉDECIN.

Je vais lui parler tout-à-l'heure.

SBRIGANI.

Vous ne ferez point mal.

PREMIER MÉDECIN.

Il est hypothéqué à mes consultations [2]; et un malade ne se moquera pas d'un médecin.

SBRIGANI.

C'est fort bien dit à vous; et, si vous m'en croyez, vous ne souffrirez point qu'il se marie, que vous ne l'ayez pansé tout votre saoul.

---

[1] C'est une des plus heureuses idées de Sbrigani, que de mettre ce médecin aux trousses de son malade échappé, et de l'envoyer chez le futur beau-père, pour que celui-ci apprenne, d'un membre même de la Faculté, l'*infirmité* de son futur gendre. Cette idée va produire deux scènes fort plaisantes.

[2] C'est-à-dire, mes consultations ont hypothèque sur lui.

PREMIER MÉDECIN.

Laissez-moi faire.

SBRIGANI, *à part, en s'en allant.*

Je vais, de mon côté, dresser une autre batterie, et le beau-père est aussi dupe que le gendre.

SCÈNE II.

ORONTE, PREMIER MÉDECIN.

PREMIER MÉDECIN.

Vous avez, monsieur, un certain monsieur de Pourceaugnac qui doit épouser votre fille?

ORONTE.

Oui; je l'attends de Limoges, et il devroit être arrivé.

PREMIER MÉDECIN.

Aussi l'est-il, et il s'en est fui de chez moi [1], après y avoir été mis; mais je vous défends, de la part de la médecine, de procéder au mariage que vous avez conclu, que je ne l'aie dûment préparé pour cela, et mis en état de procréer des enfans bien conditionnés de corps et d'esprit.

ORONTE.

Comment donc?

PREMIER MÉDECIN.

Votre prétendu gendre a été constitué mon malade; sa maladie, qu'on m'a donné à guérir *, est un meuble

VARIANTE. * *Qu'on m'a donnée à guérir.*

---

[1] *Il s'en est fui de chez moi.* — On diroit aujourd'hui, *il s'est enfui.*

qui m'appartient, et que je compte entre mes effets; et je vous déclare que je ne prétends point qu'il se marie, qu'au préalable il n'ait satisfait à la médecine, et subi les remèdes que je lui ai ordonnés.

ORONTE.

Il a quelque mal?

PREMIER MÉDECIN.

Oui.

ORONTE.

Et quel mal, s'il vous plaît?

PREMIER MÉDECIN.

Ne vous en mettez pas en peine.

ORONTE.

Est-ce quelque mal?...

PREMIER MÉDECIN.

Les médecins sont obligés au secret [1]. Il suffit que je vous ordonne, à vous et à votre fille, de ne point célébrer, sans mon consentement, vos noces avec lui, sur peine d'encourir la disgrace de la Faculté, et d'être accablés de toutes les maladies qu'il nous plaira.

ORONTE.

Je n'ai garde, si cela est, de faire le mariage.

PREMIER MÉDECIN.

On me l'a mis entre les mains; et il est obligé d'être mon malade.

---

[1] A la réticence plaisamment significative du futur beau-père, le docteur répond avec une réserve qui n'est pas moins plaisante, puisqu'elle confirme les soupçons du bonhomme, et qui, toutefois, est fort raisonnable, puisque la folie est une de ces maladies dont on se cache, et sur lesquelles le médecin doit garder le secret.

ORONTE.

A la bonne heure.

PREMIER MÉDECIN.

Il a beau fuir; je le ferai condamner, par arrêt, à se faire guérir par moi.

ORONTE.

J'y consens.

PREMIER MÉDECIN.

Oui, il faut qu'il crève, ou que je le guérisse.

ORONTE.

Je le veux bien.

PREMIER MÉDECIN.

Et, si je ne le trouve, je m'en prendrai à vous; et je vous guérirai au lieu de lui.

ORONTE.

Je me porte bien.

PREMIER MÉDECIN.

Il n'importe. Il me faut un malade; et je prendrai qui je pourrai.

ORONTE.

Prenez qui vous voudrez; mais ce ne sera pas moi. (*seul.*) Voyez un peu la belle raison [1] !

---

(1) Dans les deux scènes qu'on vient de lire, Molière poursuit encore les médecins; mais ce n'est plus leur ignorance, leur charlatanisme qu'il attaque, c'est leur cupidité dont il se moque; et ce fonds de plaisanterie, si vieux, si usé, avec quel art il le rajeunit ! Est-il rien de plus original, de plus comique que ce médecin qui revendique un malade qui lui est échappé, comme un serf qui s'est enfui, et sa maladie, comme un bien qu'on lui a dérobé ? Au reste, il en est à peu près ainsi de toutes les professions : nous sommes, sans nous en douter, la *propriété* de tous les

SCÈNE III.

RONTE, SBRIGANI, *en marchand flamand.*

SBRIGANI.

Montsir, afec le fôtre permission, je suisse un trancher marchand Flamane, qui foudroit bienne fous temandair un petit nouvel.

ORONTE.

Quoi, monsieur ?

SBRIGANI.

Mettez le fôtre chapeau sur le tête, montsir, si ve plaît.

ORONTE.

Dites-moi, monsieur, ce que vous voulez ?

SBRIGANI.

Moi le dire rien, montsir, si fous le mettre pas le chapeau sur le tête.

ORONTE.

Soit. Qu'y a-t-il, monsieur ?

SBRIGANI.

Fous connoître point en sti file un certe montsir Oronte ?

ORONTE.

Oui, je le connois.

---

gens dont nous payons l'industrie ; nous sommes un *effet*, un *meuble* qu'ils vendent, qu'ils engagent, sous les noms de *pratique*, de *clientelle*, etc. On raconte bien que des mendians, mariant leur fille, ont donné pour dot à leur gendre le droit de gueuser dans tel ou tel village de leur appartenance.

SBRIGANI.

Et quel homme est-il, montsir, si ve plaît?

ORONTE.

C'est un homme comme les autres.

SBRIGANI.

Je fous temande, montsir, s'il est un homme qui a du bienne?

ORONTE.

Oui.

SBRIGANI.

Mais riche beaucoup grandement, montsir?

ORONTE.

Oui.

SBRIGANI.

J'en suis aise beaucoup, montsir.

ORONTE.

Mais pourquoi cela?

SBRIGANI.

L'est, montsir, pour un petit raisonne de conséquence pour nous.

ORONTE.

Mais encore, pourquoi?

SBRIGANI.

L'est, montsir, que sti montsir Oronte donne son fille en mariage à un certe montsir de Pourcegnac.

ORONTE.

Hé bien?

SBRIGANI.

Et sti montsir de Pourcegnac, montsir, l'est un homme

que doivre beaucoup grandement, à dix ou douze marchanes flamanes qui être venu ici.

ORONTE.

Ce monsieur de Pourceaugnac doit beaucoup à dix ou douze marchands ?

SBRIGANI.

Oui, montsir; et, depuis huit mois, nous afoir obtenir un petit sentence contre lui; et lui a remettre à payer tou ce créanciers de sti mariage que sti montsir Oronte donne pour son fille.

ORONTE.

Hon, hon! il a remis là à payer ses créanciers?

SBRIGANI.

Oui, montsir, et avec un grant défotion nous tous attendre sti mariage.

ORONTE, *à part.*

L'avis n'est pas mauvais. (*haut.*) Je vous donne le bonjour.

SBRIGANI.

Je remercie, montsir, de la faveur grande.

ORONTE.

Votre très-humble valet.

SBRIGANI.

Je le suis, montsir, obliger plus que beaucoup du bon nouvel que montsir m'afoir donné [1]. (*seul, après avoir*

---

[1] Il n'y a rien de plus propre assurément à dégoûter M. Oronte de son gendre futur, que de le lui représenter comme un dissipateur, poursuivi par de nombreux créanciers; mais, il en faut convenir, le stratagême employé à cette fin n'est pas très-heureusement choisi. Un travestissement et un baragouin étranger sont des moyens postiches, trop

ôté sa barbe et dépouillé l'habit de Flamand qu'il a par-dessus le sien.) Cela ne va pas mal. Quittons notre ajustement de Flamand, pour songer à d'autres machines; et tâchons de semer tant de soupçons et de division entre le beau-père et le gendre, que cela rompe le mariage prétendu. Tous deux également sont propres à gober les hameçons qu'on leur veut tendre [1]; et, entre nous autres fourbes de la première classe, nous ne faisons que nous jouer, lorsque nous trouvons un gibier aussi facile que celui-là.

SCÈNE IV.

MONSIEUR DE POURCEAUGNAC, SBRIGANI.

MONSIEUR DE POURCEAUGNAC, *se croyant seul.*

Piglialo sù, piglialo sù, signor monsu. Que diable est-ce-là? (*apercevant Sbrigani.*) Ah!

SBRIGANI.

Qu'est-ce, monsieur? Qu'avez-vous?

MONSIEUR DE POURCEAUGNAC.

Tout ce que je vois me semble lavement.

SBRIGANI.

Comment?

---

faciles pour qu'ils produisent beaucoup d'effet, et trop rares dans le monde pour qu'ils soient assez vrais au théâtre. Jusqu'à cette scène, tout marche bien, tout s'enchaîne bien : depuis cette scène, la comédie a disparu, et la farce a pris sa place.

(1) Sbrigani ne dit que trop vrai. Le Parisien Oronte est tout aussi sot, tout aussi crédule que le Limousin Pourceaugnac; et c'est aussi une des causes qui font dégénérer cette comédie en farce, et quelquefois cette farce en parade.

ACTE II, SCÈNE IV.

MONSIEUR DE POURCEAUGNAC.

Vous ne savez pas ce qui m'est arrivé dans ce logis à la porte duquel vous m'avez conduit?

SBRIGANI.

Non, vraiment. Qu'est-ce que c'est?

MONSIEUR DE POURCEAUGNAC.

Je pensois y être régalé comme il faut.

SBRIGANI.

Hé bien?

MONSIEUR DE POURCEAUGNAC.

Je vous laisse entre les mains de monsieur. Des médecins habillés de noir. Dans une chaise. Tâter le pouls. Comme ainsi soit. Il est fou. Deux gros joufflus. Grands chapeaux. *Buon dì, buon dì.* Six pantalons. Ta, ra, ta, ta; ta, ra, ta, ta. *Allegramente, monsu Pourceaugnac.* Apothicaire. Lavement. Prenez, monsieur; prenez, prenez. Il est benin, benin, benin. C'est pour déterger, pour déterger, déterger. *Piglialo sù, signor monsu; piglialo, piglialo, piglialo sù.* Jamais je n'ai été si saoul de sottises [1].

SBRIGANI.

Qu'est-ce que tout cela veut dire?

MONSIEUR DE POURCEAUGNAC.

Cela veut dire que cet homme-là, avec ses grandes

---

[1] Quel décousu, quel désordre plaisant dans cette espèce de récit! Pourceaugnac parle comme un échappé des Petites-Maisons : cela n'est pas étonnant; on rendroit fou l'homme le plus sensé, en lui disant qu'il est fou, et en le traitant comme tel. Encore un peu, le mensonge d'Éraste devenoit une vérité, et le pauvre Pourceaugnac appartenoit de droit à la Faculté.

embrassades, est un fourbe qui m'a mis dans une maison pour se moquer de moi, et me faire une pièce.

SBRIGANI.

Cela est-il possible?

MONSIEUR DE POURCEAUGNAC.

Sans doute. Ils étoient une douzaine de possédés après mes chausses; et j'ai eu toutes les peines du monde à m'échapper de leurs pattes.

SBRIGANI.

Voyez un peu; les mines sont bien trompeuses! Je l'aurois cru le plus affectionné de vos amis. Voilà un de mes étonnemens, comme il est possible qu'il y ait des fourbes comme cela dans le monde.

MONSIEUR DE POURCEAUGNAC.

Ne sens-je point le lavement? Voyez, je vous prie [1].

SBRIGANI.

Hé! il y a quelque petite chose qui approche de cela.

MONSIEUR DE POURCEAUGNAC.

J'ai l'odorat et l'imagination tout remplis * de cela; et il me semble toujours que je vois une douzaine de lavemens qui me couchent en joue.

SBRIGANI.

Voilà une méchanceté bien grande; et les hommes sont bien traîtres et scélérats!

VARIANTE. * *L'odorat et l'imagination toute remplie.*

---

(1) Je plaindrois bien les gens qu'une fausse délicatesse empêcheroit de rire aux éclats à cette question si risible : leur travers les priveroit d'un grand plaisir.

MONSIEUR DE POURCEAUGNAC.

Enseignez-moi, de grace, le logis de monsieur Oronte; je suis bien aise d'y aller tout-à-l'heure.

SBRIGANI.

Ah! ah!, vous êtes donc de complexion amoureuse? et vous avez ouï parler que ce monsieur Oronte a une fille?... (1)

MONSIEUR DE POURCEAUGNAC.

Oui. Je viens l'épouser.

SBRIGANI.

L'é... l'épouser?

MONSIEUR DE POURCEAUGNAC.

Oui.

SBRIGANI.

En mariage?

MONSIEUR DE POURCEAUGNAC.

De quelle façon, donc?

SBRIGANI.

Ah! c'est une autre chose; et je vous demande pardon *.

MONSIEUR DE POURCEAUGNAC.

Qu'est-ce que cela veut dire?

SBRIGANI.

Rien.

MONSIEUR DE POURCEAUGNAC.

Mais encore?

VARIANTE. * C'est une autre chose, je vous demande pardon.

---

(1) On dit, *j'ai ouï parler d'une telle chose,* et, *j'ai ouï dire que.*

SBRIGANI.

Rien, vous dis-je. J'ai un peu parlé trop vite.

MONSIEUR DE POURCEAUGNAC.

Je vous prie de me dire ce qu'il y a là-dessous.

SBRIGANI.

Non : cela n'est point nécessaire.

MONSIEUR DE POURCEAUGNAC.

De grace.

SBRIGANI.

Point. Je vous prie de m'en dispenser.

MONSIEUR DE POURCEAUGNAC.

Est-ce que vous n'êtes pas de mes amis?

SBRIGANI.

Si fait. On ne peut pas l'être davantage.

MONSIEUR DE POURCEAUGNAC.

Vous devez donc ne me rien cacher.

SBRIGANI.

C'est une chose où il y va de l'intérêt du prochain.

MONSIEUR DE POURCEAUGNAC.

Afin de vous obliger à m'ouvrir votre cœur, voilà une petite bague que je vous prie de garder pour l'amour de moi.

SBRIGANI.

Laissez-moi consulter un peu si je le puis faire en conscience. (*après s'être un peu éloigné de monsieur de Pourceaugnac.*) C'est un homme qui cherche son bien, qui tâche de pourvoir sa fille le plus avantageusement qu'il est possible; et il ne faut nuire à personne. Ce sont des choses qui sont connues, à la vérité; mais j'irai les découvrir à un homme qui les ignore ; et il est défendu de scandaliser son prochain. Cela est vrai ; mais, d'autre part, voilà un étranger qu'on veut surprendre, et qui, de bonne foi, vient se marier avec une fille qu'il ne connoît pas et qu'il n'a jamais vue ; un gentilhomme plein de franchise, pour qui je me sens de l'inclination, qui me fait l'honneur de me tenir pour son ami, prend confiance en moi, et me donne une bague à garder pour l'amour de lui. (*à monsieur de Pourceaugnac.*) Oui ; je trouve que je puis vous dire les choses sans blesser ma conscience : mais tâchons de vous les dire le plus doucement qu'il nous sera possible, et d'épargner les gens le plus que nous pourrons. De vous dire que cette fille-là mène une vie déshonnête, cela seroit un peu trop fort. Cherchons, pour nous expliquer, quelques termes plus doux. Le mot de galante aussi n'est pas assez : celui de coquette achevée me semble propre à ce que nous voulons, et je m'en puis servir pour vous dire honnêtement ce qu'elle est.

MONSIEUR DE POURCEAUGNAC.

L'on me veut donc prendre pour dupe ?

SBRIGANI.

Peut-être, dans le fond, n'y a-t-il pas tant de mal que tout le monde croit ; et puis il y a des gens, après tout, qui se mettent au-dessus de ces sortes de choses, et qui ne croient pas que leur honneur dépende...

MONSIEUR DE POURCEAUGNAC.

Je suis votre serviteur ; je ne me veux point mettre sur la tête un chapeau comme celui-là ; et l'on aime à aller le front levé dans la famille des Pourceaugnacs.

SBRIGANI.

Voilà le père.

MONSIEUR DE POURCEAUGNAC.

Ce vieillard-là?

SBRIGANI.

Oui. Je me retire (1).

SCÈNE V.

ORONTE, MONSIEUR DE POURCEAUGNAC.

MONSIEUR DE POURCEAUGNAC.

Bonjour, monsieur, bonjour.

ORONTE.

Serviteur, monsieur, serviteur.

MONSIEUR DE POURCEAUGNAC.

Vous êtes monsieur Oronte, n'est-ce pas?

ORONTE.

Oui.

MONSIEUR DE POURCEAUGNAC.

Et moi, monsieur de Pourceaugnac.

ORONTE.

A la bonne heure.

---

(1) Voici la seconde belle scène de la pièce, scène excellente et presque digne de celle où Éraste reconnoît Pourceaugnac. Elle n'étoit pas seulement nécessaire pour l'action; elle l'étoit aussi pour nous donner une idée réelle du savoir-faire de Sbrigani, de ce fourbe illustre, dont, jusque-là, tous les exploits s'étoient réduits à berner gaîment le sot le plus bernable. Ici, il fait preuve d'une habileté peu commune; il prépare avec infiniment d'adresse le subtil poison des insinuations calomnieuses; et de beaucoup plus fins que Pourceaugnac pourroient l'avaler sans défiance. Sa consultation avec lui-même est charmante, quoique un peu moins naturelle que le reste. Enfin, le vrai comique est revenu avec cette scène; mais c'est pour peu de temps malheureusement : nous verrons bientôt reparoître le burlesque.

MONSIEUR DE POURCEAUGNAC.

Croyez-vous, monsieur Oronte, que les Limosins soient des sots?

ORONTE.

Croyez-vous, monsieur de Pourceaugnac, que les Parisiens soient des bêtes?

MONSIEUR DE POURCEAUGNAC.

Vous imaginez-vous, monsieur Oronte, qu'un homme comme moi soit si affamé de femme ?*

ORONTE.

Vous imaginez-vous, monsieur de Pourceaugnac, qu'une fille comme la mienne soit si affamée de mari **(1)?

SCÈNE VI.

MONSIEUR DE POURCEAUGNAC, JULIE, ORONTE.

JULIE.

On vient de me dire, mon père, que monsieur de Pourceaugnac est arrivé. Ah! le voilà sans doute, et mon cœur me le dit. Qu'il est bien fait! Qu'il a bon air! et que je suis contente d'avoir un tel époux! Souffrez que je l'embrasse, et que je lui témoigne...

VARIANTES. * *Soit affamé de femme.* — ** *Soit affamée de mari.*

---

(1) Un homme qui veut se débarrasser de ses créanciers en épousant une fille riche, et un homme qui veut se débarrasser d'une fille trop pressée en la mariant bien vite, voilà ce que Pourceaugnac et Oronte sont aux yeux l'un de l'autre. A la manière dont les choses avoient été préparées, ils ne pouvoient s'aborder autrement.

ORONTE.

Doucement, ma fille, doucement.

MONSIEUR DE POURCEAUGNAC, *à part.*

Tudieu! Quelle galante! Comme elle prend feu d'abord!

ORONTE.

Je voudrois bien savoir, monsieur de Pourceaugnac, par quelle raison vous venez...

JULIE, *s'approche de M. de Pourceaugnac, le regarde d'un air languissant, et lui veut prendre la main.*

Que je suis aise de vous voir! et que je brûle d'impatience!...

ORONTE.

Ah! ma fille! Otez-vous de là, vous dis-je.

MONSIEUR DE POURCEAUGNAC, *à part.*

Oh! oh! quelle égrillarde!

ORONTE.

Je voudrois bien, dis-je, savoir par quelle raison, s'il vous plaît, vous avez la hardiesse de...

(*Julie continue le même jeu.*)

MONSIEUR DE POURCEAUGNAC, *à part.*

Vertu de ma vie!

ORONTE, *à Julie.*

Encore? Qu'est-ce à dire, cela?

JULIE.

Ne voulez-vous pas que je caresse l'époux que vous m'avez choisi?

ORONTE.

Non. Rentrez là-dedans.

JULIE.
Laissez-moi le regarder.
ORONTE.
Rentrez, vous dis-je.
JULIE.
Je veux demeurer-là, s'il vous plaît.
ORONTE.
Je ne veux pas, moi; et, si tu ne rentres tout-à-l'heure, je...
JULIE.
Hé bien! je rentre.
ORONTE.
Ma fille est une sotte qui ne sait pas les choses.
MONSIEUR DE POURCEAUGNAC, *à part.*
Comme nous lui plaisons!

ORONTE, *à Julie, qui est restée après avoir fait quelques pas pour s'en aller.*

Tu ne veux pas te retirer?
JULIE.
Quand est-ce donc que vous me marierez avec monsieur?
ORONTE.
Jamais; et tu n'es pas pour lui.
JULIE.
Je le veux avoir, moi, puisque vous me l'avez promis.
ORONTE.
Si je te l'ai promis, je te le dépromets [1].

---

[1] *Dépromettre* est un de ces verbes qui ne sont pas dans le diction-

MONSIEUR DE POURCEAUGNAC, *à part.*

Elle voudroit bien me tenir.

JULIE.

Vous avez beau faire : nous serons mariés ensemble en dépit de tout le monde.

ORONTE.

Je vous en empêcherai bien tous deux, je vous assure. Voyez un peu quel *vertigo* lui prend [1].

SCÈNE VII.

ORONTE, MONSIEUR DE POURCEAUGNAC.

MONSIEUR DE POURCEAUGNAC.

Mon dieu! notre beau-père prétendu, ne vous fatiguez point tant; on n'a pas envie de vous enlever votre fille, et vos grimaces n'attraperont rien.

ORONTE.

Toutes les vôtres n'auront pas grand effet.

---

naire, parce qu'ils ne sont pas en usage, mais qui sont dans la langue, puisqu'on peut les former au besoin, en ajoutant au verbe simple quelqu'une de ces particules qui expriment la négation, la réitération, etc. C'est un des priviléges de la conversation et du style familier.

[1] Des rigoristes pourroient blâmer cette excessive vivacité de Julie, et y trouver quelque indécence. Mais rappelons-nous que tout ceci est un jeu convenu, une pièce concertée, et que c'est l'amant même de Julie qui l'a engagée à jouer ce rôle. Voyons, d'ailleurs, ce qu'est Pourceaugnac : comme il est impossible qu'un tel homme inspire réellement de l'amour à une jeune fille, la feinte est trop évidente pour qu'on puisse s'y tromper un seul instant; et l'exagération même des démonstrations amoureuses de Julie contribue à rendre l'erreur impossible. Sous le rapport dramatique, cette feinte de Julie a un double mérite; elle rend la situation de Pourceaugnac plus comique, et elle prépare le dénouement.

MONSIEUR DE POURCEAUGNAC.

Vous êtes-vous mis dans la tête que Léonard de Pourceaugnac soit un homme à acheter chat en poche, et qu'il n'ait pas là-dedans quelque morceau de judiciaire [1] pour se conduire, pour se faire informer de l'histoire du monde, et voir, en se mariant, si son honneur a bien toutes ses sûretés?

ORONTE.

Je ne sais pas ce que cela veut dire ; mais vous êtes-vous mis dans la tête qu'un homme de soixante et trois ans ait si peu de cervelle, et considère si peu sa fille, que de la marier [2] avec un homme qui a ce que vous savez [3], et qui a été mis chez un médecin pour être pansé?

MONSIEUR DE POURCEAUGNAC.

C'est une pièce que l'on m'a faite ; et je n'ai aucun mal.

ORONTE.

Le médecin me l'a dit lui-même.

MONSIEUR DE POURCEAUGNAC.

Le médecin en a menti. Je suis gentilhomme, et je le veux voir l'épée à la main [4].

---

(1) *Morceau de judiciaire*, pour, *portion*, *parcelle de judiciaire*, ne se diroit pas aujourd'hui.

(2) *Considère si peu sa fille que de la marier.* — *Considère si peu sa fille qu'il la marie*, ou, *considère assez peu sa fille pour la marier*, seroit plus correct. La même faute se trouve deux fois dans *George Dandin*.

(3) Voici la seconde fois que Molière exprime, en la taisant, une certaine idée qu'il faut taire comme lui. Quelque comique qu'il ait tiré du fond de la chose, quelque adresse qu'il ait mise dans la forme, on doit regretter qu'il n'ait pas sacrifié à la décence cette occasion d'exciter le rire.

(4) Monsieur le gentilhomme n'a pas toujours été si chatouilleux, lui

ORONTE.

Je sais ce que j'en dois croire; et vous ne m'abuserez pas là-dessus, non plus que sur les dettes que vous avez assignées sur le mariage de ma fille.

MONSIEUR DE POURCEAUGNAC.

Quelles dettes?

ORONTE.

La feinte ici est inutile; et j'ai vu le marchand flamand, qui, avec les autres créanciers, a obtenu depuis huit mois sentence contre vous.

MONSIEUR DE POURCEAUGNAC.

Quel marchand flamand? Quels créanciers? Quelle sentence obtenue contre moi?

ORONTE.

Vous savez bien ce que je veux dire [1].

SCÈNE VIII.

MONSIEUR DE POURCEAUGNAC, ORONTE, LUCETTE.

LUCETTE, *contrefaisant une Languedocienne.*

Ah! tu es assi, et à la fi yeu te trobi après abé fait

---

qui, recevant un soufflet, n'en a tiré d'autre vengeance que de dire à l'offenseur son fait. Il sait bien que ce n'est pas avec l'épée que les médecins tuent, et, qu'à un cartel, ils ne répondroient que par une ordonnance. Voilà pourquoi il fait le brave. D'ailleurs, le médecin n'est pas là, et son démenti ne tire pas à conséquence.

(1) Scène bien simple, bien courte, mais d'un effet infaillible. Qui ne riroit de ces deux sots, si bien faits pour s'entendre et pour être

tant de passés. Podes-tu, scélérat, podes-tu sousteni ma bisto ?

MONSIEUR DE POURCEAUGNAC.

Qu'est-ce que veut cette femme-là ?

LUCETTE.

Que te boli, infâme! Tu fas semblan de nou me pas connouisse, et nou rougisses pas, impudint que tu sios, tu ne rougisses pas de me beyre? (*à Oronte.*) Nou sabi pas, moussur, saquos bous dont m'an dit que bouillo espousa la fillo; may yeu bous déclari que yeu soun sa fenno, et que y a set ans, moussur, qu'en passan à Pézénas, el auguet l'adresse, dambé sas mignardisos, commo sap tabla fayre, de me gaigna lou cor, et m'obligel pra quel mouyen à ly douna la man per l'espousa.

ORONTE.

Oh! oh!

MONSIEUR DE POURCEAUGNAC.

Que diable est-ce-ci ?

LUCETTE.

Lou traité me quittel trés ans après, sul préteste de qualques affayres que l'apelabon dins soun pays, et despey noun l'y resçau put quaso de noubelo; may dins lou tens qui soungeabi lou mens, m'an dounat abist, que begnio dins aquesto bilo per se remarida dambé un autro jouena fillo, que sous parens ly an proucurado, sensse saupré res de son prumié mariatge. Yeu ai tout

___

charmés l'un de l'autre; mais qui, dupes des mêmes artifices, donnent eu plein dans le piége qu'on leur a tendu à tous deux, et s'outragent de manière à devenir irréconciliables ?

quitta en diligensso, et me souy rendudo dins aqueste loc lou pu leu qu'ay pouscut, per m'oupousa en aquel criminel mariatge, et confondre as elys de tout le mounde lou plus méchant day hommes.

MONSIEUR DE POURCEAUGNAC.

Voilà une étrange effrontée!

LUCETTE.

Impudint! n'as pas honte de m'injuria, alloc d'être confus day reproches secrets que ta consciensso te deu fayre?

MONSIEUR DE POURCEAUGNAC.

Moi, je suis votre mari?

LUCETTE.

Infâme! gausos-tu dire lou contrari? Hé! tu sabes bé, per ma penno, que n'es que trop bertat; et plaguesso al cel qu'aco non fougesso pas, et que m'auquesso layssado dins l'état d'innoussenço, et dins la tranquilitat oun moun amo bibio daban que tous charmes et tas trounpariés nou m'en benguesson malhurousomen fayre sourty; yeu nou serio pas réduito à fayré lou tristé persounatge que yeu fave présentomen; à beyre un marit cruel mespresa touto l'ardou que yeu ay per el, et me laissa sensse cap de piétat abandounado à las mourtéles doulous que yeu ressenti de sas perfidos acciùs.

ORONTE.

Je ne saurois m'empêcher de pleurer. (*à M. de Pourceaugnac.*) Allez, vous êtes un méchant homme.

MONSIEUR DE POURCEAUGNAC.

Je ne connois rien à tout ceci [1].

---

(1) Avant cette scène, M. Oronte et Pourceaugnac étoient déja fort

SCÈNE IX.

M. DE POURCEAUGNAC, NÉRINE, LUCETTE, ORONTE.

NÉRINE, *contrefaisant une Picarde* [1].

Ah! je n'en pis plus; je sis tout essoflée! Ah! finfaron, tu m'as bien fait courir : tu ne m'écaperas mie. Justiche, justiche; je boute empêchement au mariage. (*à Oronte.*) Chés mon méri, monsieur, et je veux faire pindre che bon pindard-là.

MONSIEUR DE POURCEAUGNAC.

Encore!

ORONTE, *à part.*

Quel diable d'homme est-ce-ci?

---

mal ensemble; ils ne vouloient plus l'un de l'autre, comme gendre et comme beau-père : c'étoit déja un grand pas de fait. Mais, tant que Pourceaugnac restera à Paris, rien n'est encore assuré; tout peut encore s'éclaircir. Il faut donc que notre provincial déguerpisse, et déguerpisse au plus vite. Voilà le motif de la nouvelle pièce qu'on lui joue ici. C'est un fort bon moyen, sans doute, pour l'effrayer, et le mettre en fuite, que de le faire passer pour polygame; mais il est fâcheux que Molière, qui a déja employé le déguisement et le jargon, les emploie ici une seconde fois, et que cette seconde fois ne soit pas la dernière.

[1] Cette scène de travestissement est la seule ou Nérine fasse preuve de son talent si vanté pour l'intrigue; et une telle preuve est, à vrai dire, fort au-dessous de ce que promettoient les magnifiques éloges qu'on a faits d'elle au commencement de la pièce. En supprimant ces éloges effrontés, plus dignes du bagne que du théâtre, Nérine pourroit fort bien être la suivante de Julie; et, de cette manière, elle tiendroit par quelque chose à l'ensemble de la pièce, au lieu d'y être un personnage postiche.

LUCETTE.

Et que boulez-bous dire, ambe bostre empachomen, et bostro pendarie? Quaquel homo es bostre marit?

NÉRINE.

Oui, medéme, et je sis sa femme.

LUCETTE.

Aquo es faus, aquos yeu que soun sa fenno, et se deu estre pendut, aquo sera yeu que lou farai penjat.

NÉRINE.

Je n'entains mie che baragoin-là.

LUCETTE.

Yeu bous disi que yeu soun sa fenno.

NÉRINE.

Sa femme?

LUCETTE.

Oy.

NÉRINE.

Je vous dis que chest mi, encore in coup, qui le sis.

LUCETTE.

Et yeu bous sousteni yeu, qu'aquos yeu.

NÉRINE.

Il y a quetre ans qu'il m'a éposée.

LUCETTE.

Et yeu set ans y a que m'a preso per fenno.

NÉRINE.

J'ai des gairans de tout cho que je di.

LUCETTE.

Tout mon pay lo sap.

ACTE II, SCÈNE IX.

NÉRINE.

No ville en est témoin.

LUCETTE.

Tout Pézénas a bist nostre mariatge.

NÉRINE.

Tout Chin-Quentin a assisté à no noche.

LUCETTE.

Nou y a res de tant béritable.

NÉRINE.

Il gn'y a rien de plus chertain.

LUCETTE, *à monsieur de Pourceaugnac.*

Gausos-tu dire lou contrari, valisquos?

NÉRINE, *à monsieur de Pourceaugnac.*

Est-che que tu démaintiras, méchaint homme?

MONSIEUR DE POURCEAUGNAC.

Il est aussi vrai l'un que l'autre.

LUCETTE.

Quaingn impudensso! Et coussy, misérable, nou te soubennes plus de la pauro Françon, et del pauré Jeannet, que soun lous fruits de nostre mariatge?

NÉRINE.

Bayez un peu l'insolence! Quoi! tu ne te souviens mie de chette pauvre ainfain, no petite Madelaine, que tu m'as laichée pour gaige de ta foi?

MONSIEUR DE POURCEAUGNAC.

Voilà deux impudentes carognes!

LUCETTE.

Beni, Françon, beni, Jeannet, beni toustou, beni

toustoune, beni fayre beyre à un payre dénaturat, la duretat qu'el a per nautres.

NÉRINE.

Venez, Madelaine, men ainfain, venez-ves-en ichi faire honte à vo père de l'impudainche qu'il a [1].

SCÈNE X.

M. DE POURCEAUGNAC, ORONTE, LUCETTE, NÉRINE, PLUSIEURS ENFANS.

LES ENFANS.

Ah! mon papa! mon papa! mon papa!

MONSIEUR DE POURCEAUGNAC.

Diantre soit des petits fils de putains!

---

[1] Dans une comédie d'un genre plus relevé, ce seroit bien assez de susciter une prétendue épouse contre un homme dont on voudroit se débarrasser; mais, dans une farce, et dans une farce dont M. de Pourceaugnac est le héros, ce n'est pas trop de deux. La lutte de ces deux femmes qui se disputent la propriété de cet imbécille et le droit de le faire pendre; ce troupeau d'enfans qu'on appelle, et qui vont l'entourer, le tirailler en tous sens; sa surprise et sa fureur qui l'empêchent de parler, et qui ressemblent à de la confusion; enfin, l'attendrissement et l'indignation qui s'emparent tour à tour du bon M. Oronte : tout cela forme un tableau grotesque, dont la gaîté bouffonne ne peut manquer d'amuser beaucoup ceux qu'une heureuse disposition porte à rire de tout ce qui est risible, sans trop s'inquiéter si la raison et le goût y trouvent leur compte.

La plupart des lecteurs n'auront peut-être pas tout compris dans le patois languedocien, ni même dans le patois picard. Mais j'ai craint, je l'avoue, qu'il n'y eût quelque ridicule à en donner la traduction. Au surplus, le sens du discours est partout très-facile à saisir; et ceux à qui auroit échappé la signification de quelques mots, auroient peu de chose à regretter.

ACTE II, SCÈNE XI.

LUCETTE.

Coussy, trayte, tu nou sios pas dins la darnière confusiu, de ressaupre à tal tous enfans, et de ferma l'aureillo à la tendresso paternello ? Tu nou m'escaperas pas, infâme, yeu te boly seguy pertout, et te reproucha ton crime jusquos à tant que me sio beniado, et que t'ayo fayt penjat, couquy, te boly fayré penjat.

NÉRINE.

Ne rougis-tu mie de dire ches mots-là, et d'être insainsible aux cairesses de chette pauvre ainfaint ? Tu ne te sauveras mie de mes pattes ; et, en dépit de tes dains, je ferai bien voir que je sis ta femme, et je te ferai pindre.

LES ENFANS.

Mon papa ! mon papa ! mon papa !

MONSIEUR DE POURCEAUGNAC.

Au secours ! au secours ! Où fuirai-je ? Je n'en puis plus.

ORONTE.

Allez, vous ferez bien de le faire punir ; et il mérite d'être pendu.

SCÈNE XI.

SBRIGANI, *seul.*

Je conduis de l'œil toutes choses [1], et tout ceci * ne

VARIANTE. * *Et tout cela.*

---

[1] Tous les précédens interlocuteurs ayant quitté le théâtre, sans qu'aucun d'eux aperçût Sbrigani qui les y a remplacés, on pourroit croire

va pas mal. Nous fatiguerons tant notre provincial, qu'il faudra, ma foi, qu'il déguerpisse.

SCÈNE XII.

MONSIEUR DE POURCEAUGNAC, SBRIGANI.

MONSIEUR DE POURCEAUGNAC.

Ah! je suis assommé! Quelle peine! Quelle maudite ville! Assassiné de tous côtés!

SBRIGANI.

Qu'est-ce, monsieur? Est-il encore arrivé quelque chose?

MONSIEUR DE POURCEAUGNAC.

Oui. Il pleut en ce pays des femmes et des lavemens [1].

SBRIGANI.

Comment donc?

MONSIEUR DE POURCEAUGNAC.

Deux carognes de baragouineuses me sont venu accuser * de les avoir épousées toutes deux, et me menacent de la justice.

SBRIGANI.

Voilà une méchante affaire, et la justice, en ce pays-ci, est rigoureuse en diable contre cette sorte de crime.

VARIANTE. * *Me sont venues accuser.*

---

que, contre la règle, la scène est restée vide. Mais Sbrigani nous avertit qu'*il conduit de l'œil* toutes choses; et ces paroles font naturellement supposer que, dans la dernière scène, il étoit présent, quoique invisible.

(1) Est-il un mot plus vrai, plus naturel, et qui sorte mieux de la situation? et, malgré l'impertinente association d'idées qu'il présente, est-il possible de n'en pas rire aux éclats?

ACTE II, SCÈNE XII. 431

MONSIEUR DE POURCEAUGNAC.

Oui : mais, quand il y auroit information, ajournement, décret et jugement obtenu par surprise, défaut et contumace, j'ai la voie de conflit de juridiction * pour temporiser et venir aux moyens de nullité qui seront dans les procédures.

SBRIGANI.

Voilà en parler dans tous les termes; et l'on voit bien, monsieur, que vous êtes du métier.

MONSIEUR DE POURCEAUGNAC.

Moi! point du tout. Je suis gentilhomme.

SBRIGANI.

Il faut bien, pour parler ainsi, que vous ayez étudié la pratique.

MONSIEUR DE POURCEAUGNAC.

Point. Ce n'est que le sens commun qui me fait juger que je serai toujours reçu à mes faits justificatifs, et qu'on ne me sauroit condamner sur une simple accusation, sans un récollement et confrontation avec mes parties (1).

SBRIGANI.

En voilà de plus fin encore.

VARIANTE. * *J'ai la voie du conflit de juridiction.*

---

(1) Pourceaugnac qui se dit gentilhomme, craindroit qu'on ne l'accusât d'avoir dérogé, s'il avouoit qu'il a *étudié la pratique*; mais, en le niant, il oublie qu'il s'est vanté, devant ce même Sbrigani, d'avoir *étudié en droit*. C'étoit déjà de la fatuité; c'en est ici encore, mais de plus raffinée; et le sot, qui ne veut pas qu'on croie qu'il entend la chicane, s'en défend en des termes qui ne permettent pas d'en douter.

MONSIEUR DE POURCEAUGNAC.

Ces mots-là me viennent sans que je les sache [1].

SBRIGANI.

Il me semble que le sens commun d'un gentilhomme peut bien aller à concevoir ce qui est du droit et de l'ordre de la justice, mais non pas à savoir les vrais termes de la chicane.

MONSIEUR DE POURCEAUGNAC.

Ce sont quelques mots que j'ai retenus en lisant les romans [2].

SBRIGANI.

Ah! fort bien!

MONSIEUR DE POURCEAUGNAC.

Pour vous montrer que je n'entends rien du tout à la chicane, je vous prie de me mener chez quelque avocat, pour consulter mon affaire.

SBRIGANI.

Je le veux, et vais vous conduire chez deux hommes fort habiles; mais j'ai auparavant à vous avertir de n'être point surpris de leur manière de parler: ils ont contracté du barreau certaine habitude de déclamation, qui fait que l'on diroit qu'ils chantent; et vous prendrez pour musique tout ce qu'ils vous diront [3].

---

(1) En qualité de gentilhomme, il sait tout sans avoir rien appris.

(2) Mot d'un comique parfait, un de ces mots qui contiennent tout un caractère. Il y dans celui-ci bêtise et fatuité: n'est-ce pas là Pourceaugnac tout entier?

(3) Puisqu'il falloit un divertissement en musique, on ne pouvoit assurément nous préparer avec plus d'adresse et de malice tout ensemble, à entendre des avocats chanter en consultant. Mais, ici, la pièce devient

MONSIEUR DE POURCEAUGNAC.

Qu'importe comme ils parlent, pourvu qu'ils me disent ce que je veux savoir.

SCÈNE XIII.

MONSIEUR DE POURCEAUGNAC, SBRIGANI, DEUX AVOCATS, DEUX PROCUREURS, DEUX SERGENS.

PREMIER AVOCAT, *traînant ses paroles en chantant.*

>La polygamie est un cas,
>Est un cas pendable.

SECOND AVOCAT, *chantant fort vite en bredouillant.*

>Votre fait
>Est clair et net;
>Et tout de droit*,
>Sur cet endroit,
>Conclut tout droit.
>Si vous consultez nos auteurs,
>Législateurs et glossateurs,

VARIANTE. * *Et tout le droit.*

---

plus burlesque, et moins comique d'autant. Pourceaugnac va être d'une crédulité qui excède toutes les bornes de la sottise ordinaire. Molière se gêne si peu maintenant avec son personnage, ou, si l'on veut, avec son public, qu'il ne prend pas même la peine de lier la scène qui finit à la scène qui va commencer, en faisant expliquer aux avocats, soit par Sbrigani, soit par Pourceaugnac, le cas sur lequel celui-ci veut les consulter. Ils se trouvent là à point nommé, et parlent sur-le-champ de polygamie, sans qu'ils puissent savoir qu'il en est question.

Justinian, Papinian,
Ulpian, et Tribonian, (1)
Fernand, Rebuffe, Jean Imole,
Paul Castre, Julian, Barthole,
Jason, Alciat et Cujas, (2)
　　Ce grand homme si capable;
　La polygamie est un cas,
　　Est un cas pendable.

ENTRÉE DE BALLET.

Danse de deux procureurs et de deux sergens, pendant que le SECOND AVOCAT *chante les paroles qui suivent:*

　　Tous les peuples policés
　　　Et bien sensés;
　Les François, Anglois, Hollandois,
　Danois, Suédois, Polonois,
　Portugais, Espagnols, Flamands,
　　Italiens, Allemands,
　Sur ce fait tiennent loi semblable;
　Et l'affaire est sans embarras.
　La polygamie est un cas,
　　Est un cas pendable.

---

(1) On écrit et on prononce aujourd'hui, *Justinien, Papinien, Ulpien, Tribonien, Julien,* etc.

(2) Les comiques et les satiriques ont souvent parlé des anciens jurisconsultes. *Rebuffe* est cité par Racine, dans *les Plaideurs; Alciat,* par Boileau, dans *le Lutrin;* et *Jason,* le moins connu de tous, par Corneille, dans *le Menteur. Étudier Barthole* ou *Cujas* est une périphrase du style familier, qui signifie, *faire son droit.*

LE PREMIER AVOCAT *chante celles-ci:*

La polygamie est un cas,
Est un cas pendable. (1)

(*Monsieur de Pourceaugnac, impatienté, les chasse.*)

---

(1) Il n'y a personne qui, sur la foi des avocats de Molière, dont le dicton est devenu proverbe, ne soit sûr qu'autrefois, en France, comme partout, la polygamie étoit punie de mort. Cependant on lit, dans le *Segraisiana*, que M. de Nublé, qui étoit attaché au président de Bailleul, et travailloit à ses harangues, *avoit découvert qu'il n'y avoit pas de loi de mort en France pour la polygamie.*

FIN DU SECOND ACTE.

ACTE III.

SCÈNE PREMIÈRE.

ÉRASTE, SBRIGANI.

SBRIGANI.

Oui, les choses s'acheminent où nous voulons; et, comme ses lumières sont fort petites, et son sens le plus borné du monde, je lui ai fait prendre une frayeur si grande de la sévérité de la justice de ce pays [1], et des apprêts qu'on faisoit déja pour sa mort, qu'il veut prendre la fuite; et, pour se dérober avec plus de facilité aux gens que je lui ai dit qu'on avoit mis pour l'arrêter aux portes de la ville, il s'est résolu à se déguiser; et le déguisement qu'il a pris, est l'habit d'une femme.

ÉRASTE.

Je voudrois bien le voir en cet équipage!

SBRIGANI.

Songez, de votre part, à achever la comédie [2]; et

---

[1] *La sévérité de la justice de ce pays.* — On diroit, à entendre Sbrigani, qu'à Paris, où la scène se passe, il y avoit une justice particulière, qui n'étoit pas celle des autres parties du royaume. La justice civile différoit, en effet, suivant que les provinces étoient pays de coutume, ou pays de droit écrit; mais la justice criminelle étoit uniforme.

[2] *Toujours la comédie!*

tandis que je jouerai mes scènes avec lui, allez-vous-en... (*Il lui parle à l'oreille.*) Vous entendez bien?

ÉRASTE.

Oui.

SBRIGANI.

Et lorsque je l'aurai mis où je veux... (*Il lui parle à l'oreille.*)

ÉRASTE.

Fort bien.

SBRIGANI.

Et quand le père aura été averti par moi... (*Il lui parle encore à l'oreille.*) (1)

ÉRASTE.

Cela va le mieux du monde.

SBRIGANI.

Voici notre demoiselle. Allez vîte, qu'il ne nous voie ensemble.

SCÈNE II.

MONSIEUR DE POURCEAUGNAC, *en femme* (2), SBRIGANI.

SBRIGANI.

Pour moi, je ne crois pas qu'en cet état on puisse

---

(1) Ces réticences, suivies de mots dits à l'oreille, ont pour objet de préparer le dénouement, mais sans l'annoncer, et de manière à n'en point diminuer l'effet. Le moyen est trop facile, trop commode, et dénote l'extrême précipitation avec laquelle Molière a composé cet ouvrage.

(2) Encore un travestissement. Nous avons eu déja celui de Sbrigani en

jamais vous connoître; et vous avez la mine, comme cela, d'une femme de condition.

MONSIEUR DE POURCEAUGNAC.

Voilà qui m'étonne, qu'en ce pays-ci les formes de la justice ne soient point observées.

SBRIGANI.

Oui, je vous l'ai déja dit, ils commencent ici par faire pendre un homme, et puis ils lui font son procès.

MONSIEUR DE POURCEAUGNAC.

Voilà une justice bien injuste!

SBRIGANI.

Elle est sévère comme tous les diables, particulièrement sur ces sortes de crimes.

MONSIEUR DE POURCEAUGNAC.

Mais quand on est innocent?

SBRIGANI.

N'importe; ils ne s'enquêtent point de cela; et puis, ils ont en cette ville une haine effroyable pour les gens de votre pays; et ils ne sont point plus ravis que de voir pendre un Limosin.

MONSIEUR DE POURCEAUGNAC.

Qu'est-ce que les Limosins leur ont fait? *

SBRIGANI.

Ce sont des brutaux, ennemis de la gentillesse et du

VARIANTE. * *Leur ont donc fait?*

---

marchand flamand, celui de Lucette en Languedocienne, et celui de Nérine en Picarde. Voici maintenant celui de Pourceaugnac en femme, et nous ne sommes pas encore au bout.

mérite des autres villes. Pour moi, je vous avoue que je suis pour vous dans une peur épouvantable; et je ne me consolerois de ma vie, si vous veniez à être pendu.

MONSIEUR DE POURCEAUGNAC.

Ce n'est pas tant la peur de la mort qui me fait fuir, que de ce qu'il est fâcheux à un gentilhomme d'être pendu, et qu'une preuve comme celle-là feroit tort à nos titres de noblesse.

SBRIGANI.

Vous avez raison; on vous contesteroit après cela le titre d'écuyer. Au reste, étudiez-vous, quand je vous menerai par la main, à bien marcher comme une femme, et prendre* le langage et toutes les manières d'une personne de qualité.

MONSIEUR DE POURCEAUGNAC.

Laissez-moi faire. J'ai vu les personnes du bel air. Tout ce qu'il y a, c'est que j'ai un peu de barbe.

SBRIGANI.

Votre barbe n'est rien; il y a des femmes qui en ont autant que vous. Ça, voyons un peu comme vous ferez. (*après que monsieur de Pourceaugnac a contrefait la femme de condition.*) Bon.

MONSIEUR DE POURCEAUGNAC.

Allons donc, mon carrosse. Où est-ce qu'est mon carrosse? Mon dieu! qu'on est misérable d'avoir des gens comme cela! Est-ce qu'on me fera attendre toute la journée sur le pavé, et qu'on ne me fera point venir mon carrosse?

VARIANTE. * *Et à prendre.*

SBRIGANI.

Fort bien.

MONSIEUR DE POURCEAUGNAC.

Holà! ho! cocher, petit laquais! Ah! petit fripon, que de coups de fouet je vous ferai donner tantôt! Petit laquais! petit laquais! Où est-ce donc qu'est ce petit laquais? Ce petit laquais ne se trouvera-t-il point? Ne me fera-t-on point venir ce petit laquais? Est-ce que je n'ai point un petit laquais dans le monde (1)?

SBRIGANI.

Voilà qui va à merveille; mais je remarque une chose: cette coiffe est un peu trop déliée: j'en vais quérir une un peu plus épaisse, pour vous mieux cacher le visage, en cas de quelque rencontre (2).

MONSIEUR DE POURCEAUGNAC.

Que deviendrai-je cependant?

SBRIGANI.

Attendez-moi là. Je suis à vous dans un moment; vous n'avez qu'à vous promener.

(*Monsieur de Pourceaugnac fait plusieurs tours sur le théâtre, en continuant à contrefaire la femme de qualité.*)

---

(1) Pourceaugnac, jouant la femme de qualité, rappelle beaucoup madame d'Escarbagnas: comme elle, il se plaint de l'absence de son *petit laquais*, et menace de lui faire donner le fouet par son écuyer. Mais ce qui est comique et vrai dans notre comtesse angoumoise, est grotesque et faux dans le gentilhomme limousin, qui devroit transir de peur, et ne songer qu'à fuir, au lieu de faire, sur la voie publique, une si longue répétition de son rôle.

(2) Il falloit que Sbrigani laissât Pourceaugnac tout seul, en butte à l'insolence des deux Suisses qui vont arriver. Le prétexte de sa sortie est plausible; il est excellent surtout pour le héros et pour le genre de la pièce.

SCÈNE III.

MONSIEUR DE POURCEAUGNAC, DEUX SUISSES (1).

PREMIER SUISSE, *sans voir monsieur de Pourceaugnac.*

Allons, dépêchons, cameráde; li faut allair tous deux nous à la Crève, pour regarter un peu chousticier sti monsiu de Pourcegnac, qui l'a été contané par ortonnance à l'être pendu par son cou.

SECOND SUISSE, *sans voir monsieur de Pourceaugnac.*

Li faut nous loër un fenêtre pour foir sti choustice.

PREMIER SUISSE.

Li disent que l'on fait téja planter un grand potence tout neuve, pour ly accrocher sti Porcegnac.

SECOND SUISSE.

Li sira, mon foi, un grand plaisir, di regarter pendre sti Limossin.

PREMIER SUISSE.

Oui, te li foir gambiller les pieds en haut tefant tout le monde.

SECOND SUISSE.

Li est un plaiçant trôle, oui; li disent que s'être marié troy foie.

---

(1) On ne nous dit pas que ce soient de faux Suisses; mais il est bien probable qu'ils ne sont pas de meilleur aloi que la Languedocienne et la Picarde. Suivant les traditions et les usages du théâtre, de véritables Suisses n'auroient pas l'esprit de jouer un rôle; et Sbrigani n'a pas eu de peine à trouver deux drôles qui sussent aussi bien parler le baragouin suisse, que lui le jargon flamand. C'est donc encore un travestissement.

PREMIER SUISSE.

Sti tiable li fouloir trois femmes à li tout seul! li est bien assez t'une (1).

SECOND SUISSE, *en apercevant M. de Pourceaugnac.*

Ah! ponchour, mameselle.

PREMIER SUISSE.

Que faire fous là tout seul?

MONSIEUR DE POURCEAUGNAC.

J'attends mes gens, messieurs.

SECOND SUISSE.

Li est belle, par mon foi!

MONSIEUR DE POURCEAUGNAC.

Doucement, messieurs.

PREMIER SUISSE.

Fous, mameselle, fouloir finir rechouir fous à la Crève? Nous faire foir à fous un petit pendement pien choli.

MONSIEUR DE POURCEAUGNAC.

Je vous rends grace.

SECOND SUISSE.

L'est un gentihomme limossin, qui sera pendu chentiment à un grand potence.

MONSIEUR DE POURCEAUGNAC.

Je n'ai pas de curiosité.

PREMIER SUISSE.

Li est là un petit teton qui l'est trôle.

---

(1) Cette plaisanterie, trop bonne, peut-être, pour des Suisses de comédie, a été bien souvent répétée.

ACTE III, SCÈNE III.

MONSIEUR DE POURCEAUGNAC.

Tout beau !

PREMIER SUISSE.

Mon foi, moi couchair pien afec fous.

MONSIEUR DE POURCEAUGNAC.

Ah ! c'en est trop ! et ces sortes d'ordures-là ne se disent point à une femme de ma condition.

SECOND SUISSE.

Laisse, toi ; l'est moi qui le veut couchair afec elle*.

PREMIER SUISSE.

Moi, ne fouloir pas laisser.

SECOND SUISSE.

Moi, ly fouloir, moi.

(*Les deux Suisses tirent monsieur de Pourceaugnac avec violence.*)

PREMIER SUISSE.

Moi, ne faire rien.

SECOND SUISSE.

Toi, l'afoir menti.

PREMIER SUISSE.

Toi, l'afoir menti toi-même.

MONSIEUR DE POURCEAUGNAC.

Au secours ! A la force [1] !

VARIANTE. * *Coucher avec elle pour mon pistole.* Édit. de 1682.

---

[1] Bien que ce soit encore ici une pièce concertée, il est plaisant de voir ces deux Suisses, en hommes pour qui tout est bon, s'éprendre des

SCÈNE IV.

MONSIEUR DE POURCEAUGNAC, UN EXEMPT, DEUX ARCHERS⁽¹⁾, DEUX SUISSES.

L'EXEMPT.

Qu'est-ce? Quelle violence est-ce-là? et que voulez-vous faire à madame? Allons, que l'on sorte de là, si vous ne voulez que je vous mette en prison.

PREMIER SUISSE.

Parti, pon, toi ne l'afoir point.

SECOND SUISSE.

Parti, pon aussi; toi ne l'afoir point encore.

---

charmes de notre fausse dame de qualité, et se disputer sa possession. Il y a bien de la vérité dans ces amours du coin de la rue; mais, à cause de cela, il y a aussi bien de la grossièreté et de l'indécence; et les idées de pendaison qui s'y mêlent, ne peuvent qu'ajouter au dégoût.

(1) Pour le coup, il n'y a pas à en douter, c'est encore un déguisement; mais, heureusement, c'est le dernier. Quoiqu'on ait pu voir plus d'une fois les agens subalternes de la police s'associer à ceux que leur devoir étoit de poursuivre, et les seconder dans leurs opérations, il est évident que l'exempt et les deux archers sont deux personnages supposés, pris parmi ces gens de l'espèce de Sbrigani, toujours prêts, moyennant salaire, à se charger des emplois et des rôles les plus périlleux. C'est ainsi que, dans *Gil Blas*, Fabrice, deux garçons barbiers, trois domestiques, et Gil Blas lui-même, se déguisent en alguazil et en archers, pour reprendre chez Camille, ce que cette aventurière, don Raphaël et Ambroise de Laméla avoient volé à Gil-Blas, dans Valladolid.

SCÈNE V.

MONSIEUR DE POURCEAUGNAC, UN EXEMPT, DEUX ARCHERS.

MONSIEUR DE POURCEAUGNAC.

Je vous suis bien obligée*, monsieur, de m'avoir délivrée de ces insolens.

L'EXEMPT.

Ouais! voilà un visage qui ressemble bien à celui que l'on m'a dépeint.

MONSIEUR DE POURCEAUGNAC.

Ce n'est pas moi, je vous assure (1).

L'EXEMPT.

Ah! ah! qu'est-ce que veut dire...

MONSIEUR DE POURCEAUGNAC.

Je ne sais pas.

L'EXEMPT.

Pourquoi donc dites-vous cela?

MONSIEUR DE POURCEAUGNAC.

Pour rien.

L'EXEMPT.

Voilà un discours qui marque quelque chose; et je vous arrête prisonnier.

VARIANTE. * *Je vous suis obligée.*

---

(1) Excellent trait! On ne peut pas se trahir soi-même avec plus de stupidité.

MONSIEUR DE POURCEAUGNAC.

Hé! monsieur, de grace!

L'EXEMPT.

Non, non : à votre mine et à vos discours, il faut que vous soyez ce monsieur de Pourceaugnac que nous cherchons, qui se soit déguisé de la sorte; et vous viendrez en prison tout à l'heure.

MONSIEUR DE POURCEAUGNAC.

Hélas!

SCÈNE VI.

MONSIEUR DE POURCEAUGNAC, SBRIGANI, UN EXEMPT, DEUX ARCHERS.

SBRIGANI, *à monsieur de Pourceaugnac.*

Ah ciel! que veut dire cela?

MONSIEUR DE POURCEAUGNAC.

Ils m'ont reconnu [1].

L'EXEMPT.

Oui, oui : c'est de quoi je suis ravi.

SBRIGANI, *à l'Exempt.*

Hé! monsieur, pour l'amour de moi! Vous savez que

---

[1] Si l'on songe à Pourceaugnac, ce mot, comme celui que je viens de faire remarquer, peut paroître une saillie de bêtise fort comique; car il est absurde, en effet, de dire que des gens qui ne vous connoissent pas, vous *reconnoissent*. Mais on peut être *reconnu* par quelqu'un qui ne vous a jamais vu, s'il a votre signalement; et c'est précisément le cas où se trouve Pourceaugnac. L'exempt a dit : « Voilà un visage qui ressemble « bien à celui qu'on m'a dépeint. »

nous sommes amis, il y a long-temps*; je vous conjure de ne le point mener en prison.

L'EXEMPT.

Non : il m'est impossible.

SBRIGANI.

Vous êtes homme d'accommodement. N'y a-t-il pas moyen d'ajuster cela avec quelques pistoles ?

L'EXEMPT, à ses archers.

Retirez-vous un peu.

SCÈNE VII.

MONSIEUR DE POURCEAUGNAC, SBRIGANI, UN EXEMPT.

SBRIGANI, *à monsieur de Pourceaugnac.*

Il faut lui donner de l'argent pour vous laisser aller. Faites vîte.

MONSIEUR DE POURCEAUGNAC, *donnant de l'argent à Sbrigani.*

Ah ! maudite ville !

SBRIGANI.

Tenez, monsieur.

L'EXEMPT.

Combien y a-t-il ?

SBRIGANI.

Un, deux, trois, quatre, cinq, six, sept, huit, neuf, dix.

L'EXEMPT.

Non ; mon ordre est trop exprès.

VARIANTE. * *Depuis long-temps.*

SBRIGANI, *à l'Exempt qui veut s'en aller.*

Mon dieu! attendez. (*à monsieur de Pourceaugnac.*) Dépêchez; donnez-lui-en encore autant.

MONSIEUR DE POURCEAUGNAC.

Mais...

SBRIGANI.

Dépêchez-vous, vous dis-je, et ne perdez point de temps. Vous auriez un grand plaisir quand vous seriez pendu!

MONSIEUR DE POURCEAUGNAC.

Ah! (*Il donne encore de l'argent à Sbrigani.*)

SBRIGANI, *à l'Exempt.*

Tenez, monsieur.

L'EXEMPT, *à Sbrigani.*

Il faut donc que je m'enfuie avec lui; car il n'y auroit point ici de sûreté pour moi. Laissez-le-moi conduire, et ne bougez d'ici [1].

SBRIGANI.

Je vous prie donc d'en avoir un grand soin.

L'EXEMPT.

Je vous promets de ne le point quitter que je ne l'aie mis en lieu de sûreté [2].

---

[1] Monsieur le faux exempt entend fort bien le métier: quand ce seroit un exempt véritable, il ne feroit pas mieux. Il est bien plaisant de faire payer au mystifié les frais de la mystification.

[2] Le succès de la comédie est complet. On ne s'en rapporte pas à la frayeur extrême du personnage pour l'obliger à quitter Paris: on prend encore le soin de l'en faire sortir. Nous le voyons déja sur la route de Limoges.

MONSIEUR DE POURCEAUGNAC, *à Sbrigani.*

Adieu. Voilà le seul honnête homme que j'ai trouvé en cette ville * (1).

SBRIGANI.

Ne perdez point de temps. Je vous aime tant, que je voudrois que vous fussiez déja bien loin. (*seul.*) Que le ciel te conduise! Par ma foi, voilà une grande dupe! Mais, voici...

SCÈNE VIII.

ORONTE, SBRIGANI.

SBRIGANI, *feignant de ne point voir Oronte.*

Ah! quelle étrange aventure! Quelle fâcheuse nouvelle pour un père! Pauvre Oronte, que je te plains! Que diras-tu? et de quelle façon pourras-tu supporter cette douleur mortelle (2)?

ORONTE.

Qu'est-ce? Quel malheur me présages-tu?

SBRIGANI.

Ah! monsieur! ce perfide de Limosin**, ce traître de monsieur de Pourceaugnac vous enlève votre fille!

VARIANTES. * *Que j'aie trouvé en cette ville.* — ** *Ce perfide Limosin.*

---

(1) Mot excellent, admirable, sublime en son genre : dernier trait qui complète le caractère; dernier coup de pinceau qui achève l'image.

(2) Cette scène rappelle la scène des *Fourberies de Scapin*, où le héros de la pièce, voyant venir M. Géronte, et feignant de ne pas l'apercevoir, déplore de la même manière un malheur arrivé au bonhomme, malheur qui est tout de son invention, et qui n'est qu'un moyen d'attraper de l'argent.

ORONTE.

Il m'enlève ma fille!

SBRIGANI.

Oui. Elle en est devenue si folle, qu'elle vous quitte pour le suivre; et l'on dit qu'il a un caractère pour se faire aimer de toutes les femmes [1].

ORONTE.

Allons, vîte à la justice. Des archers après eux.

SCÈNE IX.

ORONTE, ÉRASTE, JULIE, SBRIGANI.

ÉRASTE, *à Julie.*

Allons, vous viendrez malgré vous, et je veux vous remettre entre les mains de votre père. Tenez, monsieur, voilà votre fille que j'ai tirée de force d'entre les mains de l'homme avec qui elle s'enfuyoit; non pas pour l'amour d'elle, mais pour votre seule considération. Car, après l'action qu'elle a faite, je dois la mépriser, et me guérir absolument de l'amour que j'avois pour elle.

ORONTE.

Ah! infâme que tu es!

ÉRASTE, *à Julie.*

Comment? Me traiter de la sorte après toutes les

---

[1] Comment M. Oronte ne le croiroit-il pas, après avoir vu sa fille, jusque-là décente et réservée, faire à Pourceaugnac des avances tout-à-fait immodestes? Il le croit si bien, que tout à l'heure il voudra le persuader à un autre. L'art des préparations est porté, dans cette petite pièce, à un degré qui feroit honneur à beaucoup de grandes comédies.

marques d'amitié que je vous ai données! Je ne vous blâme point de vous être soumise aux volontés de monsieur votre père. Il est sage et judicieux dans les choses qu'il fait; et je ne me plains point de lui, de m'avoir rejeté pour un autre. S'il a manqué à la parole qu'il m'avoit donnée, il a ses raisons pour cela. On lui a fait croire que cet autre est plus riche que moi de quatre ou cinq mille écus; et quatre ou cinq mille écus est un denier considérable [1], et qui vaut bien la peine qu'un homme manque à sa parole; mais oublier en un moment toute l'ardeur que je vous ai montrée, vous laisser d'abord enflammer d'amour pour un nouveau venu, et le suivre honteusement, sans le consentement de monsieur votre père, après les crimes qu'on lui impute, c'est une chose condamnée de tout le monde, et dont mon cœur ne peut vous faire d'assez sanglans reproches.

JULIE.

Hé bien! oui. J'ai conçu de l'amour pour lui, et je l'ai voulu suivre, puisque mon père me l'avoit choisi pour époux. Quoi que vous me disiez, c'est un fort honnête homme; et tous les crimes dont on l'accuse, sont faussetés épouvantables.

ORONTE.

Taisez-vous; vous êtes une impertinente, et je sais mieux que vous ce qui en est [2].

---

[1] *Quatre ou cinq mille écus est un denier considérable.* — On diroit aujourd'hui, *sont un denier.*

[2] Bonne dupe, aussi sot que Pourceaugnac, mais différemment sot. Pourceaugnac est un sot vain qu'on mène par la flatterie; Oronte est un sot entêté qu'on pousse par la contradiction.

JULIE.

Ce sont, sans doute, des pièces qu'on lui fait, et (*montrant Éraste.*) c'est peut-être lui qui a trouvé cet artifice pour vous en dégoûter (1).

ÉRASTE.

Moi! Je serois capable de cela!

JULIE.

Oui, vous.

ORONTE.

Taisez-vous, vous dis-je. Vous êtes une sotte.

ÉRASTE.

Non, non; ne vous imaginez pas que j'aie aucune envie de détourner ce mariage, et que ce soit ma passion qui m'ait forcé à courir après vous. Je vous l'ai déja dit, ce n'est que la seule considération que j'ai pour monsieur votre père; et je n'ai pu souffrir qu'un honnête homme comme lui fût exposé à la honte de tous les bruits qui pourroient suivre une action comme la vôtre.

ORONTE.

Je vous suis, seigneur Éraste, infiniment obligé.

ÉRASTE.

Adieu, monsieur. J'avois toutes les ardeurs du monde d'entrer dans votre alliance; j'ai fait tout ce que j'ai pu pour obtenir un tel honneur: mais j'ai été malheureux, et vous ne m'avez pas jugé digne de cette grace. Cela

---

(1) Le superfin de la tromperie, mais aussi le comble de l'effronterie, c'est de dire à sa dupe qu'on l'a jouée, et comment on l'a jouée, et de se faire donner un démenti par elle, la première fois qu'on ne lui fait pas de mensonge. Il est fâcheux que ce soit une fille qui se moque ainsi de son père.

n'empêchera pas que je ne conserve pour vous les sentimens d'estime et de vénération où votre personne m'oblige; et, si je n'ai pu être votre gendre, au moins serai-je éternellement votre serviteur.

ORONTE.

Arrêtez, seigneur Éraste. Votre procédé me touche l'ame, et je vous donne ma fille en mariage.

JULIE.

Je ne veux point d'autre mari que monsieur de Pourceaugnac.

ORONTE.

Et je veux, moi, tout-à-l'heure, que tu prennes le seigneur Éraste. Çà, la main.

JULIE.

Non, je n'en ferai rien.

ORONTE.

Je te donnerai sur les oreilles.

ÉRASTE.

Non, non, monsieur; ne lui faites point de violence, je vous en prie.

ORONTE.

C'est à elle à m'obéir, et je sais me montrer le maître [1].

---

[1] Il a été facile de tromper M. Oronte sur le compte de Pourceaugnac; mais il ne l'étoit peut-être pas autant de l'amener à donner sa fille à Éraste. Heureusement, en sa qualité de sot et d'homme sans caractère, il aime à faire *le maître*, et il a dû suffire de lui témoigner une volonté, pour lui inspirer la volonté contraire. C'est ce qu'Éraste et Julie ont fort bien prévu, et l'évènement répond à leur attente.

ÉRASTE.

Ne voyez-vous pas l'amour qu'elle a pour cet homme-là? et voulez-vous que je possède un corps dont un autre possédera le cœur?

ORONTE.

C'est un sortilége qu'il lui a donné; et vous verrez qu'elle changera de sentiment avant qu'il soit peu. Donnez-moi votre main. Allons.

JULIE.

Je ne...

ORONTE.

Ah! que de bruit! Çà, votre main, vous dis-je. Ah! ah! ah!

ÉRASTE, *à Julie.*

Ne croyez pas que ce soit pour l'amour de vous que je vous donne la main: ce n'est que monsieur votre père dont je suis amoureux, et c'est lui que j'épouse.

ORONTE.

Je vous suis beaucoup obligé: et j'augmente de dix mille écus le mariage de ma fille. Allons, qu'on fasse venir le notaire pour dresser le contrat [1].

ÉRASTE.

En attendant qu'il vienne, nous pouvons jouir du di-

---

[1] Éraste qui se donne pour le libérateur de Julie; Julie qui fait semblant d'être toujours ensorcelée de Pourceaugnac, et Oronte qui, moitié par reconnoissance, moitié par esprit de contradiction, contraint sa fille, qui en meurt d'envie, à épouser Éraste qui a l'air de ne pas s'en soucier, voilà certainement une idée des plus ingénieuses. Si elle étoit traitée avec tout le soin, toute la vraisemblance que la précipitation forcée du travail n'a pas permis à Molière d'y mettre, le dénouement de *Pourceaugnac* seroit cité parmi ses dénouemens les plus heureux.

vertissement de la saison, et faire entrer les masques que le bruit des noces de monsieur de Pourceaugnac a attirés ici de tous les endroits de la ville [1].

SCÈNE X.

TROUPE DE MASQUES, DANSANS ET CHANTANS.

UN MASQUE, *en Égyptienne*.

Sortez, sortez de ces lieux,
Soucis, Chagrins et Tristesse ;
Venez, venez, Ris et Jeux,
Plaisir, Amour et Tendresse ;
Ne songeons qu'à nous réjouir :
La grande affaire est le plaisir.

CHOEUR DE MASQUES CHANTANS.

Ne songeons qu'à nous réjouir :
La grande affaire est le plaisir.

L'ÉGYPTIENNE.

A me suivre tous ici,
Votre ardeur est non commune,
Et vous êtes en souci
De votre bonne fortune :
Soyez toujours amoureux,
C'est le moyen d'être heureux.

---

[1] Nous sommes donc dans la saison des masques, enfin dans le carnaval. Il seroit peut-être à souhaiter que Molière l'eût dit au commencement de la pièce, au lieu de le dire tout à la fin. Cette circonstance eût motivé la boufonnerie de plusieurs scènes, et sollicité des spectateurs l'espèce d'indulgence qu'ils ne refusent jamais aux plus extravagantes inventions de ces folles saturnales.

UN MASQUE, *en Égyptien.*

Aimons jusques au trépas,
La raison nous y convie.
Hélas! si l'on n'aimoit pas,
Que seroit-ce de la vie?
Ah! perdons plutôt le jour,
Que de perdre notre amour.

L'ÉGYPTIEN.

Les biens,

L'ÉGYPTIENNE.

La gloire,

L'ÉGYPTIEN.

Les grandeurs,

L'ÉGYPTIENNE.

Les sceptres qui font tant d'envie,

L'ÉGYPTIEN.

Tout n'est rien, si l'amour n'y mêle ses ardeurs.

L'ÉGYPTIENNE.

Il n'est point, sans l'amour, de plaisirs dans la vie.

TOUS DEUX ENSEMBLE.

Soyons toujours amoureux,
C'est le moyen d'être heureux.

CHOEUR.

Sus, sus, chantons tous ensemble;
Dansons, sautons, jouons-nous.

UN MASQUE, *en pantalon.*

Lorsque pour rire on s'assemble,
Les plus sages, ce me semble,
Sont ceux qui sont les plus fous.

TOUS ENSEMBLE.

Ne songeons qu'à nous réjouir:
La grande affaire est le plaisir.

ACTE III, SCÈNE X.

PREMIÈRE ENTRÉE DE BALLET.

Danse de Sauvages.

DEUXIÈME ENTRÉE DE BALLET.

Danse de Biscayens.

FIN DE POURCEAUGNAC.

NOMS

DES PERSONNES QUI ONT CHANTÉ ET DANSÉ DANS MONSIEUR DE POURCEAUGNAC, COMÉDIE-BALLET.

Une Musicienne, mademoiselle *Hilaire*.
Deux Musiciens, les sieurs *Gaye* et *Langeais*.
Deux Maîtres a danser, les sieurs *La Pierre* et *Favier*.
Deux Pages dansans, les sieurs *Beauchamp* et *Chicanneau*.
Quatre Curieux de Spectacles, dansans, les sieurs *Noblet*, *Joubert*, *Lestang* et *Mayeu*.
Deux Médecins grotesques, *il signor Chiacchierone*, et le sieur *Gaye*.
Matassins dansans, les sieurs *Beauchamp*, *La Pierre*, *Favier*, *Noblet*, *Chicanneau* et *Lestang*.
Deux Avocats chantans, les sieurs *Estival* et *Gaye*.
Deux Procureurs dansans, les sieurs *Beauchamp* et *Chicanneau*.
Deux Sergens dansans, les sieurs *La Pierre* et *Favier*.

TROUPE DE MASQUES CHANTANS ET DANSANS.

Une Égyptienne chantante, mademoiselle *Hilaire*.
Un Égyptien chantant, le sieur *Gaye*.
Un Pantalon chantant, le sieur *Blondel*.

CHOEUR DE MASQUES CHANTANS.

Deux vieilles, les sieurs *Fernond le cadet*, et *Le Gros*.
Deux Scaramouches, les sieurs *Estival* et *Gingan*.
Deux Pantalons, les sieurs *Gingan le cadet*, et *Blondel*.
Deux Docteurs, les sieurs *Rebel* et *Hédouin*.
Deux Paysans, les sieurs *Langeais* et *Deschamps*.
Sauvages dansans, les sieurs *Paysan*, *Noblet*, *Joubert* et *Lestang*.
Biscayens dansans, les sieurs *Beauchamp*, *Favier*, *Mayeu* et *Chicanneau*.

NOTICE

HISTORIQUE ET LITTÉRAIRE

Sur Monsieur de Pourceaugnac.

Monsieur de Pourceaugnac fut représenté, pour la première fois, devant Louis XIV, le 6 octobre 1669, dans ce même château de Chambord, que naguère des Vandales qui ne viennent pas de la Scandinavie, alloient faire tomber sous leur marteau, et que la France a racheté de leurs mains avides, pour en faire hommage à l'enfant royal sur qui reposent nos destinées futures. Cette comédie, qui fait aujourd'hui lever le cœur des garçons de boutique au parterre, et des filles de comptoir en loge, amusa beaucoup Louis XIV et sa cour, qui apparemment se connoissoient moins en bonne plaisanterie, et n'avoient pas un sentiment aussi délicat des bienséances. Lulli, qui avoit composé la musique des divertissemens, et même, dit-on, fait les paroles italiennes de la fin du premier acte, chanta le rôle d'un des deux médecins grotesques. Il est inscrit au livre du ballet sous le nom de *il signor Chiacchierone*, qui signifie en italien, grand babillard, grand hableur, grand diseur de balivernes, et qui convenoit parfaitement à celui qui se l'étoit donné par une impudente vanité de bouffon (1).

Monsieur de Pourceaugnac fut joué à Paris le 15 novembre de la même année, ne fit pas moins rire la ville que la cour, et eut vingt représentations consécutives.

On prétendit, dans le temps, que *Pourceaugnac* étoit la peinture d'un original qui étoit venu s'offrir lui-même aux pinceaux de Molière. C'étoit un gentilhomme limousin qui, un jour de spectacle, dans une querelle qu'il eut sur le théâtre avec les comédiens, étala tous les ridicules d'un sot et d'un hobereau. Robinet, dans sa gazette rimée, rendant compte de la première représentation donnée au public, s'exprime en ces termes :

> L'original est à Paris ;
> En colère, autant que surpris,

---

(1) On lit, dans le *Bolæana*, publié par Brossette, l'anecdote suivante : « On dit que Lulli, ayant eu le malheur de déplaire au roi, voulut « essayer de rentrer dans ses bonnes graces par une plaisanterie. Pour cet « effet, il joua le rôle de Pourceaugnac devant Sa Majesté, et y réussit à « merveille, surtout à la fin de la pièce, quand les apothicaires, armés de « leurs seringues, poursuivent M. de Pourceaugnac. Car Lulli, après avoir « long-temps couru sur le théâtre pour les éviter, vint sauter au milieu « du clavecin qui étoit dans l'orchestre, et mit le clavecin en pièces. La « gravité du roi ne put tenir contre cette folie, et Sa Majesté pardonna à « Lulli en faveur de la nouveauté. »

L'anecdote est fausse dans toutes ses circonstances. D'abord, Lulli, avec son baragouin italien, n'étoit pas en état de jouer le rôle de Pourceaugnac, et ce fut Molière qui le joua. Ensuite, il est certain que, dans le divertissement de la fin du premier acte, et non pas de la *fin de la pièce*, Lulli représenta l'un des deux médecins grotesques : ainsi, il ne pouvoit représenter Pourceaugnac, car il eût été, dans la même scène, poursuivant et poursuivi.

De s'y voir dépeint de la sorte,
Il jure, il tempête et s'emporte,
Et veut faire ajourner l'auteur,
En réparation d'honneur,
Tant pour lui que pour sa famille,
Laquelle en Pourceaugnacs fourmille.

« *Pourceaugnac* est une farce, dit Voltaire; mais il y a dans « toutes les farces de Molière des scènes dignes de la haute « comédie. Un homme supérieur, quand il badine, ne peut « s'empêcher de badiner avec esprit. » Diderot enchérit sur cette idée : « Une farce excellente, dit-il, n'est pas l'ouvrage « d'un homme ordinaire. Elle suppose une gaîté originale; les « caractères en sont comme les grotesques de Calot, où les « principaux traits de la figure humaine sont conservés. Il « n'est pas donné à tout le monde d'estropier ainsi. Si l'on « croit qu'il y ait beaucoup plus d'hommes capables de faire « *Pourceaugnac* que *le Misanthrope*, on se trompe. »

La pièce de *Pourceaugnac* est une farce. Pourquoi? Ce n'est pas parce que la plaisanterie y est moins fine, la moquerie moins délicate et la gaîté plus facétieuse; c'est parce qu'elle ne peint ni vice, ni travers, ni passion; qu'elle n'est une censure ni de l'homme ou de la société, ni des caractères ou des mœurs. Le sujet de la pièce, Pourceaugnac, est un sot, voilà tout : or, un sot ne peut être le héros d'une fiction morale, comme est une comédie ou un roman, parce que, de sa nature, la sottise est incorrigible; il sera tout au plus l'objet de ce qu'on appelle aujourd'hui une mystification; et une mystification n'est qu'une farce, c'est-à-dire une chose plaisante et non comique, une chose qui fait rire comme risible et non comme ridicule.

La sottise, de même que l'esprit, a ses degrés et ses variétés ; elle a son originalité et sa perfection propre, elle a enfin ses saillies et presque son sublime. Un sot, formé des mains de Molière, ne pouvoit être le sot commun qui court les rues et qu'on voit partout. A la bêtise qui fait le fond de l'espèce, Pourceaugnac joint tous les ridicules qui peuvent en assaisonner l'insipidité, toutes les prétentions qui peuvent provoquer la malice et désintéresser la pitié. Il croit réunir tous les avantages naturels et acquis ; il a toutes les disgraces que la nature et l'art peuvent rassembler sur une personne. Tout simplement sot, il ne mériteroit pas, il ne vaudroit pas les tours sanglans qu'on lui joue ; et l'extrême facilité qu'on trouve à le berner, nous feroit trouver peu de plaisir à en être les témoins : mais sot avec présomption, avec jactance, et plaçant tout de travers sa confiance ou ses soupçons, il nous amuse de ses infortunes, dont sa suffisance est toujours étonnée ; il nous divertit de ses fureurs, qu'exalte toujours l'idée du mérite qu'il possède et des égards qu'on lui doit.

J'ai dit que la pièce de *Pourceaugnac* ne peignoit ni la société ni les mœurs. Je n'en veux pour preuve que les personnages de Nérine et de Sbrigani. S'il existe aujourd'hui des misérables qui joignent, à la vivacité d'esprit dont ils font preuve, la perversité d'ame dont ils font parade, quel jeune homme bien né, même pour les plus chers intérêts de son amour, songeroit à employer, à salarier leur coupable industrie ? Où les iroit-il chercher ? Il lui faudroit, pour les trouver, pénétrer dans les repaires où le crime médite ses complots, et jusque dans les prisons où il les expie. Il est évident que, sous la casaque du subtil Napolitain, Molière a caché un de ces Sosies, de ces Daves de la comédie antique, que la jeunesse inexpérimentée de son talent nous avoit déja fait voir deux fois sous le manteau de Mascarille et de Gros-René, et qu'un dernier caprice de son génie doit nous montrer encore sous celui de Scapin. C'est la même fourberie, la même impudence, le même orgueil des méfaits commis, des dangers courus, des châtimens éludés avec adresse ou soufferts avec constance. Il suffiroit de ces rapports frappans pour faire plus que soupçonner l'identité des personnages, malgré la différence des costumes; mais, en ce qui regarde *Pourceaugnac*, cette identité est un fait dont un passage de *l'Asinaire*, de Plaute, m'a fourni la démonstration complète. Deux fripons d'esclaves, Liban et Léonida, s'y entre-félicitent de leurs prouesses, c'est-à-dire de leurs crimes, comme font entre eux Nérine et Sbrigani : les intrigans modernes ne font que traduire presque littéralement les fourbes antiques. De l'emploi des mêmes acteurs, résulte nécessairement une action du même genre. Dans *Pourceaugnac*, comme dans les comédies de Plaute et de Térence, un personnage subordonné par sa condition, mais supérieur par l'audace et les ressources de son esprit, anime tout, conduit tout; et, se réservant en entier le danger et la gloire de l'entreprise, ne laisse à ceux qui en ont fait les frais, que le soin d'en recueillir les fruits. Les amans dont on fait les affaires par de tels moyens, ne peuvent intéresser en aucune manière; et il y a du bonheur s'ils n'en sont pas un peu avilis.

L'intrigue de *Pourceaugnac* a un autre caractère qui lui est particulier. Il y a comédie dans la comédie. Ce n'est pas une action de bonne foi, où les incidens naissent les uns des autres;

c'est une *pièce* concertée d'avance. Tous dans le secret, à l'exception de deux, les personnages s'appellent eux-mêmes des *acteurs*, et ils nomment *rôles* ce qu'ils vont faire. Ils s'amusent entre eux d'un sot qu'ils bafouent. Nous nous en amusons comme eux et avec eux : voilà tout l'effet dramatique. On se divertiroit encore plus au parterre, si l'on se divertissoit moins sur le théâtre : le public aime à rire tout seul ; et c'est surtout le sérieux des autres qui le fait rire.

Quelque étranger à nos mœurs que soit le fond de la comédie de *Pourceaugnac*, quelque conventionnel et factice qu'en soit le genre, il étoit impossible que Molière n'y plaçât pas quelques-unes de ces scènes éminemment vraies, où se montre l'homme tel que la nature ou la société l'a fait. Il en est une qui passe justement pour un chef-d'œuvre, c'est celle où Éraste persuade à Pourceaugnac qu'il a demeuré deux ans à Limoges, et qu'il y a fréquenté toute sa famille et lui-même. Pourceaugnac, cette fois, ne donne pas tête baissée dans le panneau : dupe d'un artifice habilement gradué, il passe de l'incrédulité au doute, et du doute à la conviction ; prévenu et en même temps flatté de l'idée qu'on connoît lui, les siens et sa ville, il aide à la lettre, vient au secours des hésitations, redresse les erreurs, achève les discours, répond quand il devroit questionner, et s'émerveille ensuite de voir un homme si bien informé de tout ce qu'il vient de lui apprendre lui-même. *Il dit toute la parenté*, s'écrie-t-il dans son naïf et stupide étonnement ! Harpagon n'est certainement pas un sot, et toutefois, après l'interrogatoire où maître Jacques donne sur la cassette des détails tout aussi justes, tout aussi précis, qu'Éraste sur Limoges et les Pourceaugnacs, Harpagon ne s'écrie-t-il pas de même : *Il n'y a point de doute, c'est elle, assurément!* L'un a la crédulité de la sottise; l'autre a celle de la passion.

Molière, dans *Pourceaugnac*, revient à la charge contre les médecins, à qui il n'accordoit pas de longues trèves. Mais, cette fois, il change son plan d'attaque ; il ne va pas chercher dans leur doctrine ce qu'il y a de plus absurde, dans leur langage ce qu'il y a de plus ridicule, pour le rendre plus ridicule et plus absurde encore. Ici, c'est la représentation fidèle et point exagérée d'une consultation au dix-septième siècle : les deux médecins disent ce qu'auroient dit, en pareille occasion, Brayer, Valot, Esprit, Daquin, Desfougerais, Guénaut, et Gui-Patin lui-même qui se moquoit d'eux tous. Ils ne citent point à faux Hippocrate et Galien ; leur théorie est fondée sur des phénomènes véritables; de ceux-ci ils tirent des conséquences assez justes, soit pour l'explication des causes, soit pour l'application des remèdes : enfin, sauf un peu de galimatias et de pédanterie, sauf quelques opinions chimériques et quelques pratiques superstitieuses, ce qu'ils disent est assez bon, ce qu'ils prescrivent n'est pas mauvais : tout le malheur, c'est que Pourceaugnac n'a pas la maladie dont ils lui trouvent tous les symptômes. Il n'étoit pas nécessaire, il ne convenoit même pas qu'ils fussent ignorans et sots. Leur savoir, leur capacité donne du relief à leur bévue, et atteste d'autant mieux l'insuffisance d'un art qui semble ne laisser à ceux qui le pratiquent avec le plus de succès, que le choix entre ces deux erreurs également funestes : voir ce qui n'est pas, et ne pas voir ce qui est.

Si l'on jugeoit du mérite d'un ouvrage d'après le nombre des imitations qu'il a produites, *Pourceaugnac* seroit le chef-d'œuvre de Molière. *Pourceaugnac* est, si je l'ose dire ainsi, le moule d'où sont sortis depuis un siècle, et d'où sortent chaque jour encore ces milliers de petites pièces destinées à faire rire le parterre de la capitale, des ridicules d'un homme de province, qui vient par le coche à Paris, pour y épouser une jolie fille, et qui s'en retourne dans la même journée, bafoué, tourmenté, excédé par des fourbes de profession qu'un rival préféré a su mettre dans ses intérêts. Ne seroit-il pas temps, enfin, de laisser en paix les Pourceaugnacs, et d'imiter autrement Molière, qu'en refaisant sans cesse une de ses moins bonnes comédies?

LES AMANS

MAGNIFIQUES,

COMÉDIE-BALLET EN CINQ ACTES.

1670.

AVANT-PROPOS.

Le Roi, qui ne veut que des choses extraordinaires dans tout ce qu'il entreprend, s'est proposé de donner à sa cour un divertissement qui fût composé de tous ceux que le théâtre peut fournir; et, pour embrasser cette vaste idée, et enchaîner ensemble tant de choses diverses, Sa Majesté a choisi pour sujet deux princes rivaux, qui, dans le champêtre séjour de la vallée de Tempé, où l'on doit célébrer la fête des Jeux Pythiens, régalent à l'envi une jeune princesse et sa mère, de toutes les galanteries dont ils se peuvent aviser.

ACTEURS.

ACTEURS DE LA COMÉDIE.

ARISTIONE, princesse, mère d'Ériphile.
ÉRIPHILE, fille de la princesse.
IPHICRATE, prince, amant d'Ériphile.
TIMOCLÈS, prince, amant d'Ériphile.
SOSTRATE, général d'armée, amant d'Ériphile.
CLÉONICE, confidente d'Ériphile.
ANAXARQUE, astrologue.
CLÉON, fils d'Anaxarque.
CHORÈBE, de la suite d'Aristione.
CLITIDAS, plaisant de cour, de la suite d'Ériphile.
UNE FAUSSE VÉNUS, d'intelligence avec Anaxarque.

ACTEURS DES INTERMÈDES.

PREMIER INTERMÈDE.
ÉOLE.
TRITONS, chantans.
FLEUVES, chantans.
AMOURS, chantans.
PÊCHEURS DE CORAIL, dansans.
NEPTUNE.
SIX DIEUX MARINS, dansans.

DEUXIÈME INTERMÈDE.

TROIS PANTOMIMES, dansans.

TROISIÈME INTERMÈDE.

LA NYMPHE de la vallée de Tempé.

ACTEURS DE LA PASTORALE
EN MUSIQUE.

TIRCIS, berger, amant de Caliste.
CALISTE, bergère.
LICASTE, berger, ami de Tircis.
MÉNANDRE, berger, ami de Tircis.
PREMIER SATYRE, amant de Caliste.
SECOND SATYRE, amant de Caliste.
SIX DRYADES, dansantes.
SIX FAUNES, dansans.
CLIMÈNE, bergère.
PHILINTE, berger.
TROIS PETITES DRYADES, dansantes.
TROIS PETITS FAUNES, dansans.

QUATRIÈME INTERMÈDE.

HUIT STATUES qui dansent.

CINQUIÈME INTERMÈDE.

QUATRE PANTOMIMES, dansans.

SIXIÈME INTERMÈDE.

Fêtes des Jeux Pythiens.

LA PRÊTRESSE.

DEUX SACRIFICATEURS, chantans.

SIX MINISTRES DU SACRIFICE, portant des haches, dansans.

CHOEUR DE PEUPLES.

SIX VOLTIGEURS, sautant sur des chevaux de bois.

QUATRE CONDUCTEURS D'ESCLAVES, dansans.

HUIT ESCLAVES, dansans.

QUATRE HOMMES, armés à la grecque.

QUATRE FEMMES, armées à la grecque.

UN HÉRAUT.

SIX TROMPETTES.

UN TIMBALIER.

APOLLON.

SUIVANS D'APOLLON, dansans.

La scène est en Thessalie, dans la vallée de Tempé.

PREMIER INTERMEDE.

Le théâtre s'ouvre à l'agréable bruit de quantité d'instrumens ; et d'abord il offre aux yeux une vaste mer, bordée, de chaque côté, de quatre grands rochers, dont le sommet porte chacun un Fleuve, accoudé sur les marques de ces sortes de déités. Au pied de ces rochers sont douze Tritons de chaque côté, et dans le milieu de la mer quatre Amours montés sur des dauphins, et derrière eux le dieu Éole, élevé au-dessus des ondes sur un petit nuage. Éole commande aux vents de se retirer ; et, tandis que quatre Amours, douze Tritons et huit Fleuves lui répondent, la mer se calme, et, du milieu des ondes, on voit s'élever une île. Huit Pêcheurs sortent du fond de la mer, avec des nacres de perles et des branches de corail ; et, après une danse agréable, vont se placer chacun sur un rocher au-dessus d'un Fleuve. Le chœur de la musique annonce la venue de Neptune ; et, tandis que ce dieu danse avec sa suite, les Pêcheurs, les Tritons et les Fleuves accompagnent ses pas de gestes différens, et de bruit de conques de perles. Tout ce spectacle est une magnifique galanterie, dont l'un des princes régale sur la mer la promenade des princesses.

PREMIÈRE ENTRÉE DE BALLET.

NEPTUNE, et SIX DIEUX MARINS.

DEUXIÈME ENTRÉE DE BALLET.
HUIT PÈCHEURS DE CORAIL.

Vers chantés.

RÉCIT D'ÉOLE.

Vents, qui troublez les plus beaux jours,
Rentrez dans vos grottes profondes ;
Et laissez régner sur les ondes
    Les Zéphyrs et les Amours.

UN TRITON.

Quels beaux yeux ont percé nos demeures humides ?
Venez, venez, Tritons ; cachez-vous, Néréides.

TOUS LES TRITONS.

Allons tous au-devant de ces divinités ;
Et rendons par nos chants hommage à leurs beautés.

UN AMOUR.

Ah ! que ces princesses sont belles !

UN AUTRE AMOUR.

Quels sont les cœurs qui ne s'y rendroient pas ? [1]

UN AUTRE AMOUR.

La plus belle des immortelles,
Notre mère, a bien moins d'appas.

---

(1) *Ne s'y rendroient pas.* — *Y*, se rapportant à *princesses*, est une incorrection ; il ne peut être relatif qu'à des choses. Je ferai peu d'observations grammaticales sur cette pièce, la moins heureuse et peut-être la moins bonne de toutes celles de Molière ; qui, faite uniquement pour la cour, n'eut que devant elle quelque succès, et que Molière ne jugea pas même digne de l'impression, puisqu'elle ne parut qu'après sa mort, insérée dans le recueil de ses œuvres.

PREMIER INTERMÈDE.

CHOEUR.

Allons tous au-devant de ces divinités;
Et rendons par nos chants hommage à leurs beautés.

UN TRITON.

Quel noble spectacle s'avance?
Neptune, le grand dieu Neptune, avec sa cour, [1]
Vient honorer ce beau séjour
De son auguste présence.

CHOEUR.

Redoublons nos concerts;
Et faisons retentir dans le vague des airs
Notre réjouissance.

Vers pour LE ROI, *représentant Neptune.*

Le ciel, entre les dieux les plus considérés,
Me donne pour partage un rang considérable,
Et, me faisant régner sur les flots azurés,
Rend à tout l'univers mon pouvoir redoutable.

Il n'est aucune terre, à me bien regarder,
Qui ne doive trembler que je ne m'y répande;
Point d'états qu'à l'instant je ne pusse inonder
Des flots impétueux que mon pouvoir commande.

Rien n'en peut arrêter le fier débordement;
Et d'une triple digue à leur force opposée
On les verroit forcer le ferme empêchement,
Et se faire en tous lieux une ouverture aisée.

Mais je sais retenir la fureur de ces flots
Par la sage équité du pouvoir que j'exerce,

---

[1] Vers sans césure.

Et laisser en tous lieux, au gré des matelots,
La douce liberté d'un paisible commerce.

On trouve des écueils parfois dans mes états;
On voit quelques vaisseaux y périr par l'orage;
Mais contre ma puissance on n'en murmure pas,
Et chez moi la vertu ne fait jamais naufrage.

Pour M. LE GRAND [1], *représentant un dieu marin.*
L'empire où nous vivons est fertile en trésors,
Tous les mortels en foule accourent sur ses bords;
Et, pour faire bientôt une haute fortune,
Il ne faut rien qu'avoir la faveur de NEPTUNE.

Pour le marquis DE VILLEROI, *représentant un dieu marin.*
Sur la foi de ce dieu de l'empire flottant,
On peut bien s'embarquer avec toute assurance :
    Les flots ont de l'inconstance,
    Mais le NEPTUNE est constant.

Pour le marquis DE RASSENT, *représentant un dieu marin.*
Voguez sur cette mer d'un zèle inébranlable :
C'est le moyen d'avoir NEPTUNE favorable. [2]

---

[1] On appeloit, par abréviation, le grand écuyer, *M. le Grand*; et le premier écuyer, *M. le Premier*.

[2] Ces vers sont dans le goût de ceux que Benserade composoit pour les ballets où figuroient le roi et les principaux seigneurs de sa cour. Mais (dirai-je à la honte ou à la gloire du génie?) on n'y trouve pas au même degré l'art de tourner des riens spirituels et de saisir des à-propos flatteurs. J'en excepte le vers: *Mais le Neptune est constant*, qui est sans doute une allusion à la constance du monarque en amour, et un compliment pour la maîtresse en faveur.

FIN DU PREMIER INTERMÈDE.

LES AMANS
MAGNIFIQUES,
COMÉDIE.

ACTE PREMIER.

SCÈNE PREMIÈRE.

SOSTRATE, CLITIDAS.

CLITIDAS, *à part.*

Il est attaché à ses pensées.

SOSTRATE, *se croyant seul.*

Non, Sostrate, je ne vois rien où tu puisses avoir recours; et tes maux sont d'une nature à ne te laisser nulle espérance d'en sortir.

CLITIDAS, *à part.*

Il raisonne tout seul.

SOSTRATE, *se croyant seul.*

Hélas !

CLITIDAS, *à part.*

Voilà des soupirs qui veulent dire quelque chose, et ma conjecture se trouvera véritable.

SOSTRATE, *se croyant seul.*

Sur quelles chimères, dis-moi, pourrois-tu bâtir quelque espoir? et que peux-tu envisager, que l'affreuse longueur d'une vie malheureuse, et des ennuis à ne finir que par la mort?

CLITIDAS, *à part.*

Cette tête-là est plus embarrassée que la mienne.

SOSTRATE, *se croyant seul.*

Ah! mon cœur! ah! mon cœur! où m'avez-vous jeté?

CLITIDAS.

Serviteur, seigneur Sostrate.

SOSTRATE.

Où vas-tu, Clitidas?

CLITIDAS.

Mais, vous, plutôt, que faites-vous ici? et quelle secrète mélancolie, quelle humeur sombre, s'il vous plaît, vous peut retenir dans ces bois, tandis que tout le monde a couru en foule à la magnificence de la fête dont l'amour du prince Iphicrate vient de régaler sur la mer la promenade des princesses; tandis qu'elles y ont reçu des cadeaux merveilleux de musique et de danse [1], et qu'on a vu les rochers et les ondes se parer de divinités pour faire honneur à leurs attraits?

SOSTRATE.

Je me figure assez, sans la voir, cette magnificence; et tant de gens, d'ordinaire, s'empressent à porter de la

---

[1] *Cadeau*, qui jusqu'ici, dans Molière, n'a signifié que festin, repas donné à des femmes, se disoit encore, comme dans ce passage, des divertissemens qu'on leur procuroit, tels que ballets et concerts.

ACTE I, SCÈNE I.

confusion dans ces sortes de fêtes, que j'ai cru à propos de ne pas augmenter le nombre des importuns [1].

CLITIDAS.

Vous savez que votre présence ne gâte jamais rien, et que vous n'êtes point de trop en quelque lieu que vous soyez. Votre visage est bien venu partout, et il n'a garde d'être de ces visages disgraciés qui ne sont jamais bien reçus des regards souverains. Vous êtes également bien auprès des deux princesses; et la mère et la fille vous font assez connoître l'estime qu'elles font de vous, pour n'appréhender pas de fatiguer leurs yeux; et ce n'est pas cette crainte, enfin, qui vous a retenu.

SOSTRATE..

J'avoue que je n'ai pas naturellement grande curiosité pour ces sortes de choses.

CLITIDAS.

Mon dieu! quand on n'auroit nulle curiosité pour les choses, on en a toujours pour aller où l'on trouve tout le monde; et, quoi que vous puissiez dire, on ne demeure point tout seul, pendant une fête, à rêver parmi des arbres, comme vous faites, à moins d'avoir en tête quelque chose qui embarrasse.

SOSTRATE.

Que voudrois-tu que j'y pusse avoir?

CLITIDAS.

Ouais! je ne sais d'où cela vient; mais il sent ici l'amour [2]. Ce n'est pas moi. Ah! par ma foi, c'est vous.

---

[1] Petit trait de satire, en passant, que pouvoient s'appliquer beaucoup de ceux qui assistoient à la fête même pour laquelle la pièce fut composée.

[2] *Il sent ici l'amour*, comme on dit, *il sent ici le brûlé, le moisi.*

SOSTRATE.

Que tu es fou, Clitidas!

CLITIDAS.

Je ne suis point fou. Vous êtes amoureux; j'ai le nez délicat, et j'ai senti cela d'abord.

SOSTRATE.

Sur quoi prends-tu cette pensée?

CLITIDAS.

Sur quoi? Vous seriez bien étonné si je vous disois encore de qui vous êtes amoureux.

SOSTRATE.

Moi?

CLITIDAS.

Oui. Je gage que je vais deviner tout-à-l'heure celle que vous aimez. J'ai mes secrets aussi bien que notre astrologue dont la princesse Aristione est entêtée; et, s'il a la science de lire dans les astres la fortune des hommes, j'ai celle de lire dans les yeux le nom des personnes qu'on aime. Tenez-vous un peu, et ouvrez les yeux. É, par soi, é[1]; r, i, ri, éri; p, h, i, phi, ériphi; l, e, le : Ériphile. Vous êtes amoureux de la princesse Ériphile.

SOSTRATE.

Ah! Clitidas, j'avoue que je ne puis cacher mon trouble; et tu me frappes d'un coup de foudre.

Expression un peu précieuse, un peu affectée, qui, comme beaucoup d'autres dans cette pièce, rappellent le style de Marivaux. Je reviendrai sur ce singulier rapport.

(1) *É, par soi, é.* — *Par soi*, signifie, faisant à lui seul une syllabe. Il paroit que, dans l'épellation ancienne, on se servoit de cette expression.

ACTE I, SCÈNE I.

CLITIDAS.

Vous voyez si je suis savant!

SOSTRATE.

Hélas! si, par quelque aventure, tu as pu découvrir le secret de mon cœur, je te conjure au moins de ne le révéler à qui que ce soit, et surtout de le tenir caché à la belle princesse dont tu viens de dire le nom.

CLITIDAS.

Et, sérieusement parlant, si dans vos actions j'ai bien pu connoître depuis un temps la passion que vous voulez tenir secrète, pensez-vous que la princesse Ériphile puisse avoir manqué de lumières pour s'en apercevoir? Les belles, croyez-moi, sont toujours les plus clairvoyantes à découvrir les ardeurs qu'elles causent; et le langage des yeux et des soupirs se fait entendre, mieux qu'à tout autre, à celles à qui il s'adresse.

SOSTRATE.

Laissons-la, Clitidas, laissons-la voir, si elle peut, dans mes soupirs et mes regards, l'amour que ses charmes m'inspirent; mais gardons bien que par nulle autre voie elle en apprenne jamais rien.

CLITIDAS.

Et qu'appréhendez-vous? Est-il possible que ce même Sostrate qui n'a pas craint ni Brennus [1], ni tous les Gaulois, et dont le bras a si glorieusement contribué à nous défaire de ce déluge de barbares qui ravageoient la Grèce;

---

[1] Ce n'est point le Brennus qui conduisit nos aïeux à la conquête de Rome; c'est un autre chef des Gaulois, qui, environ cent ans après le premier, fit une invasion dans la Grèce, où lui et tous les siens périrent, après avoir fait des prodiges de valeur.

est-il possible, dis-je, qu'un homme si assuré dans la guerre soit si timide en amour, et que je le voie trembler à dire seulement qu'il aime?

SOSTRATE.

Ah! Clitidas, je tremble avec raison; et tous les Gaulois du monde ensemble sont bien moins redoutables que deux beaux yeux pleins de charmes.

CLITIDAS.

Je ne suis pas de cet avis; et je sais bien, pour moi, qu'un seul Gaulois, l'épée à la main, me feroit beaucoup plus trembler que cinquante beaux yeux ensemble les plus charmans du monde. Mais, dites-moi un peu, qu'espérez-vous faire?

SOSTRATE.

Mourir, sans déclarer ma passion.

CLITIDAS.

L'espérance est belle! Allez, allez, vous vous moquez; un peu de hardiesse réussit toujours aux amans: il n'y a en amour que les honteux qui perdent; et je dirois ma passion à une déesse, moi, si j'en devenois amoureux.

SOSTRATE.

Trop de choses, hélas! condamnent mes feux à un éternel silence.

CLITIDAS.

Et quoi?

SOSTRATE.

La bassesse de ma fortune, dont il plaît au ciel de rabattre l'ambition de mon amour; le rang de la princesse, qui met entre elle et mes desirs une distance si fâcheuse; la concurrence de deux princes appuyés de

ACTE I, SCÈNE I.

tous les grands titres qui peuvent soutenir les prétentions de leurs flammes; de deux princes qui, par mille et mille magnificences, se disputent à tous momens la gloire de sa conquête, et sur l'amour de qui on attend tous les jours de voir son choix se déclarer; mais plus que tout, Clitidas, le respect inviolable où ses beaux yeux assujettissent toute la violence de mon ardeur.

CLITIDAS.

Le respect bien souvent n'oblige pas tant que l'amour; et je me trompe fort, ou la jeune princesse a connu votre flamme, et n'y est pas insensible.

SOSTRATE.

Ah! ne t'avise point de vouloir flatter par pitié le cœur d'un misérable.

CLITIDAS.

Ma conjecture est fondée. Je lui vois reculer beaucoup le choix de son époux, et je veux éclaircir un peu cette petite affaire-là. Vous savez que je suis auprès d'elle en quelque espèce de faveur, que j'y ai les accès ouverts, et qu'à force de me tourmenter je me suis acquis le privilège de me mêler à la conversation, et parler* à tort et à travers de toutes choses. Quelquefois cela ne me réussit pas, mais quelquefois aussi cela me réussit. Laissez-moi faire, je suis de vos amis; les gens de mérite me touchent, et je veux prendre mon temps pour entretenir la princesse de...

SOSTRATE.

Ah! de grace, quelque bonté que mon malheur t'inspire, garde-toi bien de lui rien dire de ma flamme. J'aimerois mieux mourir, que de pouvoir être accusé par

VARIANTE. * *Et de parler.*

elle de la moindre témérité; et ce profond respect où
ses charmes divins...

CLITIDAS.

Taisons-nous, voici tout le monde [1].

SCÈNE II.

ARISTIONE, IPHICRATE, TIMOCLÈS, SOSTRATE,
ANAXARQUE, CLÉON, CLITIDAS.

ARISTIONE, *à Iphicrate.*

Prince, je ne puis me lasser de le dire, il n'est point
de spectacle au monde qui puisse le disputer en magnificence à celui que vous venez de nous donner. Cette
fête a eu des ornemens qui l'emportent sans doute sur
tout ce que l'on sauroit voir; et elle vient de produire à
nos yeux quelque chose de si noble, de si grand et de
si majestueux, que le ciel même ne sauroit aller au-

---

[1] Il y a de nombreuses et de grandes ressemblances entre *les Amans magnifiques* et *la Princesse d'Élide*. Dans l'une et dans l'autre pièce, c'est un amant, dont l'air rêveur et le goût pour la solitude trahissent la passion secrète. Cet amant n'a point osé déclarer son amour à l'auguste princesse qui en est l'objet; mais un bouffon de cour, que son sort intéresse, promet d'employer l'espèce d'accès et de privauté que son titre lui donne auprès de la princesse, pour sonder son cœur, et la rendre sensible, si la chose n'est déja faite, au mérite de l'homme qui l'adore en silence. Il y a toutefois, entre les deux situations, cette différence, que l'amant de la princesse d'Élide, égal à elle par la naissance, ne redoute en elle que la fierté dont elle est armée contre tous les hommes; tandis que l'amant d'Ériphile, simple officier de fortune, craint le juste orgueil du rang, et le mépris qui ne peut manquer d'être le châtiment de son amour, si un tendre sentiment n'en est la récompense. Cet amour pour une personne d'une condition supérieure, et l'intervention d'un subalterne qui se charge de le mener à bien, sont tout le sujet de plusieurs des comédies de Marivaux, qui en a très-probablement pris l'idée dans Molière.

delà; et je puis dire assurément qu'il n'y a rien dans l'univers qui s'y puisse égaler [1].

TIMOCLÈS.

Ce sont des ornemens dont on ne peut pas espérer que toutes les fêtes soient embellies; et je dois fort trembler, madame, pour la simplicité du petit divertissement que je m'apprête à vous donner dans le bois de Diane.

ARISTIONE.

Je crois que nous n'y verrons rien que de fort agréable; et, certes, il faut avouer que la campagne a lieu de nous paroître belle, et que nous n'avons pas le temps de nous ennuyer dans cet agréable séjour qu'ont célébré tous les poëtes sous le nom de Tempé. Car enfin, sans parler des plaisirs de la chasse que nous y prenons à toute heure, et de la solennité des jeux Pythiens que l'on y célèbre tantôt, vous prenez soin l'un et l'autre de nous y combler de tous les divertissemens qui peuvent charmer les chagrins des plus mélancoliques. D'où vient, Sostrate, qu'on ne vous a point vu dans notre promenade?

SOSTRATE.

Une petite indisposition, madame, m'a empêché de m'y trouver [2].

IPHICRATE.

Sostrate est de ces gens, madame, qui croient qu'il

---

[1] Ces éloges un peu emphatiques ne sont pas autre chose qu'une flatterie du poëte pour le monarque qui donnoit la fête, et qui en avoit été presque l'ordonnateur.

[2] *Une petite indisposition* est une excuse trop banale et trop facile à inventer, pour être assez dramatique.

ne sied pas bien d'être curieux comme les autres; et il est beau d'affecter * de ne pas courir où tout le monde court.

SOSTRATE.

Seigneur, l'affectation n'a guère de part à tout ce que je fais; et, sans vous faire compliment, il y avoit des choses à voir dans cette fête qui pouvoient m'attirer, si quelque autre motif ne m'avoit retenu.

ARISTIONE.

Et Clitidas a-t-il vu cela?

CLITIDAS.

Oui, madame, mais du rivage.

ARISTIONE.

Et pourquoi du rivage?

CLITIDAS.

Ma foi, madame, j'ai craint quelqu'un des accidens qui arrivent d'ordinaire dans ces confusions. Cette nuit j'ai songé de poisson mort et d'œufs cassés; et j'ai appris du seigneur Anaxarque que les œufs cassés et le poisson mort signifient malencontre [1].

ANAXARQUE.

Je remarque une chose: que Clitidas n'auroit rien à dire, s'il ne parloit de moi.

CLITIDAS.

C'est qu'il y a tant de choses à dire de vous, qu'on n'en sauroit parler assez.

VARIANTE. * *Et qu'il est beau d'affecter.*

---

[1] Mascarille, dans *le Dépit amoureux*, dit aussi:
> J'ai songé cette nuit de perles défilées,
> Et d'œufs cassés: monsieur, un tel songe m'abat.

ANAXARQUE.

Vous pourriez prendre d'autres matières, puisque je vous en ai prié.

CLITIDAS.

Le moyen ? Ne dites-vous pas que l'ascendant est plus fort que tout ? et, s'il est écrit dans les astres que je sois enclin à parler de vous, comment voulez-vous que je résiste à ma destinée ?

ANAXARQUE.

Avec tout le respect, madame, que je vous dois, il y a une chose qui est fâcheuse dans votre cour, que tout le monde y prenne liberté * de parler, et que le plus honnête homme y soit exposé aux railleries du premier méchant plaisant.

CLITIDAS.

Je vous rends grace de l'honneur.

ARISTIONE, à *Anaxarque*.

Que vous êtes fou de vous chagriner de ce qu'il dit !

CLITIDAS.

Avec tout le respect que je dois à madame, il y a une chose qui m'étonne dans l'astrologie, comment des gens** qui savent tous les secrets des dieux, et qui possèdent des connoissances à se mettre au-dessus de tous les hommes, aient besoin de faire leur cour, et de demander quelque chose.

ANAXARQUE.

Vous devriez gagner un peu mieux votre argent, et donner à madame de meilleures plaisanteries.

CLITIDAS.

Ma foi, on les donne telles qu'on peut. Vous en par-

VARIANTES. * *Y prenne la liberté.* — ** *Que des gens.*

lez fort à votre aise; et le métier de plaisant n'est pas comme celui d'astrologue. Bien mentir et bien plaisanter sont deux choses fort différentes; et il est bien plus facile de tromper les gens que de les faire rire [1].

ARISTIONE.

Hé!. qu'est-ce donc que cela veut dire?

CLITIDAS, *se parlant à lui-même.*

Paix, impertinent que vous êtes; ne savez-vous pas bien que l'astrologie est une affaire d'état, et qu'il ne faut point toucher à cette corde-là? Je vous l'ai dit plusieurs fois, vous vous émancipez trop, et vous prenez de certaines libertés qui vous joueront un mauvais tour, je vous en avertis. Vous verrez qu'un de ces jours on vous donnera du pied au cul, et qu'on vous chassera comme un faquin. Taisez-vous, si vous êtes sage.

ARISTIONE.

Où est ma fille?

TIMOCLÈS.

Madame, elle s'est écartée; et je lui ai présenté une main qu'elle a refusé d'accepter.

ARISTIONE.

Princes, puisque l'amour que vous avez pour Ériphile a bien voulu se soumettre aux lois que j'ai voulu vous

---

[1] Ce débat entre l'astrologue et le bouffon est tout-à-fait comique: c'est une de ces rivalités dont la cour est surtout le théâtre, et qui y sont trop vives pour ne pas éclater quelquefois en présence même des augustes personnages dont on se dispute la faveur. L'astrologue a le dessous dans cette altercation; il y est vain et gourmé: le plaisant, au contraire, soutient fort bien son personnage; et son dernier trait est excellent. Molière pensoit sans doute à lui-même, quand il relevoit la difficulté et le mérite de l'art de *faire rire les gens.*

ACTE I, SCÈNE II.

imposer, puisque j'ai su obtenir de vous que vous fussiez rivaux sans devenir ennemis, et qu'avec pleine soumission aux sentimens de ma fille vous attendez un choix dont je l'ai faite seule maîtresse, ouvrez-moi tous deux le fond de votre ame, et me dites sincèrement quel progrès vous croyez l'un et l'autre avoir fait sur son cœur.

TIMOCLÈS.

Madame, je ne suis point pour me flatter; j'ai fait ce que j'ai pu pour toucher le cœur de la princesse Ériphile, et je m'y suis pris, que je crois, de toutes les tendres manières dont un amant se peut servir; je lui ai fait des hommages soumis de tous mes vœux; j'ai montré des assiduités; j'ai rendu des soins chaque jour; j'ai fait chanter ma passion aux voix les plus touchantes, et l'ai fait exprimer en vers aux plumes les plus délicates[1]; je me suis plaint de mon martyre en des termes passionnés; j'ai fait dire à mes yeux, aussi bien qu'à ma bouche, le désespoir de mon amour; j'ai poussé à ses pieds des soupirs languissans; j'ai même répandu des larmes : mais tout cela inutilement; et je n'ai point connu qu'elle ait dans l'ame aucun ressentiment de mon ardeur.

---

(1) C'étoit assez l'usage alors (je veux dire au temps où écrivoit Molière) que les grands seigneurs, en pareille occasion, empruntassent la plume des poëtes de profession, et n'en fissent pas mystère. C'est un fait connu, que Louis XIV envoyoit à mademoiselle de la Vallière, des vers composés par Benserade, qui composoit aussi les réponses; et ni le roi ni sa maîtresse ne cherchoient à se tromper là-dessus. Tout le monde ne se piquoit point alors de bel-esprit; les poëtes étoient une classe d'hommes à part; et on leur demandoit des vers, comme on demande aujourd'hui des fleurs à une bouquetière.

ARISTIONE.

Et vous, prince?

IPHICRATE.

Pour moi, madame, connoissant son indifférence, et le peu de cas qu'elle fait des devoirs qu'on lui rend, je n'ai voulu perdre auprès d'elle ni plaintes, ni soupirs, ni larmes. Je sais qu'elle est toute soumise à vos volontés, et que ce n'est que de votre main seule qu'elle voudra prendre un époux : aussi n'est-ce qu'à vous que je m'adresse pour l'obtenir, à vous plutôt qu'à elle que je rends tous mes soins et tous mes hommages. Et plût au ciel, madame, que vous eussiez pu vous résoudre à tenir sa place; que vous eussiez voulu jouir des conquêtes que vous lui faites, et recevoir pour vous les vœux que vous lui renvoyez!

ARISTIONE.

Prince, le compliment est d'un amant adroit, et vous avez entendu dire qu'il falloit cajoler les mères pour obtenir les filles; mais ici, par malheur, tout cela devient inutile, et je me suis engagée à laisser le choix tout entier à l'inclination de ma fille.

IPHICRATE.

Quelque pouvoir que vous lui donniez pour ce choix, ce n'est point compliment, madame, que ce que je vous dis. Je ne recherche la princesse Ériphile que parce qu'elle est votre sang; je la trouve charmante par tout ce qu'elle tient de vous, et c'est vous que j'adore en elle.

ARISTIONE.

Voilà qui est fort bien.

IPHICRATE.

Oui, madame, toute la terre voit en vous des attraits et des charmes que je...

ACTE I, SCÈNE II.

ARISTIONE.

De grace, prince, ôtons ces charmes et ces attraits: vous savez que ce sont des mots que je retranche des complimens qu'on me veut faire. Je souffre qu'on me loue de ma sincérité; qu'on dise que je suis une bonne princesse, que j'ai de la parole pour tout le monde [1], de la chaleur pour mes amis, et de l'estime pour le mérite et la vertu; je puis tâter de tout cela: mais, pour les douceurs de charmes et d'attraits, je suis bien aise qu'on ne m'en serve point; et, quelque vérité qui s'y pût rencontrer, on doit faire quelque scrupule d'en goûter la louange, quand on est mère d'une fille comme la mienne.

IPHICRATE.

Ah! madame, c'est vous qui voulez être mère malgré tout le monde; il n'est point d'yeux qui ne s'y opposent; et, si vous le vouliez, la princesse Ériphile ne seroit que votre sœur [2].

ARISTIONE.

Mon dieu! prince, je ne donne point dans tous ces galimatias où donnent la plupart des femmes: je veux être mère, parce que je la suis*; et ce seroit en vain que je ne la voudrois pas être**. Ce titre n'a rien qui me cho-

VARIANTES. * *Je le suis.* — ** *Je ne le voudrois pas être.*

---

(1) On dit, *être de parole, n'avoir qu'une parole, manquer de parole*; mais, *avoir de la parole pour tout le monde*, est une expression qui n'est point en usage et n'y a peut-être jamais été.

(2) Que, dans *Crispin rival de son maître*, Crispin, voulant se moquer de madame Oronte, feigne de la prendre pour sa fille Angélique, rien de mieux; mais il y a une fadeur bien ridicule, de la part de ce prince, à dire à une mère que, *si elle le vouloit, sa fille ne seroit que sa sœur*; et l'on sait gré à cette bonne princesse Aristione de repousser, avec quelque dédain, une aussi plate flagornerie.

que, puisque, de mon consentement, je me suis exposée à le recevoir. C'est un foible de notre sexe, dont, grace au ciel, je suis exempte; et je ne m'embarrasse point de ces grandes disputes d'âge, sur quoi nous voyons tant de folles. Revenons à notre discours. Est-il possible que jusqu'ici vous n'ayez pu connoître où penche l'inclination d'Ériphile?

IPHICRATE.

Ce sont obscurités pour moi.

TIMOCLÈS.

C'est pour moi un mystère impénétrable.

ARISTIONE.

La pudeur peut-être l'empêche de s'expliquer à vous et à moi. Servons-nous de quelque autre pour découvrir le secret de son cœur. Sostrate, prenez de ma part cette commission, et rendez cet office à ces princes, de savoir adroitement de ma fille vers qui des deux ses sentimens peuvent tourner.

SOSTRATE.

Madame, vous avez cent personnes dans votre cour sur qui vous pourriez mieux verser l'honneur d'un tel emploi; et je me sens mal propre à bien exécuter ce que vous souhaitez de moi.

ARISTIONE.

Votre mérite, Sostrate, n'est point borné aux seuls emplois de la guerre: vous avez de l'esprit, de la conduite, de l'adresse; et ma fille fait cas de vous.

SOSTRATE.

Quelque autre mieux que moi, madame...

ARISTIONE.

Non, non; en vain vous vous en défendez.

SOSTRATE.

Puisque vous le voulez, madame, il vous faut obéir; mais je vous jure que, dans toute votre cour, vous ne pouviez choisir personne qui ne fût en état de s'acquitter beaucoup mieux que moi d'une telle commission.

ARISTIONE.

C'est trop de modestie; et vous vous acquitterez toujours bien de toutes les choses dont on vous chargera. Découvrez doucement les sentimens d'Ériphile, et faites-la ressouvenir qu'il faut se rendre de bonne heure dans le bois de Diane [1].

SCÈNE III.

IPHICRATE, TIMOCLÈS, SOSTRATE, CLITIDAS.

IPHICRATE, *à Sostrate.*

Vous pouvez croire que je prends part à l'estime que la princesse vous témoigne.

TIMOCLÈS, *à Sostrate.*

Vous pouvez croire que je suis ravi du choix que l'on a fait de vous.

IPHICRATE.

Vous voilà en état de servir vos amis.

TIMOCLÈS.

Vous avez de quoi rendre de bons offices aux gens qu'il vous plaira.

---

[1] Voilà Sostrate chargé de savoir quel prince est aimé de la princesse dont il est amoureux lui-même. Cette commission pénible et délicate forme une bonne situation qui produira, au second acte, une bonne scène. Ceci a été souvent imité, surtout en opéra-comique.

IPHICRATE.

Je ne vous recommande point mes intérêts.

TIMOCLÈS.

Je ne vous dis point de parler pour moi.

SOSTRATE.

Seigneurs, il seroit inutile. J'aurois tort de passer les ordres de ma commission; et vous trouverez bon que je ne parle ni pour l'un ni pour l'autre.

IPHICRATE.

Je vous laisse agir comme il vous plaira.

TIMOCLÈS.

Vous en userez comme vous voudrez [1].

SCÈNE IV.

IPHICRATE, TIMOCLÈS, CLITIDAS.

IPHICRATE, *bas, à Clitidas.*

Clitidas se ressouvient bien qu'il est de mes amis; je lui recommande toujours de prendre mes intérêts auprès de sa maîtresse contre ceux de mon rival.

CLITIDAS, *bas, à Iphicrate.*

Laissez-moi faire. Il y a bien de la comparaison de lui à vous! et c'est un prince bien bâti pour vous le disputer!

IPHICRATE, *bas, à Clitidas.*

Je reconnoîtrai ce service.

---

[1] Il est naturel que chacun de ces princes sollicite les bons offices de Sostrate; mais il y a, dans les demandes et dans les réponses, une symétrie qui n'est excusable que dans les duos d'opéra-comique.

SCÈNE V.

TIMOCLÈS, CLITIDAS.

TIMOCLÈS.

Mon rival fait sa cour à Clitidas; mais Clitidas sait bien qu'il m'a promis d'appuyer contre lui les prétentions de mon amour.

CLITIDAS.

Assurément; et il se moque de croire l'emporter sur vous. Voilà, auprès de vous, un beau petit morveux de prince!

TIMOCLÈS.

Il n'y a rien que je ne fasse pour Clitidas [1].

CLITIDAS, *seul*.

Belles paroles de tous côtés! Voici la princesse; prenons mon temps pour l'aborder.

SCÈNE VI.

ÉRIPHILE, CLÉONICE.

CLÉONICE.

On trouvera étrange, madame, que vous vous soyez ainsi écartée de tout le monde.

---

[1] Les deux princes s'étoient recommandés aux bons soins de Sostrate avec toute la délicatesse qu'exigeoit son caractère : ils s'y sont pris autrement avec Clitidas, et ils ont mis les promesses en jeu. Cette différence est bien sentie, bien marquée; mais il y a toujours trop de symétrie dans le dialogue.

ÉRIPHILE.

Ah! qu'aux personnes comme nous, qui sommes toujours accablées de tant de gens, un peu de solitude est parfois agréable! et qu'après mille impertinens entretiens, il est doux de s'entretenir avec ses pensées [1]! Qu'on me laisse ici promener toute seule.

CLÉONICE.

Ne voudriez-vous pas, madame, voir un petit essai de la disposition [2] de ces gens admirables qui veulent se donner à vous? Ce sont des personnes qui, par leurs pas, leurs gestes et leurs mouvemens, expriment aux yeux toutes choses; et on appelle cela pantomimes. J'ai tremblé à vous dire ce mot; et il y a des gens dans votre cour qui ne me le pardonneroient pas [3].

ÉRIPHILE.

Vous avez bien la mine, Cléonice, de me venir ici régaler d'un mauvais divertissement: car, grace au ciel, vous ne manquez pas de vouloir produire indifféremment tout ce qui se présente à vous; et vous avez une affabilité qui ne rejette rien. Aussi est-ce à vous seule qu'on voit avoir recours toutes les Muses nécessitantes [4]; vous

---

(1) Que cela est vrai! ont dû dire en eux-mêmes tout ce qu'il y avoit de princes et de princesses, présens à ce spectacle.

(2) *Disposition*, c'est-à-dire, agilité. On dit encore *dispos*, dans le sens d'agile.

(3) On voit, par ce passage, qu'à l'époque où fut jouée la pièce, la pantomime étoit un art nouveau en France, ainsi que le nom de ceux qui l'exerçoient, et que même ce nom étoit repoussé par un certain nombre de personnes. Le Dictionnaire de l'Académie, de 1694, l'admet; quant à *pantomime*, au féminin, signifiant l'art, il n'a été introduit que plus tard dans la langue.

(4) *Nécessitant*, mot qui n'est employé que dans cette phrase familière,

ACTE I, SCÈNE VI.

êtes la grande protectrice du mérite incommodé [1]; et tout ce qu'il y a de vertueux indigens au monde, va débarquer chez vous [2].

CLÉONICE.

Si vous n'avez pas envie de les voir, madame, il ne faut que les laisser là.

ÉRIPHILE.

Non, non : voyons-les ; faites-les venir.

CLÉONICE.

Mais peut-être, madame, que leur danse sera méchante [3].

ÉRIPHILE.

Méchante ou non, il la faut voir. Ce ne seroit, avec vous, que reculer la chose ; et il vaut mieux en être quitte.

CLÉONICE.

Ce ne sera ici, madame, qu'une danse ordinaire ; une autre fois...

---

de nécessité nécessitante, signifie, qui nécessite, et non, qui est dans la nécessité. C'est *nécessiteux* qui a ce dernier sens, et dont Molière devoit se servir.

[1] Le cardinal de Richelieu appeloit l'abbé de Boisrobert, *ardent solliciteur des Muses incommodées*. Molière semble s'être souvenu de cette expression.

[2] On sent à chaque moment, dans cette pièce, les efforts que fait Molière, pour secouer un peu la dignité obligée de son sujet, et pour donner quelque peu de physionomie comique à ses personnages. Le léger ridicule qu'il donne ici à la confidente Cléonice, ne part pas d'une autre cause, puisqu'il ne doit aboutir à rien.

[3] *Méchant*, signifiant, qui ne vaut rien dans son genre, se met toujours avant le substantif ; il se distingue ainsi de *méchant*, signifiant, qui a de la méchanceté. De *méchans vers* et des *vers méchans* sont deux choses tout-à-fait différentes.

ÉRIPHILE.

Point de préambule, Cléonice; qu'ils dansent [1].

---

[1] Ériphile, pour ne prendre goût à rien, a deux bonnes raisons dont une seule suffiroit; elle est amoureuse et elle est princesse.

FIN DU PREMIER ACTE.

SECOND INTERMEDE.

La confidente de la jeune princesse lui produit trois danseurs, sous le nom de *Pantomimes*, c'est-à-dire qui expriment par leurs gestes toutes sortes de choses. La princesse les voit danser, et les reçoit à son service.

ENTRÉE DE BALLET

De trois Pantomimes.

FIN DU SECOND INTERMÈDE.

ACTE II.

SCÈNE PREMIÈRE.

ÉRIPHILE, CLÉONICE.

ÉRIPHILE.

Voila qui est admirable. Je ne crois pas qu'on puisse mieux danser qu'ils dansent, et je suis bien aise de les avoir à moi.

CLÉONICE.

Et moi, madame, je suis bien aise que vous ayez vu que je n'ai pas si méchant goût que vous avez pensé.

ÉRIPHILE.

Ne triomphez point tant; vous ne tarderez guère à me faire avoir ma revanche. Qu'on me laisse ici.

SCÈNE II.

ÉRIPHILE, CLÉONICE, CLITIDAS.

CLÉONICE, *allant au-devant de Clitidas.*

Je vous avertis, Clitidas, que la princesse veut être seule.

CLITIDAS.

Laissez-moi faire : je suis homme qui sais ma cour.

SCÈNE III.

ÉRIPHILE, CLITIDAS.

CLITIDAS, *en chantant.*

La, la, la, la. (*faisant l'étonné, en voyant Eriphile.*) Ah!

ÉRIPHILE, *à Clitidas, qui feint de vouloir s'éloigner.*
Clitidas.

CLITIDAS.

Je ne vous avois pas vu là *, madame.

ÉRIPHILE.

Approche. D'où viens-tu?

CLITIDAS.

De laisser la princesse votre mère, qui s'en alloit vers le temple d'Apollon, accompagnée de beaucoup de gens.

ÉRIPHILE.

Ne trouves-tu pas ces lieux les plus charmans du monde?

CLITIDAS.

Assurément. Les princes vos amans y étoient.

ÉRIPHILE.

Le fleuve Pénée fait ici d'agréables détours!

CLITIDAS.

Fort agréables. Sostrate y étoit aussi.

ÉRIPHILE.

D'où vient qu'il n'est pas venu à la promenade?

CLITIDAS.

Il a quelque chose dans la tête qui l'empêche de pren-

VARIANTE. * *Je ne vous avois pas vue là.*

dre plaisir à tous ces beaux régales*. Il m'a voulu entretenir ; mais vous m'avez défendu si expressément de me charger d'aucune affaire auprès de vous, que je n'ai point voulu lui prêter l'oreille; et je lui ai dit** nettement que je n'avois pas le loisir de l'entendre.

ÉRIPHILE.

Tu as tort de lui dire cela; et tu devois l'écouter.

CLITIDAS.

Je lui ai dit d'abord que je n'avois pas le loisir de l'entendre; mais après, je lui ai donné audience.

ÉRIPHILE.

Tu as bien fait.

CLITIDAS.

En vérité, c'est un homme qui me revient, un homme fait comme je veux que les hommes soient faits, ne prenant point des manières bruyantes et des tons de voix assommans, sage et posé en toutes choses, ne parlant jamais que bien à propos, point prompt à décider, point du tout exagérateur incommode; et, quelques beaux vers que nos poëtes lui aient récités, je ne lui ai jamais ouï dire : Voilà qui est plus beau que tout ce qu'a jamais fait Homère. Enfin, c'est un homme pour qui je me sens de l'inclination ; et, si j'étois princesse, il ne seroit pas malheureux.

ÉRIPHILE.

C'est un homme d'un grand mérite, assurément. Mais de quoi t'a-t-il parlé ?

CLITIDAS.

Il m'a demandé si vous aviez témoigné grande joie au

VARIANTES. * *A tous ces beaux régals.* — ** *Et que je lui ai dit.*

magnifique régale* que l'on vous a donné, m'a parlé de votre personne avec des transports les plus grands du monde, vous a mise au-dessus du ciel, et vous a donné toutes les louanges qu'on peut donner à la princesse la plus accomplie de la terre, entre-mêlant tout cela de plusieurs soupirs qui disoient plus qu'il ne vouloit. Enfin, à force de le tourner de tous côtés, et de le presser sur la cause de cette profonde mélancolie dont toute la cour s'aperçoit, il a été contraint de m'avouer qu'il étoit amoureux.

ÉRIPHILE.

Comment, amoureux! Quelle témérité est la sienne! C'est un extravagant que je ne verrai de ma vie.

CLITIDAS.

De quoi vous plaignez-vous, madame?

ÉRIPHILE.

Avoir l'audace de m'aimer! et, de plus, avoir l'audace de le dire!

CLITIDAS.

Ce n'est pas vous**, madame, dont il est amoureux.

ÉRIPHILE.

Ce n'est pas moi?***

CLITIDAS.

Non, madame; il vous respecte trop pour cela, et est trop sage pour y penser.

ÉRIPHILE.

Et de qui donc, Clitidas?

VARIANTES. * *Régal*. — ** *Ce n'est pas de vous.* — *** *Ce n'est pas de moi?*

CLITIDAS.

D'une de vos filles, la jeune Arsinoé.

ÉRIPHILE.

A-t-elle tant d'appas, qu'il n'ait trouvé qu'elle digne de son amour?

CLITIDAS.

Il l'aime éperduement, et vous conjure d'honorer sa flamme de votre protection.

ÉRIPHILE.

Moi?

CLITIDAS.

Non, non, madame. Je vois que la chose ne vous plaît pas. Votre colère m'a obligé à prendre ce détour; et, pour vous dire la vérité, c'est vous qu'il aime éperduement.

ÉRIPHILE.

Vous êtes un insolent de venir ainsi surprendre mes sentimens. Allons, sortez d'ici; vous vous mêlez de vouloir lire dans les ames, de vouloir pénétrer dans les secrets du cœur d'une princesse! Otez-vous de mes yeux, et que je ne vous voie jamais, Clitidas. *

CLITIDAS.

Madame...

ÉRIPHILE.

Venez ici. Je vous pardonne cette affaire-là.

CLITIDAS.

Trop de bonté, madame!

ÉRIPHILE.

Mais à condition, prenez bien garde à ce que je vous

VARIANTE. * *Et que je ne vous voie jamais. Clitidas...* Cette leçon me semble préférable à celle du texte de 1682, que j'ai suivie, mais qui est peut-être une faute d'impression.

dis, que vous n'en ouvrirez la bouche à personne du monde, sur peine de la vie.

CLITIDAS.

Il suffit.

ÉRIPHILE.

Sostrate t'a donc dit qu'il m'aimoit?

CLITIDAS.

Non, madame. Il faut vous dire la vérité. J'ai tiré de son cœur, par surprise, un secret qu'il veut cacher à tout le monde, et avec lequel il est, dit-il, résolu de mourir. Il a été au désespoir du vol subtil que je lui en ai fait; et, bien loin de me charger de vous le découvrir, il m'a conjuré, avec toutes les instantes prières qu'on sauroit faire, de ne vous en rien révéler; et c'est trahison contre lui que ce que je viens de vous dire.

ÉRIPHILE.

Tant mieux! c'est par son seul respect qu'il peut me plaire; et, s'il étoit si hardi que de me déclarer son amour, il perdroit pour jamais et ma présence et mon estime.

CLITIDAS.

Ne craignez point, madame...

ÉRIPHILE.

Le voici. Souvenez-vous au moins, si vous êtes sage, de la défense que je vous ai faite.

CLITIDAS.

Cela est fait, madame. Il ne faut pas être courtisan indiscret [1].

---

[1] Il est impossible que tous ceux qui connoissent et qui fréquentent le théâtre, n'aient pas été sur-le-champ frappés de la ressemblance qui

SCÈNE IV.

ÉRIPHILE, SOSTRATE.

SOSTRATE.

J'ai une excuse, madame, pour oser interrompre votre solitude; et j'ai reçu de la princesse votre mère une commission qui autorise la hardiesse que je prends maintenant.

ÉRIPHILE.

Quelle commission, Sostrate?

SOSTRATE.

Celle, madame, de tâcher d'apprendre de vous vers lequel des deux princes peut incliner votre cœur.

ÉRIPHILE.

La princesse ma mère montre un esprit judicieux dans le choix qu'elle a fait de vous pour un pareil emploi. Cette commission, Sostrate, vous a été agréable, sans doute; et vous l'avez acceptée avec beaucoup de joie?

SOSTRATE.

Je l'ai acceptée, madame, par la nécessité que mon

---

existe entre cette scène et toutes celles où Marivaux, dans plusieurs de ses pièces, et notamment dans *les Fausses confidences*, introduit un valet qui, prenant auprès de sa maîtresse les intérêts d'un amant timide, emploie toutes les ruses, fait jouer tous les ressorts pour troubler le cœur d'une femme qui voudroit se cacher sa passion, ou qui même l'ignore, et pour l'amener, par des degrés rapides, mais habilement calculés, à reconnoître elle-même sa défaite. Cette ressemblance, trop exacte pour être fortuite, se fait apercevoir dans les mouvemens du dialogue, et jusque dans les formes du style. Il faudroit, pour démontrer ce rapport continuel, mettre en regard, dans chacune de ses parties, la scène de Molière avec les scènes de Marivaux qui y répondent.

ACTE II, SCÈNE IV.

devoir m'impose d'obéir; et, si la princesse avoit voulu recevoir mes excuses, elle auroit honoré quelque autre de cet emploi.

ÉRIPHILE.

Quelle cause, Sostrate, vous obligeoit à le refuser?

SOSTRATE.

La crainte, madame, de m'en acquitter mal.

ÉRIPHILE.

Croyez-vous que je ne vous estime pas assez pour vous ouvrir mon cœur, et vous donner toutes les lumières que vous pourrez desirer de moi sur le sujet de ces deux princes?

SOSTRATE.

Je ne desire rien pour moi là-dessus, madame; et je ne vous demande que ce que vous croirez devoir donner aux ordres qui m'amènent.

ÉRIPHILE.

Jusqu'ici je me suis défendue de m'expliquer, et la princesse ma mère a eu la bonté de souffrir que j'aie reculé toujours ce choix qui me doit engager; mais je serai bien aise de témoigner à tout le monde que je veux faire quelque chose pour l'amour de vous; et, si vous m'en pressez, je rendrai cet arrêt qu'on attend depuis si long-temps.

SOSTRATE.

C'est une chose, madame, dont vous ne serez point importunée par moi; et je ne saurois me résoudre à presser une princesse qui sait trop ce qu'elle a à faire.

ÉRIPHILE.

Mais c'est ce que la princesse ma mère attend de vous.

SOSTRATE.

Ne lui ai-je pas dit aussi que je m'acquitterois mal de cette commission?

ÉRIPHILE.

O ça, Sostrate*, les gens comme vous ont toujours les yeux pénétrans; et je pense qu'il ne doit y avoir guère de choses qui échappent aux vôtres. N'ont-ils pu découvrir, vos yeux, ce dont tout le monde est en peine? et ne vous ont-ils point donné quelques petites lumières du penchant de mon cœur? Vous voyez les soins qu'on me rend, l'empressement qu'on me témoigne. Quel est celui de ces deux princes que vous croyez que je regarde d'un œil plus doux?

SOSTRATE.

Les doutes que l'on forme sur ces sortes de choses ne sont réglés, d'ordinaire, que par les intérêts qu'on prend.

ÉRIPHILE.

Pour qui, Sostrate, pencheriez-vous des deux? Quel est celui, dites-moi, que vous souhaiteriez que j'épousasse?

SOSTRATE.

Ah! madame, ce ne seront pas mes souhaits, mais votre inclination qui décidera de la chose.

ÉRIPHILE.

Mais si je me conseillois à vous pour ce choix (1)?

VARIANTE. * *Or, çà, Sostrate.*

---

(1) *Se conseiller à quelqu'un,* pour dire, prendre conseil de lui, est une expression maintenant hors d'usage.

ACTE II, SCÈNE IV.

SOSTRATE.

Si vous vous conseilliez à moi, je serois fort embarrassé.

ÉRIPHILE.

Vous ne pourriez pas dire qui des deux vous semble plus digne de cette préférence ?

SOSTRATE.

Si l'on s'en rapporte à mes yeux, il n'y aura personne qui soit digne de cet honneur. Tous les princes du monde seront trop peu de chose pour aspirer à vous ; les dieux seuls y pourront prétendre ; et vous ne souffrirez des hommes que l'encens et les sacrifices.

ÉRIPHILE.

Cela est obligeant, et vous êtes de mes amis. Mais je veux que vous me disiez pour qui des deux vous vous sentez plus d'inclination, quel est celui que vous mettez le plus au rang de vos amis [1].

---

[1] La ressemblance continue, de la manière la plus sensible et la plus suivie, entre *les Amans magnifiques* et *les Fausses confidences*. L'Éraste de cette dernière pièce est chargé, par la mère de celle qu'il aime, de la disposer en faveur d'un autre amant, comme Sostrate est chargé de savoir d'Ériphile lequel de ses deux prétendans elle préfère ; la maîtresse d'Éraste feint, comme celle de Sostrate, de le consulter sur le choix qu'elle doit faire, pour arracher de lui son secret, et le punir, s'il se déclare ; et il échappe de même au danger de cette épreuve, en usant d'une réserve respectueuse qui prouve et cache à la fois son amour.

SCÈNE V.

ÉRIPHILE, SOSTRATE, CHORÈBE.

CHORÈBE.

Madame, voilà la princesse qui vient vous prendre ici pour aller au bois de Diane.

SOSTRATE, *à part.*

Hélas! petit garçon, que tu es venu à propos!

SCÈNE VI.

ARISTIONE, ÉRIPHILE, IPHICRATE, TIMOCLÈS, SOSTRATE, ANAXARQUE, CLITIDAS.

ARISTIONE.

On vous a demandée, ma fille, et il y a des gens que votre absence chagrine fort.

ÉRIPHILE.

Je pense, madame, qu'on m'a demandée par compliment; et on ne s'inquiète pas tant qu'on vous dit.

ARISTIONE.

On enchaîne pour nous ici tant de divertissemens les uns aux autres, que toutes nos heures sont retenues; et nous n'avons aucun moment à perdre, si nous voulons les goûter tous. Entrons vite dans le bois, et voyons ce qui nous y attend. Ce lieu est le plus beau du monde, prenons vite nos places.

FIN DU SECOND ACTE.

TROISIEME INTERMÈDE.

Le théâtre est une forêt où la princesse est invitée d'aller. Une Nymphe lui en fait les honneurs, en chantant; et, pour la divertir, on lui joue une petite comédie en musique, dont voici le sujet : Un berger se plaint à deux bergers, ses amis, des froideurs de celle qu'il aime : les deux amis le consolent; et, comme la bergère aimée arrive, tous trois se retirent pour l'observer. Après quelque plainte amoureuse, elle se repose sur un gazon, et s'abandonne aux douceurs du sommeil. L'amant fait approcher ses amis, pour contempler les graces de sa bergère, et invite toutes choses à contribuer à son repos. La bergère, en s'éveillant, voit son berger à ses pieds, se plaint de sa poursuite; mais, considérant sa constance, elle lui accorde sa demande, et consent d'en être aimée, en présence des deux bergers amis. Deux Satyres arrivent, se plaignent de son changement, et, étant touchés de cette disgrace, cherchent leur consolation dans le vin.

LES PERSONNAGES DE LA PASTORALE.

La Nymphe de la vallée de Tempé.
Tyrcis.
Lycaste.
Ménandre.
Caliste.
Deux Satyres.

PROLOGUE.

LA NYMPHE DE TEMPÉ.

Venez, grande princesse, avec tous vos appas,
Venez prêter vos yeux aux innocens ébats *
  Que notre désert vous présente :
N'y cherchez point l'éclat des fêtes de la cour ;
  On ne sent ici que l'amour,
  Ce n'est que d'amour ** qu'on y chante.

SCÈNE PREMIÈRE.

TYRCIS.

Vous chantez sous ces feuillages,
Doux rossignols pleins d'amour ;
Et de vos tendres ramages
Vous réveillez tour-à-tour
Les échos de ces bocages :
Hélas ! petits oiseaux, hélas !
Si vous aviez mes maux, vous ne chanteriez pas.

SCÈNE II.

LYCASTE, MÉNANDRE, TYRCIS.

LYCASTE.

Hé quoi ! toujours languissant, sombre et triste ?

MÉNANDRE.

Hé quoi ! toujours aux pleurs abandonné ?

VARIANTES. * *Débats.* — ** *Que l'amour.*

TROISIÈME INTERMÈDE.

TYRCIS.

Toujours adorant Caliste,
Et toujours infortuné.

LYCASTE.

Dompte, dompte, berger, l'ennui qui te possède.

TYRCIS.

Hé! le moyen, hélas!

MÉNANDRE.

Fais, fais-toi quelque effort.

TYRCIS.

Hé! le moyen, hélas! quand le mal est trop fort?

LYCASTE.

Ce mal trouvera son remède.

TYRCIS.

Je ne guérirai qu'à ma mort*.

LYCASTE ET MÉNANDRE.

Ah! Tyrcis!

TYRCIS.

Ah! bergers!

LYCASTE ET MÉNANDRE.

Prends sur toi plus d'empire.

TYRCIS.

Rien ne me peut secourir.

LYCASTE ET MÉNANDRE.

C'est trop, c'est trop céder.

TYRCIS.

C'est trop, c'est trop souffrir.

LYCASTE ET MÉNANDRE.

Quelle foiblesse!

VARIANTE. * *Qu'à la mort.*

TYRCIS.

Quel martyre!

LYCASTE ET MÉNANDRE.

Il faut prendre courage.

TYRCIS.

Il faut plutôt mourir.

LYCASTE.

Il n'est point de bergère,
Si froide et si sévère,
Dont la pressante ardeur
D'un cœur qui persévère
Ne vainque la froideur.

MÉNANDRE.

Il est, dans les affaires
Des amoureux mystères,
Certains petits momens
Qui changent les plus fières,
Et font d'heureux amans.

TYRCIS.

Je la vois, la cruelle,
Qui porte ici ses pas :
Gardons d'être vu* d'elle;
L'ingrate, hélas!
N'y viendroit pas.

SCÈNE III.

CALISTE, *seule*.

Ah! que sur notre cœur
La sévère loi de l'honneur
Prend un cruel empire!

VARIANTE. * *D'être vus.*

TROISIÈME INTERMÈDE.

Je ne fais voir que rigueurs pour Tyrcis;
Et cependant, sensible à ses cuisans soucis,
De sa langueur en secret je soupire,
Et voudrois bien soulager son martyre.
C'est à vous seuls que je le dis,
Arbres, n'allez pas le redire.
Puisque le ciel a voulu nous former
Avec un cœur qu'Amour peut enflammer,
Quelle rigueur impitoyable
Contre des traits si doux nous force à nous armer?
Et pourquoi, sans être blâmable,
Ne peut-on pas aimer
Ce que l'on trouve aimable?
Hélas! que vous êtes heureux,
Innocens animaux, de vivre sans contrainte,
Et de pouvoir suivre sans crainte
Les doux emportemens de vos cœurs amoureux!
Hélas! petits oiseaux, que vous êtes heureux
De ne sentir nulle contrainte,
Et de pouvoir suivre sans crainte
Les doux emportemens de vos cœurs amoureux! [1]

---

[1] Il paroît que, de tout temps, les amans et les amantes, les uns martyrs des rigueurs de la beauté, les autres victimes des sévères lois de l'honneur, ont jeté un regard d'envie sur les animaux, qui, sans connoître toutes les délices de l'amour, tel que nous l'éprouvons, ne connoissent du moins ni les tourmens qui en corrompent la douceur, ni les entraves qui en enchaînent la liberté. Ces regrets sur notre sort en amour, comparé au sort des animaux, se trouvent exprimés dans un poëme intitulé *Diræ in Battarum* (Imprécations contre Battarus), ouvrage de Valerius Cato, poëte et grammairien du temps de Sylla :

Felix taure, pater magni gregis et decus, a te
Vaccula non unquam, secreta cubilia captans,
Frustra te patitur silvis mugire dolorem!
Et pater hædorum felix . . . .
Cur non et facilis nobis, Natura, fuisti?

« Heureux taureau, chef et ornement d'un beau troupeau, jamais la

Mais le sommeil sur ma paupière
Verse de ses pavots l'agréable fraîcheur :
Donnons-nous à lui tout entière ;
Nous n'avons pas de loi sévère
Qui défende à nos sens d'en goûter la douceur.

« vache, cherchant un asyle écarté, ne te laisse en vain remplir les forêts
« de tes mugissemens douloureux ! Et toi, heureux père des chevreaux....
« Nature, pourquoi ne te montres-tu pas facile pour nous comme pour
« eux ? »

Le même sentiment, la même idée a été souvent exprimée par les modernes. Racan a dit, dans ses *Bergeries :*

Petits oiseaux des bois, que vous êtes heureux,
De plaindre librement vos tourmens amoureux !
Les vallons, les rochers, les forêts et les plaines
Savent également vos plaisirs et vos peines.
Votre innocente amour ne fuit point la clarté :
Tout le monde est pour vous un lieu de liberté.
Mais ce cruel honneur, ce *fleau* de notre vie, etc.

Madame Deshoulières, qui avoit sans doute étudié Racan, a deux fois imité ce passage ; d'abord dans la fameuse idylle des *Moutons :*

Hélas ! petits moutons, que vous êtes heureux !
Vous paissez dans nos champs, sans soucis, sans alarmes.
Aussitôt aimés qu'amoureux,
On ne vous force point à répandre des larmes ;
Vous ne formez jamais d'inutiles desirs.
Dans vos tranquilles cœurs l'amour suit la nature ;
Sans ressentir ses maux, vous avez ses plaisirs.
L'ambition, l'honneur, l'intérêt, l'imposture,
Qui font tant de maux parmi nous,
Ne se rencontrent point chez vous.

Et ensuite dans l'idylle des *Oiseaux :*

Que votre sort est différent du nôtre,
Petits oiseaux qui me charmez !
Voulez-vous aimer ? vous aimez.

Enfin, La Fontaine, dans ses *Fragmens de Galathée,* a dit de même:

Que vous êtes heureux, troupeaux ! vous ne songez
Qu'à satisfaire vos envies ;
Si l'amour vous contraint d'oublier vos prairies,
Vos feux sont bientôt soulagés, etc.

SCÈNE IV.

CALISTE, *endormie;* TYRCIS, LYCASTE, MÉNANDRE.

TYRCIS.

Vers ma belle ennemie
Portons sans bruit nos pas,
Et ne réveillons pas
Sa rigueur endormie.

TOUS TROIS.

Dormez, dormez, beaux yeux, adorables vainqueurs;
Et goûtez le repos que vous ôtez aux cœurs.
Dormez, dormez, beaux yeux.

TYRCIS.

Silence, petits oiseaux;
Vents, n'agitez nulle chose;
Coulez doucement, ruisseaux :
C'est Caliste qui repose.

TOUS TROIS.

Dormez, dormez, beaux yeux, adorables vainqueurs;
Et goûtez le repos que vous ôtez aux cœurs.
Dormez, dormez, beaux yeux.

CALISTE, *en se réveillant, à Tyrcis.*

Ah! quelle peine extrême!
Suivre partout mes pas!

TYRCIS.

Que voulez-vous qu'on suive, hélas!
Que ce qu'on aime?

CALISTE.

Berger, que voulez-vous?

TYRCIS.

Mourir, belle bergère,
Mourir à vos genoux,
Et finir ma misère.
Puisque en vain à vos pieds on me voit soupirer,
Il y faut expirer.

CALISTE.

Ah! Tyrcis, ôtez-vous : j'ai peur que dans ce jour
La pitié dans mon cœur n'introduise l'amour.

LYCASTE ET MÉNANDRE, *l'un après l'autre.*

Soit amour, soit pitié,
Il sied bien d'être tendre.
C'est par trop vous défendre,
Bergère, il faut se rendre
A sa longue amitié.
Soit amour, soit pitié,
Il sied bien d'être tendre.

CALISTE, *à Tyrcis.*

C'est trop, c'est trop de rigueur.
J'ai maltraité votre ardeur,
Chérissant votre personne;
Vengez-vous de mon cœur,
Tyrcis, je vous le donne.

TYRCIS.

O ciel! bergers! Caliste! Ah! je suis hors de moi!
Si l'on meurt de plaisir, je dois perdre la vie.

LYCASTE.

Digne prix de ta foi!

MÉNANDRE.

O sort digne d'envie!

TROISIÈME INTERMÈDE.

SCÈNE V.

DEUX SATYRES, CALISTE, TYRCIS, LYCASTE, MÉNANDRE.

PREMIER SATYRE, *à Caliste.*

Quoi! tu me fuis, ingrate; et je te vois ici
De ce berger à moi faire une préférence!

SECOND SATYRE.

Quoi! mes soins n'ont rien pu sur ton indifférence?
Et pour ce langoureux ton cœur s'est adouci?

CALISTE.

Le destin le veut ainsi;
Prenez tous deux patience.

PREMIER SATYRE.

Aux amans qu'on pousse à bout
L'amour fait verser des larmes;
Mais ce n'est pas notre goût,
Et la bouteille a des charmes
Qui nous consolent de tout.

SECOND SATYRE.

Notre amour n'a pas toujours
Tout le bonheur qu'il desire;
Mais nous avons un secours,
Et le bon vin nous fait rire
Quand on rit de nos amours.

TOUS.

Champêtres divinités,
Faunes, Dryades, sortez
De vos paisibles retraites;
Mêlez vos pas à nos sons,

Et tracez sur les herbettes
L'image de nos chansons. (1)

PREMIÈRE ENTRÉE DE BALLET.

En même temps, six Dryades et six Faunes sortent de leurs demeures, et font ensemble une danse agréable, qui, s'ouvrant tout d'un coup, laisse voir un berger et une bergère, qui font en musique une petite scène d'un dépit amoureux.

DÉPIT AMOUREUX.

CLIMÈNE, PHILINTE.

PHILINTE.

Quand je plaisois à tes yeux,
J'étois content de ma vie,
Et ne voyois roi* ni dieux
Dont le sort me fît envie.

CLIMÈNE.

Lorsqu'à toute autre personne
Me préféroit ton ardeur,
J'aurois quitté la couronne
Pour régner dessus ton cœur.

PHILINTE.

Une autre a guéri mon ame
Des feux que j'avois pour toi.

CLIMÈNE.

Un autre a vengé ma flamme
Des foiblesses de ta foi.

VARIANTE. * Rois.

---

(1) Voir, dans la Notice, une petite anecdote relative à ces deux vers.

TROISIÈME INTERMÈDE.

PHILINTE.

Chloris, qu'on vante si fort,
M'aime d'une ardeur fidèle;
Si ses yeux vouloient ma mort,
Je mourrois content pour elle.

CLIMÈNE.

Myrtil, si digne d'envie,
Me chérit plus que le jour;
Et moi, je perdrois la vie
Pour lui montrer mon amour.

PHILINTE.

Mais si d'une douce ardeur
Quelque renaissante trace
Chassoit Chloris de mon cœur,
Pour te remettre en sa place?

CLIMÈNE.

Bien qu'avec pleine tendresse
Myrtil me puisse chérir,
Avec toi, je le confesse,
Je voudrois vivre et mourir. (1)

TOUS DEUX ENSEMBLE.

Ah! plus que jamais aimons-nous,
Et vivons et mourons en des liens si doux.

---

(1) Il n'est pas étonnant de trouver Molière parmi les traducteurs de la charmante ode d'Horace : *Donec gratus eram tibi*. Elle l'avoit frappé et inspiré de bonne heure. Il y avoit découvert le germe de cette délicieuse scène de brouillerie et de raccommodement, d'où la comédie du *Dépit amoureux* tire son nom et son principal mérite, et qu'il a répétée, avec une admirable variété, dans *Tartuffe* et dans *le Bourgeois gentilhomme*. Il est à noter que l'imitation qu'on vient de lire porte le même titre que la pièce où l'original parut développé pour la première fois par Molière. En voyant l'une et l'autre intitulée, *Dépit amoureux*, qui pourroit douter de la source où Molière a puisé pour sa comédie?

TOUS LES ACTEURS DE LA PASTORALE.

Amans, que vos querelles
Sont aimables et belles!
Qu'on y voit succéder
De plaisir, de tendresse!
Querellez-vous sans cesse
Pour vous raccommoder.
Amans, que vos querelles
Sont aimables et belles, etc.

DEUXIÈME ENTRÉE DE BALLET.

Les Faunes et les Dryades recommencent leur danse, que les bergères et bergers musiciens entre-mêlent de leurs chansons, tandis que trois petites Dryades et trois petits Faunes font paroître dans l'enfoncement du théâtre tout ce qui se passe sur le devant.

LES BERGERS ET LES BERGÈRES.

Jouissons, jouissons des plaisirs innocens
Dont les feux de l'amour savent charmer nos sens.
 Des grandeurs qui voudra se soucie;
 Tous ces honneurs dont on a tant d'envie,
 Ont des chagrins qui sont trop cuisans.
Jouissons, jouissons des plaisirs innocens
Dont les feux de l'amour savent charmer nos sens.
 En aimant, tout nous plaît dans la vie;
 Deux cœurs unis de leur sort sont contens :
 Cette ardeur, de plaisirs suivie,
 De tous nos jours fait d'éternels printemps.
Jouissons, jouissons des plaisirs innocens
Dont les feux de l'amour savent charmer nos sens.

FIN DU TROISIÈME INTERMÈDE.

ACTE III.

SCÈNE PREMIÈRE.

ARISTIONE, IPHICRATE, TIMOCLÈS, ÉRIPHILE, ANAXARQUE, SOSTRATE, CLITIDAS.

ARISTIONE.

Les mêmes paroles toujours se présentent à dire; il faut toujours s'écrier : Voilà qui est admirable! il ne se peut rien de plus beau! cela passe tout ce qu'on a jamais vu!

TIMOCLÈS.

C'est donner de trop grandes paroles, madame, à de petites bagatelles.

ARISTIONE.

Des bagatelles comme celles-là peuvent occuper agréablement les plus sérieuses personnes. En vérité, ma fille, vous êtes bien obligée à ces princes, et vous ne sauriez assez reconnoître tous les soins qu'ils prennent pour vous.

ÉRIPHILE.

J'en ai, madame, tout le ressentiment [1] qu'il est possible.

---

[1] *Ressentiment*, pour, reconnoissance, gratitude. Il ne se dit plus que du souvenir des mauvais traitemens, des injures, etc.

ARISTIONE.

Cependant vous les faites long-temps languir sur ce qu'ils attendent de vous. J'ai promis de ne vous point contraindre; mais leur amour vous presse de vous déclarer, et de ne plus traîner en longueur la récompense de leurs services. J'ai chargé Sostrate d'apprendre doucement de vous les sentimens de votre cœur; et je ne sais pas s'il a commencé à s'acquitter de cette commission.

ÉRIPHILE.

Oui, madame; mais il me semble que je ne puis assez reculer ce choix dont on me presse, et que je ne saurois le faire sans mériter quelque blâme. Je me sens également obligée à l'amour, aux empressemens, aux services de ces deux princes; et je trouve une espèce d'injustice bien grande à me montrer ingrate, ou vers l'un, ou vers l'autre[1], par le refus qu'il m'en faudra faire dans la préférence de son rival.

IPHICRATE.

Cela s'appelle, madame, un fort honnête compliment pour nous refuser tous deux.

ARISTIONE.

Ce scrupule, ma fille, ne doit point vous inquiéter; et ces princes tous deux se sont soumis, il y a long-temps, à la préférence que pourra faire votre inclination.

ÉRIPHILE.

L'inclination, madame, est fort sujette à se tromper;

---

(1) *Vers l'un, ou vers l'autre.* — Ce n'étoit pas une faute alors; c'en seroit une aujourd'hui: on dit, *envers l'un, ou envers l'autre.*

ACTE III, SCÈNE I.

et des yeux désintéressés sont beaucoup plus capables de faire un juste choix.

ARISTIONE.

Vous savez que je suis engagée de parole à ne rien prononcer là-dessus; et, parmi ces deux princes, votre inclination ne peut point se tromper, et faire un choix qui soit mauvais.

ÉRIPHILE.

Pour ne point violenter votre parole ni mon scrupule, agréez, madame, un moyen que j'ose proposer.

ARISTIONE.

Quoi, ma fille?

ÉRIPHILE.

Que Sostrate décide de cette préférence. Vous l'avez pris pour découvrir le secret de mon cœur, souffrez que je le prenne pour me tirer de l'embarras où je me trouve [1].

ARISTIONE.

J'estime tant Sostrate, que, soit que vous vouliez vous servir de lui pour expliquer vos sentimens, ou soit que vous vous en remettiez absolument à sa conduite; je fais, dis-je, tant d'estime de sa vertu et de son jugement, que je consens de tout mon cœur à la proposition que vous me faites.

IPHICRATE.

C'est-à-dire, madame, qu'il nous faut faire notre cour à Sostrate?

---

[1] Certaine que Sostrate l'aime, elle doit l'être aussi qu'il ne choisira pas pour elle un autre époux que lui, et que du moins il s'abstiendra tout-à-fait de choisir. Le moins qu'il puisse arriver, c'est qu'elle gagne du temps; et c'est beaucoup pour elle dans l'embarras pressant où elle se trouve.

SOSTRATE.

Non, seigneur, vous n'aurez point de cour à me faire; et, avec tout le respect que je dois aux princesses, je renonce à la gloire où elles veulent m'élever.

ARISTIONE.

D'où vient cela, Sostrate?

SOSTRATE.

J'ai des raisons, madame, qui ne permettent pas que je reçoive l'honneur que vous me présentez.

IPHICRATE.

Craignez-vous, Sostrate, de vous faire un ennemi?

SOSTRATE.

Je craindrois peu, seigneur, les ennemis que je pourrois me faire en obéissant à mes souveraines.

TIMOCLÈS.

Par quelle raison donc refusez-vous d'accepter le pouvoir qu'on vous donne, et de vous acquérir l'amitié d'un prince qui vous devroit tout son bonheur?

SOSTRATE.

Par la raison que je ne suis pas en état d'accorder à ce prince ce qu'il souhaiteroit de moi.

IPHICRATE.

Quelle pourroit être cette raison?

SOSTRATE.

Pourquoi me tant presser là-dessus? Peut-être ai-je, seigneur, quelque intérêt secret qui s'oppose aux prétentions de votre amour. Peut-être ai-je un ami qui brûle, sans oser le dire, d'une flamme respectueuse pour les charmes divins dont vous êtes épris. Peut-être cet ami me fait-il tous les jours confidence de son martyre,

ACTE III, SCÈNE I.

qu'il se plaint à moi tous les jours des rigueurs de sa destinée, et regarde l'hymen de la princesse ainsi que l'arrêt redoutable qui le doit pousser au tombeau; et, si cela étoit, seigneur, seroit-il raisonnable que ce fût de ma main qu'il reçût le coup de sa mort [1]?

IPHICRATE.

Vous auriez bien la mine, Sostrate, d'être vous-même cet ami dont vous prenez les intérêts.

SOSTRATE.

Ne cherchez point, de grace, à me rendre odieux aux personnes qui vous écoutent. Je sais me connoître, seigneur; et les malheureux comme moi n'ignorent pas jusques où leur fortune leur permet d'aspirer.

ARISTIONE.

Laissons cela; nous trouverons moyen de terminer l'irrésolution de ma fille.

ANAXARQUE.

En est-il un meilleur, madame, pour terminer les choses au contentement de tout le monde, que les lumières que le ciel peut donner sur ce mariage? J'ai commencé, comme je vous ai dit, à jeter pour cela les figures mystérieuses que notre art nous enseigne; et j'espère vous faire voir tantôt ce que l'avenir garde à cette union souhaitée. Après cela, Pourra-t-on balancer encore? La gloire et les prospérités que le ciel promettra ou à l'un ou à l'autre choix, ne seront-elles pas suffisan-

---

(1) Il ne pouvoit pas mieux répondre à la question pressante d'Iphicrate. L'espèce de fiction dont il se sert, jette sur la vérité un voile respectueux, qui permet à Ériphile de l'apercevoir sans s'en offenser, et qui en même temps ne la cache pas assez aux yeux de son rival, pour que celui-ci ne l'entrevoie pas.

tes pour le déterminer; et celui qui sera exclus, pourra-t-il s'offenser, quand ce sera le ciel qui décidera cette préférence?

IPHICRATE.

Pour moi, je m'y soumets entièrement; et je déclare que cette voie me semble la plus raisonnable.

TIMOCLÈS.

Je suis de même avis; et le ciel ne sauroit rien faire où je ne souscrive sans répugnance [1].

ÉRIPHILE.

Mais, seigneur Anaxarque, voyez-vous si clair dans les destinées, que vous ne vous trompiez jamais? et ces prospérités et cette gloire que vous dites que le ciel nous promet, qui en sera caution, je vous prie?

ARISTIONE.

Ma fille, vous avez une petite incrédulité qui ne vous quitte point.

ANAXARQUE.

Les épreuves, madame, que tout le monde a vues de l'infaillibilité de mes prédictions, sont les cautions suffisantes des promesses que je puis faire. Mais enfin, quand je vous aurai fait voir ce que le ciel vous marque, vous vous réglerez là-dessus à votre fantaisie; et ce sera à vous à prendre la fortune de l'un ou de l'autre choix.

ÉRIPHILE.

Le ciel, Anaxarque, me marquera les deux fortunes qui m'attendent?

---

[1] Il n'est pas sûr que les deux princes croient à l'astrologie aussi fermement qu'ils le disent; mais, comme l'astrologue a promis séparément à chacun d'eux de lui être favorable, tous deux doivent souscrire au moyen qu'il propose, et paroître convaincus de l'infaillibilité de sa science.

ANAXARQUE.

Oui, madame : les félicités qui vous suivront, si vous épousez l'un ; et les disgraces qui vous accompagneront, si vous épousez l'autre.

ÉRIPHILE.

Mais, comme il est impossible que je les épouse tous deux, il faut donc qu'on trouve écrit dans le ciel, non-seulement ce qui doit arriver, mais aussi ce qui ne doit pas arriver [1].

CLITIDAS, *à part*.

Voilà mon astrologue embarrassé.

ANAXARQUE.

Il faudroit vous faire, madame, une longue discussion des principes de l'astrologie, pour vous faire comprendre cela.

CLITIDAS.

Bien répondu. Madame, je ne dis point de mal de l'astrologie : l'astrologie est une belle chose, et le seigneur Anaxarque est un grand homme.

IPHICRATE.

La vérité de l'astrologie est une chose incontestable ; et il n'y a personne qui puisse disputer contre la certitude de ses prédictions.

CLITIDAS.

Assurément.

TIMOCLÈS.

Je suis assez incrédule pour quantité de choses ; mais, pour ce qui est de l'astrologie, il n'y a rien de plus sûr

---

[1] L'astrologue s'est trop avancé, et Ériphile profite très-habilement de l'avantage qu'il lui donne. L'argument qu'elle pousse au charlatan, est sans réplique : aussi n'y répondra-t-il pas.

et de plus constant que le succès des horoscopes qu'elle tire.

CLITIDAS.

Ce sont des choses les plus claires du monde.

IPHICRATE.

Cent aventures prédites arrivent tous les jours, qui convainquent les plus opiniâtres.

CLITIDAS.

Il est vrai.

TIMOCLÈS.

Peut-on contester, sur cette matière, les incidens célèbres dont les histoires nous font foi?

CLITIDAS.

Il faut n'avoir par le sens commun. Le moyen de contester ce qui est moulé (1)?

ARISTIONE.

Sostrate n'en dit mot. Quel est son sentiment là-dessus?

SOSTRATE.

Madame, tous les esprits ne sont pas nés avec les qualités qu'il faut pour la délicatesse de ces belles sciences, qu'on nomme curieuses; et il y en a de si matériels, qu'ils ne peuvent aucunement comprendre ce que d'autres conçoivent le plus facilement du monde. Il n'est

---

(1) Lubin, dans *George Dandin*, peut dire qu'*il sait lire la lettre moulée*; mais, dans la bouche de Clitidas, qui est censé exister plus de quinze siècles avant la découverte de l'imprimerie, cette expression de *moulé* est un anachronisme du même genre que celui qui nous choque dans quelques vieux tableaux d'histoire ancienne, où l'on voit des vieillards portant lunettes.

rien de plus agréable, madame, que toutes les grandes promesses de ces connoissances sublimes. Transformer tout en or; faire vivre éternellement; guérir par des paroles; se faire aimer de qui l'on veut; savoir tous les secrets de l'avenir; faire descendre comme on veut du ciel, sur des métaux, des impressions de bonheur; commander aux démons; se faire des armées invisibles, et des soldats invulnérables: tout cela est charmant, sans doute; et il y a des gens qui n'ont aucune peine à en comprendre la possibilité, cela leur est le plus aisé du monde à concevoir. Mais, pour moi, je vous avoue que mon esprit grossier a quelque peine à le comprendre et à le croire; et j'ai trouvé cela trop beau pour être véritable. Toutes ces belles raisons de sympathie, de force magnétique, et de vertu occulte, sont si subtiles et délicates, qu'elles échappent à mon sens matériel; et, sans parler du reste, jamais il n'a été en ma puissance de concevoir comme on trouve écrit dans le ciel jusqu'aux plus petites particularités de la fortune du moindre homme. Quel rapport, quel commerce, quelle correspondance peut-il y avoir entre nous et des globes éloignés de notre terre d'une distance si effroyable? et d'où cette belle science, enfin, peut-elle être venue aux hommes? Quel dieu l'a révélée? ou quelle expérience l'a pu former de l'observation de ce grand nombre d'astres qu'on n'a pu voir encore deux fois dans la même disposition [1]?

ANAXARQUE.

Il ne sera pas difficile de vous le faire concevoir.

---

[1] Cette tirade est excellente; elle est digne des raisonneurs que Molière a souvent mis en scène. Tout ce qu'on peut dire de plus solide contre la chimère de l'astrologie, s'y trouve renfermé.

SOSTRATE.

Vous serez plus habile que tous les autres.

CLITIDAS, *à Sostrate.*

Il vous fera une discussion de tout cela, quand vous voudrez.

IPHICRATE, *à Sostrate.*

Si vous ne comprenez pas les choses, au moins les pouvez-vous croire sur ce que l'on voit tous les jours.

SOSTRATE.

Comme mon sens est si grossier, qu'il n'a pu rien comprendre, mes yeux aussi sont si malheureux, qu'ils n'ont jamais rien vu.

IPHICRATE.

Pour moi, j'ai vu, et des choses tout-à-fait convaincantes.

TIMOCLÈS.

Et moi aussi.

SOSTRATE.

Comme vous avez vu, vous faites bien de croire; et il faut que vos yeux soient faits autrement que les miens.

IPHICRATE.

Mais enfin, la princesse croit à l'astrologie; et il me semble qu'on y peut bien croire après elle. Est-ce que madame, Sostrate, n'a pas de l'esprit et du sens?

SOSTRATE.

Seigneur, la question est un peu violente. L'esprit de la princesse n'est pas une règle pour le mien; et son intelligence peut l'élever à des lumières où mon sens ne peut pas atteindre

ARISTIONE.

Non, Sostrate, je ne vous dirai rien sur quantité de choses auxquelles je ne donne guère plus de créance que vous ; mais, pour l'astrologie, on m'a dit et fait voir des choses si positives, que je ne la puis mettre en doute.

SOSTRATE.

Madame, je n'ai rien à répondre à cela.

ARISTIONE.

Quittons ce discours, et qu'on nous laisse un moment. Dressons notre promenade, ma fille, vers cette belle grotte où j'ai promis d'aller [1]. Des galanteries à chaque pas !

---

(1) On diroit aujourd'hui, *dirigeons notre promenade vers...* Toutefois, la dernière édition du Dictionnaire de l'Académie admet encore, *dresser sa marche, sa route vers un lieu.*

FIN DU TROISIÈME ACTE.

QUATRIEME INTERMEDE.

Le théâtre représente une grotte, où les princesses vont se promener; et, dans le temps qu'elles y entrent, huit Statues, portant chacune deux flambeaux à leurs mains, sortent de leurs niches, et font une danse variée de plusieurs figures et de plusieurs belles attitudes, où elles demeurent par intervalles.

ENTRÉE DE BALLET

de huit Statues.

FIN DU QUATRIÈME INTERMÈDE.

ACTE IV.

SCÈNE PREMIÈRE.
ARISTIONE, ÉRIPHILE.

ARISTIONE.

De qui que cela soit, on ne peut rien de plus galant et de mieux entendu. Ma fille, j'ai voulu me séparer de tout le monde pour vous entretenir; et je veux que vous ne me cachiez rien de la vérité. N'auriez-vous point dans l'ame quelque inclination secrète que vous ne voulez pas nous dire?

ÉRIPHILE.

Moi, madame?

ARISTIONE.

Parlez à cœur ouvert, ma fille. Ce que j'ai fait pour vous, mérite bien que vous usiez avec moi de franchise. Tourner vers vous toutes mes pensées; vous préférer à toutes choses, et fermer l'oreille, en l'état où je suis, à toutes les propositions que cent princesses, en ma place, écouteroient avec bienséance; tout cela vous doit assez persuader que je suis une bonne mère, et que je ne suis pas pour recevoir avec sévérité les ouvertures que vous pourriez me faire de votre cœur.

ÉRIPHILE.

Si j'avois si mal suivi votre exemple, que de m'être laissée aller à quelques sentimens d'inclination que j'eusse raison de cacher, j'aurois, madame, assez de pouvoir sur moi-même pour imposer silence à cette passion, et me mettre en état de ne rien faire voir qui fût indigne de votre sang.

ARISTIONE.

Non, non, ma fille; vous pouvez, sans scrupule, m'ouvrir vos sentimens. Je n'ai point renfermé votre inclination dans le choix de deux princes*: vous pouvez l'étendre où vous voudrez; et le mérite, auprès de moi, tient un rang si considérable, que je l'égale à tout; et, si vous m'avouez franchement les choses, vous me verrez souscrire sans répugnance au choix qu'aura fait votre cœur [1].

ÉRIPHILE.

Vous avez des bontés pour moi, madame, dont je ne puis assez me louer : mais je ne les mettrai point à l'épreuve sur le sujet dont vous me parlez; et tout ce que je leur demande, c'est de ne point presser un mariage où je ne me sens pas encore bien résolue.

ARISTIONE.

Jusqu'ici je vous ai laissée assez maîtresse de tout; et l'impatience des princes vos amans... Mais quel bruit est-ce que j'entends? Ah! ma fille, quel spectacle s'offre à nos yeux! Quelque divinité descend ici, et c'est la déesse Vénus qui semble nous vouloir parler.

VARIANTE. * *Des deux princes.*

---

[1] Ce discours de la mère est une espèce de préparation au dénouement, qui doit nous offrir l'union d'Eriphile et de Sostrate. Il sembleroit qu'à une ouverture pareille, la jeune princesse dût répondre par l'aveu de son amour; mais elle nous dira bientôt elle-même les motifs qui l'empêchent de céder au penchant de son cœur.

SCÈNE II.

VÉNUS, *accompagnée de* QUATRE PETITS AMOURS *dans une machine;* ARISTIONE, ÉRIPHILE.

VÉNUS, *à Aristione.*

Princesse, dans tes soins brille un zèle exemplaire,
Qui, par les Immortels, doit être couronné;
Et, pour te voir un gendre illustre et fortuné,
Leur main te veut marquer le choix que tu dois faire.
 Ils t'annoncent tous par ma voix,
La gloire et les grandeurs que, par ce digne choix,
Ils feront pour jamais entrer dans ta famille.
De tes difficultés termine donc le cours;
 Et pense à donner ta fille
 A qui sauvera tes jours. (1)

SCÈNE III.

ARISTIONE, ÉRIPHILE.

ARISTIONE.

Ma fille, les dieux imposent silence à tous nos raisonnemens. Après cela, nous n'avons plus rien à faire

---

(1) Comme la scène se passe dans des lieux et dans des temps où régnoit le polythéisme, cette apparition de Vénus peut sembler réelle aux spectateurs, de même qu'elle le paroît aux deux princesses. Nous apprendrons tout à l'heure qu'elle n'est qu'une machine inventée par l'astrologue; mais nous devrions le savoir déja. C'est une faute que Molière n'eût pas commise dans un ouvrage auquel il eût attaché plus d'importance et donné plus de soins. Il savoit très-bien que le public ne doit pas être induit en erreur, et qu'il doit être mis d'avance dans la confidence de tout ce qui sert à abuser les personnages.

qu'à recevoir ce qu'ils s'apprêtent à nous donner; et vous venez d'entendre distinctement leur volonté. Allons dans le premier temple les assurer de notre obéissance, et leur rendre graces de leurs bontés.

SCÈNE IV.

ANAXARQUE, CLÉON.

CLÉON.

Voilà la princesse qui s'en va; ne voulez-vous pas lui parler?

ANAXARQUE.

Attendons que sa fille soit séparée d'elle. C'est un esprit que je redoute, et qui n'est pas de trempe à se laisser mener ainsi que celui de sa mère. Enfin, mon fils, comme nous venons de voir par cette ouverture, le stratagême a réussi. Notre Vénus a fait des merveilles; et l'admirable ingénieur qui s'est employé à cet artifice, a si bien disposé tout, a coupé avec tant d'adresse le plancher de cette grotte, si bien caché ses fils de fer et tous ses ressorts, si bien ajusté ses lumières et habillé ses personnages, qu'il y a peu de gens qui n'y eussent été trompés; et, comme la princesse Aristione est fort superstitieuse, il ne faut point douter qu'elle ne donne à pleine tête dans cette tromperie. Il y a long-temps, mon fils, que je prépare cette machine; et me voilà tantôt au but de mes prétentions.

CLÉON.

Mais pour lequel des deux princes, au moins, dressez-vous tout cet artifice [1]?

---

(1) Ce personnage de Cléon, qui ne fait que deux questions, chacune

ANAXARQUE.

Tous deux ont recherché mon assistance, et je leur promets à tous deux la faveur de mon art. Mais les présens du prince Iphicrate, et les promesses qu'il m'a faites, l'emportent de beaucoup sur tout ce qu'a pu faire l'autre. Ainsi ce sera lui qui recevra les effets favorables de tous les ressorts que je fais jouer; et, comme son ambition me devra toute chose, voilà, mon fils, notre fortune faite. Je vais prendre mon temps pour affermir dans son erreur l'esprit de la princesse, pour la mieux prévenir encore par le rapport que je lui ferai voir adroitement des paroles de Vénus avec les prédictions des figures célestes que je lui dis que j'ai jetées. Va-t'en tenir la main au reste de l'ouvrage, préparer nos six hommes à se bien cacher dans leur barque derrière le rocher, à posément attendre le temps que la princesse Aristione vient tous les soirs se promener seule sur le rivage, à se jeter bien à propos sur elle, ainsi que des corsaires, et donner lieu au prince Iphicrate de lui apporter ce secours, qui, sur les paroles du ciel, doit mettre entre ses mains la princesse Ériphile. Ce prince est averti par moi; et, sur la foi de ma prédiction, il doit se tenir dans ce petit bois qui borde le rivage. Mais sortons de cette grotte; je te dirai, en marchant, toutes les choses qu'il faut bien observer. Voilà la princesse Ériphile : évitons sa rencontre.

---

de deux lignes au plus, n'a d'autre utilité que de recevoir et par-là de nous faire faire à nous-mêmes la confidence des artifices d'Anaxarque. Molière n'a pas eu le temps de chercher un meilleur moyen de nous apprendre que la Vénus de la grotte est une fausse déesse, et qu'ayant reçu de l'argent de chacun des deux princes pour le favoriser, il trompera celui qui a donné le moins, à l'avantage de celui qui a donné le plus.

SCÈNE V.

ÉRIPHILE, *seule*.

Hélas! quelle est ma destinée! et qu'ai-je fait aux dieux pour mériter les soins qu'ils veulent prendre de moi [1]?

SCÈNE VI.

ÉRIPHILE, CLÉONICE.

CLÉONICE.

Le voici, madame, que j'ai trouvé; et, à vos premiers ordres, il n'a pas manqué de me suivre.

ÉRIPHILE.

Qu'il approche, Cléonice; et qu'on nous laisse seuls un moment.

SCÈNE VII.

ÉRIPHILE, SOSTRATE.

ÉRIPHILE.

Sostrate, vous m'aimez [2].

---

(1) Nous voyons par-là qu'Eriphile, quoique beaucoup moins crédule que sa mère, a été dupe, ainsi qu'elle, de l'apparition de la Vénus postiche.

(2) La scène commence vivement. *Sostrate, vous m'aimez*, est un début de conversation qui ne pouvoit convenir qu'à une princesse: il faut bien que les femmes de ce rang aillent au-devant des aveux, puisque le respect empêche de les leur faire. Du reste, ces mots et ceux qui suivent

SOSTRATE.

Moi, madame?

ÉRIPHILE.

Laissons cela, Sostrate; je le sais, je l'approuve, et vous permets de me le dire. Votre passion a paru à mes yeux accompagnée de tout le mérite qui me la pouvoit rendre agréable. Si ce n'étoit le rang où le ciel m'a fait naître, je puis vous dire que cette passion n'auroit pas été malheureuse, et que cent fois je lui ai souhaité l'appui d'une fortune qui pût mettre pour elle en pleine liberté les secrets sentimens de mon ame. Ce n'est pas, Sostrate, que le mérite seul n'ait à mes yeux tout le prix qu'il doit avoir, et que, dans mon cœur je ne préfère les vertus qui sont en vous, à tous les titres magnifiques dont les autres sont revêtus. Ce n'est pas même que la princesse ma mère ne m'ait assez laissé la disposition de mes vœux; et je ne doute point, je vous l'avoue, que mes prières n'eussent pu tourner son consentement du côté que j'aurois voulu. Mais il est des états, Sostrate, où il n'est pas honnête de vouloir tout ce qu'on peut faire. Il y a des chagrins à se mettre au-dessus de toutes choses; et les bruits fâcheux de la renommée vous font trop acheter le plaisir que l'on trouve à contenter son inclination. C'est à quoi, Sostrate, je ne me serois jamais résolue; et j'ai cru faire assez de fuir l'engagement dont j'étois sollicitée. Mais enfin, les dieux veulent prendre eux-mêmes le soin de me donner un époux; et tous ces longs délais avec lesquels j'ai reculé

---

ne compromettent nullement la délicatesse d'Ériphile, puisque, tout en approuvant l'amour de Sostrate et en confessant qu'elle y répond, elle va déclarer qu'elle ne peut être à lui.

mon mariage, et que les bontés de la princesse ma mère ont accordés à mes desirs; ces délais, dis-je, ne me sont plus permis, et il me faut résoudre à subir cet arrêt du ciel. Soyez sûr, Sostrate, que c'est avec toutes les répugnances du monde que je m'abandonne à cet hyménée; et que, si j'avois pu être maîtresse de moi, ou j'aurois été à vous, ou je n'aurois été à personne. Voilà, Sostrate, ce que j'avois à vous dire; voilà ce que j'ai cru devoir à votre mérite, et la consolation que toute ma tendresse peut donner à votre flamme.

SOSTRATE.

Ah! madame, c'en est trop pour un malheureux! Je ne m'étois pas préparé à mourir avec tant de gloire; et je cesse, dans ce moment, de me plaindre des destinées. Si elles m'ont fait naître dans un rang beaucoup moins élevé que mes desirs, elles m'ont fait naître assez heureux pour attirer quelque pitié du cœur d'une grande princesse; et cette pitié glorieuse vaut des sceptres et des couronnes, vaut la fortune des plus grands princes de la terre. Oui, madame, dès que j'ai osé vous aimer (c'est vous, madame, qui voulez bien que je me serve de ce mot téméraire), dès que j'ai, dis-je, osé vous aimer, j'ai condamné d'abord l'orgueil de mes desirs; je me suis fait moi-même la destinée que je devois attendre. Le coup de mon trépas, madame, n'aura rien qui me surprenne, puisque je m'y étois préparé; mais vos bontés le comblent d'un honneur que mon amour jamais n'eût osé espérer; et je m'en vais mourir, après cela, le plus content et le plus glorieux de tous les hommes. Si je puis encore souhaiter quelque chose, ce sont deux graces, madame, que je prends la hardiesse de vous demander à genoux: de vouloir souffrir ma

ACTE IV, SCÈNE VIII.

présence jusqu'à cet heureux hyménée qui doit mettre fin à ma vie; et, parmi cette grande gloire et ces longues prospérités que le ciel promet à votre union, de vous souvenir quelquefois de l'amoureux Sostrate. Puis-je, divine princesse, me promettre de vous cette précieuse faveur?

ÉRIPHILE.

Allez, Sostrate, sortez d'ici. Ce n'est pas aimer mon repos, que de me demander que je me souvienne de vous.

SOSTRATE.

Ah! madame, si votre repos...

ÉRIPHILE.

Otez-vous, vous dis-je, Sostrate; épargnez ma foiblesse, et ne m'exposez point à plus que je n'ai résolu.

SCÈNE VIII.

ÉRIPHILE, CLÉONICE.

CLÉONICE.

Madame, je vous vois l'esprit tout chagrin : vous plaît-il que vos danseurs, qui expriment si bien toutes les passions, vous donnent maintenant quelque épreuve de leur adresse?

ÉRIPHILE.

Oui, Cléonice: qu'ils fassent tout ce qu'ils voudront, pourvu qu'ils me laissent à mes pensées [1].

---

[1] L'intermède est bien mal amené. La proposition de Cléonice est presque ridicule; mais du moins la réponse d'Ériphile est naturelle.

FIN DU QUATRIÈME ACTE.

CINQUIEME INTERMEDE.

Quatre Pantomimes, pour épreuve de leur adresse, ajustent leurs gestes et leurs pas aux inquiétudes de la jeune princesse Ériphile.

ENTRÉE DE BALLET

de quatre Pantomimes.

FIN DU CINQUIÈME INTERMÈDE.

ACTE V.

SCÈNE PREMIÈRE.

ÉRIPHILE, CLITIDAS.

CLITIDAS.

De quel côté porter mes pas ? Où m'aviserai-je d'aller ? et en quel lieu puis-je croire que je trouverai maintenant la princesse Ériphile ? Ce n'est pas un petit avantage que d'être le premier à porter une nouvelle. Ah ! la voilà ! Madame, je vous annonce que le ciel vient de vous donner l'époux qu'il vous destinoit.

ÉRIPHILE.

Eh ! laisse-moi, Clitidas, dans ma sombre mélancolie.

CLITIDAS.

Madame, je vous demande pardon. Je pensois faire bien de vous venir dire que le ciel vient de vous donner Sostrate pour époux ; mais, puisque cela vous incommode, je rengaine ma nouvelle, et m'en retourne droit comme je suis venu.

ÉRIPHILE.

Clitidas ! holà, Clitidas !

CLITIDAS.

Je vous laisse, madame, dans votre sombre mélancolie.

ÉRIPHILE.

Arrête, te dis-je; approche. Que viens-tu me dire?

CLITIDAS.

Rien, madame. On a parfois des empressemens de venir dire aux grands de certaines choses dont ils ne se soucient pas; et je vous prie de m'excuser.

ÉRIPHILE.

Que tu es cruel!

CLITIDAS.

Une autre fois j'aurai la discrétion de ne vous pas venir interrompre.

ÉRIPHILE.

Ne me tiens point dans l'inquiétude. Qu'est-ce que tu viens m'annoncer?

CLITIDAS.

C'est une bagatelle de Sostrate, madame, que je vous dirai une autre fois, quand vous ne serez point embarrassée.

ÉRIPHILE.

Ne me fais point languir davantage, te dis-je, et m'apprends cette nouvelle.

CLITIDAS.

Vous la voulez, savoir, madame?

ÉRIPHILE.

Oui; dépêche. Qu'as-tu à me dire de Sostrate?

CLITIDAS.

Une aventure merveilleuse, où personne ne s'attendoit.

ÉRIPHILE.

Dis-moi vite ce que c'est.

ACTE V, SCÈNE I.

CLITIDAS.

Cela ne troublera-t-il point, madame, votre sombre mélancolie ?

ÉRIPHILE.

Ah ! parle promptement.

CLITIDAS.

J'ai donc à vous dire, madame, que la princesse votre mère passoit presque seule dans la forêt, par ces petites routes qui sont si agréables, lorsqu'un sanglier hideux (ces vilains sangliers-là font toujours du désordre, et l'on devroit les bannir des forêts bien policées), lors, dis-je, qu'un sanglier hideux, poussé, je crois, par des chasseurs, est venu traverser la route où nous étions [1]. Je devrois vous faire, peut-être, pour orner mon récit, une description étendue du sanglier dont je parle ; mais vous vous en passerez, s'il vous plaît, et je me contenterai de vous dire que c'étoit un fort vilain animal. Il passoit son chemin, et il étoit bon de ne lui rien dire, de ne point chercher de noise avec lui [2] ; mais la princesse a voulu égayer sa dextérité, et de son dard, qu'elle lui a lancé, un peu mal à propos, ne lui en déplaise, lui a fait au-dessus de l'oreille une assez petite blessure. Le sanglier, mal morigéné, s'est impertinemment détourné contre nous : nous étions-là deux ou trois misérables, qui avons pâli de frayeur ; chacun gagnoit son arbre, et la princesse, sans défense, demeuroit exposée

---

(1) Il y a encore ici un petit souvenir de *la Princesse d'Élide*. Dans cette pièce, un sanglier menace aussi les jours de la princesse, et cause une frayeur mortelle à Moron, qui est encore plus poltron que Clitidas.

(2) On dit, *je ne veux pas lui chercher noise*, et non, *je ne veux pas chercher de noise avec lui*.

à la furie de la bête, lorsque Sostrate a paru, comme si les dieux l'eussent envoyé.

ÉRIPHILE.

Hé bien! Clitidas?

CLITIDAS.

Si mon récit vous ennuie, madame, je remettrai le reste à une autre fois (1).

ÉRIPHILE.

Achève promptement.

CLITIDAS.

Ma foi, c'est promptement de vrai que j'acheverai; car un peu de poltronnerie m'a empêché de voir tout le détail de ce combat; et tout ce que je puis vous dire, c'est que, retournant sur la place, nous avons vu le sanglier mort, tout vautré dans son sang; et la princesse pleine de joie, nommant Sostrate son libérateur, et l'époux digne et fortuné que les dieux lui marquoient pour vous. A ces paroles, j'ai cru que j'en avois assez entendu; et je me suis hâté de vous en venir, avant tous, apporter la nouvelle (2).

---

(1) Souvent, dans le monde, comme au théâtre, on s'amuse à irriter, par de semblables propos, l'impatience d'une personne à qui l'on a une bonne nouvelle à apprendre; mais Clitidas pousse trop loin le jeu, et abuse de ses prérogatives de bouffon.

(2) Mauvais dénouement d'une assez mauvaise pièce. Un sanglier qui se trouve sur le chemin d'Aristione, fournit à Sostrate l'occasion de lui sauver la vie, et d'accomplir ainsi la prédiction de la prétendue déesse: c'est là un événement fortuit qui ne naît point de l'intrigue, et qui, par conséquent, ne la dénoue pas, mais seulement la termine. Il auroit fallu que l'artifice imaginé par l'astrologue pour favoriser l'un des deux princes, fût détourné de son but par une intrigue contraire, et réussît à l'avantage de l'amant aimé.

ÉRIPHILE.

Ah! Clitidas, pouvois-tu m'en donner une qui me pût être plus agréable?

CLITIDAS.

Voilà qu'on vient vous trouver.

SCÈNE II.

ARISTIONE, SOSTRATE, ÉRIPHILE, CLITIDAS.

ARISTIONE.

Je vois, ma fille, que vous savez déja tout ce que nous pourrions vous dire. Vous voyez que les dieux se sont expliqués bien plus tôt que nous n'eussions pensé : mon péril n'a guère tardé à nous marquer leurs volontés ; et l'on connoît assez que ce sont eux qui se sont mêlés de ce choix, puisque le mérite tout seul brille dans cette préférence. Aurez-vous quelque répugnance à récompenser de votre cœur celui à qui je dois la vie ? et refuserez-vous Sostrate pour époux?

ÉRIPHILE.

Et de la main des dieux et de la vôtre, madame, je ne puis rien recevoir qui ne me soit fort agréable.

SOSTRATE.

Ciel! n'est-ce point ici quelque songe tout plein de gloire dont les dieux me veuillent* flatter? et quelque réveil malheureux ne me replongera-t-il point dans la bassesse de ma fortune?

VARIANTE. * *Me veulent.*

SCÈNE III.

ARISTIONE, ÉRIPHILE, SOSTRATE, CLÉONICE, CLITIDAS.

CLÉONICE.

Madame, je viens vous dire qu'Anaxarque a jusqu'ici abusé l'un et l'autre prince, par l'espérance de ce choix qu'ils poursuivent depuis long-temps; et qu'au bruit qui s'est répandu de votre aventure, ils ont fait éclater tous deux leur ressentiment contre lui, jusques-là que, de paroles en paroles, les choses se sont échauffées, et il en a reçu quelques blessures dont on ne sait pas bien ce qui arrivera. Mais les voici.

SCÈNE IV.

ARISTIONE, ÉRIPHILE, IPHICRATE, TIMOCLÈS, SOSTRATE, CLÉONICE, CLITIDAS.

ARISTIONE.

Princes, vous agissez tous deux avec une violence bien grande! et, si Anaxarque a pu vous offenser, j'étois pour vous en faire justice moi-même.

IPHICRATE.

Et quelle justice, madame, auriez-vous pu nous faire de lui, si vous la faites si peu à notre rang dans le choix que vous embrassez (1)?

---

(1) *Faire justice*, qui convient dans le premier membre de phrase, ne rend pas l'idée contenue dans le second. On dit, *je ferai justice de lui,*

ARISTIONE.

Ne vous êtes-vous pas soumis l'un et l'autre à ce que pourroient décider, ou les ordres du ciel, ou l'inclination de ma fille?

TIMOCLÈS.

Oui, madame, nous nous sommes soumis à ce qu'ils pourroient décider entre le prince Iphicrate et moi, mais non pas à nous voir rebutés* tous deux.

ARISTIONE.

Et si chacun de vous a bien pu se résoudre à souffrir une préférence, que vous arrive-t-il à tous deux où vous ne soyez préparés? et que peuvent importer à l'un et à l'autre les intérêts de son rival?

IPHICRATE.

Oui, madame, il importe. C'est quelque consolation de se voir préférer un homme qui vous est égal; et votre aveuglement est une chose épouvantable.

ARISTIONE.

Prince, je ne veux pas me brouiller avec une personne qui m'a fait tant de grace que de me dire des douceurs; et je vous prie, avec toute l'honnêteté qu'il m'est possible, de donner à votre chagrin un fondement plus raisonnable; de vous souvenir, s'il vous plaît, que Sostrate est revêtu d'un mérite qui s'est fait connoître à toute la Grèce, et que le rang où le ciel l'élève aujourd'hui, va remplir toute la distance qui étoit entre lui et vous.

VARIANTE. * *Rebuter.*

---

je le punirai; *je vous ferai justice de lui*, je vous en vengerai; mais on ne dit pas, *je ferai justice à votre rang*; on dit, *je rendrai justice à votre rang*, et mieux encore, *j'aurai pour votre rang les égards qu'il mérite.*

IPHICRATE.

Oui, oui, madame, nous nous en souviendrons. Mais peut-être aussi vous souviendrez-vous que deux princes outragés ne sont pas deux ennemis peu redoutables.

TIMOCLÈS.

Peut-être, madame, qu'on ne goûtera pas long-temps la joie du mépris que l'on fait de nous (1).

ARISTIONE.

Je pardonne toutes ces menaces aux chagrins d'un amour qui se croit offensé; et nous n'en verrons pas avec moins de tranquilité la fête des jeux Pythiens. Allons-y de ce pas; et couronnons, par ce pompeux spectacle, cette merveilleuse journée.

---

(1) Ces deux princes auroient mieux fait de rester dans les coulisses, que de revenir en scène, pour faire d'aussi ridicules menaces. Leurs adieux sont dignes du reste de leur rôle.

FIN DU CINQUIÈME ACTE.

SIXIEME INTERMEDE

Qui est la solemnité des Jeux Pythiens.

Le théâtre est une grande salle, en manière d'amphithéâtre, ouvert d'une grande arcade dans le fond, au-dessus de laquelle est une tribune fermée d'un rideau; et dans l'éloignement paroît un autel pour le sacrifice. Six hommes, habillés comme s'ils étoient presque nus, portant chacun une hache sur l'épaule, comme ministres du sacrifice, entrent par le portique, au son des violons, et sont suivis de deux sacrificateurs musiciens, d'une prêtresse musicienne, et leur suite.

LA PRÊTRESSE.

Chantez, peuples, chantez en mille et mille lieux,
Du dieu que nous servons les brillantes merveilles;
Parcourez la terre et les cieux:
Vous ne sauriez chanter rien de plus précieux,
Rien de plus doux pour les oreilles.

UNE GRECQUE.

A ce dieu plein de force, à ce dieu plein d'appas,
Il n'est rien qui résiste.

AUTRE GRECQUE.

Il n'est rien ici-bas,
Qui par ses bienfaits ne subsiste.

AUTRE GRECQUE.

Toute la terre est triste
Quand on ne le voit pas.

LE CHOEUR.

Poussons à sa mémoire
Des concerts si touchans,
Que, du haut de sa gloire,
Il écoute nos chants.

PREMIÈRE ENTRÉE DE BALLET.

Les six hommes portant les haches, font entre eux une danse, ornée de toutes les attitudes que peuvent exprimer des gens qui étudient leurs forces; puis ils se retirent aux deux côtés du théâtre, pour faire place à six voltigeurs.

DEUXIÈME ENTRÉE DE BALLET.

Six voltigeurs font paroître, en cadence, leur adresse sur des chevaux de bois, qui sont apportés par des esclaves.

TROISIÈME ENTRÉE DE BALLET.

Quatre conducteurs d'esclaves amènent, en cadence, douze esclaves, qui dansent, en marquant la joie qu'ils ont d'avoir recouvré leur liberté.

QUATRIÈME ENTRÉE DE BALLET.

Quatre hommes et quatre femmes, armés à la grecque, font ensemble une manière de jeu pour les armes.

SIXIÈME INTERMÈDE.

La tribune s'ouvre. Un héraut, six trompettes, et un timballier, se mêlant à tous les instrumens, annoncent, avec un grand bruit, la venue d'Apollon.

LE CHOEUR.

>Ouvrons tous nos yeux
>A l'éclat suprême
>Qui brille en ces lieux.
>Quelle grace extrême!
>Quel port glorieux!
>Où voit-on des dieux
>Qui soient faits de même?

Apollon, au bruit des trompettes et des violons, entre par le portique, précédé de six jeunes gens qui portent des lauriers entrelacés autour d'un bâton, et un soleil d'or au-dessus, avec la devise royale, en manière de trophée. Les six jeunes gens, pour danser avec Apollon, donnent leur trophée à tenir aux six hommes qui portent les haches, et commencent, avec Apollon, une danse héroïque, à laquelle se joignent, en diverses manières, les six hommes portant les trophées, les quatre femmes armées avec leurs timbres, et les quatre hommes armés avec leurs tambours, tandis que les six trompettes, le timballier, les sacrificateurs, la prêtresse, et le chœur de musique accompagnent tout cela, en se mêlant, à diverses reprises ; ce qui finit la fête des Jeux Pythiens, et tout le divertissement.

CINQUIÈME ET DERNIÈRE ENTRÉE

DE BALLET.

APOLLON, et **SIX JEUNES GENS** de sa suite,
CHŒUR DE MUSIQUE.

Pour LE ROI, *représentant le Soleil.*

Je suis la source des clartés ;
Et les astres les plus vantés,
Dont le beau cercle m'environne,
Ne sont brillans et respectés
Que par l'éclat que je leur donne.

Du char où je me puis asseoir,
Je vois le desir de me voir
Posséder la nature entière ;
Et le monde n'a son espoir
Qu'aux seuls bienfaits de ma lumière.

Bienheureuses de toutes parts,
Et pleines d'exquises richesses,
Les terres où de mes regards
J'arrête les douces caresses !

Pour M. LE GRAND, *suivant d'Apollon.*

Bien qu'auprès du soleil tout autre éclat s'efface,
S'en éloigner pourtant n'est pas ce que l'on veut ;
Et vous voyez bien, quoi qu'il fasse,
Que l'on s'en tient toujours le plus près que l'on peut.

SIXIÈME INTERMÈDE.

Pour le marquis DE VILLEROI, *suivant d'Apollon.*

De notre maître incomparable
Vous me voyez inséparable ;
Et le zèle puissant qui m'attache à ses vœux,
Le suit parmi les eaux, le suit parmi les feux.

Pour le marquis DE RASSENT, *suivant d'Apollon.*

Je ne serai pas vain, quand je ne croirai pas
Qu'un autre, mieux que moi, suive partout ses pas.

FIN DES AMANS MAGNIFIQUES.

NOMS

des personnes qui ont chanté et dansé dans les intermèdes des AMANS MAGNIFIQUES, *comédie-ballet.*

DANS LE PREMIER INTERMÈDE.

ÉOLE, le sieur *Estival.*

TRITONS, CHANTANS, les sieurs *Legros, Hédoin, Don, Gingan l'aîné, Gingan le cadet, Fernon le cadet, Rebel, Langeais, Deschamps, Morel,* et deux pages de la musique de la chapelle.

FLEUVES, CHANTANS, les sieurs *Beaumont, Fernon l'aîné, Noblet, Serignan, David, Aurat, Devellois, Gillet.*

AMOURS, CHANTANS, *quatre pages de la musique de la chambre.*

PÊCHEURS DE CORAIL, DANSANS, les sieurs *Jouan, Chicanneau, Pesan l'aîné, Magny, Joubert, Mayeu, la Montagne, Lestang.*

NEPTUNE, *le ROI.*

DIEUX MARINS, M. *le Grand,* le marquis *de Villeroi,* le marquis *de Rassent,* les sieurs *Beauchamp, Favier, la Pierre.*

DANS LE SECOND INTERMÈDE.

PANTOMIMES, DANSANS, les sieurs *Beauchamp, Saint-André* et *Favier.*

DANS LE TROISIÈME INTERMÈDE

La Nymphe de la vallée de Tempé, mademoiselle *des Fronteaux*.

Tyrcis, le sieur *Gaye*.

Caliste, mademoiselle *Hilaire*.

Lycaste, le sieur *Langeais*.

Ménandre, le sieur *Fernon le cadet*.

Deux Satyres, les sieurs *Estival* et *Morel*.

Dryades, dansantes, les sieurs *Arnald*, *Noblet*, *Lestang*, *Favier le cadet*, *Foignard l'aîné*, et *Isaac*.

Faunes, dansans, les sieurs *Beauchamp*, *Saint-André*, *Magny*, *Joubert*, *Favier l'aîné*, et *Mayeu*.

Philinte, le sieur *Blondel*.

Climène, mademoiselle *de Saint-Christophle*.

Petites Dryades, dansantes, les sieurs *Bouilland*, *Vaignard*, et *Thibault*.

Petits Faunes, dansans, les sieurs *la Montagne*, *Daluseau*, et *Foignard*.

DANS LE QUATRIÈME INTERMÈDE.

Statues, dansantes, les sieurs *Dolivet*, *le Chantre*, *Saint-André*, *Magny*, *Lestang*, *Foignard l'aîné*, *Dolivet fils*, et *Foignard le cadet*.

DANS LE CINQUIÈME INTERMÈDE.

Pantomimes, dansans, les sieurs *Dolivet*, *le Chantre*, *Saint-André*, et *Magny*.

DANS LE SIXIÈME INTERMÈDE.

Fête des Jeux Pythiens.

La Prêtresse, mademoiselle *Hilaire*.

Premier Sacrificateur, le sieur *Gaye*.

Second Sacrificateur, le sieur *Langeais*.

Ministres du Sacrifice, portant des haches, dansans, les sieurs *Dolivet, le Chantre, Saint-André, Foignard l'aîné*, et *Foignard le cadet*.

Voltigeurs, les sieurs *Joly, Doyat, de Launoy, Beaumont, du Gard l'aîné*, et *du Gard le cadet*.

Conducteurs d'esclaves, dansans, les sieurs *le Prêtre, Jouan, Pezan l'aîné*, et *Joubert*.

Esclaves, dansans, les sieurs *Paysan, la Vallée, Pezan le cadet, Favre, Vaignard, Dolivet fils, Girard*, et *Charpentier*.

Hommes armés a la grecque, dansans, les sieurs *Noblet, Chicanneau, Mayeu*, et *Desgranges*.

Femmes armées a la grecque, dansantes, les sieurs *la Montague, Lestang, Favier le cadet*, et *Arnald*.

Un Héraut, le sieur *Rebel*.

Trompettes, les sieurs *la Plaine, Lorange, du Clos, Beaumont, Carbonnet, Ferrier*.

Timballier, le sieur *Diacre*.

Apollon, *le ROI*.

Suivans d'Apollon, dansans, M. *le Grand*, le marquis *de Villeroi*, le marquis *de Rassent*, les sieurs *Beauchamp, Raynal*, et *Favier*.

Choeurs de peuples, chantans, les sieurs.....

NOTICE

HISTORIQUE ET LITTÉRAIRE

SUR LES AMANS MAGNIFIQUES.

Dans l'avant-propos qui précède la comédie des *Amans magnifiques*, on lit ces mots : « Sa Majesté a choisi pour sujet « deux princes rivaux qui, dans le champêtre séjour de la « vallée de Tempé, où l'on doit célébrer la fête des Jeux « Pythiens, régalent à l'envi une jeune princesse et sa mère, « de toutes les galanteries dont ils se peuvent aviser. » Ainsi, Louis XIV qui, jusque-là, s'étoit contenté de protéger, d'applaudir, de récompenser les ouvrages de Molière, cette fois s'associe au poëte, et se met, pour ainsi dire, de moitié avec lui dans la composition d'une comédie. C'est un collaborateur embarrassant, qu'un monarque : il y a une sorte de danger à s'écarter de ses idées; il peut y en avoir une autre à les suivre. Heureusement Louis XIV, satisfait de réussir dans son noble métier de roi, ne trouvoit pas mauvais que les hommes de lettres fussent plus connoisseurs et plus habiles que lui en littérature. Du reste, son idée étoit excellente. Il vouloit des divertissemens nombreux, variés et magnifiques : quoi de plus propre à les amener sur le théâtre, que la rivalité de deux princes qui se disputent, par ce moyen, le cœur d'une jeune princesse? Mais il n'y avoit pas là d'intrigue, de nœud, de dénouement, conséquemment pas de pièce; il en falloit trouver une, et c'est Molière que ce soin regardoit: la chose étoit en bonnes mains. Probablement fort pressé par le temps, il invoqua sa mémoire plutôt que son génie, et il alla prendre dans le théâtre de Corneille, ce qu'il n'avoit pas le loisir de chercher dans son imagination. *Don Sanche d'Aragon* lui fournit l'idée principale des *Amans magnifiques*. Dans les deux comédies, une grande princesse, dont la main est disputée par des rivaux à qui leur naissance permet d'y aspirer, et dont le cœur est en secret épris d'un jeune guerrier couvert de gloire, mais d'une condition obscure, qui l'adore en secret lui-même, s'en remet à cet amant du soin de choisir pour elle entre ses prétendans. De cette idée dramatique commune aux deux pièces, sort un dénouement commun, mais dont les moyens et les circonstances diffèrent. Don Sanche et Sostrate voient tous deux couronner leur flamme par un auguste hymen; mais, avant d'obtenir ce prix, don Sanche, cru fils d'un pêcheur, venoit d'être reconnu pour fils d'un roi; tandis que Sostrate, d'amant devient époux sans changer d'état, et demeure ce qu'il étoit, le premier de sa race et le fils de ses propres œuvres. L'aventure de Sostrate est plus brillante, et sa destinée plus véritablement glorieuse; mais ce qui n'étoit point contraire aux mœurs des antiques monarchies de la Grèce, eût trop choqué des mœurs modernes, formées de l'orgueil féodal et de la fierté castillane. Corneille et Molière ont diversement, mais également observé le costume.

Molière, chaque fois qu'il composoit pour la cour une comédie ornée de divertissemens, de danse et de musique, ex-

citoit un jaloux dépit dans l'ame de Benserade, qui, dès le commencement du règne, étoit en possession de faire les paroles pour les ballets dansés par le roi, et qui avoit gagné, à ce métier, fortune, faveur et célébrité. Il excelloit, à la vérité, dans l'art de faire des allusions délicatement hardies aux intrigues politiques ou galantes de la cour; et, comme dit le privilége pour l'impression de ses œuvres (car la grave chancellerie elle-même ne crut pas se commettre en libellant l'éloge des petits vers de Benserade): « La manière dont il confondoit
« le caractère des personnages qui dansoient, avec le carac-
« tère des personnages qu'ils représentoient, étoit une espèce
« de secret personnel qu'il n'avoit imité de personne, et que
« personne n'imitera peut-être jamais de lui. » Molière, il n'en coûte rien de l'avouer, n'avoit pas au même degré ce genre de mérite. Peut-être avoit-il la foiblesse de ne le pas croire, ou du moins d'en être affligé; ce qui est bien sûr, c'est que Benserade avoit celle de craindre la concurrence de Molière: c'étoit, comme on voudra, lui faire trop d'honneur, ou ne pas lui en faire assez. Quoi qu'il en soit, tandis que Molière travailloit à ses divertissemens, Benserade, qui eut connoissance de ces deux vers du troisième intermède:

> Et tracez sur les herbettes
> Les images de nos chansons,

dit tout haut qu'il falloit les changer ainsi:

> Et tracez sur les herbettes
> Les images de vos chaussons.

Le petit distique ne valoit rien; mais la turlupinade ne valoit pas grand'chose. Elle déplut à Molière, qui, dit-on, voulant s'en venger, fit pour le roi, représentant Neptune et ensuite Apollon, des vers où la manière de Benserade étoit habilement saisie, et mit le roi lui-même dans la confidence. Les vers furent trouvés fort beaux; la cour, en les applaudissant, les attribua, tout d'une voix, à Benserade, qui en reçut les complimens, et ne les repoussa pas assez franchement. Molière alors se déclara l'auteur des vers; et Benserade fut puni, par des moqueries, de sa ridicule vanité. S'il en falloit croire un autre narrateur de ce petit fait, Molière n'auroit pas voulu que les vers fussent crus l'ouvrage de Benserade; mais il y auroit outré à dessein les vices de son style, afin que la cour se divertît à ses dépens. Il est peu probable que Molière ait composé, à la louange du roi, des vers qui n'eussent été que la parodie d'un style ridicule; il ne l'est pas davantage que le monarque lui-même se fût prêté à ce badinage indécent. C'est bien assez que Molière ait cherché simplement à imiter Benserade, et qu'il ait su se rapetisser assez pour descendre à son niveau.

La comédie des *Amans magnifiques* fut représentée devant le roi, à Saint-Germain-en-Laye, suivant les uns, dans la première quinzaine de février 1670, et, suivant les autres, le 7 septembre de la même année. Molière ne la fit point jouer à Paris, et ne la fit même pas imprimer. Elle parut, pour la première fois, dans le recueil de ses œuvres, publié en 1682. Elle fut remise, au théâtre de la rue de Guénégaud, le 15 octobre 1688, et elle eut neuf représentations. Au commencement du siècle suivant, le 21 juin 1704, Dancourt la fit reparoître avec un prologue et de nouveaux intermèdes de sa façon : elle eut encore moins de succès. Molière avoit jugé sa pièce mieux que personne, en la condamnant à l'oubli. Après le mérite de faire un bon ouvrage, il y en a un autre, moins brillant sans doute, mais peut-être encore plus rare, c'est de reconnoître qu'on en a fait un mauvais. Molière possédoit à la fois l'un et l'autre.

Molière ne s'étoit pas borné à imiter Corneille; il s'étoit aussi imité lui-même. *Les Amans magnifiques* rappellent, en plusieurs points, *la Princesse d'Élide,* comédie faite également par ordre du roi, et destinée de même à servir de cadre pour des divertissemens. Le principal rapport des deux pièces consiste dans l'intervention d'un personnage subalterne, mais assez bien venu à la cour, ici à titre de fou, là en qualité de bouffon, et qui, prenant en main les intérêts d'un amant timide, emploie tout ce que les prérogatives de son office lui donnent d'accès et de privauté auprès d'une princesse, pour sonder son cœur, s'assurer s'il ne renferme pas le germe d'une passion réciproque; l'y déposer, s'il est nécessaire; le développer par ses soins, et forcer enfin le double orgueil du rang et du sexe à confesser sa défaite. Le Moron de *la Princesse d'Élide* et le Clitidas des *Amans magnifiques* sont deux personnages dont l'humeur est semblable, dont le rôle est pareil, et dont le costume seul diffère quelque peu. Tous deux avoient eu naguère leurs modèles dans le lieu même où on les voyoit figurer: l'un rappeloit ce fameux L'Angéli, dont le grand Condé avoit fait présent à Louis XIV; l'autre faisoit souvenir de ce non moins fameux Bautru, dont les bons mots facétieux avoient souvent égayé l'enfance du monarque, à la cour de sa mère. Tous deux (je veux dire Moron et Clitidas) ont servi de modèles à leur tour; tous deux ont été copiés plus d'une fois par l'auteur de *l'Heureux stratagéme* et des *Fausses confidences :* le Dubois de cette dernière pièce est tout ensemble Clitidas et Moron.

Je n'arrive pas, sans quelque crainte, à la déclaration d'un fait qui va trouver d'abord beaucoup d'incrédules, qu'on va traiter peut-être de calomnieux et de blasphématoire. Ce fait, le voici : c'est Molière qui a engendré Marivaux. Sans doute, aucune procréation, dans l'ordre moral, comme dans l'ordre physique, n'a droit de surprendre davantage. Quelle est l'explication de cet étrange phénomène? Je vais essayer de la donner. Molière, jeté deux fois hors des voies de la bonne comédie, et transporté, comme de force, dans le domaine de la galanterie romanesque, essaya de parler la langue du pays, et eut le triste avantage d'y réussir. En l'absence de l'amour naïf et des sentimens naturels, il développa la théorie subtile et quintessenciée de l'amour métaphysique; à la place des discours énergiquement passionnés, il mit les entretiens fadement polis et spirituels; aux mots de caractère et de situation, il substitua les phrases fines et recherchées; aux saillies d'une gaîté vive et franche, les traits d'une plaisanterie froide et forcée. Toutefois, si sa gloire en pouvoit tirer quelque lustre, si plutôt elle n'avoit besoin de s'en excuser, je dirois qu'il fit mieux que personne dans un genre où il est impossible de faire bien. Qu'est-il arrivé cependant? Marivaux, porté par son instinct vers ce même genre que Molière n'avoit traité qu'involontairement, Marivaux, parmi toutes les productions de l'auteur du *Misanthrope*, de *Tartuffe* et des *Femmes savantes*, n'a vu que *la Princesse d'Élide* et *les Amans magnifiques*, qui méritassent d'être imités par lui. Faisant descendre le sujet uniforme de ces deux comédies, de la hauteur heroïque où l'avoit élevé Molière, et le ramenant à l'époque où nous vivons, mais conservant soigneusement les moyens de l'action, le caractère et le style des personnages, il en a fait plusieurs de ses pièces les plus vantées : ce n'est pas assez dire; il en a fait toutes les pièces de son théâtre; car cet écrivain, dans sa fécondité stérile, n'a guère traité qu'un même sujet, comme il n'a eu qu'une seule manière; et l'on sait que le titre de deux de ses comédies, *la Surprise de l'amour*, a paru propre à les dénommer toutes plus exactement qu'il n'avoit fait lui-même.

Quelque gêné que Molière pût être par les ordres d'un monarque et par les convenances d'un sujet, il ne pouvoit rien produire d'où la comédie fût entièrement exclue, où elle ne se montrât pas du moins par intervalles. Il lui en coûtoit moins de faire quelque anachronisme ou quelque faute de costume : témoin *la Princesse d'Élide*, sujet des premiers âges de la Grèce, où il introduisit un fou de cour, quoique cette espèce d'office n'eût été créée que dans les temps de la barbarie féodale, dont elle étoit assurément bien digne. Il ne commit pas la même faute, en plaçant un astrologue dans *les Amans magnifiques*. L'art chimérique, qui prétend lire nos destinées dans les aspects et dans les positions des corps célestes, remonte à la plus haute antiquité; et c'est surtout parmi les puissans de la terre, que les promesses ou les menaces de cet art ont trouvé des esprits disposés à y croire. Comment penser, en effet, quand tout relève de vous, aboutit à vous ici-bas, que les astres se lèvent nonchalamment sur votre tête, et continuent d'y rouler, comme sur celle d'un obscur artisan, sans daigner régler ou du moins pronostiquer votre sort? Un homme d'esprit, qui n'avoit pas d'autre titre, se moquoit un jour, devant un grand seigneur, de l'effroi qu'inspirent les comètes, considérées comme présages de quelque grand et funeste évènement : *Vous en parlez à votre aise*, lui dit le grand seigneur ; *on voit bien que cela ne vous regarde pas, vous autres.*

En attaquant l'astrologie judiciaire, Molière ne combattoit pas une chimère tombée en désuétude, une folie passée de mode. Elle avoit, pour ainsi dire, présidé à la naissance de Louis XIV : un astrologue avoit été placé, pour tirer son horoscope, dans un cabinet voisin de la chambre où Anne d'Autriche le mettoit au monde. Vingt ans avant la représentation des *Amans magnifiques*, un nommé Morin, qui, ne trouvant pas apparemment la médecine assez conjecturale, l'avoit quittée pour l'astrologie, s'avisa de prédire l'année et le jour où mourroit Gassendi, le maître même de Molière. Son thème astrologique ne fut pas plus infaillible que l'auroit été son pronostique médical : le philosophe, que son extrême affoiblissement condamnoit au moins à une mort peu éloignée, la différa de cinq années, comme pour fournir un argument de plus contre une science dont il avoit été long-temps l'antagoniste. L'astrologie judiciaire, décriée, mais non tout-à-fait détruite, à la fin du dix-septième siècle, comptoit encore quelques adeptes au commencement du siècle suivant. Le plus remarquable de tous fut le célèbre comte de Boulainvilliers ; cet homme savant et systématique, qui ne voyoit dans le passé que le gouvernement féodal, voyoit tout l'avenir dans les planètes. Il prédit à Voltaire qu'il ne passeroit pas sa trente-deuxième année : Voltaire fit mentir sa prédiction de cinquante-deux années seulement ; ce ne fut pas une de ses moins bonnes malices.

Tandis que la scène offroit en spectacle l'union d'une grande princesse de l'antique Thessalie avec un simple officier de fortune, une grande princesse du sang royal de France, Mademoiselle songeoit en secret à réaliser cette fable, en donnant sa main et ses riches apanages à un cadet de Gascogne, à Péguillin, comte de Lauzun, qui comptoit moins d'exploits guerriers que Sostrate, mais beaucoup plus de bonnes fortunes, et qui étoit aussi avantageux, que le héros grec se montre modeste. Ce fut très-peu de temps après la représentation des *Amans magnifiques*, que Mademoiselle fit confidence au roi de son projet, et obtint de lui un consentement qui fut presque aussitôt révoqué. L'exacte coïncidence de ces deux aventures, l'une imaginaire, l'autre réelle, mais toutes deux semblables, au dénouement près, méritoit d'être remarquée par l'histoire littéraire. Elle est assez extraordinaire pour que, dans ce temps, quelques personnes aient pu soupçonner Molière d'avoir été dans le secret de la moderne Ériphile, et d'avoir cherché à disposer les esprits en faveur de sa résolution. On peut être surpris, du moins, que Mademoiselle, qui, dans ses Mémoires, cite, pour justifier son amour, de fameux vers d'une comédie de Corneille sur le pouvoir de la sympathie, n'ait pas allégué, à l'appui de la même cause, la comédie des *Amans magnifiques*. Les deux autorités étoient de même nature, de même valeur; et des exemples tirés du théâtre convenoient merveilleusement dans une aventure aussi romanesque.

FIN DU TOME SEPTIÈME.

TABLE

DES PIÈCES CONTENUES DANS LE TOME SEPTIÈME.

L'Avare.

    Notice historique et littéraire sur l'Avare.

George Dandin.

    Relation de la Fête de Versailles, du 18 juillet mil six cent soixante-huit.

    Notice historique et littéraire sur George Dandin.

Monsieur de Pourceaugnac.

    Notice historique et littéraire sur Pourceaugnac.

Les Amans magnifiques.

    Notice historique et littéraire sur les Amans magnifiques.

www.ingramcontent.com/pod-product-compliance
Lightning Source LLC
Chambersburg PA
CBHW070413230426
43665CB00012B/1346